CORAÇÕES
SEM DESTINO

CORAÇÕES SEM DESTINO

psicografado por
Eliana Machado Coelho

pelo espírito
Schellida

LÚMEN
EDITORIAL

CORAÇÕES SEM DESTINO

®Pelo Espírito Schellida
psicografia de Eliana Machado Coelho
® 2022 by Boa Nova Editora

7ª edição - Maio de 2022

Coordenação editorial: *Ronaldo A. Sperdutti*
Preparação de originais: *Eliana Machado Coelho*
Revisão: *Profª Valquíria Rofrano*
Correção digitalizada da revisão: *Eliana Machado Coelho*

Diagramação e capa: *SGuerra Design*
Impressão e acabamento: *Renovagraf*

Dados Internacionais de Catalogação na Publicação (CIP)
(Câmara Brasileira do Livro, SP, Brasil)

Schellida (Espírito).
 Corações sem destino / pelo espírito Schellida ; psicografia de Eliana Machado Coelho. -- São Paulo : Lúmen, 2009.

1. Espiritismo 2. Psicografia 3. Romance espírita I. Coelho, Eliana Machado. II. Título.

09-09222   CDD-133.93

Índices para catálogo sistemático:
1. Romances espíritas psicografados : Espiritismo 133.93

Av. Porto Ferreira, 1031 – Parque Iracema
CEP 15809-020 – Catanduva-SP
17 3531.4444
www.boanova.net | boanova@boanova.net
www.lumeneditorial.com.br | atendimento@lumeneditorial.com.br

2022
Proibida a reprodução total ou parcial desta
obra sem prévia autorização da editora
Impresso no Brasil — Printed in Brazil

7-5-22-200-62.900

ÍNDICE

1. No plano espiritual — 7
2. Planejamento reencarnatório — 31
3. Retornando para casa — 56
4. Contrariado com o alcoolismo — 82
5. Traição sem remorso — 102
6. Confiando em um amigo — 125
7. Revelando sentimentos — 145
8. A gravidez de Irene — 161
9. A firmeza de Lívia — 182
10. Fugindo da felicidade — 197
11. Conseqüência de uma traição — 210
12. Vítima de si mesmo — 237
13. Gotas de alívio — 257
14. Orientações saudáveis — 284
15. A palavra pode ser um remédio ou um veneno — 302
16. O retorno de Rubens — 323
17. As palavras dão ânimo — 340
18. Conversando com doutor Édison — 358
19. Viver um dia de cada vez — 386
20. O reencontro com Irene — 407

21. A insegurança de Lívia — 432
22. Conhecendo Flávio — 457
23. Nova maneira de viver — 479

1

No plano espiritual

Lívia havia acabado de deixar o grandioso edifício da biblioteca e, experimentando um sentimento de alegria indefinível, caminhava em direção à bela alameda principal quando ouviu o seu nome. Virando-se, avistou Humberto exibindo largo sorriso.

Acelerando os passos em sua direção, ele a abraçou, com expressiva alegria, demonstrando saudade. Afagando-lhe o rosto, com carinho, beijou-a e disse em seguida:

— Como estou feliz em vê-la!

— Eu também! Demorou tanto na crosta terrena dessa vez!

— Acabei de chegar. Fui até o Ministério do Auxílio, mas o Diogo não estava. Resolvi alguns assuntos por lá, depois fui até em casa e minha irmã disse que você estava aqui.

Agora foi Lívia que o abraçou demoradamente e beijou-lhe a face com extrema ternura. Em seguida, Humberto sobrepôs o braço em seus ombros e passaram a caminhar vagarosamente pela calçada ladeada de graciosa cerquinha branca que separava um lindo gramado verde, com belos canteiros floridos entre as árvores de magnífica beleza.

Ela, tal qual delicada estudante, segurava um livro apertado ao peito e sustentava agradável sorriso enquanto o ouvia com atenção. Diante da breve pausa, perguntou:

— Como estão os amigos e parentes encarnados?

— Alguns com dificuldades para se manterem fiéis aos propósitos reencarnatórios. Outros se esforçam para reagir às tentações, vencer os obstáculos ou desafios. Para isso se lembram e se religam ao Criador através das preces. Porém, quando estabilizados e com a vida mais calma, esquecem-se de Deus, dos ensinamentos de Jesus e acabam ligando-se novamente a mentes de espíritos doentes e desequilibrados pelas práticas, hábitos viciosos e, principalmente, pelos pensamentos infelizes.

— Eles não atendem às inspirações elevadas dos espíritos bons, não é?

— Mentores, amigos e tarefeiros espirituais de nível superior, em atividades específicas no campo de orientar através de inspirações, não os abandonam, mas nem sempre são ouvidos. Os encarnados não dão atenção aos pensamentos sutis, simples e benéficos que lhes chegam. Como sabe, alguns freqüentam uma boa casa espírita. Outros são assíduos católicos e isso é positivo para eles, pois a religiosidade e o período diário que dedicam às preces é o mesmo para a administração de fluidos benéficos que os livram de impregnações indesejáveis. No entanto, de tempo em tempo, quando a vida fica mais calma, sem dificuldades, eles se esquecem das preces diárias, deixam de freqüentar uma boa casa de oração e acabam atendendo a força mental inferior, ligando-se à vasta rede de entidades maléficas que querem se vingar, levá-los a amarguras, angústia ou vampirizá-los.

— Eu sei como é isso, Humberto. — Para muitos encarnados é difícil repelir ou se desligar das tentações que os levarão ao fracasso em todos os sentidos, pois essas tentações vêm disfarçadas de alegria, prazeres, comodidades ou diversões.

— É, eu sei — argumentou de modo triste. — Peço a Deus que me dê forças para que, na próxima encarnação, eu consiga vencer os meus desafios, com fé e amor, seguindo os ensinamentos de Jesus.

— Ah! E como está o senhor Leopoldo? — ela perguntou alegremente.

— Correu tudo bem no reencarne de meu pai! Ele foi recebido com muita alegria.

— Seu ex-pai! — brincou, sorrindo.

— É! Mas, uma vez pai, sempre pai. Eu não consigo chamá-lo de senhor Leopoldo — riu. Depois comentou: — Eu o acompanhei em tudo. Foi bem emocionante. Todos estavam felizes por ser um menino e...

Humberto continuou contando os detalhes com expressão satisfeita enquanto caminhavam a passos lentos até a casa onde residiam naquela colônia.

***

No aconchego do lar, após conversarem atualizando algumas novidades, Humberto apreciava um chá revigorante quando Lívia o olhou de modo sério e avisou:

— Preciso conversar com você.

Ele sentiu-se invadido por algo muito estranho. Um pressentimento ruim pareceu amargurá-lo ao mesmo tempo em que seu peito apertava.

— O que aconteceu? — perguntou calmo.

— Eu estive pensando e... Bem, diante da dificuldade de todos aqueles que amamos... Para auxiliá-los, acredito ser melhor eu reencarnar.

— Não... — murmurou como um lamento. — Não, meu amor, isso não é o melhor a fazer agora.

— Humberto, já falamos sobre isso antes e eu esperava que entendesse. Não consigo mais ficar tranqüila aqui sabendo das perturbações dos nossos queridos em outros sítios espirituais. A Irene, por exemplo, necessita retornar à vida terrena, e eu poderia recebê-la, como também poderia receber a Neide, de quem você gosta tanto.

— Como assim?!

— Eu poderia recebê-las como filhas.

— Lívia... — Uma angústia o invadiu detendo-lhe as palavras. Passados alguns segundos, ele se forçou e prosseguiu:

— Meu bem, nós temos planos! Temos uma história interrompida que pode ser linda e produtiva mesmo na Terra. Você sabe que eu não tenho planos para reencarnar agora. Não me sinto tão preparado. Já falamos sobre isso.

Olhando-o de modo singular, ela murmurou sem trégua:

— Você fica. Eu vou.

Aquela sugestão chegou como um choque. Amargurado, argumentou sussurrando:

— Não planejei isso. Não vou suportar vê-la longe e...

— Eu tenho que harmonizar a minha consciência e posso aproveitar para ajudar a Irene, principalmente.
— Quem falou que ela quer, de verdade, ser ajudada? Pense! A Irene já perdeu várias oportunidades de elevação que não deram certo, principalmente por culpa de sua luxúria, de sua vaidade e orgulho que a fazem manipular situações por causa de seus caprichos.
— Não é só por isso. Preciso ser mais forte, mais independente e...
— Lívia, não tenho qualquer dificuldade para reencarnar, mas não gostaria que fosse agora. — Olhando-a firme, quis saber: — Quem pediu ou sugeriu tal idéia a você foi a Irene?
— Não... Quer dizer... Eu fui visitá-la e... Ela não pediu diretamente. Nós conversávamos e a idéia surgiu. — Aproximando-se, afagou-lhe a face fazendo-o virar para que a encarasse: — Humberto, a Irene foi uma filha querida e uma amiga de séculos. Durante todo o seu tempo na espiritualidade, ela estuda e se empenha para trabalhar os seus vícios morais, não ser arrogante, vaidosa, imponente... Ela vai conseguir. Eu posso ajudá-la. — Breve pausa e perguntou: — Você tem alguma mágoa ou ressentimento dela por causa do passado?
— Não. Não tenho ressentimento, mas não quero me envolver em qualquer assunto que diga respeito à Irene e acredito que você não precise se sacrificar tanto. Tudo pode ser diferente. É muito amor, mas também muita renúncia de sua parte, você a conhece. — Repentinamente, ele questionou: — Lívia, se eu devo ficar, com quem pretende se unir para recebê-la?

— Com o Rubens — respondeu temerosa. — Você sabe que tenho muito a harmonizar e existiram situações do passado que nos envolveram e que...

Humberto sentiu-se mal. Levantando-se, caminhou vagarosamente pela sala enquanto Lívia o acompanhava com o olhar. Ele esfregou o rosto com as mãos e apoiou-as, em seguida, em uma mesa. Olhou para o alto e rogou baixinho:

— Senhor, dê-me forças!

— Humberto! — exclamou, levantando-se rápido. Abraçando-o pelas costas, Lívia apertou-o contra o peito e pediu:

— Por favor, não fique assim!

Virando-se, ele segurou delicadamente os seus braços e a olhou firme ao indagar:

— Como quer que eu me sinta?! — Sem obter respostas, prosseguiu angustiado: — O Rubens se debate em sofrimento no Umbral há cerca de meio século. Você bem sabe o quanto eu venho tentando ajudar o meu irmão por todos esses anos. Ele nunca ouviu os meus bons conselhos quando encarnado e agora não é diferente. Das raras vezes em que tive êxito em inspirá-lo, só consegui fazer com que sentisse um grande arrependimento pela forma como ele viveu, pela vida promíscua, pela bebida, pelo jogo, por minha morte... O Rubens não tem paz na consciência por ter me tirado a vida terrena sem que alguém, nunca, tivesse desconfiado. Com isso, ele interrompeu a ordem de um grande planejamento reencarnatório, impedindo, inclusive, a nossa união. Estávamos noivos, lembra?

— Como eu poderia esquecer?

— Foi para ficar com você que ele me matou. Meu irmão acreditou que o tempo a levaria para os braços dele.

— Mas não foi isso o que aconteceu. Eu errei. Sei que errei quando percebi os olhares conquistadores do seu irmão e simplesmente sorri em vez de reprová-lo. Foi uma forma de incentivo ao Rubens. Já me puni muito por isso. Você sabe!

— Sim, eu sei. Calma. Não fique assim — pediu ao vê-la nervosa. — Ele estava desequilibrado e sua atitude alimentou suas idéias e a fascinação por você.

— Humberto, eu sei que errei. Não entendo por que não o repreendi na época. Na verdade, eu era vaidosa, gostava de ser admirada e pensei que fosse, por parte dele, uma atração passageira pela minha beleza e meu modo de ser. Tenho certa responsabilidade pelo que ele fez a você e preciso harmonizar isso. Minha consciência cobra.

— Mas não precisa ser dessa forma, Lívia. Veja, meu desencarne foi difícil. Eu era jovem, repleto de energia e com muitos planos. Graças a Deus e a minha conduta de vida fiquei poucas horas em estado de perturbação. Socorrido com presteza no plano espiritual, muito bem cuidado por amigos que, inclusive, eu ignorava ter, me equilibrei rapidamente. Ao entender que ele me matou, eu não quis saber o motivo. Fiquei confuso, lamentei muito e aceitei as novas condições. Apesar da dor, da imensa dor da nossa brusca separação, apesar de todo o meu amor por você, eu procurei entender, pois tive esperança de um futuro melhor na próxima encarnação. Para não me abalar, fiquei anos sem informações do lar terreno e de você. Somente com a chegada de minha mãe no plano espiritual, eu tive notícias suas. Soube o motivo pelo qual ele me matou e fui visitar a crosta terrena, acompanhando e me inteirando de tudo.

Não foi fácil, Lívia. O Rubens alterou tanto o nosso destino que você, pela dor de me perder, por saudade, ficou debilitada emocionalmente e, apesar de sua luta para resistir a tamanho sofrimento, sua dor abalou o seu físico e você adoeceu. Ficou vulnerável e a tuberculose foi mais forte, fazendo-a desencarnar ainda muito jovem e em meus braços, na espiritualidade... Pois eu, espírito, acompanhei cada segundo de seu último ano na Terra. — Breve pausa e falou sentido. — Não era para ser assim.

— Eu sei. Foi você quem providenciou todo o socorro e sustentação para eu ser bem acolhida na espiritualidade, Humberto.

— Não! Foi você quem teve merecimento. Sabe, precisei colocar à prova toda minha resignação diante de tudo. Tem idéia do que é isso?! Foi necessário eu me conformar com tudo o que aconteceu e eu não sei se, verdadeiramente, consegui perdoar ao meu irmão. Tínhamos um planejamento reencarnatório lindo! Uma tarefa promissora que ajudaria muitos! Eu queria viver ao seu lado! — Alguns segundos e prosseguiu: — Foi minha fé, foi por acreditar na justiça Divina que continuei em equilíbrio e aguardando o momento de retornarmos a reencarnar para cumprirmos o que planejamos. Agora, mais de cem anos aqui na espiritualidade, nós estudamos, nos equilibramos, trabalhamos com uma finalidade, com um objetivo que não é esse que me propõe. Lívia, não me peça, agora, para abrir mão da minha harmonia, pois eu não vou conseguir ficar tranqüilo aqui, sabendo que você está encarnada com o propósito de se unir ao meu irmão. Além do que, não se sabe se ele sairá das condições em que se encontra com brevidade.

— Nós chegamos a comentar sobre a possibilidade de Rubens renascer como nosso filho. Você mesmo sugeriu isso para amá-lo incondicionalmente.
— Nessa possibilidade estaríamos juntos. Um fortalecendo o outro para amá-lo, ampará-lo e ensiná-lo. Mas pelo que vejo você quer ir sozinha para ficar à mercê dele, que é dependente de tantos vícios e imperfeições com inúmeros defeitos morais. Ora, Lívia, não posso me conformar com essa idéia! Casar-se com o Rubens e receber a Irene como filha, a Neide... Quem mais você deseja unir nesse planejamento?! O Luís?! A Cleide?! — Ela não respondeu. — Você está se deixando levar pela sugestão da Irene!
— Não! Estou atendendo ao meu coração. E pensei também no Luís e na Cleide. Por que não?
— Ora, por favor! — exclamou em tom moderado, mas contrariado.
— Humberto, o Rubens ao tirar a sua vida terrena, roubou-nos a felicidade no mundo. Por todos esses anos ele se tortura por isso experimentando um sofrimento sem igual. É agredido por outros espíritos ignorantes que o acusam de assassino! Ele revê mentalmente o instante do desencarne do próprio irmão como se fosse ele que estivesse no seu lugar naquele momento. Lentamente ele vê e sente o impacto do trem para o qual ele te empurrou. Sente como se fosse dele o corpo a ser esfacelado, triturado! Coisa que você não experimentou!
— Não porque eu não sou assassino! O que você queria?!
— Que você entendesse a minha decisão. Estou entrando com o pedido para isso.

— Então você já decidiu, Lívia? Não está comentando comigo a sua idéia? — perguntou perplexo, mas sem se alterar.

— Humberto!... — falou implorando sua compreensão e indo ao encontro dele.

— Espere — sussurrou, ao espalmar a mão, pedindo que parasse. — Espere um pouco. Eu não estou bem. Esse assunto está me abalando e... Bem, eu preciso sair. Não é bom continuarmos com essa conversa. Depois falamos a respeito disso.

Ele afagou a face de Lívia, olhou-a por alguns segundos e a puxou para um abraço. Em seguida, beijou-lhe a testa demoradamente e, ao se afastar, disse baixinho:

— Lembre-se de uma coisa: eu te amo muito.

— Eu também te amo — murmurou.

Virando-se, ele se foi. Lívia, por sua vez, ficou inquieta e angustiada. Retirando-se para seu quarto, deitou-se na cama e chorou muito.

* * *

Após horas de caminhada, cujo tempo foi usado para profunda reflexão, Humberto propositadamente deteve-se diante de charmosa residência na qual a frente era embelezada por um jardim colorido e gracioso pelas flores harmoniosas.

Entrando na casa, logo foi recebido por sua mãe que sorriu ao vê-lo.

— Filho! Pensava em você! — Abraçaram-se e a senhora de cabelos grisalhos, com um coque preso na nuca, conduziu-o, vagarosamente, para que se sentasse. — Que notícias me traz,

Humberto?! Não o vejo desde que foi para a crosta acompanhar o nascimento de seu pai!

Sorrindo ele avisou:

— Sua bisneta Sara está bem. Recebeu com imensa felicidade o filho que nasceu.

— Seu pai! Meu querido Leopoldo!

— Por que a senhora não quis acompanhar o retorno dele, mãe? Teve permissão.

— Em pensar a que ele se propôs para não ter tanta cobrança na consciência que o deixava desesperado! Ah, não! Já é muita emoção acompanhar tudo a distância. Tenho pensado muito a respeito. Preciso me preparar bastante, pois, cerca de três anos, será a minha vez de retornar para, daí a alguns anos, me encontrar com ele.

— Poucos anos antes de desencarnar, por conseqüência do meu repentino desencarne na última experiência terrena, o pai se entregou ao vício do álcool e não o venceu, antecipando o seu retorno ao plano espiritual pelas deficiências causadas em seu organismo pela bebida. Quando se desencarna levamse junto os vícios, os efeitos que eles causam e muito sofrimento, sendo necessária a experiência de vencê-los e encarar os seus resultados.

O silêncio reinou absoluto por longos minutos e, observando-o melhor, a senhora perguntou bondosa:

— Humberto, o que você tem filho?

— Alguns pensamentos inquietantes. Não quero incomodá-la com isso, mãe.

— E quando foi que você me incomodou?! Deve ser algo bem importante para deixá-lo assim. Eu o conheço, Humberto.

Dando trégua ao silêncio, em minutos, ele lhe contou tudo o que o amargurava, pois confiava nos conselhos da senhora Aurora.

— Eu entendo, filho — murmurou preocupada. — Mas não fique desgostoso. Pensamentos ansiosos e nervosos emanam substâncias fluídicas venenosas que não farão bem a você nem a ninguém. Eu bem sei disso. Como padeci com a angústia que eu mesma criei pela falta de fé. Não se deixe abater. Ninguém está livre.

— Mãe — falou, olhando-a nos olhos —, antes de retornar à colônia, eu estive no Umbral e vi o Rubens. Tentei alcançar o seu nível de consciência, mas ele está aterrorizado e revoltado com o que vive. É bem possível que ele não creia em Deus como deveria. O meu irmão experimenta muita rebeldia, mesmo com tamanha dificuldade. Então, o seu reencarne pode ser compulsório, sem muito tempo para aprender no plano espiritual. Isso pode resultar uma pessoa difícil, tempestuosa, agitada e... Mãe, ele não será um bom companheiro.

— Você diz isso baseado na maioria dos casos que vê. Porém, pode ser diferente com ele.

— Mãe, lembre-se de todos os vícios e defeitos morais que ele tem. O Rubens não será um bom companheiro para ninguém, muito menos para a Lívia.

A senhora Aurora puxou sua cadeira para mais perto do rapaz, que se debruçou na mesa, e afagou-lhe os cabelos com generosidade materna. Alguns minutos se passaram e ela se manifestou novamente:

— Humberto, meu filho! Levante essa cabeça! Não se desequilibre!

Ele se ergueu e pôs-se a fitá-la com olhos brilhantes.

— O que eu posso fazer, mãe? Ficar feliz com isso?! — Foi você quem me ensinou a respeitar e aceitar a opinião de alguém. Disse que nós temos o livre-arbítrio, mas é Deus quem dirige o nosso destino.

— Estou contrariado, mãe.

— Nunca o vi assim, filho, e não estou gostando. Onde está a sua fé? Onde está o seu respeito à opinião alheia? Por que não respeita e aceita o desejo da Lívia?

— É diferente!

— Não, não é! — falou firme. Tocando-lhe o ombro para fazê-lo encará-la, dona Aurora argumentou: — Quando eu vivi na Terra, na última encarnação, e experimentei a provação de perder o meu filho mais novo num suposto acidente, pensei que eu fosse enlouquecer. Na verdade, morri em vida. Senti sua falta de uma forma impressionante. Pensava ouvir os barulhos que fazia dentro de casa e acreditava que era você. Sentia o seu cheiro nas roupas, o seu perfume, preparava o seu prato... Como é difícil perder um filho! Você estava noivo. Seu pai o ajudou a comprar uma boa casa e tinha muitos planos. De repente, a notícia de sua morte: atropelado por um trem. O seu irmão, o Rubens, não imagina como eu sofri. Ainda mais quando ele sugeriu que você se suicidou. Oh, meu filho!... — Lamentou com lágrimas nos olhos. — Como fiquei desesperada! Quanta dor! Vivi uma angústia e um desgosto pelo resto de meus dias terrenos. Não atendi aos conselhos recebidos. Não procurei ser ativa. Entreguei-me à tristeza e ao desespero. Nada amenizava a minha dor. Fui egoísta demais. Só pensava na minha dor e não me importava nem com o seu pai, que se entregou à bebida porque sofria também. Neguei-me até para os seus irmãos e me tornei um fardo para eles que se cansaram da minha depressão. Eu só queria ter você de volta. Cinco anos após o seu desencane, eu vim para a pátria espiritual. Permaneci em um estado semelhante ao de um sono profundo, por mais de um mês e fui assistida por nossos amigos. Ao reencontrá-lo, quanta felicidade! Meu filho querido estava bem! Estava lindo como sempre! Foi então que eu soube que o seu irmão o havia matado. — Breve pausa e continuou: — Humberto, você me acompanhou e me socorreu por causa das minhas vibrações desesperadas que geravam fluidos pesarosos. Por isso precisei permanecer, por mais de um ano, em pavilhões hospitalares. Você e minha mãe, sua avó, me sustentaram o ânimo e me fizeram reconhecer que o desespero de nada serviria a não ser para o meu desequilíbrio, para a minha inutilidade e o risco de eu me atrair para grande sofrimento no Umbral. O meu egoísmo foi o que me atirou na depressão e me deixou inútil diante da dor. Eu sei que precisarei reparar isso. O tempo foi passando e eu me recuperei. Aprendi muito e me tornei operante. Depois, novamente, fiquei abalada pelo seu pai, por ele vivenciar longa e dolorosa perturbação no Umbral e tudo por conta de seu vício no álcool, que lhe roubou a saúde física, encurtando os seus dias terrenos. Porém a culpa maior foi minha por não estar ao lado dele, por não ouvi-lo e por não dividirmos a mesma dor. As condições deprimidas, das quais não me esforcei para sair, tiveram um grande peso para o seu pai. Ele não agüentou e começou beber daquele jeito. Por isso eu preciso ajudá-lo e acompanhá-lo na próxima encarnação.

— Foram suas insistentes vibrações e visitas ao meu pai que o fizeram sair de região de tamanha dor e o levaram a ser socorrido na colônia onde ele se recompôs, se equilibrou, se recuperou e aprendeu. O seu amor e a sua vigília impulsionaram forças ao meu pai e o fizeram reagir e orar.

— Mas o mesmo não aconteceu ao seu irmão. Quando encarnado, meu pobre Rubens tirou a sua vida, tentou convencer Lívia a um romance com ele e só deixou a pobre moça em paz quando soube de sua grave doença. Depois ele se casou, traiu a Neide com várias mulheres, infestou-se de energias doentias e, espiritualmente, nojosas, que vivem encrostadas em seu corpo espiritual até hoje. Colaborou para o nascimento de cinco filhos. Três com a própria esposa. Os outros dois, pobrezinhos, tiveram uma vida ingrata por culpa do Rubens. Além disso, ele é responsável, indiretamente, por cinco abortos, e esse é um crime muito grave, cujas mães mataram o próprio filho por saberem ou desconfiarem que ele, um homem casado, não lhes daria assistência.

— O Luís e a Cleide foram os filhos concebidos fora do casamento. Estou sabendo — disse Humberto.

— Sim. A Cleide, muito meiga e dócil, aceitou a vida infeliz proposta pelo pai que a abandonou à sorte ingrata do mundo. Ainda mocinha, na ocasião da morte de sua mãezinha, procurou pelo Rubens, mas ele não a reconheceu nem a apoiou, deixando-a à mercê de um mundo cruel. Quanto ao Luís, filho do Rubens ainda com outra mulher, nunca perdoou ao pai pelo abandono, pela vida desgraçada. Eles vão precisar ter contato em algumas encarnações, mas não poderão ser muito próximos. — Alguns instantes de silêncio e continuou:

— Humberto, meu filho, você foi capaz de entender e aceitar o seu irmão, mesmo não estando de acordo com o que ele fez, vem mostrando o seu amor através de tanta assistência e tentativa de socorro ao Rubens. Agora, não consegue respeitar o desejo da Lívia!

— Não sei se amo o meu irmão como deveria, mãe. Para comprovar isso, só o tendo muito próximo quando reencarnado sob a bênção do esquecimento. A verdade é que eu tenho muito medo disso. Com o esquecimento, será que eu posso ir contra todos os meus princípios e desejar o seu mal? Sabe o que isso significaria? Temo não suportar essa provação. — Sem ouvir qualquer resposta, prosseguiu: — Quanto à Lívia... Bem, com ela é muito diferente. Até onde sei, eu e a Lívia sempre fomos almas afins. Nós nos completamos. Em muitas oportunidades de vida terrena, nós nos unimos como um casal, tivemos filhos... Temos uma história! Viemos nos ajudando na caminhada evolutiva. Eu a amo muito! De todo o meu coração! De todo eu, espírito! Amo-a muito! É como se ela fosse metade do meu ser! Veja, se, por determinada razão evolutiva ou de harmonização, precisasse se unir a outro, é lógico que eu aceitaria, entenderia e a ajudaria, como já aconteceu. Mas não sei se é o caso, pois esse outro é o Rubens. — Alguns instantes e comentou: — Vivemos um sentimento puro, uma vida salutar e temos planos elevados com os quais auxiliaremos muitos! No entanto, agora, ela quer se unir a ele e receber criaturas conhecidas e amigas dentro da nossa compreensão evolutiva, mas não deles e com as quais a Lívia não tem débitos ou obrigações.

— Num passado remoto a Irene já foi filha da Lívia.

— Sim, mãe, eu sei. Mas...

— Acho que sei por que a Lívia quer fazer isso.

— Por quê? Explique-me, por favor!

— Aqui, no plano espiritual, sabemos que não é tão difícil, quanto na vida terrena, trabalharmos algo que nos faça declinar. Quando vocês estavam noivos e de casamento marcado, a Lívia, que sempre foi muito bonita e elegante, precisava se sentir mais confiante, mais segura, por isso aceitava os olhares, os elogios e os cortejos do Rubens. Ela não sabia que, com essa atitude, incentivava-o a uma postura e comportamento errado. Por causa disso, ele teve esperança de conquistar a noiva do irmão. A Lívia deveria tê-lo colocado em seu devido lugar, adverti-lo e não ter se calado e trocado olhares e sorrisos. Esse comportamento alimentou o desequilíbrio do Rubens que decidiu matá-lo para ficar com ela. Ele tinha muita inveja de você e ninguém sabia disso.

Quando estamos encarnados, filho, acreditamos que nossos pensamentos, bem como as coisas mais sigilosas que fazemos, nunca serão descobertos por alguém. Quanto engano! Ao chegar ao plano espiritual, Lívia deparou-se com você que sabia exatamente de tudo. Apesar de amá-lo, de adorá-lo, ela admitiu e, de certa forma, aceitou os cortejos do futuro cunhado, pensando que jamais seria descoberta, que seria algo inocente e sem conseqüências. Estava enganada. Isso a atormenta desde quando você desencarnou. Desde aquela época, o seu inconsciente a culpava e foi por isso que adoeceu. Agora essa situação do passado a tortura a ponto de querer reparar, porque os seus atos custaram a interrupção de suas vidas terrenas.

— Era bem possível que o Rubens tentasse algo contra mim mesmo sem o incentivo de Lívia, pois trazia sentimentos do passado e era isso que ele precisava harmonizar e não o fez.

— Sim. Eu sei. Em tempos remotos, também por inveja de você, o Rubens fez de sua vida um inferno. Roubou-lhe a esposa e lhe tirou a paz. Nessa época, você era casado com a Irene, que não resistiu às más tendências e o traiu, o abandonou jovem e com os dois filhinhos pequenos, o Flávio e a Neide, os netos que eu não quis te ajudar a cuidar naquela época, porque eu não fiz gosto ao seu casamento com a Irene.

— Vivi uma experiência extremamente difícil e infeliz. Quantas vezes pensei em acabar com tudo. Nossa!...

— Só não o fez porque a Lívia, em espírito, esteve com você dia e noite. Ininterruptamente sustentou-o com todo o seu amor, dando-lhe forças para resistir a tão dura provação.

— A possibilidade de ver Lívia vivendo ao lado do Rubens me atormenta.

— Não deixe que isso aconteça, Humberto. Sabe qual será o resultado.

— Estou pensando em ir falar com o Sérgio ou com o Diogo. Eles sempre foram meus amigos e vão saber como me aconselhar.

— Faça isso, filho — incentivou animada.

Alguns segundos e Humberto ofereceu leve sorriso, segurou as mãos dela entre as suas e as beijou agradecido.

— Obrigado, mãe. Como é valoroso ter quem nos ouça, oriente e estimule ao que é certo.

— Conte comigo, filho. Faço tudo por você!

— Obrigado. — Levantando-se, decidiu: — Agora preciso ir.

Após abraçá-la, com ternura, beijou-a e se foi.

* * *

Retornando à sua casa, Humberto recolheu-se a um pequeno aposento cujas paredes eram literalmente forradas de livros.

Acomodando-se atrás da escrivaninha de aparência antiga, que, além dos objetos necessários ao estudo, era decorada por gracioso vaso com flores, apoiou os cotovelos, sustentou a fronte com as mãos e permaneceu ali, quieto e em prece, por longo tempo.

Suave batida à porta o chamou ao momento presente.

Erguendo o rosto, ajeitou-se e permitiu:

— Entre!

— Com licença, meu irmão? — pediu uma mulher aparentando meia idade. Cabelos levemente grisalhos emolduravam agradavelmente seu rosto simpático e sorridente.

Seu nome era Júlia. Havia sido filha de dona Aurora e irmã de Humberto, na última encarnação.

Esboçando generoso sorriso, ele pediu:

— Entre, Júlia! Por favor, minha irmã! Eu queria mesmo conversar com você.

Delicadamente ela fechou a porta, garantindo privacidade. Puxou uma cadeira, sentou-se frente a ele e perguntou:

— Não vai fazer a refeição conosco?

— Não — respondeu com simplicidade. Em seguida, considerou em tom brando para ensiná-la: — Creio que já deve saber sobre a decisão de Lívia e, como não poderia ser diferente, estou abalado. E, aqui, não se senta à mesa aquele cujas ondas vibratórias produzem fluidos pesarosos, o que é verdadeiro veneno se misturado aos fluidos salutares das substâncias alimentares. Isso nos intoxica.

— Nesta colônia, sei da existência de residentes que, por não precisarem, se isentam, quase por completo, das substâncias alimentares, mas nunca totalmente e jamais das nutrições espirituais! — sorriu. — Aprendi também que os tarefeiros do Ministério do Auxílio não podem, sobremaneira, dispensar a nutrição de concentrados fluídicos apresentados como caldos, frutas e sucos. E você, Humberto, como considerável prestador de serviço no Auxílio, despende imensa quantidade de energia e necessita repô-las.

— O amor é o verdadeiro alimento do espírito! — sorriu generoso.

— Sem dúvida! Contudo você possui um perispírito e esse corpo espiritual precisa de forças compatíveis a esse plano. Se não deve se unir aos demais para se alimentar, permita-me trazer a sua refeição aqui.

Sustentando sorriso agradável, ele disse:

— O conhecimento está deixando-a mais esperta, Júlia! Tempos atrás você não era assim!

— Humberto — falou com doçura —, você chegou há pouco de tarefa árdua. Alimente-se, para não esgotar as energias, ou eu vou contar para a nossa mãe.

Ele riu gostoso e respondeu:

— Depois. — Com expressiva preocupação, que tentava disfarçar, o irmão comentou após alguns minutos: — A Lívia deve ter comentado contigo sobre a decisão dela.

— Sim, comentou.

— Júlia, estou inquieto, apreensivo, preocupado e com um mau pressentimento. Não estou me sentindo bem.

— Estou surpresa por vê-lo falar assim. Sempre o admirei por sua força interior, seu bom ânimo, sua fé nos momentos mais instáveis, sua convicção no bem e nos pensamentos positivos. Você sempre foi capaz de compreender as pessoas.

— Sempre, não. Eu não atiro a primeira pedra. Somente quem nunca errou pode fazê-lo e eu, minha irmã, tive incontáveis experiências terrenas nas quais cometi vários erros e precisei harmonizar cada um deles. Não estou julgando a Lívia. É que meus planos eram outros no que diz respeito a ajudar o Rubens.

O caso é o seguinte: aqui, na espiritualidade, quando olhamos para o número de erros que cometemos, ficamos tristes e nos arrependemos. Depois queremos corrigir tudo de uma vez e nos achamos capacitados para superar todos os desafios. No entanto, quando encarnados, vacilamos e não somos tão fortes para suportarmos as provações. Acredito que esse é o caso de Lívia.

— Humberto, eu sei o quanto a atividade mental do encarnado muda quando os seus propósitos são dominados pela falta de perdão, pelos vícios morais e não pelos desejos evolutivos. Todos nós somos vítimas e herdeiros de nós mesmos. Sempre pedimos a Deus que nos alivie das dores em vez de rogarmos por força para vencermos os desafios. Quando estamos bem situados nas atividades terrenas, não nos lembramos de agradecer ao Pai, muito menos de ajudar um irmão. Quase ninguém observa e entende a santificante bênção da oportunidade terrena. O normal é ouvirmos somente súplicas e reclamações a respeito das provações vividas. Eu falo isso por mim, principalmente. — Breve pausa e contou: — Quando encarnada, época em que fomos irmãos, fui vaidosa ao extremo. Só pensava em ver e ressaltar a beleza física, disputar tarefas empresariais mais apropriadas ao espírito masculino e dava pouca importância para o próximo mais próximo. Sabe, senti sua falta quando desencarnou no suposto acidente de atropelamento de trem. Contudo eu não ofereci aos nossos pais a atenção que deveria e de que eles precisavam, principalmente para a nossa mãe, tão desesperada, tão aflita e inconsolável. Ao ficar intimamente insatisfeita por causa das reclamações dolorosas de nossa mãezinha, por causa da exibição de sua dor de forma angustiosa, eu demonstrava o meu pobre egoísmo, minha baixeza espiritual e minha pouca evolução moral quando não compreendia, quando achava que a mãe não pensava nos outros filhos vivos. Eu sabia sorrir, ser atenciosa, compreender e consolar somente os conhecidos e amigos fora de casa. Não queria entender ou admitir que minha caridade deveria ser com os mais próximos, pois esses são os que nos fazem renovar e aprender. São para com esses que temos débitos urgentes ou eles não estariam tão próximos. Somente hoje eu vejo que vivi uma vida egoísta e sem propósitos, sempre fugindo das responsabilidades morais. Casei-me. Tive uma vida abastada e não deixei faltar qualquer provisão material para minha mãe. Porém, eu mesma, nunca estava presente. Não fui diferente com os meus filhos, que sempre deixei sob os cuidados dos melhores empregados. Não tratei bem nem o meu marido. Depois do falecimento de nossa mãe, gozei o resto da juventude e a chegada da maturidade com falsa alegria até meu marido acreditar que precisava ter ao lado uma mulher tão esperta e bela quanto eu havia sido. Aos poucos fiquei limitada ao lar. Os filhos também foram me esquecendo e eu não tinha qualquer atribuição que me satisfizesse. Doenças foram me consumindo. Os melhores médicos e enfermeiros foram pagos para ficarem ao meu lado, mas pouco eu via meu marido e meus filhos. Todo aquele tempo presa ao leito me fez refletir muito. Eu não desejo isso a ninguém. Quanto arrependimento quando se está sobre uma cama sofrendo! Eu desejava mudar tudo, mas não podia. Desencarnei. Permaneci longos anos em estado de perturbação. Esse Umbral da consciência é tão terrível que somente as preces ensinadas por nossa mãe me aliviavam a mente e eu encontrava a fé. A fé de sair daquelas condições. Depois de tanto orar, eu entrei em uma faixa vibratória onde consegui ver você, que muito ficou ao meu lado, utilizando as preces que a nossa mãezinha nos ensinou para me fazer elevar os pensamentos. — Lágrimas rolaram na face de Júlia e sua voz embargou ao dizer: — Eu que nunca havia feito uma oração verdadeiramente sentida por você, nem em vida nem após a sua partida. O que fiz a você foram preces decoradas, palavras repetidas sem a menor atenção, sem sentimento. Você me trouxe para essa colônia e para junto de nossa mãe. Depois de me recuperar, em pavilhões hospitalares e regeneradores, trouxe-me para a sua casa, sob os seus cuidados, os de nossa mãe e a atenção carinhosa de Lívia.

Eu estava triste, arrependida por tudo o que não fiz, pela oportunidade de vida desperdiçada. Mesmo assim, recebi, por misericórdia, atenção e tratamento que não merecia. Equilibrei-me, estudei, aprendi e, até onde sei, nem você nem a Lívia precisariam me dar assistência, porém o fazem com amor e há tanto tempo!

— Você era um espírito um tanto rebelde e que não dava atenção aos chamados do Alto. Precisou vivenciar a dor e o sofrimento para começar a aprender. Por vê-la disposta e verdadeiramente animada a reparar o que fez de errado, decidimos lhe oferecer a oportunidade do convívio para que aprendesse mais rápido.

— E por acaso, Humberto, não será essa oportunidade de convívio, para que aprenda mais rápido, que a Lívia quer dar ao Rubens?

Ele a fitou de modo indefinido, mas sem dizer nada. Em seguida, fugiu-lhe ao olhar.

Júlia sorriu generosa. Levantou-se e avisou:

— Vou buscar a sua refeição.

2

PLANEJAMENTO REENCARNATÓRIO

No dia seguinte, Humberto aguardava pacientemente pelo amigo de longas eras.

O gabinete de Diogo era invadido por luminosidade cariciosa, levemente colorida e recortada alegremente pelos vitrais triangulares. As janelas largas, em forma de arco, deixavam suave brisa perfumada penetrar no recinto, ao mesmo tempo que a vista de graciosas trepadeiras floridas meneavam nas laterais.

Repentinamente a porta foi aberta e ouviu-se a voz contente do amigo sorridente:

— Querido Humberto! Como está?! — perguntou, abraçando-o e beijando-lhe o rosto ao estapear suas costas.

— Bem, Diogo! E você?

— Ótimo! Soube que chegou ontem. Eu não estava aqui por causa de tarefas urgentes nos pavilhões hospitalares, justamente na Enfermaria dos Perturbados.

— Problemas sérios?! — preocupou-se Humberto.

— Agora tudo está sob controle. Você nos fez falta, hein!

— sorriu. — Quando retomar a chefia, de acordo com as condições dos internos, aconselho aliviar as medidas disciplinares rígidas que o Sérgio tomou com meu total apoio.

— O que aconteceu?

— Os recolhidos na Enfermaria dos Perturbados, por causa dos vícios terrenos não superados, se amotinaram com exigências absurdas e abomináveis às vibrações desta colônia. O nosso velho conhecido Adamastor, cujos vícios de violência, de agressividade e referente ao sexo não vence, mesmo à custa de longo tratamento espiritual, liderou os demais e, juntos, chegaram a agredir enfermeiros e tarefeiros do pavilhão. Fui chamado. Diante das circunstâncias, apoiei as medidas drásticas que o Sérgio determinou. Toda alimentação e qualquer tipo de recomposição fluídica foi suspensa. A enfermaria foi fechada. Ninguém saiu ou entrou lá por oito longos dias. Os internos se transformaram em verdadeiros loucos, mas enfraqueceram. Ao vê-los sem forças, adentramos e isolamos Adamastor, como também os mais ligados diretamente a ele. Os demais, amedrontados, ficaram mais respeitosos e foram separados de acordo com o grau de risco que representam aos trabalhadores.

— Assim que eu reassumir a chefia, vou solicitar o vigor de métodos de espiritualização desses enfermos. Vejo essa necessidade há algum tempo e já deveria ter investido em medidas a respeito. Os assistentes técnicos dessa enfermaria solicitaram o planejamento reencarnatório de Adamastor pelo fato desse irmão não se regenerar e causar excessivo desgaste a todos nós.

— Como amigo, aconselho o planejamento reencarnatório de muitos outros ali, não só de Adamastor. Esses espíritos rebeldes e teimosos dificilmente se regeneram aqui. Eles causam problemas terríveis e atrapalham, inclusive, a recomposição dos demais. Estão aqui porque, quando apresentam o desejo de melhorar, necessitam ser acolhidos para tratamento e outra colônia, com menos estrutura, não consegue suprir suas necessidades. Somente uma colônia com o porte da nossa pode fazê-lo.

— Esse motim só reforça minha decisão a respeito do planejamento reencarnatório. — Olhando-o, esboçou suave sorriso no semblante preocupado e solicitou: — Precisarei do seu apoio, Diogo.

— Conte comigo! Tenho idéias novas para trabalhos de reajustamento que já apresentei à Governadoria. Eles devem chegar para a sua apreciação na próxima semana.

— Ótimo!

— Mas me conta, Humberto, como foi a excursão terrena? Quais as novidades?

— Acompanhei de perto o nascimento de meu pai, recebido com imensa alegria. — Ele sorriu ao lembrar: — Em pensar que Sara recebe o bisavô como filho e ignora isso... — Após segundos, continuou: — De resto, sem grandes novidades. Os encarnados continuam teimosos, vaidosos, orgulhosos e não admitem isso. Como sabe, eles querem materializar o espírito e não espiritualizar a matéria. Com isso, desequilibram-se, agridem o corpo físico e encurtam a encarnação.

— É triste ver o ser humano desejando viver mais, desejando viver bem, ser saudável e ao mesmo tempo não se importando nem admitindo que desencarna antecipadamente quando fuma, bebe, come sem necessidade, se droga, se irrita, sente raiva, fica contrariado e outras coisas mais. Quando faz isso, a pessoa está se matando, se suicidando aos poucos.

E não me venha dizer, hoje, que isso é suicídio inconsciente, não! Todo mundo já sabe que comer demais mata, fumar mata, ingerir bebida alcoólica mata, usar droga mata, ficar irritado, com raiva, contrariado... mata! De alguma forma a criatura humana destrói células ou neurônios quando foge ou excede o ritmo natural da vida, seja esse ritmo de um processo físico ou emocional.

— Na Enfermaria dos Perturbados — lembrou Humberto — encontramos centenas e centenas de casos assim. Aliás, todos ali se excederam nos vícios. Irritar-se é um vício, a raiva é outro. Muitos ainda não admitem isso. Tenho medo de, quando encarnado, me deixar levar pela contrariedade que gera irritação e raiva.

— Sentir raiva ou sentir irritação é o mesmo que beber um copo de veneno e esperar que o outro morra!

Humberto riu e ambos foram interrompidos por batidas à porta. Ao olharem...

— Sérgio[1], meu amigo! — exclamou Humberto com expressiva satisfação. Eles se abraçaram demoradamente e, ao se afastarem, Humberto perguntou: — Como estão as coisas?! Foi difícil ficar no meu lugar?!

— Foi bem tranqüilo! — brincou, rindo. — O Diogo te contou o que aconteceu?

— Estávamos falando sobre isso. Creio que os internos daquela enfermaria, ao perceberem a minha ausência,

---

[1] N.A.E. O nome dos personagens do plano espiritual não será trocado quando estiverem no plano físico para facilitar o reconhecimento deles pelo leitor.

resolveram se rebelar acreditando que encontrariam facilidade na segurança e mais regalias.

— Chefiei esse departamento somente na sua ausência, Humberto, e por curto período, mas observei que alguns irmãos ali, talvez, sejam incompatíveis até para o nível desta colônia.

— Quando eu assumi essa enfermaria, Sérgio, eles já se encontravam lá. Na esperança de se regenerarem, foram mantidos a pedidos especiais de parentes chegados. Contudo eles não se recuperaram e insistem mentalmente nos vícios. Eu estava justamente falando ao Diogo sobre os aconselhamentos que recebi de técnicos e assistentes com funções específicas, nessa enfermaria, a respeito do reencarne de Adamastor.

— Eu aconselho o planejamento reencarnatório de muitos outros ali, não só dele — disse Diogo.

— Não quer me auxiliar nisso, Sérgio? — pediu Humberto.

— Como não?! Gosto muito de funções relacionadas ao planejamento reencarnatório, setor onde trabalho com imensa satisfação desde quando me afastei das tarefas de socorrista no Vale dos Suicidas.

— Eu soube que não está mais na admirável equipe de socorro no vale. Por que solicitou afastamento?

— Estou planejando o meu reencarne, por isso quero ficar mais presente na colônia, para aperfeiçoamento e estudo.

— Sério?! Vai reencarnar?! Você me avisou sobre isso, mas eu não sabia que seria tão rápido!

— Em alguns anos, espero. Talvez uns vinte! — tornou Sérgio. — Acredito que é a oportunidade ideal tanto para mim quanto para a Débora, que deve me acompanhar.

— Qual o tipo de tarefa pretende abraçar na vida terrena? Psicólogo, como comentou?

— A princípio, não — respondeu Sérgio. — Eu preciso ocupar uma posição de equilíbrio sentindo o que é ser superior e ao mesmo tempo subalterno. Experimentar a pressão ostensiva de muita disciplina. Além disso, pelo fato de eu ter desertado do Exército Imperial, quando fiz parte dele, na próxima encarnação, devo exercer função relacionada à segurança pública, provavelmente, policial militar. Após o período necessário, nessa função, devo abraçar a minha paixão e me voltar para a área psicológica. Sabe como é, quando a consciência cobra, só se tem paz corrigindo as faltas do passado. Quero ampliar os conhecimentos na área psicológica e desenvolver auxílio nos mais diversos comportamentos da mente. Minha intenção, no desenvolvimento intelectual, é, na espiritualidade, trabalhar com irmãos que não entendem o uso da psique ou dos pensamentos e utilizam a energia de criações mentais destrutivas, através da força do pensamento, sem saber.

Nesse instante, Diogo os interrompeu:

— Peço licença, mas tenho horário marcado para uma reunião na Governadoria. Gostaria muito que os amigos continuassem o assunto.

— Diogo, não vamos incomodar se prosseguirmos com a conversa aqui em sua sala? Eu gostaria muito de conversar com o Sérgio, pois esse assunto está me interessando.

— Fiquem à vontade! Por favor!

Dizendo isso, Diogo se retirou e Humberto mencionou:

— Sérgio, preciso falar com você sobre algo que me incomoda. Percebo que você é a criatura ideal, não só por ser um grande amigo, mas pelas experiências que tem. Sua orientação é muito importante para mim.

Sérgio sorriu e ficou bem à vontade, acomodado em um sofá, enquanto Humberto ocupava uma cadeira frente a ele.

— Além da Débora, quando estiver encarnado, quem mais estará perto de você? — perguntou Humberto.

— O Tiago será meu irmão! — informou alegre. Mas logo Sérgio fechou o sorriso e comentou: — A Lúcia será minha irmã e...

— A Lúcia?! — questionou Humberto, surpreso.

— É. Quem sabe, como minha irmã, ela se torne menos rebelde, mais compreensiva.

— A Lúcia é uma criatura bem difícil e se compara à Irene. — Breve instante e se alegrou: — Faz tempo que não vejo o Tiago! Como ele está?!

— Ótimo! Como sempre! Ninguém derruba o seu alto astral! O Tiago está em excursão terrena, visitando nossos pais. Não sei como não se encontraram.

— Por acaso o seu pai não será o senhor Édison, será? — sorriu.

— Biologicamente, não. Ele já está encarnado, como sabe. Vamos nos encontrar, pois ele faz questão de me ajudar, me dar a sustentação e a orientação que não pôde oferecer, em uma vida passada, como pai. Eu o considero muito, você sabe! Para mim, ele é um pai espiritual!

— Imagino! Também gosto muito dele. E quanto ao seu mentor espiritual?

— Ah! — sorriu. — Não poderia deixar de ser o querido Wilson! Como eu o respeito, o amo! Nossa! Ele é a criatura que fará tudo por mim. Peço a Deus para eu ter fé, bom ânimo e pensamentos elevados para sempre ser digno de estar em sintonia com o Wilson.

— Sérgio, eu o admiro e o considero muito. Eu o amo a ponto de dizer que, se eu estivesse encarnado, gostaria que você fosse o meu mentor! Sei que a minha particularidade deverá ser resolvida por mim. Entretanto, você sabe o quanto é valioso o bom conselho vindo de irmão amigo como você, o Diogo... É que eu estou precisando de uma luz na consciência para não me desequilibrar. Para mim, o assunto é sério.

— O que está acontecendo? — perguntou o amigo preocupado.

— A Lívia se sente incomodada. A consciência lhe cobra pelo comportamento inadequado no passado e ela quer reencarnar. Em princípio os seus planos são unir-se ao Rubens.

— Ao Rubens?! — surpreendeu-se, por conhecer toda a história.

— Exatamente. É o seguinte...

Em alguns minutos, Humberto contou ao amigo os planos de Lívia e tudo o que o incomodava nos planos da companheira.

Ao final, o silêncio imperou por minutos e Sérgio quis saber:

— Você tem algum tempo livre agora?

— Sim, tenho.

Então vamos até o Ministério da Reencarnação, pois eu tive uma idéia. Lá, munido de equipamento em que posso lhe mostrar melhor as suposições, você poderá entender muito bem algumas sugestões. Vamos?

— Claro! Vamos, sim! — animou-se.
Uma energia salutar envolveu Humberto que ficou bem disposto e ansioso pelo fato do amigo ter alternativas melhores para lhe sugerir.
Após horas reunido com Sérgio, Humberto estava pensativo, porém mais sereno.
— O que você acha? — perguntou Sérgio.
— Precisamos conversar com a Lívia. Quero a opinião dela. Contudo já posso afirmar que temo ficar tão perto de Rubens, vendo-o tão ligado à Lívia desse jeito.
— Veja, Humberto, nós só planejamos de uma forma visando a que tudo siga um curso harmonioso. Entretanto, encarnado e com o poder do livre-arbítrio, nós podemos mudar tudo e alterar o curso de nossas vidas e da vida dos outros. Aqueles que nos acompanham na encarnação terrena podem nos ajudar ou prejudicar. Além do que, são somente planos reencarnatórios superficiais. Lógico que nós nos aplicaremos por anos para ajustarmos toda essa situação.
— Eu gostaria muito que você me ajudasse nesses detalhes, Sérgio. Confio no seu bom senso.
— Eu prometo que vou te ajudar. Não só aqui, mas também no plano físico. Ficaremos bem próximos.
— Será o meu mentor encarnado se eu vacilar? — perguntou sério.
— Serei. Eu prometo. — Os amigos sorriram. Trocaram rápido abraço e Sérgio propôs: — Vamos contar para a Lívia?
— Lógico! Vamos até em casa agora!
Sem demora eles seguiram para a casa de Humberto.

***

Após longa conversa e explicações sobre propostas e possibilidades, Lívia perguntou:
— O planejamento reencarnatório é feito com muitos anos de antecedência. Mas entendi que esses planos são para breve. Daqui uns vinte ou vinte e cinco anos! E os nossos pais?
— O senhor Leopoldo está encarnado. Sei que não foi planejado que ele e dona Aurora recebessem Humberto e Rubens como filhos. Duvido muito que a dona Aurora se negue a ser mãe dos dois e quanto ao senhor Leopoldo, com o decorrer dos anos, poderá ser trazido até aqui no estado de sono e questionado a respeito. Pelos desejos evolutivos, certamente irá concordar.
— Não será arriscado o Humberto e o Rubens serem irmãos depois de tudo?
— Isso seria ideal! O Humberto seria testado no seu perdão ao irmão e possessividade quanto a você, Lívia. Pelo que entendi e senti, até agora, o Humberto precisa trabalhar a questão de admitir você perto do Rubens. Para você, Lívia...
— Sérgio, o importante para mim seria ter um pai severo e exigente. Fui muito mimada, dependente. Vivi verdadeiramente como uma dondoca e recebi tudo nas mãos. Isso me impediu de ser forte, de ter opinião e de crescer. Seria muito importante para a minha evolução se eu precisasse lutar pelo meu ideal, por minhas conquistas e ter um pai que exigisse de mim uma boa conduta. Os problemas e as dificuldades vão fazer com que minha mente não seja preenchida com futilidades. Além disso, por me sentir tão culpada por tudo que

provoquei ao Humberto, eu quero estar pronta para auxiliá-lo, orientá-lo e ampará-lo no que for preciso.

— O bom para você é não receber muito apoio familiar. Isso a fará crescer, ser mais forte, evoluir... Não se ligar à Irene com laços consangüíneos, seria o melhor. — Fitando-a firme, reforçou a explicação: — Veja, essas são só suposições e bem superficiais. Um planejamento reencarnatório é algo para ser muito bem estudado e estruturado. Todos os envolvidos, como nesse caso, precisarão chegar a um acordo, um consentimento para se harmonizarem, aliviarem as consciências e evoluírem. Esse é o objetivo!

— Quando estamos encarnados, Sérgio, tudo fica diferente. Pensamos e agimos diferente. Eu estava conversando isso com a Débora ontem, lá na biblioteca — justificou-se Lívia. — Por isso eu preciso de um pai severo e de uma mãe que não me apóie. Será difícil, mas compreendo e aceito para eu não me desviar dos meus ideais. No meu caso, eu não posso e não quero me deixar iludir pela beleza física, material e me inclinar para a vaidade, para o orgulho.

Sérgio ofereceu suave sorriso e explicou:

— O que é belo, o que é bonito deve ser agradável aos sentidos e não ser um instrumento de vaidade, arrogância ou inveja. Acho que a beleza física deve ser interessante, no seu caso, você precisará saber lidar com ela. O Rubens deverá se atrair por você e, novamente, essa atração será pela beleza exterior.

— É difícil aprender a nos equilibrarmos com a beleza. É uma prova tão difícil quanto a da fortuna! Podemos nos tornar vaidosos, orgulhosos, arrogantes e imponentes.

— Exatamente! A vaidade e o orgulho andam de braços dados enquanto a arrogância corre atrás dos dois. Não dá para ter um sem ter o outro. Encarnado, sob o véu do esquecimento, o nosso inconsciente se revela sutilmente e é por isso que atraímos para nós o que precisamos para nos corrigirmos. Se você atraiu para si uma pessoa agressiva, que não te respeita nem te ama, é porque está faltando amor e carinho de você para com você mesma. Esse é só um exemplo. Enquanto você não se amar, não se respeitar, não procurar o melhor, os caminhos não vão se abrir para que encontre e se ligue a pessoas melhores.

Aproveitando a breve pausa, Humberto questionou:

— E quanto ao Rubens? Será que conseguiremos tirá-lo daquela condição?

— Temos alguns anos pela frente e, enquanto eu não reencarnar, vou ajudá-lo no que for preciso para tirá-lo desse estado de consciência, o Umbral. Sei que podemos contar com a colaboração do Tiago, especialista nesse assunto. Será muito importante e proveitoso o Rubens desejar reencarnar para reparar os erros. E mais importante ainda é se restabelecer o quanto antes para entender o que aconteceu a ele, por que aconteceu e também aprender e se preparar para a harmonização que precisa fazer.

— Quando socorrido, talvez, ele não tenha condições de vir para esta colônia, mas já sei onde poderá ser recebido — disse Humberto mais animado.

— Ótimo! O sofrimento dele, nesse estado de perturbação, foi imenso. Acredito que, quando se libertar desse estado, o mínimo de tempo de terapia espiritual já o ajudará a se recompor e equilibrar a mente, pois, pelo que conheço, o Rubens é inteligente e podemos tirar proveito benéfico disso.

— Sérgio silenciou por alguns instantes observando o casal se entreolhar com expectativa e preocupação. Logo comentou: — Pensem bem e falem com os envolvidos. Depois será preciso vocês requererem, junto ao Ministério da Reencarnação, o pedido e a justificativa para o reencarne de ambos a fim de que tudo se dê no tempo certo.

— E o pedido para a reencarnação dos demais? Alguns não estão nessa colônia.

— Veja, Lívia, cada colônia espiritual possui o seu sistema de organização. Aqui nós temos um ministério especializado somente em planejamento reencarnatório. No caso dos demais, a colônia onde estão é o Ministério do Auxílio que cuida disso no setor de planejamento reencarnatório. Eles deverão fazer a solicitação por lá e, logo que o pedido de vocês for aceito, entraremos em contato com a colônia onde eles estão para justificar a necessidade de os unirmos o máximo possível para esse reencarne. Existe uma movimentação enorme para um trabalho como esse. Porém, se isso é o que vai aliviar as consciências, se esses reencarnes contribuirão para a evolução e a elevação de muitos, sem dúvida, as governadorias irão aprovar e tudo será feito a tempo — explicou Sérgio.

— Minha consciência me cobra muito. Sinto-me abalada. Às vezes, quase doente por causa das recordações dos meus deslizes infantis e de tudo o que fiz indiretamente ao Humberto. Eu acabei com um planejamento reencarnatório. Destruí nossos sonhos e provoquei muito sofrimento a todos. Eu amava o Humberto e jamais poderia imaginar que aquilo que eu estava permitindo ao Rubens o incentivava a um plano macabro para eliminar o irmão. Como errei. Não sei como o Humberto me perdoa pelo que fiz.

— Errar todos nós erramos. E Deus é tão bom e justo que nos deixa corrigir. Quanto a te perdoar, eu não te perdôo, Lívia, não tenho o que te perdoar. Eu só compreendo, pois já agi assim e até pior. O que sinto por você é muito forte, muito intenso, por isso estarei ao seu lado. Vamos neutralizar todo esse peso de nossas consciências, aprender a entender e a perdoar de verdade. Não será fácil. Por outro lado, vou me empenhar para uma harmonização com a Irene. Serei testado no limite das minhas forças e você também. Serei testado para compreender e aceitar o meu irmão ao seu lado.

— Sinto medo. Podemos mudar de idéia quando encarnados pelo véu do esquecimento — tornou ela.

— Não mudamos de idéia quando o que sentimos é verdadeiro e o que estamos fazendo é muito necessário — afirmou Sérgio. — É preciso que pensem muito. Reflitam bastante sobre a união na Terra. Cada um de vocês será testado em sua fidelidade. A vaidade, o ciúme, o orgulho e a inveja são vícios morais que o Rubens e a Irene não vencem à custa de experiências simples. Pelo que sei e os conheço até agora, eles são capazes de prejudicar alguém só para serem os melhores, os vitoriosos. Devemos questionar, entretanto, se esse período de sofrimento no Umbral serviu para o Rubens ser humilde ou não. No que diz respeito ao livre-arbítrio, tudo pode acontecer quando alguém não vence os vícios morais. Os atos que cometemos e os vícios que adquirimos como o ciúme, a gula, o alcoolismo, o tabagismo entre outros são vícios frutos da vaidade, do orgulho, da inveja... A criatura normalmente não se domina até perder completamente o controle de si mesma e, junto com esses desequilíbrios, não só prejudica a própria existência como também a vida daquele ou daqueles que estão mais próximos.

— Esse é o problema, Sérgio. Eu confio em mim, na Lívia, mas tenho motivos para não crer no cumprimento das promessas e propostas que os demais vão fazer, principalmente o Rubens e a Irene. Todos os envolvidos que mencionamos, aqui, nessa possibilidade de planejamento, vão concordar com o reencarne, sem dúvida! Você, melhor do que eu, sabe como é! Milhares de criaturas imploram, desesperadamente, por uma oportunidade de reencarnar para não continuarem sentindo imensa perturbação, o desequilíbrio e a inenarrável dor na consciência, que é viva, é real, sem ilusões e que não se esquece por um só segundo, aqui, no plano espiritual. Essas criaturas querem se livrar dessas aflições e das angústias perturbadoras causadas pelas cobranças dos erros do passado. Acreditam poder suportar qualquer dor e sofrimento na vida terrena, que são bem mais suaves do que as tempestuosas impressões pelos débitos impregnados no perispírito, na mente. Ao voltarmos do plano físico endividados, aqui, a aflição é intensa, enlouquecedora e o arrependimento é desesperador. É por isso que muitos encarnados têm medo da morte. Assim que retornamos para a pátria espiritual, o arrependimento tardio de quase nada adianta, a não ser para mostrar um pouco de evolução adquirida, exibindo o reconhecimento dos nossos erros e a conscientização de saber que será preciso corrigi-los. Porém, quando arrependido e desesperado, o espírito implora por uma oportunidade de corrigir o seus erros. Mas, encarnado, não dá a menor atenção aos chamados de reparação. A vaidade, o orgulho e a ambição o dominam e, ao conhecerem, a lei de causa e efeito, que é a necessidade de terem de harmonizar o que desarmonizaram, ele pensa: "Ah! Não deu para eu corrigir nessa vida, vou deixar para corrigir na próxima!" Irresponsável! Não pensa que, com essa atitude, tiram de outra criatura a oportunidade nessa experiência terrena e prejudica muita gente. Não leva em consideração o empenho e a dedicação de inúmeros amigos encarnados e desencarnados que se esforçaram para ajudá-lo. Encarnada, a pessoa não tem respeito por todo árduo e dificultoso planejamento reencarnatório e põe tudo a perder. Quando não, ainda culpa o próximo pelos seus erros, pela sua incompetência.

— Isso é verdade! — concordou Sérgio. — A pessoa não imagina o quanto ela implora para viver a vida que vive com todos os desafios, dificuldades e limitações humanas. Ignora como insistiu experimentar a experiência terrena tal qual como vive, pois, só após harmonizar os seus débitos, passará a ter paz espiritual. No entanto, desperdiça a oportunidade, o tempo. Utiliza erroneamente os atributos que lhe foram confiados e acaba adquirindo mais débitos e muito sofrimento consciencial.

Um silêncio profundo dominou o recinto até Humberto concluir:

— Por isso devemos orar muito e nos conscientizarmos do que realmente queremos e somos capazes. Orar para que, quando encarnado, não nos desviemos do que será de ótimo proveito para a nossa evolução, pois, muitas vezes, o acontecimento ruim é o remédio para o nosso mal. É o que nos faz crescer.

— Com certeza! — concordou o amigo. — Bem... Já é tarde e eu preciso ir. A Débora está me esperando. Pensem muito a respeito de tudo o que conversamos e lembrem-se de todas as possibilidades. Depois me procurem. Vão lá a minha casa para conversarmos. Se tudo der certo, como supomos aqui, continuaremos com a nossa boa e velha amizade quando reencarnarmos — riu. — Será muito bom! Sempre nos demos muito bem!

— Sem dúvida, Sérgio! Vamos orar para que saibamos a melhor decisão a tomar, depois conversaremos. Muito obrigado pela sua atenção e ajuda! — disse Humberto, grato.

— Fiquem com Deus!

Os amigos se despediram e Sérgio se foi.

Aquela noite foi longa para Humberto e Lívia, que conversaram muito a respeito de tudo.

* * *

O tempo foi passando. Com os anos, Rubens foi socorrido e levado para uma colônia adequada ao seu estado consciencial. O arrependimento corria-lhe à mente perturbada e sofrida.

Em uma das vezes em que foi visitá-lo, em um pavilhão hospitalar, Humberto dizia piedoso:

— Tudo já passou, Rubens. Não fique assim.

— Você não faz idéia do que vivi, nem de como vivo agora. É horrível ver e sentir o sofrimento que eu te provoquei.

Minha mente ficou confusa. Nem acredito que fiquei todos esses anos naquele vale sombrio. Eu não sabia quando era dia ou noite. Sentia fome, frio, desespero... Desejei morrer, mas isso não se pode. Descobri que a morte não existe.
— Nunca me viu ou ouviu quando me aproximava de você?
— Não. Nunca. Eu pensava em você e um arrependimento terrível me torturava. Foi pouco antes de eu ser trazido para cá que intensa fé tomou conta de mim e comecei a rezar diferente. Algo forte enchia o meu peito de esperança e de vontade e eu comecei a orar como nunca tinha feito antes. Senti-me tonto, aliviado e uma coisa leve envolveu o meu corpo... Daí eu te vi. Vi os outros. O sofrimento, a dor e todo o peso do horror vivido diminuíram, mas ainda tenho crises que me assombram. A consciência me dói. Por favor, Humberto, não pense que estou me queixando, só estou comentando. Sei que sofri por minha culpa, por minha leviandade...
— Foram muitos anos em estado de perturbação terrível, Rubens. Mas, agora, vai se recompor.
— Estou tão arrependido por tudo... Arrependido por ter vivido como vivi...
— Sempre há um jeito de se corrigir o erro.
— Eu me iludi. Fui arrogante, orgulhoso, prepotente... Sempre tive inveja de você. Quando você e a Lívia estavam juntos, eu... — o choro o interrompeu.
— Não se torture, meu irmão!
— Você tinha tudo, Humberto! Sempre teve! E merecia! Mas eu... Em vez de conquistar e batalhar pelo que eu queria, achei que seria mais fácil tirar de você. Acreditei que, se

você não estivesse no meu caminho, eu poderia ficar com a sua noiva. Afinal, ela correspondia, com sorrisos enigmáticos, aos meus olhares, aos meus elogios e... Bem, eu pensei que se não estivesse no meu caminho eu ficaria com ela, com a casa que o pai te ajudou a conseguir e... — novamente chorou. — Após te matar, vivi dias amargos. A Lívia não me quis e ficou doente. Depois que ela morreu fugi para a bebida... Casei e fui leviano, traidor, agressivo... Fiz tanta coisa errada!...

— Tudo tem como ser corrigido.

— Será?! Será que esse sofrimento tem fim?!

— Acredita que Deus te criou para vê-lo errar e deixá-lo sofrer eternamente? Se assim fosse, você não estaria aqui, arrependido. Sei que está sofrendo, mas sente-se mais aliviado. — O irmão ficou pensativo e Humberto prosseguiu:

— Bem, vamos falar de coisas boas! A mãe virá visitá-lo amanhã! — sorriu.

— Mas...

— E a Lívia também.

— Humberto! Não sei como recebê-las! Estou com vergonha de tudo o que fiz! Meu Deus! Olha o meu estado!

— Esse é um momento que não pode ser mais adiado, Rubens. A mãe está prestes a reencarnar e deseja muito vê-lo. A Lívia também tem seus arrependimentos e quer se desculpar. Além disso, agora que está mais consciente, preciso te contar e ao mesmo tempo te fazer uma proposta, pois falta somente você para concordar com tudo.

— Uma proposta?!

— Você se sente mesmo arrependido e quer corrigir os seus erros?

— Sim! Claro que sim! — expressou-se emocionado.
— Então eu proponho a parar de pensar nos erros do passado e planejar o futuro.
— Como assim?! — perguntou curioso.
— Veja, Rubens, o único meio de aliviar a consciência é corrigindo os erros. E o único jeito de corrigir os erros é reencarnando.
— Se eu pudesse... Se eu tivesse a chance de reparar o passado... Oh! Meu Deus! Quero viver de novo e fazer tudo certo! Se eu tiver essa oportunidade!...
— Todos teremos. Só que isso não é assim de imediato. Tudo é muito bem planejado. Sabe, a nossa mãe vai reencarnar em breve. Não estava em seu planejamento reencarnatório nos receber, mas aceitou fazê-lo, apesar de toda dificuldade que enfrentará por conta de nossos desafios, provas e expiações. Ficou feliz e até propõe a receber a Neide como filha, uma vez que foi a neta que ela não aceitou no passado.
— Tudo está certo, então?! Vou reencarnar para corrigir os meus erros e me livrar dessa angústia, desse desespero que sinto?!
— Calma. Reencarnar, você vai, mas não é algo tão simples como parece. Precisa se recuperar, sair deste hospital, se dispor a aprender para se equilibrar e se dispor a fazer tudo corretamente. Não basta apenas reencarnar para não ter mais a angústia e o desespero. Se quando estiver encarnado, você não fizer o que é certo, ao retornar para a pátria espiritual, suas dores na consciência voltarão com a mesma intensidade e, às vezes, piores por ter perdido a oportunidade.

Rubens pareceu ganhar vida. Imediatamente seus olhos brilharam.

— Puxa! Como eu quero ser diferente! Farei de tudo para me livrar desses pesadelos que me consomem! Deixar de sentir os reflexos do que fiz a você, do que fiz de errado quando encarnado, mesmo que seja para passar por um sofrimento parecido, será um grande alívio.

Os dois continuaram conversando por longo tempo e Humberto explicou qual era o planejado e o irmão ainda ressaltou:

— Humberto, fique tranqüilo, eu juro! Eu prometo que serei um bom companheiro para Lívia enquanto Deus me permitir ficar encarnado! Serei fiel, digno, responsável, gentil! Acredite!

— Eu vou procurar acreditar, mas isso depende de você, meu irmão.

Como era de se esperar, Rubens oferecia toda a atenção às palavras de Humberto. Encontrava-se ansioso e arrependido o suficiente para ter essa oportunidade de se livrar de todo o sofrimento e dor causados por seus erros, por sua vida sem fé e, principalmente, sem amor ao próximo.

* * *

À tarde, o sol estava quase se apagando para o dia que morria. Rubens escutava o ruído rápido e confuso da corredeira, cujos borrifos cintilantes bailavam cristalinos pelos últimos raios de sol.

Achegava-se sentado sobre uma pedra e com os pés descalços na relva verdinha salpicada de flores. Trazia os pensamentos carregados de idéias e planos para o futuro enquanto olhava as águas correndo e espumando.

De repente algo lhe chamou a atenção. A aproximação serena, no caminhar suave de dona Aurora o fez se virar, alegrando-se ao murmurar:

— Mãe! A senhora aqui?!

— Vim te visitar, filho. Como está? — perguntou, beijando-lhe a face de traços sofridos.

— Estou bem, mãe. Não tanto como eu gostaria, mas muito melhor do que já estive.

O rosto belo e agradável da gentil senhora ofereceu-lhe suave sorriso e ela comentou:

— Sinto-me feliz por sua recuperação tão rápida. Espero que os estudos e a dedicação às tarefas simples iluminem sua mente e aliviem o seu coração além de servirem como exemplo e aprendizagem.

— Mãe, até hoje, não te pedi desculpas por tudo que a fiz sofrer — lágrimas correram em sua face. — Por favor, me perdoe por tudo.

— Na verdade, filho, o que eu quero é que você se harmonize, se corrija. A sua paz, o seu bem-estar me deixam feliz e satisfeita.

— Estou me esforçando para não errar de novo. Sabendo que serei irmão do Humberto, eu não posso falhar. Ele é uma criatura que eu prejudiquei muito e tudo por inveja, ciúme e tantos outros vícios morais. Por outro lado, vejo que a Lívia sofre até hoje por minha causa. Não levei em conta que ela tinha um compromisso com o meu irmão. Por isso, nessa oportunidade de ficar ao lado de Lívia, quero tratá-la com amor, respeito, fidelidade. Quero corrigir todos os meus erros. Sei que será difícil para o Humberto nos ver juntos e... tenho medo por ele, que se sentirá abalado. Será difícil ele vê-la com outro, ou melhor, comigo. Mãe, se o meu irmão se deixar dominar pelo ódio, pela raiva, pela contrariedade... poderá desejar me matar e, fazendo isso, perderá toda uma vida!

— Ele será testado no limite de suas forças. Precisará vencer o ciúme e entender o amor incondicional, concedendo o perdão. Eu confio em seu irmão. Ele é uma criatura elevada. O que mais me preocupa é você e a Irene. Juntos, por puro vício no prazer, temo que vocês prejudiquem o Humberto e a Lívia.

— Não, mãe! Nunca mais! Sofri o suficiente para não deixar mais os prazeres mundanos me dominarem. Experimentei tanta dor e desespero que vou ser fiel ao meu irmão, a minha companheira. Roguei tanto para ter uma oportunidade de aliviar minhas dores que não vou desperdiçar.

— Peço a Deus que você aproveite mesmo essa chance, filho, para que não sofra mais!

— Eu tenho muito que agradecer à senhora por me aceitar como filho novamente, mesmo sabendo de tudo o que terá de experimentar por minha causa. Sei que vai sofrer muito por mim, e até pelo Humberto, quando as provas e expiações começarem.

— Não era para eu ter filhos nessa experiência de vida e isso me magoaria muito. Quando recebi a proposta de tê-los novamente, fiquei muito feliz. Experimentarei uma grande dor, mas saberei que foi para ajudá-lo na evolução. Ao mesmo tempo, terei a oportunidade de receber aqueles a quem, um dia, neguei ajuda, Neide e Flávio, que foram meus netos, filhos de Humberto e Irene, quando ela o abandonou para fugir com você. Humberto passou todos os tipos de privações e necessidades, além dos flagelos da alma. E eu virei as costas para o meu filho e os meus netos acreditando que não eram problema meu. Realmente não eram, mas passaram a ser quando eu tive condições e não ajudei, não amparei. Tudo o que estava acontecendo na vida do Humberto, somado à minha falta de amparo, quase o levou a cometer uma loucura com ele e com os filhos. Agora eu vou corrigir tudo isso, apesar da dor.

Naquele momento, o céu tornava-se levemente escurecido e as nuvens, entremeadas de cores, desmanchavam no horizonte. O sol desapareceu completamente e um azul firme e denso descia, deixando as primeiras estrelas cintilarem.

Dona Aurora olhou o firmamento por alguns segundos enquanto o silêncio reinou. Rubens, agora em pé a sua frente, conservava olhar vivo com expectativa de que ela dissesse mais alguma coisa.

— Vim aqui me despedir de você, filho. Vou me recolher para reencarnar em poucos dias. — Envolvendo-o em demorado abraço, a senhora beijou-lhe o rosto a medida que lágrimas banhavam suas faces. Ao se afastar, ela afagou-lhe carinhosamente o rosto e ainda pediu: — Rogue por fé, para você crer em Deus, para que, encarnado, ouça as inspirações de seu mentor amigo e confie nos planos de Deus. Esse propósito reencarnatório é para que você vença a inveja, o orgulho, a arrogância e tantas outras mazelas. É certo que todos nós precisaremos e iremos nos propor a vencer os nossos vícios. Não fique preocupado ou pensando no que os outros têm para corrigir. Preocupe-se com o que você precisa fazer para se melhorar.

— Obrigado, mãe — disse com lágrimas correndo na face.

— Deus o abençoe, Rubens. Eu te amo, filho.

Começava, ali, a concretização do planejamento reencarnatório de todos.

Na espiritualidade, muitas promessas de melhoria íntima foram feitas. O desejo de não sofrer mais pelas faltas cometidas era intenso. Porém, o livre-arbítrio de cada um poderia mudar muito o destino de todos.

3
Retornando para casa

Naquela tarde de verão, o sol escaldante não oferecia trégua. Apesar disso, dona Aurora se empenhava, na cozinha, para fazer o bolo predileto de seu filho Humberto, que estava para chegar.

A empresa em que o rapaz trabalhava o havia mandado para a filial do Nordeste e por isso ele ficou meses longe da família.

— Mãe, como se não bastasse o calor horrível que está fazendo, a senhora ainda fica com esse forno ligado!!! O inferno é mais fresquinho do que aqui! — reclamou Neide, filha mais nova de dona Aurora.

— Não estou com o forno ligado, não senhora! Já desliguei faz tempo! Tô fazendo um bolo gelado pro seu irmão! Ele adora! Daqui a pouco o Humberto tá aí! Tomara que dê tempo de gelar!

— Ah! Só porque o Humberto chega hoje, a gente precisa morrer de calor?!

— Deixa de coisa, menina! Liga o ventilador pra mim!

Neide foi pegar o aparelho. Após ligá-lo, ouviu o barulho do portão e gritou alegre:

— O Humberto chegou!!!
Dona Aurora tirou o avental, às pressas, e correu para recebê-lo. Só que Neide passou sua frente e se jogou nos braços do irmão, beijando-o.
Em seguida, o filho abraçou-se à mãe, que demonstrava sua saudade em forma de carinho e lágrimas.
Humberto era um rapaz alto, com um corpo bem apropriado à sua altura. Olhos verdes, grandes, brilhantes e expressivos. Cabelos lisos e aloirados. Muito bonito. Comunicativo, amável e atencioso. Gostava de ser prestativo e sempre presente.
— Ora, mãe! Não chora! — pedia sorrindo e trazendo os olhos umedecidos pela emoção.
— Como você está magro!!! Abatido!!!
— O que é isso, mãe?! Não estou não! — riu. Depois perguntou: — Como estão todos?
— O Rubens está de namorada nova! — anunciou Neide, empolgada. — Ele foi lá na casa dela!
— Que legal! Estou sabendo. Mas falando em namorada... E a Irene? Cadê a minha namorada?! — brincou.
— Ela ligou, filho! Disse que, onde estava, o trânsito ficou terrível e por isso iria demorar.
— Ótimo! Preciso de um banho urgente! — disse. Puxando as malas em direção ao seu quarto, perguntou: — E o pai?
— Já chegou do serviço, mas... saiu — avisou dona Aurora, entristecida.
— Já sei! O pai foi para o bar! — concluiu Humberto.
— Talvez, filho. Mas conta, por que não quis que a gente fosse te buscar no aeroporto?

— Não, mãe! Não quis dar trabalho. O vôo atrasou. Além disso, o serviço de táxi é prático e ótimo.

Indo atrás de Humberto, Neide reclamava:

— Eu também não entendi essa sua decisão! O Rubens ou o pai poderia ter ido te buscar.

Colocando a mala sobre a cama, Humberto a abriu, tirou um pacote e a interrompeu dizendo:

— Veja! Eu trouxe isso para você!

— Ai! Que blusa linda!!! — exclamou Neide ao abrir o embrulho.

— E essa é para a senhora, mãe!

— Puxa, filho! Não precisava se preocupar!...

— Nossa! Aqui está tão calor quanto lá! — reclamou ele.

— Isso é porque você não foi até a cozinha! — avisou a irmã. — A mãe ficou com o forno ligado até agora!

— Oba!!! Booooolo!!! Hoje vou comer o meu bolo predileto!!! E sozinho!!! — exclamou Humberto, rindo e esfregando as mãos ao adivinhar o que sua mãe havia preparado.

— É o seu bolo mesmo, filho! Agora vai tomar um banho pra você comer alguma coisa! Você deve estar com fome e cansado!

— Cansado eu estou, mesmo! Não vi a hora de chegar aqui em casa.

O rapaz, bem humorado, pegou uma muda de roupa, a toalha e foi para o banheiro.

Algum tempo depois, ele chegava à sala, perguntando:

— Mãe! Cadê os meus chinelos?!

— Estão aqui! — respondeu a senhora.

— E eu também!!! — disse Irene sorrindo ao ir abraçá-lo.
— Que saudade meu amor!
Correspondendo ao carinho, ele a beijou com ternura, e depois falou:
— Puxa! Como é bom te ver!
— E lá?! Espero que não precise mais voltar!
— Acho que não. Na segunda-feira vou à empresa e retomo meu lugar. Esses últimos dez meses foram bem cansativos. Durante a semana, enquanto eu trabalhava, tudo bem, mas quando chegava o final de semana... Era um tédio! Não tem coisa pior do que ficar longe de casa, da família...
— Nesse tempo todo você só veio pra cá cinco vezes!!!
— Você contou?!
— Lógico! Eu estava louca de saudade!
— Eu também. Nem acredito que estou em casa, para ficar!
— Pensei que chegaria aqui antes de você, mas peguei um trânsito!
— E a loja de roupa no novo shopping? Está dando certo?
— Ah!!! Não poderia ser melhor! As vendas estão ótimas! Puxa! Agora tenho três lojas! E estou pensando em abrir mais uma! — riu satisfeita. — Sinto-me tão realizada!
— Estou feliz por você, meu bem. É bom que se ocupe com algo que goste — sorriu ele.
— Adoro o que faço!
— Trouxe uma coisa para você! Vou pegar! — avisou, levantando-se e indo até o quarto. Sem demora, retornou, dizendo: — Espero que goste!

Irene abriu o embrulho e admirou:

— Ai! Que linda! Quando vi a blusa da sua irmã e da sua mãe pensei: se ele não trouxe uma pra mim, vai ver! — riu.

— Eu não iria tratar diferente as três mulheres da minha vida! — disse, abraçando-a com carinho.

Nesse momento, insatisfeita com o comentário, Irene fechou o sorriso sem que ele percebesse.

Logo a atenção se voltou para o senhor Leopoldo, que acabava de chegar.

— Aaaah! Eu sabia que você tinha chegado! — exclamou o senhor com voz grogue, pois havia bebido.

— Oi, pai! Tudo bem? — perguntou Humberto, nada animado, indo à sua direção para abraçá-lo.

Seu pai era um homem vencido pela bebida. Marcado pelo alcoolismo. Havia perdido o respeito dos amigos e familiares devido às situações difíceis e aos dramas que provocava.

— Está tudo bem, Humberto! Não... ...não podia tá diferente! — respondeu. Mas, ao dar o próximo passo, tropeçou no próprio pé, e foi amparado pelo filho.

— Calma, pai. Vai devagar — falou o filho, segurando-o firme. — É melhor o senhor se deitar — aconselhou entristecido.

O homem estava tão embriagado que não sabia o que responder. Ele não conseguia pensar direito e Humberto o levou para o quarto.

Ao retornar, trocou olhar com Irene e foi direto para a cozinha avisar sua mãe.

Dona Aurora respirou fundo e, sentindo forte amargura, foi até o quarto para cuidar do marido.

De volta para a sala, Humberto reclamou:

— Parece que isso não vai mudar nunca. Estou cansado de ver o meu pai assim.
— Ele havia parado de beber.
— Ele sempre pára de beber, Irene, por uma semana, um mês... depois volta. Não tem opinião. Não é firme nas decisões.
Vendo-o chateado, ela propôs:
— Quer sair?! Dar uma volta? Meu carro está aí fora! — sorriu.
— Primeiro vou comer aquele bolo gelado que só a minha mãe sabe fazer! — riu de um modo travesso e foi para a cozinha, dizendo: — Depois vamos dar uma volta, sim. Mas eu quero voltar cedo. Estou tão cansado e gostaria de dormir até!...
Irene não gostou dos modos alegres de Humberto, que era bem caseiro, mas nada disse e só o acompanhou.

* * *

Bem mais tarde, Humberto estava deitado em sua cama quando o irmão chegou.
Rubens o cumprimentou com um sorriso e perguntou:
— Como estão as coisas?
— Bem! Tudo tranqüilo! — respondeu, indo abraçá-lo. Depois se deitou novamente e ainda falou: — Eu não via a hora de voltar pra casa.
— O queridinho da mamãe não fica longe de casa, não é?!
O irmão fechou o sorriso e perguntou em um tom chateado:
— Por que você sempre me chama de queridinho da mamãe? Não me sinto bem com isso.

— Por que você é! A mãe não fala em outra coisa, há uma semana, a não ser na sua volta. Até a Lívia percebeu!
— Lívia?! É o nome da sua nova namorada?
— É. É uma garota muito legal. Vai conhecer. Ela já te conhece de tanto a mãe falar em você.
— Não se importa em trazê-la aqui, por causa do pai?
— No começo fiquei com receio, mas depois...
— Hoje mesmo o pai chegou daquele jeito.
— Agora, todo dia ele tá assim! — disse Rubens.

Com jeito moderado, um tanto constrangido, Humberto aconselhou:
— Toma cuidado, meu irmão. Vê se não faz como o pai.
— Por que me diz isso?! — perguntou, quase irritado.
— É que eu vejo que você gosta de beber um pouco. Sei que não tenho nada com isso, mas falo para o seu bem. De repente, sem que perceba, pode começar a aumentar as doses, a freqüência com que bebe... É bom se prevenir enquanto é cedo.
— Qual é, Humberto?! Eu sei me cuidar!
— Tudo bem. Já entendi. — Virando-se, falou: — Boa noite!
— Olha, cara, pode deixar que eu me cuido, tá?!

O outro não disse nada. Rubens apagou a luz e saiu do quarto.

* * *

Mais de uma semana havia se passado.

Era sexta-feira de manhã quando a campainha tocou, insistente, na casa de dona Aurora. Humberto levantou, entorpecido pelo sono, e foi ver quem era.

Ao ir até o portão, deparou-se com uma moça bonita, estatura baixa, pele alva e bem tratada, cabelos castanho-escuros, longos e lisos, que escondiam seus belos olhos castanhos expressivos, vermelhos de tanto chorar.

— Pois não?! — desconfiado e estranhando a cena, ele perguntou com a voz rouca pelo sono.

— Por favor... A dona Aurora está? — quis saber a moça educada com voz doce e embargada.

— Eu não sei... Perdoe-me... Quem é você? — perguntou em tom brando.

— Sou a Lívia, namorada do Rubens.

— Ah!... Sim! — sorriu. — Um minuto! Vou pegar a chave para abrir o portão. — Em instantes ele voltou e a fez entrar. Logo se apresentou: — O meu nome é Humberto. Sou irmão do Rubens.

A moça apertou sua mão e desatou a chorar.

Sem saber como agir, ele disse:

— Venha! Entre! — Já na sala, ele a fez sentar e solicitou que aguardasse. Imediatamente foi até o quarto de sua irmã e não encontrou ninguém. Procurou alguém pelo resto da casa, e nada. Voltando à cozinha, pegou um copo com água, foi até a sala e o entregou à moça, pedindo: — Tome, Lívia. Vai se sentir melhor.

Com as mãos trêmulas, ela pegou o copo e tomou alguns goles, vagarosamente, depois falou:

— Desculpe-me. Eu não sabia o que fazer nem para onde ir. Decidi vir pra cá.

— É que não tem mais ninguém em casa. Eu tirei quinze dias de férias, por isso estou aqui hoje. Acordei agora e não sei onde minha mãe está. Os meus irmãos e o meu pai já devem ter saído para trabalhar e... O que te aconteceu? Será que posso ajudar?

— Cheguei ao serviço hoje e fui demitida — contou, sentida, controlando as emoções.

Sem saber o que fazer, Humberto falou com brandura:

— Sinto muito. Mas não fique assim. Você arrumará outro emprego em breve.

— Talvez. O mais difícil será enfrentar o meu pai. Ele não vai entender. Minha mãe também... — deteve as palavras.

— Desculpe-me, Lívia, eu não a conheço nem a seus pais, mas, hoje em dia, não se pode ser tão radical, tão duro. Foi um acontecimento independente da sua vontade.

— Sim, eu sei. Mas é que você não conhece o meu pai. Esse emprego era muito importante para mim. Pago meus estudos e...

Algumas lágrimas rolaram em seu rosto triste e, ao vê-la chateada, ele comentou:

— Olha, de repente isso foi bom. Pode encontrar coisa melhor. Quem sabe?! Você tem um currículo?!

— Tenho.

— O Rubens ou eu mesmo podemos entregá-lo para a empresa onde trabalhamos e para conhecidos, quem sabe!

— Obrigada, Humberto. Estou tão confusa, agora, mas vou cuidar disso. Não sei como vou para casa com essa notícia.

— Não sei a que horas minha mãe vai chegar. Nem sei aonde ela foi. — Consultando o relógio, comentou: — São quase onze horas. Se quiser, pode esperá-la. Se não... Eu estou com o carro da Irene, minha namorada, e... Se esperar eu tomar um banho e me arrumar, posso te levar para casa.

— Não. Não precisa. Acho que vou indo.

— Não será incômodo nenhum! É só um minuto!

Nesse instante, dona Aurora chegou e logo ficou ciente de tudo o que aconteceu.

Humberto, por sua vez, sentiu-se aliviado, pois ela, imediatamente, confortou a moça dando-lhe toda a atenção.

Mais tarde, a pedido de sua mãe, o rapaz foi levá-la para casa. Antes de Lívia descer do carro, ele pediu:

— Dê-me um currículo seu! Vou ver o que posso fazer para te ajudar.

— Obrigada, Humberto. Assim que eu atualizá-lo te entrego. Desculpe-me por tudo.

— Não tem porque se desculpar.

— Obrigada mais uma vez. Tchau — sorriu agradecida.

— Tchau.

Ele permaneceu olhando-a entrar em casa.

De imediato, seus pensamentos ficaram confusos. Reparou o jeito dócil, sua beleza generosa que se tornava encantadora com seu modo recatado e delicado de ser.

Sentiu-se tocado, como se já a conhecesse de algum lugar. Havia simpatizado com a moça mesmo tendo conversado tão pouco com ela. Foi uma atração inexplicável. Sua voz suave e seu sorriso agradável foram marcantes. Algo de que ele não iria se esquecer.

Humberto respirou fundo, sacudiu a cabeça afugentando os pensamentos, ligou o carro e partiu.

***

Era noite quando o telefone tocou na casa de dona Aurora, e o filho atendeu:
— Pronto!
— Rubens?! Sou eu, Lívia!
— Não! Aqui é o Humberto!
— Desculpe-me, Humberto. É que sua voz é tão parecida com a dele.
— É verdade. Todos se confundem. E aí, Lívia?! Tudo bem?! Você está mais calma?!
— Um pouco mais calma, porém muito preocupada. O Rubens está?
— Não. Ainda não chegou.
— Tudo bem. Quando ele chegar, diga que eu liguei.
— Digo sim — Lembrando-se a tempo, ele perguntou: — Ah! Não se esquece de me trazer um currículo!
— Lógico que não. Estou atualizando-o e, assim que estiver pronto, o primeiro será seu. Obrigada por sua atenção. Nem nos conhecemos direito e você tentando me ajudar!
— Gostaria que alguém fizesse isso por mim, caso eu estivesse em uma situação como a sua. Fique tranqüila. Vou fazer o que puder!
— Onde você trabalha, Humberto?
— Em uma indústria farmacêutica. Estou de férias no momento, mas, ao retornar, na semana que vem, verei como posso te ajudar. Só que a empresa fica longe do bairro onde moramos.
— Tudo bem. Distância não é problema. Preciso do emprego. Desculpe minha curiosidade, você faz o quê?

— Sou um dos diretores. Trabalho na área financeira. Lívia ficou surpresa, não pensava que ele ocupasse um cargo tão considerável, porém disfarçou ao perguntar:
— Viaja sempre a serviço?
— Não. Foi a primeira vez e espero que seja a última — riu ao falar em tom de brincadeira. — A empresa abriu uma filial no Ceará e o gerente de lá se demitiu. A filial é nova e tinha muitas coisas pendentes em vários departamentos. Então uma reunião me elegeu para ir ficar lá por uns três meses, a princípio. Só para o tempo de contratação e treinamento de uma nova gerência e estabilização financeira. Admitimos um gerente novo, mas, depois de três meses, sabe como é... Ele ficou folgado e precisou ser demitido. Foi necessária a contratação de outro e mais um período de treinamento. Resultou que precisei ficar dez meses por lá.
— Nossa!
— Diga uma coisa, você estuda o quê?
— Estou no quarto semestre de Ciências Contábeis. Detestaria trancar a matrícula por estar desempregada. Foi algo tão repentino. Trabalhei por seis anos nesse banco. Foi o meu primeiro emprego. Eu me sentia tão segura, tão confiante... Até agora não me conformo!
— E aí na sua casa? Como ficou o clima com os seus pais?
— Ai, Humberto... Que barra! É que você não conhece o meu pai. Minha mãe não pára de falar, me tortura o tempo todo. O meu pai soube agora há pouco e quase me bateu.
— Quase bateu?! Mas por quê?! — perguntou incrédulo.

— É que ele é muito rigoroso. Aquele tipo de pessoa rude.

— Não tenho nada com isso, mas estamos no século XXI! Ele tem que entender.

— Eu sei, você sabe, mas ele não pensa assim. O que eu posso fazer?

— Desculpe, não quis me intrometer. Tudo bem... Vai dar tudo certo! Em breve terá um emprego novo e melhor!

— Tomara. Obrigada por tudo por enquanto. Quando o Rubens chegar, diga que eu liguei, por favor. O celular dele deve estar desligado.

— Pode deixar! Digo sim.

Os dois se despediram. Humberto, após desligar o telefone, ficou pensativo e até inquieto com a situação de Lívia. Repentinamente, ele se pegou preocupado e querendo, demasiadamente, ajudar uma pessoa que mal conhecia. Aliás, gostaria de fazer algo por ela antes de seu irmão.

Não demorou e o telefone tocou novamente. Era Irene.

— Oi, meu amor! Tudo bem?

— Nossa, Humberto! O telefone só dava ocupado! Eu não conseguia ligar! — reclamou antes mesmo de cumprimentá-lo, deixando-o sem jeito.

— Não fiquei muito tempo ao telefone. A Lívia ligou procurando pelo meu irmão. Por que você não ligou no meu celular?

— Só dá caixa postal! Se o deixasse ligado!... — exclamou aborrecida.

— Ah... Esqueci — respondeu, consultando o aparelho.

— O que a Lívia queria? Ela nem te conhece direito para bater papo.

— Ela esteve aqui hoje. — Humberto contou o acontecido e explicou: — E agora há pouco ela ligou para falar com o Rubens.

— Sei... Tá bom, então. Amanhã eu te ligo.

— Não vai precisar do carro?

— Não. A Cleide me deu carona até em casa. Amanhã conversamos. Vou tomar um remédio e vou dormir. Estou com uma dor de cabeça terrível.

— É por isso que está mal humorada?

— Deixa de ser exigente.

— Amanhã nos vemos. Te amo, tá — falou em tom romântico.

— Eu também.

Assim que se despediram, Irene, que estava deitada na cama de um quarto de motel, virou-se para o lado e avisou:

— Rubens, a Lívia foi demitida.

— Sério?! — Antes de ela confirmar, ele suspirou fundo e reclamou: — Que droga! — Em seguida, perguntou: — E se o Humberto ligar para sua casa?

— Não vai ligar, eu o conheço.

Rubens sorriu, fez-lhe um carinho e a beijou.

Rubens e Irene traiam Lívia e Humberto e suas próprias consciências não cumprindo suas promessas, não aproveitando a oportunidade que tinham para se harmonizarem e fazerem o que era correto.

* * *

Antes que terminassem suas férias, Humberto telefonou para a empresa onde trabalhava e não foi difícil encontrar uma colocação para Lívia no Departamento de Contabilidade.

Ele havia comprado um carro novo quando retornou ao trabalho e ofereceu carona para a moça, comprometendo-se a pegá-la em casa bem cedo.

Conforme combinado, pontualmente, Lívia o aguardava no portão. Estava radiante e ansiosa para iniciar.

Ao ver o veículo parar em frente à sua residência, sorridente, entrou e cumprimentou-o:

— Bom dia, Humberto! Tudo bem?!

Dando-lhe um beijo no rosto, ele falou alegremente:

— Bom dia! Tudo bem! E você?

— Estou ótima! Um pouco nervosa, devo admitir.

— Isso é normal — considerou sorrindo.

Durante o trajeto, eles conversavam e ela perguntou:

— Tenho uma dúvida, Humberto. Como devo te chamar lá na empresa? Senhor Humberto? Doutor Humberto? Porque notei que a Miriam, do Recursos Humanos, e a Júlia, sua secretária, te chamam de senhor... de doutor...

Meio sem jeito, ele comentou:

— É um pouco complicado... Veja, não é por mim... Até porque não gosto de ser tratado de senhor. Afinal, não sou senhor de nada. Se eu tenho alguma coisa, é só para tomar conta — riu. — Porém a empresa preserva termos de tratamento respeitoso e conservador. Então, quando estivermos a sós quero que seja minha futura cunhada e me chame só de Humberto. Se outro funcionário vir... tudo bem! Mas perto de outro diretor ou mesmo gerente, faça como a Júlia: haja conforme a situação. Ela não me chama de senhor quando não tem alguém por perto.

— Entendo. Pode deixar, não se preocupe. — Alguns segundos e admitiu: — Ainda tenho muito que te agradecer por essa ajuda, pela confiança em mim. Mal nos conhecemos.

— Há quanto tempo você e o Rubens estão namorando?

— Há dez meses!

— Então, assim que eu viajei vocês se conheceram?!

— Não. Nós nos conhecemos há cerca de dois anos. Eu trabalhava no banco e ele teve um problema com a entrega dos talões de cheques. Chegou nervoso e bem irritado lá na agência. Fui atendê-lo e... Nossa! O caso estava bem enrolado! — riu. — Daí eu resolvi tudo. Depois ele levou uma caixa de bombons para mim como uma forma de agradecer e pedir desculpas por ter sido um tanto mal educado. Depois ele começou a ir ao banco toda semana. Insistiu para que saíssemos para um lanche e daí tudo foi acontecendo. Tanto que o Rubens insistiu que começamos a namorar há dez meses. — Breve pausa e perguntou: — E você e a Irene? Soube que estão juntos há bastante tempo.

— Três anos.

— Ela me disse que vocês ficarão noivos.

— Sim, é verdade. Íamos ficar noivos no aniversário dela, mas eu estava viajando a serviço e acreditamos que não ia ser legal. Agora que eu voltei, estamos pensando em outra data e ela quer para breve.

— É engraçado, eu simpatizo tanto com a Irene. Parece que nos conhecemos há séculos! — sorriu Lívia.

— Ela também gosta de você. Vai ver se conhecem de outras encarnações — riu gostoso.

— Você acredita em reencarnação?

— Eu acredito. O Espiritismo é uma filosofia que faz sentido para mim.

— Freqüenta alguma casa espírita, algum centro?

— Atualmente, não freqüento como deveria. Sou espírita. Fui expositor nos cursos. Fiz muitas palestras. Adoro isso!

— Por que parou?

— Pelas necessidades no serviço. Desde que fui promovido a diretor, não tive mais tempo. Depois com a viagem... Mas vou voltar a fazer tudo novamente. E você? Acredita no Espiritismo?

— Acredito. Gosto muito do assunto. Já li vários livros, mas nunca fiz curso na casa espírita. Adoro os romances! Já fui a um centro várias vezes, mas não freqüento como gostaria. Os meus pais me matariam.

— Eles são muito rigorosos, não é?!

— Sim, são. Muito!

— O que o seu pai faz?

— Ele é feirante. Meu pai sempre achou que eu deveria ajudá-lo na feira como o meu irmão faz. Mas eu detesto feira! Entende? É um serviço muito duro. Então resolvi estudar. O que causou a maior contrariedade no meu pai. Por sorte e por ter um tio que tinha um conhecido que trabalhava no banco, eu consegui o emprego assim que fiz dezoito anos.

— Então você tem vinte e quatro!

— Como sabe? Ah! Viu o meu currículo?

— Não só isso. Outro dia você disse que foi o seu primeiro emprego e trabalha há seis anos.

— Que boa memória, hein!

— Tenho mesmo! — falou envaidecido e sorridente.

— É por querer a minha ajuda na feira que o meu pai exige que eu trabalhe e tenha um salário maior do que normalmente eu teria com ele. Se eu ficar sem trabalhar, devo ajudá-lo na banca e eu não quero, pois ficará difícil eu arrumar outro emprego.

— Entendo.

O casal conversou longamente até chegarem ao trabalho, se separaram apesar de estarem no mesmo setor.

* * *

Naquele mesmo dia, no final da tarde, Humberto chamou Lívia até a sua sala e explicava:

— Após terminar os cálculos, você os transmite para as planilhas que serão repassadas para os fornecedores das matérias-primas.

— Entendi.

Jogando-se para trás sentado em sua cadeira, perguntou descontraído:

— Como é? Está mais tranqüila agora? Parecia tão nervosa hoje cedo.

— Ah! Eu estava nervosa sim! Agora estou melhor. O pessoal é bacana e bem paciente para me ensinar o serviço.

— A respeito de qualquer dúvida, fale com o Ademir, o seu encarregado. Ele vai te ajudar. Não passe dificuldade.

— Tudo bem.

— Entrei nessa empresa como encarregado desta sessão. Eu tinha o cargo do Ademir — sorriu de modo saudoso.

— Puxa! Que legal! — Alguns segundos e argumentou: — Humberto, caso eu não esteja fazendo algo certo, por favor, me avise. Chame a minha atenção. Não quero ser protegida só pelo fato de ter sido apresentada por você.

— Pode deixar — falou sorrindo. — Você não será poupada! — brincou.

— Obrigada, Humberto! Nossa! Eu não esperava arrumar um trabalho tão rápido, muito menos em uma empresa tão grande, tão estruturada! Um salário tão bom! Acho que não mereço tanto! — riu com doçura e meio sem jeito.

— Pare com isso, Lívia — sorriu, encabulado.

— Obrigada mesmo!

— Não por isso. Acredito na sua capacidade.

— Então vou voltar pro setor. Tenho algumas coisas que quero terminar hoje. Tchau!

— Até mais! — despediu-se ele.

Humberto observou-a atentamente sair de sua sala. Começou a sorrir admirando o jeito agradável de Lívia. Para ele, a moça possuía uma personalidade cativante, carismática. Sempre educada e amável. Era inteligente e sabia se comportar.

Deixando os pensamentos vagarem, enquanto experimentava leve balanço em sua cadeira confortável, ele se perguntou:

"Como será que a Lívia tolera o Rubens? Ela é tão simpática, amável... Por ser tão esperta, não deveria estar com um cara como ele. Sem dúvida que o idiota do meu irmão não reconhece as qualidades que ela tem. Ela é tão bonita, delicada... Seu sorriso e... Droga!" repreendeu-se em pensamento. "O que estou fazendo?! Não é a primeira vez que fico pensando essas coisas!"

Contrariado com o rumo de suas idéias, de imediato, sobressaltou-se. Esfregou o rosto com as mãos e, em seguida, alinhou os cabelos, suspirando fundo.

Imediatamente procurou ocupar-se, desviando sua mente daquele assunto, mas estava difícil. Humberto começou a se irritar consigo mesmo ao admitir que passou a admirar a namorada de seu irmão.

Algo, naquela moça, parecia enfeitiçá-lo. Por um instante começou a se arrepender por ter trazido Lívia para trabalhar tão perto dele.

Ao mesmo tempo, chegando à sua mesa, Lívia acomodou-se na cadeira e, observando o que precisava ser feito, pensou:

"Tomara que eu termine isso logo pra mostrar minha eficiência. Afinal...". Mudando os pensamentos, imaginava: "Não sei como agradecer ao Humberto. Ele é tão bacana! Me ajudou tanto! Ele parece... Sei lá! Mais legal do que o Rubens. E não fuma! Ah!... Mas o Rubens vai parar de fumar. Ainda vou conseguir isso. O Humberto é tão responsável, atencioso... Ele nem precisava se preocupar comigo, mesmo assim me chamou lá na sala dele e ainda quis saber se eu estava nervosa. A Irene tem sorte! Ela bem que poderia tratá-lo melhor... ser mais atenciosa... Hoje em dia é difícil um cara assim".

Mesmo divagando os pensamentos, Lívia dedicou-se ao trabalho não percebendo que sua admiração por Humberto crescia a cada momento.

O véu do esquecimento não era tão forte quanto o amor verdadeiro.

***

Os dias foram passando e certa noite, chegando perto de sua residência, Humberto viu sua mãe parada em frente ao portão de uma vizinha conversando.

Ao vê-lo, dona Aurora sinalizou para o filho ir até onde ela estava e assim ele o fez.

Descendo do carro, o rapaz cumprimentou:
— Boa noite! Tudo bem?
— Oi, Humberto! — cumprimentou a moça que segurava firme no braço de dona Aurora e trazia no rosto sinal de choro.
— Oi, mãe! — disse em seguida.
— Oi, filho! — Sem demora, avisou: — Filho a cachorrinha que a Débora tem saiu pra rua e não estamos achando. O Sérgio ainda não chegou e não sabemos mais o que fazer.
— Fica tranqüila, Débora. Posso ajudar a procurá-la, mas eu não a conheço direito. Quer dar uma volta de carro pelo quarteirão para ver se a encontramos?
— Eu quero sim. Você me ajuda? — perguntou com voz embargada.
— Mas é claro! Venha! — Observando que Débora estava grávida e aparentemente nervosa, ele perguntou: — Você está bem?
— Estou. Só quero encontrar a Princesa.

Muito paciente, o rapaz ajudou-a a entrar no carro e perguntou a sua mãe em seguida:
— A senhora vem, mãe?
— Não. Eu fico aqui. De repente a cachorrinha pode voltar.

Após percorrerem os quarteirões do bairro onde moravam, Débora começou a chorar. Preocupado, ele perguntou:
— Quer ir embora?
— Não sei... Não estamos encontrando.
Ao olhar no portão de uma casa, próximo a um degrau na calçada, ele mostrou:
— Veja aquele cachorrinho ali!
— É a Princesa! — exclamou, estampando no rosto um sorriso imediato.
Humberto parou o carro e juntos desceram, indo para perto do animalzinho.
Débora se abaixou, pegou a cachorrinha, que estava muito assustada, e lhe fez um carinho, apertando-a junto a si.
— Pronto! Encontramos a Princesa! — disse ele satisfeito.
— Obrigada, Humberto! Muito obrigada! — expressou-se imensamente emocionada. — Não sei como te agradecer.
Imediatamente eles retornaram para a casa onde dona Aurora esperava junto ao portão.
Ao ver o rapaz estacionar o carro, ela perguntou indo em direção à porta:
— E então, filho? Encontraram?!
— Encontramos! — afirmou sorrindo. Ajudando Débora a descer do carro, ele segurou a Princesa no colo, depois a devolveu e inquiriu: — Tudo bem, Débora?
— Tudo.
— Não é o que parece — tornou ele.
— Quer que entremos com você, menina? — indagou dona Aurora. — Você não parece bem!

Ela nada respondeu e o rapaz a conduziu para que entrasse.

Já na sala de estar, Débora sentou-se no sofá. Estava pálida e quieta. Passou a mão pelo rosto frio, abaixando levemente a cabeça, parecendo envergonhada.

Dona Aurora foi até a cozinha, pegou um copo com água enquanto Humberto pedia:

— Respire fundo, Débora. Abra os olhos. — Ela obedeceu e ele quis saber: — Quer ir ao médico? Eu posso levá-la!

— Não — murmurou. Procurando se manter firme, avisou: — O Sérgio deve chegar daqui a pouco...

— Não estou gostando disso. É melhor ir a um pronto socorro.

— Tome, filha — pediu a senhora. — Bebe um pouco de água com açúcar que você vai melhorar.

Novamente ela obedeceu. Passados alguns minutos, comentou:

— Estou me sentindo melhor. Não se preocupem.

Enquanto aguardavam, dona Aurora contou ao filho:

— Eu saí na rua pra por o lixo e vi que ela estava andando e olhando de um lado pro outro procurando alguma coisa. Então vim até aqui e ela contou que, enquanto punha o lixo, a cachorrinha saiu sem que ela visse. Depois que entrou, fechou o portão e só depois de muito tempo deu falta dela.

— Quando a gente se apega nesses bichinhos, eles se tornam parte da família — comentou Humberto amável.

— É verdade... — concordou Débora com voz fraca.

— De quantos meses você está? — questionou ele.
— Vinte semanas, ou seja, cinco meses — respondeu sorrindo.
O barulho vindo do portão da garagem, anunciava a chegada de Sérgio. Sem demora, ele entrou e se surpreendeu com a presença de todos.
Educado e gentil, cumprimentou com expectativa ao sorrir:
— Boa noite!
— Boa noite! — respondeu dona Aurora, estendendo-lhe a mão.
— Olá, Sérgio! Tudo bem? — perguntou Humberto fazendo o mesmo.
— Tudo! Comigo tudo bem! — Desconfiado, sorriu. Ao mesmo tempo em que se aproximou de Débora, beijou-a, afagou-lhe o rosto, perguntando: — Tudo bem por aqui?
— Agora está. Não se preocupe — disse dona Aurora que, rapidamente, contou toda a história.
— Você está bem? — indagou o marido, afagando-a.
— Estou sim — disse Débora encabulada. — Foi só um susto. Ai, gente... Desculpa! Estou tão envergonhada! — riu sem jeito.
— Não se preocupe, Débora. Isso acontece. Se precisar da gente, filha, pode chamar! — ofereceu dona Aurora. — Aliás, acho que vocês não têm parentes aqui perto, não é?
— É verdade! O mais próximo daqui é o meu irmão, Tiago. Apesar de perto, por causa do trânsito, demora uns trinta minutos daqui até a casa dele.

— Por causa do seu estado, não é bom ela ficar muito tempo sozinha, Sérgio — aconselhou Humberto. — Nunca se sabe. Quer ficar com o número do nosso telefone?

— Quero sim! Deixe-me anotar — disse ele, indo pegar um bloco de anotações. Retornando, tomou nota do número que Humberto falou e também passou o seu, dizendo: — Aqui está o número daqui de casa, do meu celular e também da clínica onde trabalho. Nunca se sabe...

— Vou ficar de olho nela, Sérgio. Pode deixar — avisou a senhora que, com jeito maternal, afagava os cabelos finos e aloirados de Débora.

— Toda ajuda é bem vinda. Principalmente agora. Estou estudando à noite. Faço Mestrado e fico bem preocupado, pois ela passa o dia sozinha e parte da noite também desde que deixou de trabalhar por recomendação médica.

— Não se preocupe, Sérgio. Vou ficar atenta! Qualquer coisa, pode me chamar, viu? Eu venho rapidinho! — tornou a senhora bem prestativa.

— Isso mesmo. Não se envergonhem. Vizinho é para essas coisas! — Olhando para sua mãe, Humberto convidou: — Vamos? Eles precisam descansar.

— Ah, sim! Claro! Então, tchau!

A senhora, amavelmente, beijou Débora que ainda parecia envergonhada.

Todos se despediram e eles se foram.

Ao se verem a sós, Sérgio tornou a perguntar:

— Tudo bem, mesmo Débora? A nenê está bem?

— Estamos ótimas. Foi só um susto. — Abraçando-o com carinho, escondendo o rosto em seu peito, ela riu ao dizer:

— Ai! Que vergonha, Sérgio! E tudo por causa da safada da Princesa! Se eu pegar essa danada na rua!...

— Não vai fazer nada, tenho certeza! Te conheço! — disse rindo, abraçando-a com carinho e beijando-a em seguida. Momento em que a cachorrinha entrou na sala bem alegre e fazendo festa para ser percebida por eles.

4

CONTRARIADO COM O ALCOOLISMO

Um pouco mais tarde, enquanto jantava, Humberto conversava com sua mãe:
— Fiquei com dó da Débora. Ela parecia bem nervosa. Pensei que fosse precisar levá-la para o hospital.
— Algumas mulheres grávidas ficam bem sensíveis. Foi só um mal estar. Ela é um amor de menina! Sempre tão educada!
— Ela parou de trabalhar, né?
— Parou. Só o Sérgio trabalha. Você sabe. Ele é psicólogo. Esse moço é tão esforçado! Foi da polícia! Primeiro alugou aquela casa. Reformou tudinho. Depois comprou. Não sei muito da vida deles. Só sei que são casados há menos de um ano. São gente boa! Admiro o jeitinho dos dois juntos. Você tem que ver.
— Já reparei. É um casal muito tranqüilo. — Humberto sorriu ao dizer: — Ela está uma grávida linda! O Sérgio deve estar todo empolgado com o primeiro filho. Eu estaria! Adoro crianças! — Com um sorriso enigmático e olhar perdido, perguntou, parecendo sonhar: — Será que quando eu me casar vou me dar bem assim?

— Está pensando em se casar logo, não é, Humberto?
— Estamos namorando já faz tempo. Eu gosto da Irene, nós nos damos bem. Devo esperar mais o quê?
— Será que ela é a mulher ideal pra você, filho?
— Como vou saber antes de me casar? Às vezes fico inseguro, vem uma dúvida... não sei do quê... Já estou com vinte e nove anos, bem estabilizado financeiramente. Perdi muito tempo me estruturando nesse sentido. — Alguns segundos de silêncio e perguntou: — Parece que a senhora não simpatiza muito com ela, não é, mãe?
— Não tenho nada contra a Irene!
— Mas também não tem nada a favor!
— Eu não disse isso, Humberto!
— Eu sei. Outro dia eu estava observando e percebi que a senhora parece se dar melhor com a Lívia do que com a Irene.
— A Irene é extrovertida, agitada... Não pára quieta! Enquanto a Lívia é mais amorosa, atenciosa, caseira... São duas pessoas bem diferentes.
— Sabe, acho que a Lívia não merece o Rubens. Quando conversamos, percebo que ela é uma pessoa tão centrada, segura, fiel... — riu. — Enquanto ele... um irresponsável!
— Não fale assim do seu irmão! Ele gosta de festa, de balada...
— Não é só disso que ele gosta, mãe. O Rubens não assume qualquer responsabilidade. Não está nem aí pra nada. Fuma, bebe, sai com a mulherada... Só está naquele emprego porque eu arrumei, se não... Outro dia eu chamei a atenção dele por ter chegado de manhã e bêbado que só vendo! Nem sei como conseguiu vir dirigindo pra casa! Quer que eu acredite

que, naquele estado, ele saiu com alguma mulher e se preveniu de alguma forma? E quanto à Lívia? Ele não a respeita?

— Essa fase passa.

— Sem dúvida que passa. Mas será que não vai deixar conseqüências graves?! Será que ele não vai se contaminar com alguma doença?! Engravidar alguém? E depois de casado, vai continuar do mesmo jeito? A Lívia não o viu bêbado ainda! Ela não imagina que, depois de deixá-la em casa, ele cai na farra! Essa moça não merece esse cara!

— Seu irmão vai mudar. Isso é a idade.

— Que idade, o quê, mãe! O Rubens tem vinte e seis anos! É bem grandinho! A senhora fala como se ele tivesse dezoito! Ele vai ficar como o pai. Coitada da Lívia se não abrir os olhos!

Naquele momento a porta foi aberta e o senhor Leopoldo entrou. Novamente o pai de Humberto trazia os olhos injetados, o rosto vermelho e os movimentos trôpegos, inseguros. Ao falar lentamente, exalava forte odor de bebida alcoólica.

Imediatamente Humberto empurrou o seu prato de refeição, esfregou o rosto e segurou a fronte com as mãos, apoiando os cotovelos à mesa.

Instante em que o homem começou a falar coisas sem sentido, sem razão de ser e de modo cada vez mais agressivo.

— Cadê minha comida?! O prato era... ...era pra tá pronto!!! O que você ficou fazendo?!!

— É melhor você tomar um banho primeiro, Leopoldo — pediu dona Aurora paciente. — Vem, eu te ajudo.

— Ajuda o quê?! Por quê?! Você pensa que eu não me agüento?! Quem você pensa que é?!

— Venha, homem. Toma um banho frio, depois você come e... — disse ela segurando-o pelo braço, tentando conduzi-lo.

Com modos rudes o senhor Leopoldo gritou:

— Banho frio por quê?! Quero comer é agora!!! Eu decido se vou tomar banho ou não!!! Por que eu vou tomar banho frio?!!

— Por que você tá que não se agüenta. Não vê que bebeu demais?! Olha como está de fogo?!

— Cale a boca!!! Tô de fogo coisa nenhuma!!! Você, cale essa boca!!! Quem você pensa que é?!! Você não passa de uma...

O senhor Leopoldo começou a proferir frases ofensivas e agressivas. Mesmo com a fala mole e expressões sem sentido, ele insultava dona Aurora tomando postura física de quem iria agredi-la fisicamente. E tentou.

Nesse momento, Humberto não teve opção e interferiu.

Uma briga iniciou-se e durou até o pai gastar toda a sua energia e cair vencido pela embriaguez.

Depois de deixá-lo no quarto, com a ajuda do filho, dona Aurora reparou o corte que sangrava no supercílio de Humberto, resultado da agressão do pai, que o feriu com o prato que lhe atirou.

— Humberto, vem cá! Você está machucado, filho!

Quando a mãe ia tocar sua face, ele pediu:

— Deixa, mãe! Por favor, deixa!

— Mas filho...

— Eu estou cansado disso, mãe! Não vejo a hora de me casar e sair daqui!

Acompanhando-o até o quarto, entrou em seguida e perguntou firme:

— É por isso que vai se casar, Humberto?! Vai se casar só para sair dessa casa?!

— Não é sobre isso que estou falando. Não suporto mais essa situação. Não sei como a senhora agüenta!

Com os olhos umedecidos pelas lágrimas, dona Aurora respondeu:

— E o que você queria que eu fizesse? Acha que o correto é eu abandonar o seu pai?!

— Talvez fosse, mãe! Isso seria bom para ele tomar vergonha e ter mais responsabilidade! — falou, sentindo raiva.

— Humberto, eu e o seu pai estamos casados há trinta e sete anos!

— Desde quando me conheço como gente, eu o vejo chegando em casa embriagado, agredindo a senhora e nos espancando quando éramos pequenos! Depois que crescemos, não pode continuar nos batendo, mas ainda a agride se não estivermos por perto! Como pode tolerar isso, mãe?! Como a senhora agüenta?!

— Ele é meu marido! Você não entende?!

— Entender o quê?!

— Vou deixar o seu pai e fazer o quê da minha vida?! Não tenho mais vinte anos! — disse, começando a chorar.

— Mas tem uma vida! E, quando se tem vida, devemos fazer o melhor e o possível para nos sentirmos bem!

— E o que será desse homem?! O que será do seu pai, Humberto?! Você conseguiria viver tranqüilo, viver bem mesmo sabendo que o seu pai está jogado na rua, na sarjeta?! Sim, porque é isso o que vai acontecer se a gente deixar essa casa! A solidão vai fazer miséria com a cabeça dele, pois todo homem que bebe tem a mente fraca. Se ele tivesse abandonado o lar, seria diferente. Mas não é esse o caso, meu filho. Você e seus irmãos podem ir embora, mas eu não vou deixar o meu marido porque eu não viveria bem por causa disso. Não teria tranqüilidade ou paz se soubesse que ele vive na miséria por falta do meu apoio, mesmo que esse apoio não adiante muita coisa agora! Fico admirada por uma pessoa como você, com o seu entendimento me dizer uma coisa dessa! — Com lágrimas correndo no rosto sofrido, porém olhando firme para o filho, falou: — Eu ainda tenho esperança de que o Leopoldo pare de beber. Deus é grande!

Em seguida, virou-se e o deixou sozinho no quarto.

Humberto ficou remoendo os próprios pensamentos. Estava contrariado e arrependido do conselho de separação que deu para sua mãe, afinal, isso era contra os seus princípios morais. As lembranças mais vivas que guardava de seu pai eram dos momentos em que o homem se apresentava embriagado. Sempre se envergonhou dos vizinhos e amigos por causa das situações constrangedoras em que seu pai se apresentava alterado, brigando ou com a fala trôpega pela bebida alcoólica que o deixava extremamente mal humorado, sem controle, ou sem domínio de si mesmo. Sem mencionar os momentos de brigas, discussões ou agressões promovidas pelo álcool.

Aborrecido consigo mesmo, balançou a cabeça negativamente, num gesto enfadado e decidiu ir até o banheiro para lavar o rosto.

No caminho, o telefone tocou e ele decidiu atender:

— Pronto!
— Rubens?!
— Não, Lívia, é o Humberto.
— Desculpe-me. Eu sempre me confundo — riu sem jeito. — E aí? Tudo bem?
— Quase tudo. E você?
— Estou bem. Cheguei da faculdade agora. Não tive a última aula e resolvi ligar para o Rubens.
— Ele não está.
— Tudo bem. Deve estar em algum lugar na transportadora, pois o celular só chama e cai na caixa postal, mas eu nem deixo recado. Além disso, ninguém atende ao telefone na sala dele.
— Possivelmente ele está conferindo ou controlando algum transporte. Você sabe, alguns veículos e mercadorias só podem transitar à noite.
— É verdade — concordou a moça com simplicidade.
— Eu digo que você ligou.
— Se não der pra ele me telefonar, tudo bem. Não é nada importante.
— Amanhã nos vemos. Passarei aí no mesmo horário, certo?
— Estarei pronta! O favor que você me presta por me dar essa carona!... Nossa! Nem pode imaginar! Tenha certeza de que não ficará nem um minuto me esperando.
— É ótimo saber disso. Para ser bem sincero, eu não gosto de me atrasar nem de esperar.
— Não vai me esperar. Pode ter certeza. Só não quero te incomodar.

— Não. Você não está me incomodando. Pára com isso! Pena eu não poder trazê-la por conta do horário da faculdade. — Mas, nas férias, eu aceito a carona para voltar — riu ao falar.

— Combinado — Humberto tentava disfarçar o travo de amargura que apertava seu peito, mas era difícil.

Desconfiada, sentindo algo errado pairando no ar, Lívia quis saber:

— Desculpe-me perguntar, mas está tudo bem com você? Seu tom de voz está diferente desde quando atendeu.

Ele silenciou por alguns segundos e por fim comentou:

— O clima ficou meio difícil aqui em casa agora a pouco por causa do meu pai. Novamente ele chegou alterado.

— Vocês discutiram?

— Discutimos... Na verdade, eu não me lembro de ter falado nada.

— Como assim?

— Ele foi agressivo com a minha mãe e... Eu precisei interferir, entende?

— Sei. Sei exatamente o que é isso — falou entristecida.

— Aqui em casa, quando não é o meu pai, é o meu irmão que se altera por causa da bebida. Eu sei o quanto isso é difícil. — Breve pausa e perguntou: — Você está bem?

— Vou ficar. Não se preocupe.

— Se eu puder ajudar...

— Obrigado, Lívia. Amanhã conversamos.

— Certo! Até amanhã! — despediu-se animada.

— Tchau!

***

Era uma tarde de sábado, quando Sérgio chegou à cozinha e avisou a esposa:
— Fui à garagem agora e o carro está com o pneu furado.
— Você vai trocar?
— Vou, mas não com o nosso macaco.
— Por quê?
— O macaco é novinho! Nunca foi usado, mas está emperrado! Não funciona! Acredita?! — riu.
— Ainda bem que estamos em casa! Já pensou se tivéssemos saído?
— Foi o que eu pensei.
— E agora?
— Acho que terei de incomodar o vizinho. Será que o Humberto ou o Rubens estão em casa?
— Não sei. Quer que eu veja?
— Não, fique aí! Eu vou lá!
Passados alguns minutos, Humberto, bem disposto, estava na garagem da casa de Sérgio, ajudando na troca do pneu enquanto conversavam.
— Veja só! E se eu estivesse em uma auto-estrada?
— Ainda bem que aconteceu aqui e nesse horário. Já pensou se é noite e a Débora precisa ir para o hospital?
— Nem brinca! — Sérgio riu e falou: — Eu iria ter de pegar o carro de alguém!
Ao ver o pneu trocado, Humberto ofereceu-se, animado:
— Vamos lá no borracheiro arrumar! O meu carro está na rua!

— Não é preciso, Humberto. Você já me ajudou muito.
— Não estou fazendo nada mesmo! Vamos lá!
Diante da insistência, Sérgio concordou.

No caminho, e enquanto o pneu era consertado, eles conversavam sobre vários assuntos até Humberto comentar:
— Eu admiro muito você e a Débora. Vocês dois formam um casal tão bonito pela calma que apresentam, pela união. Outro dia lá em casa, minha mãe e eu comentávamos isso. Daqui a pouco vou me casar e gostaria de saber o segredo dessa harmonia. Gosto muito da Irene, nós nos damos bem. Mesmo assim, às vezes, sou invadido por uma insegurança... Temo haver alguma incompatibilidade que só se revele mais tarde.

— Nem toda incompatibilidade é prejudicial ou um problema em uma relação. Quando um casal não se dá bem ou quando um deles quer, definitivamente, se afastar do outro, começa-se a criar situações ou procurar-se incompatibilidades em pequenos acontecimentos e costumes que poderiam ser considerados corriqueiros, normais e sem importância.

— Tipo, deixar os chinelos fora do lugar.

— Isso! — Sérgio sorriu e confessou: — Esse é um exemplo ótimo. Na minha casa, eu costumo esquecer os chinelos fora do lugar. Sou muito organizado com tudo, mas deixo os benditos chinelos jogados num canto ou outro ou no meio da sala. É lógico que a Débora não gosta disso, mas esse não é um grande problema entre nós. Não é motivo de briga ou irritação para ela que sempre os recolhe e os coloca no lugar certo. Isso não é um motivo de transtorno para nós. Se bem que, nos últimos tempos, estou menos folgado por causa do estado dela. Outro exemplo é... — pensou e comentou: — Eu gosto de tomate na salada de alface e ela sempre esquece. Eu poderia reclamar e questionar agressivo ou insatisfeito, mas não. Sempre pergunto, com jeito educado, ou faço uma brincadeira. Quando ela está ocupada e diz para eu ir pegar, eu vou. Pego o fruto, lavo, corto e acabou. Não fazemos dessa situação um problema.

— Mas esse tipo de postura é das duas partes. Ela poderia ser agressiva e responder mal.

— Sim, poderia. Por isso, desde o início da nossa relação, um não deixa que o outro se altere sem, com muita calma, dizer que não é preciso falar daquele jeito. Quando uma pessoa perde a serenidade, é agressiva com gestos ou palavras, muitas vezes ela não está insatisfeita com o que aconteceu naquele exato momento. Na maioria das vezes, ela está insatisfeita consigo mesma ou por outro motivo completamente diferente daquele ocorrido naquela hora. Quando estamos em paz conosco, não nos alteramos e quando fazemos o que é correto, vivemos em harmonia.

— Tenho receio de que a Irene se torne aquele tipo de mulher que se irrita à toa, que quer conseguir tudo no grito, viva momentos explosivos.

— Qualquer pessoa grita quando quer ser ouvida. E o que é o grito? — Sem esperar por uma resposta, disse: — O grito é um meio de comunicação entre aqueles que estão longe. Uma pessoa grita porque ela está distante. Se não existe muito espaço físico entre ela e a outra, então existe o espaço emocional, sentimental.

— Nossa! Isso é profundo.

— Isso é fato, meu amigo! — disse Sérgio sorrindo, ao ver o outro reflexivo.

Ao chegarem à casa de Sérgio, Débora saía ao portão acompanhando Lívia, que foi logo explicando:
— Cheguei há cerca de uma hora!
— Eu vi que ninguém a atendia no portão de sua casa e avisei que você saiu com o Sérgio, mas voltariam logo e pedi para ela esperar aqui — completou Débora.
Humberto beijou o rosto de Lívia enquanto Sérgio limitou-se ao aperto de mão. Em seguida, Humberto comentou:
— O Rubens saiu logo cedo e não chegou até agora. A Neide foi à casa de um amigo e meus pais foram ao casamento do filho de um conhecido.
— Pensei que o Rubens estivesse aí. Não consegui falar com ele. Ele vive com o celular desligado!
— Quando não, esquece o aparelho em casa — tornou ele.
Ao pensar que não ficaria bem permanecer na casa sozinha com Humberto enquanto esperasse pelo namorado, Lívia avisou um tanto constrangida:
— Então eu vou indo. Mais tarde eu ligo para o Rubens e a gente se encontra.
— Vou te levar!
Rapidamente Débora e Sérgio se entreolharam, entendendo a situação, e ela propôs:
— De jeito nenhum! Vamos entrar e tomar um café ou um suco, pois está muito calor.
— Não. Vou levar a Lívia até sua casa.
— Fará essa desfeita conosco, Humberto?! — Sérgio sorriu ao brincar. — Quando eu precisar novamente de ajuda, vou recorrer a outro vizinho. Não te procuro mais.

— Depois dessa ameaça, teremos de aceitar o convite! — tornou o outro.

Eles entraram e se acomodaram na sala conversando longa e prazerosamente.

Em algum momento da conversa, Humberto comentou:

— Gostei muito do que ouvi do Sérgio, hoje, referente ao grito. Disse-me ele que, mesmo estando perto, a pessoa grita porque está longe da outra emocionalmente.

— Bem profundo! — concordou Lívia. — Eu nunca havia pensado nisso dessa forma.

— É uma distância sentimental, com certeza, mas essa máxima filosófica pertence a Ghandi — explicou Sérgio.

— Hoje eu estava comentando com o Sérgio sobre uma pessoa — Humberto sorriu de modo engraçado e provocativo olhando para Débora e Lívia ao continuar — quer dizer... eu estava falando sobre a mulher que muda sua personalidade depois do casamento. Muitas se alteram e vivem irritadas, nervosas e passam a gritar. Observei isso principalmente onde trabalho.

— Foi a coisa mais injusta que eu ouvi hoje, Humberto! — reclamou Lívia com um tom engraçado na voz enquanto sorria intrigada.

— Estou comentando somente o que eu observo. Não quero generalizar, mas... — Ele embaraçou-se e recorreu ao amigo: — Sérgio, o que você acha?

— Todas as pessoas, independente do sexo, mudam o comportamento conforme aumenta a sua responsabilidade. Algumas podem tomar para si excessos de tarefas e criar preocupações que não conseguem suportar. Por isso o menor desafio ou um problema insignificante se torna um transtorno, algo insuportável. Então, sob a pressão que ela mesma criou, a pessoa se irrita, fica nervosa, grita.

— Será que entendi bem? É a própria pessoa quem se pressiona? Não é alguém ou uma situação que faz isso? — perguntou Lívia.

— Em absoluto! — tornou Sérgio. — Pense comigo: eu posso, por algum motivo, ser exigente com você, fazer ameaças ou até fazer o maior terrorismo na sua vida para conseguir algo, mas quem se magoa, fica triste, se irrita, se desespera e se pressiona para obter o resultado é você mesma. A única criatura capaz de tirar a própria paz somos nós. Quando alguém diz não ter paz, eu digo que é porque essa pessoa não vem fazendo, na vida, o que é certo, a começar pela falta de fé em Deus e depois em si mesma.

— Nossa, Sérgio! O que é isso?! — admirou-se Humberto sorrindo. — Só algumas horas com você e já aprendi tanto!

— Não é a toa que ele é psicólogo! — ressaltou Lívia. — Esse assunto vai me fazer refletir muito.

— Estou vendo que as orientações de um psicólogo não são importantes somente para aqueles que passam por problemas — tornou Humberto.

— Lógico que não! — afirmou Sérgio. — O trabalho de psicologia pode ser aplicado em qualquer pessoa e em qualquer fase da vida a fim de que ela progrida, seja melhor do que já é. Você sabia que os atletas de muitos países têm acompanhamento psicológico?

— Por isso eles têm o maior número de medalhas! Já ouvi falar! — disse Humberto.

— Sem dúvida que esse é um dos motivos. Quando alguém tem controle emocional, domínio sobre si, sempre realiza o melhor no que faz. Infelizmente, a grande maioria pensa em procurar um profissional, nessa área, só quando tem algum problema. Eu me atrevo a dizer que a saúde emocional, mental é até mais importante do que a saúde física. Quando se está bem emocionalmente, todo o seu corpo entra em um ritmo saudável e de paz.

— Vendo por esse lado, você tem toda razão. O correto é irmos ao dentista e ao médico antes que um problema apareça, pois, caso haja algum comprometimento, será mais fácil cuidar no início, antes de uma manifestação aguda — disse Humberto.

— Prevenir! Isso é o mais importante. Todo e qualquer problema, nessa área, tem grande chance de evoluir — tornou o amigo.

— O que você me diz do alcoolismo, Sérgio? — quis saber Humberto.

— O alcoolismo não é um problema moral como se acreditou por muitos anos. O alcoolismo é uma doença, cientificamente estudada. É incurável e fatal para aquele que não parar de beber.

— Incurável?! — perguntou Lívia. — Mas e se a pessoa parar de beber?

— Se a pessoa parar de beber, ela venceu o alcoolismo, mas continua sendo alcoólatra, pois nunca mais deverá ingerir ou experimentar qualquer coisa que contenha álcool, inclusive medicamentos. O que muitos ignoram é que o alcoolismo é uma doença progressiva. A vítima bebe uma vez e tende a beber cada vez mais. Para vencer essa doença, é necessário parar definitivamente de ingerir álcool.

— Sérgio, o meu pai é alcoólatra — disse Humberto. — É difícil não ver a pessoa alcoolista como sendo um safado. Quando sóbrio, o meu pai é uma excelente pessoa, trabalhador... Eu acredito que ele bebe porque não tem opinião.

— Não é bem assim, Humberto. Após a embriaguez, quando sóbrio, o alcoólatra é invadido por um grande sentimento destrutivo de desgosto, arrependimento, solidão, desespero. Ele vê que sua vida está sendo destruída lentamente e a promessa, a de não beber mais, não foi cumprida. A afetação e a ruína familiar, social são vistas e sentidas por ele, que começa a se sentir um marginal por conta das críticas, das agressões verbais ou silenciosas, por conta da solidão. Ele sabe ou imagina que surgirão os problemas ou conseqüências psicológicas mais severas, dificuldades no trabalho, comprometimento da saúde, doenças físicas, mentais e até a loucura e a morte prematura. Por isso tudo ele sofre muito.

— Eu chego a questionar esse sofrimento. Se houvesse um sofrimento tão intenso assim, ele deixaria de beber.

— Por pensar dessa forma, é que você precisa conhecer mais sobre o assunto, Humberto. Já leu ou se informou a respeito?

— Não. O conhecimento que tenho é a prática. Para ser sincero, não é fácil aceitar e entender o alcoolismo como doença.

— Mas ele é. É uma doença que pode e deve ser tratada. É comum não considerarem o alcoólatra um doente pelo fato de entenderem como doente somente a pessoa enferma, acamada, indisposta, inapta, com dores, etc. A respeito do doente, sentimos piedade. Em vez de piedade, normalmente, sentimos aversão, repúdio ou raiva do alcoólatra. Isso acontece porque a maioria das pessoas tem, à disposição, a bebida alcoólica e bebe se quiser, quando quiser e o quanto quiser. Muitas vezes até recusa firmemente. Assim sendo, essas pessoas têm o contato com a bebida e o domínio sobre si mesmas. Sabem recusar e dizer quando basta. Então elas acreditam que todos têm ou devam ter o mesmo controle. Só que não é bem assim. Aliás, o próprio alcoólatra pensa dessa forma e por isso acaba se achando um fraco, um incompetente, um zero à esquerda. Por essa razão ele não procura ajuda.

— Desculpe-me Sérgio, eu não entendi por que ele não procura ajuda — quis saber Lívia.

— É assim: se sou alcoólatra, não tenho controle sobre mim diante da bebida, mas quando vejo que as outras pessoas têm esse controle, eu me acho um fraco. Penso que largar de beber depende só e unicamente de mim. Daí que, fico dizendo a mim mesmo que vou me controlar, não vou beber mais e não preciso de ajuda, pois se os outros têm controle diante do álcool, eu também vou ter. Só que sem ajuda, sem tratamento não vou conseguir porque o alcoolismo é uma doença.

— O maior número de alcoólatras se encontra nas classes média e baixa, não é? — perguntou ela novamente.

— É um engano pensar assim. Se houvesse um meio de se medir, a porcentagem seria praticamente a mesma. O alcoolismo existe em todas as classes sociais, independente da etnia, do grau de escolaridade, da religião ou da política do país.

Existem fatores que favorecem o consumo de bebida alcoólica e que nem imaginamos.
— Como quais? — perguntou Humberto.
— Em países como o nosso, o governo arrecada um valor impressionante através dos impostos cobrados nas vendas de bebidas. Assim sendo, você acredita que exista algum empenho, por parte do governo, em restringir ou acabar com as propagandas ou venda de bebida? Lógico que não! Há também fatores culturais onde dizem, em determinados círculos, que "homem pra ser homem tem que beber!". Outro é o hábito de se ingerir álcool antes das refeições, porque é final de semana, sexta-feira, está frio, calor!...
— O que sei dizer é que o alcoolismo não traz problema só para aquele que bebe. Ele colabora para danos sérios na família e com grande repercussão na sociedade. Haja vista quantos acidentes, de todos os gêneros, acontecem com envolvimento de alcoolistas ou alcoólatras, como queira. Quantas mortes e crimes ocorrem também por causa do álcool. Sem mencionar a irritação que essas pessoas provocam em toda a família tirando o equilíbrio, a harmonia, roubam-nos a paz, provocam decepções por causa dos compromissos não cumpridos, do comportamento inadequado, da aparência decadente, da falta de sucesso no trabalho, insegurança financeira, falta de higiene quando embriagado, agressões físicas e verbais... Sempre tive vergonha do meu pai. Nunca levei amigos em casa. Quando eu sabia que haveria uma festa à qual meu pai iria, eu ficava longe. Sabe... — Pensou por alguns segundos e depois revelou em tom firme: — Eu nunca bebi. Não sei qual é o gosto do álcool, de uma bebida colocada em um copo. Poucas vezes

comi um bombom que continha licor. Eu sempre vi um efeito muito devastador em torno do álcool. Minha mãe e nós, os filhos, sempre nos sentimos infelizes e impotentes diante de meu pai embriagado, além de nos sentirmos como a razão de ele beber.

— Veja, Humberto, pelo fato do alcoolismo ser uma doença, a vítima dele, sem orientação sobre o que acontece com ela, projeta na família, no trabalho ou em alguma outra situação a razão de sua falta de controle com a bebida. A culpa não é dela, que é um doente, muito menos da família. O alcoólatra quer proteger o seu eu o seu ego, o que é natural. Quando o alcoólatra transfere para a família a culpa por ele beber, para que os outros se sintam culpados, com remorso e assim experimentem medo ou receio dele e não vão dialogar a respeito do assunto. Quando se trata de um filho, os pais acreditam que não o educaram bem, que falharam com ele de alguma forma e se sentem constrangidos ou coagidos de algum jeito e também não vão conversar com ele sobre o assunto. O que acaba acontecendo é que ninguém exige uma mudança no comportamento do alcoólatra. Ninguém procura orientação para poder ajudá-lo e todos se acomodam.

Humberto sorriu ao perguntar:

— Está me chamando de acomodado?

O outro riu ao admitir:

— De certa forma, estou sim. Você mesmo me disse que não leu nem se informou a respeito. Disse que o seu conhecimento era a prática. Nesse caso, meu amigo, a prática não ensina muito além do sofrimento.

— É verdade! — riu concordando. — Você tem razão. Aprendi muito hoje e vou procurar me informar a respeito.

— Vou te arrumar um livro muito bom sobre esse assunto.

— Ótimo! Aceito com o maior prazer.

Nesse instante a campainha tocou, Débora saiu para atender e retornou para a sala na companhia de Tiago, Rita e seus dois filhos gêmeos.

Ao serem apresentados, Tiago comentou:

— Acho que te conheço de algum lugar, Humberto!

— De outra vida, quem sabe! — brincou ele, alegre e simpático.

Eles riram e continuaram conversando sobre outros assuntos bem proveitosos.

Os gêmeos atraíam toda a atenção por causa das gracinhas que faziam, coisas típicas da idade.

Vez e outra Humberto telefonava para sua casa a fim de verificar se alguém havia chegado. Porém, em seu íntimo, desejava ficar ali em meio a companhias agradáveis.

As horas foram passando, a noite chegou e todos permaneceram juntos se divertindo na residência de Sérgio e Débora.

5

Traição sem remorso

Era noite. Rubens se viu a passos rápidos por uma rua onde a iluminação frágil refletia as poças d'água existentes. Fugia de algo que o amedrontava. Sentia-se perdido, desesperado enquanto era perseguido por uma criatura, com risos sarcásticos e voz rouca, que gritava o seu nome.

Ao ouvir uma gargalhada estrondosa, Rubens estremeceu e acordou num sobressalto, sentando-se rapidamente na cama.

— Nossa! O que foi isso, Rubens?! — perguntou Irene ao seu lado, acordando assustada com sua inquietação.

Ele não disse nada. Sua respiração estava alterada e seu rosto ficou gotejado de um suor frio.

Imediatamente acendeu um cigarro e, após algumas tragadas, levantou-se, caminhou pelo quarto e verificou já ser bem tarde.

Irene acompanhava-o com o olhar, curiosa para saber o que havia acontecido.

— O que foi? Teve algum sonho?

— Um pesadelo — respondeu ele. Em seguida, observou: — Já é noite! Você viu?!

— É mesmo! Pegamos no sono! — riu. — O que vou dizer ao Humberto?

— O de sempre. Ele nunca te questiona nada, não é mesmo?!

— É verdade. Ao contrário da Lívia que está ficando espertinha, hein!

— Mas eu já estou dando um jeito nela. Acredite.

— Espero que sim. Não quero que ela levante qualquer suspeita sobre nós.

— Relaxa! — disse aproximando-se e beijando-a.

Após corresponder ao carinho, Irene avisou:

— Vou tomar um banho. Precisamos ir.

Ela se levantou e foi para o banheiro enquanto Rubens terminava de fumar o cigarro.

Ao saírem do motel, Irene comentou:

— Vamos passar no shopping para eu pegar o meu carro. Mas antes subiremos até a loja para perguntar à Cleide se o Humberto me procurou.

Aos vinte e sete anos, Irene era uma mulher habituada a vestir-se na última moda. Tinha um bom gosto natural. Muito elegante, por ter um corpo bem feito, sentia-se segura e confiante de sua beleza, trazendo um leve sorriso que iluminava seu rosto de pele morena clara. Alta. Cabelos castanhos, lisos e bem curtinhos que lhe davam um toque bem jovial. Firme e objetiva, possuía personalidade marcante e idéias próprias.

A passos firmes ao lado de Rubens, ela caminhava pelos corredores do shopping como se desfilasse. Sempre com expressão alegre, gargalhava, gostosamente, vez e outra por algo engraçado que conversavam.

Adentrando em uma de suas lojas de requintada decoração, imediatamente procuraram Cleide, que os beijou e comentou como se sussurrasse:

— Vocês dois são loucos! O que estão fazendo juntos aqui?!

Irene trocou olhares com Rubens e riu com prazer antes de falar:

— Quem deveria estar preocupada aqui era eu! Não acha?! — Em seguida, perguntou: — Alguma novidade?

— O Humberto telefonou duas vezes!

— O que você disse?

— Que você tinha ido à administração do shopping resolver uma questão da metragem do aluguel de uma das lojas.

— Logo reclamou: — Ai, Irene! Eu não sei mais que desculpa eu vou dar! Você ainda vai me pôr em uma fria!

— Fique tranqüila, Cleide!

Por sua vez e sem se constranger, Rubens sorriu ao decidir:

— Bem, estou indo! Nós nos vemos mais tarde — dizendo isso, segurou o braço de Irene, dando-lhe um beijo no rosto pegando levemente no canto da boca.

De imediato, ela lembrou:

— Ah! Espere! — Indo atrás de um balcão, abaixou-se e apanhou um volume, dizendo: — Chegaram mercadorias novas e esta blusa é a cara da Lívia! Leve e dê para ela.

— E digo o quê?

— Diga que gostaria de lhe fazer um mimo e por isso passou aqui e eu o ajudei a escolher. Diga também que é um meio de se sentir menos culpado pelas horas que fica ausente.

Colocando a blusa em uma embalagem, entregou-a para ele, que comentou:

— Ótima idéia! Obrigado!

Beijando-a mais uma vez, ele se despediu e se foi.

Cleide estava boquiaberta com a cena, porém esperou o outro estar fora de vistas para exclamar:

— Irene! Você perdeu o juízo?!!! Ele é irmão do Humberto!!! Onde isso vai parar?!!

— Na cama, onde termina todas às vezes! — gargalhou.

— Eu não acredito no que estou vendo!!! Sou sua amiga, Irene, mas isso não é certo! Se vocês dois se gostam tanto, por que não termina com o Humberto e fica com o Rubens?!

— Não posso, Cleide! Eu já te disse, amiga! Eu e o Rubens sentimos uma atração muito forte um pelo outro... Não sei explicar direito. É como se nós nos realizássemos pelo gostinho do perigo. Se ele terminar com a Lívia e eu com o Humberto, acho que não haverá mais graça.

— Você está praticamente noiva! O Humberto fala em casamento! O que vai fazer depois de casada?!

— Não parei para pensar nisso. Ficar com o Rubens é experimentar um sentimento de viver perigosamente. É algo muito forte e que me satisfaz. Eu e o Rubens nos damos muito bem por isso.

— Irene, pense bem. Com o tempo, se o Humberto quiser um filho...

— Eu não quero filhos! Fico apavorada com essa idéia de estar...

— Por quê?!!! — quase gritou a outra. — Você acha que está?!!!

— Não estou nada!!! Pare com isso!!! Se eu estiver, eu tiro!!! Pode ter certeza!!! — falou irritada, demonstrando-se nervosa.

— Irene, está atrasado?!
— Uns dias.
— Você falou com o Humberto?
— Ficou louca?!!! Se isso aconteceu, ninguém vai saber!
— Irene, pelo amor de Deus, não faça uma besteira dessa! Isso é pecado! Se estiver, fale com o Humberto! — Breve pausa e perguntou: — Vocês conversam sobre a idéia de ter um filho?!
— O Humberto adora crianças, mas eu não! Ele sempre vive às voltas com a idéia de que, quando tiver um filho, será desse ou daquele jeito. Porém, da minha boca, ele nunca ouviu nada. Também nunca me perguntou — falou de modo duro.
— E se ele quiser filhos? — tornou Cleide.
— Sei lá! Não quero pensar nisso — falou irritada.
— Deveria. — Após alguns minutos, argumentou: — Sabe, não estou me sentindo bem por estar envolvida nesse assunto. Preciso mentir, ficar inventar histórias e... Por favor, amiga! Pare com isso!
— Cleide, você é minha amiga ou não?!

A outra olhou de um modo indefinido. Percebia-se contrariada e com o coração apertado por encobrir as mentiras da outra.

Temendo que Cleide contasse algo, Irene fez-se chorosa e pediu com modos tristes, como se implorasse:

— Preciso de um tempo. Vou dar um jeito nessa situação. Eu prometo.

Apesar de insatisfeita, a amiga ofereceu meio sorriso e pareceu se conformar.

Nesse instante, uma das vendedoras se aproximou e a conversa foi interrompida.

* * *

Humberto saía do banho, sem camisa, secando os cabelos com uma toalha. Não tirava dos pensamentos a lembrança das informações preciosas da conversa que teve com Sérgio. Rindo sozinho, rendia-se à idéia de conhecer, de alguma forma ou de algum lugar, os amigos com quem passou uma tarde e princípio de noite.

Só poderia ser de outra vida. As conversas, as brincadeiras entre os grandes ensinamentos o faziam experimentar um sentimento de alegria indefinida, como se tivesse matado a saudade de amigos que há muito tempo não via.

Observou que Lívia ficou muito à vontade também. Queria ter ficado na casa de Sérgio, pois foram horas muito agradáveis.

Recordando novamente da namorada de seu irmão, Humberto sorriu ao lembrar de seu sorriso agradável, sua voz gostosa de ser ouvida. Não esquecia o seu rosto expressivo, o seu riso cristalino, que figurava uma beleza sem igual em seus lábios carnudos e bem delineados. Chamou-lhe a atenção ver o seu jeito delicado de colocar o cabelo, vez e outra, atrás da orelha, deixando a face alva mais à mostra.

Lívia o atraía imensamente. Ao pensar nisso, sentiu como que uma pontada lancinante no peito enquanto um tremor correu-lhe o corpo.

Fechando o sorriso, sacudiu a cabeça e respirou fundo para afugentar os pensamentos.

Mas as recordações eram teimosas, insistentes.

Não demorou e imagens belas e agradáveis da moça invadiam lentamente sua mente, apesar de lutar contra isso. Desejava estar com Lívia, sentia-se bem ao seu lado. Percebeu que, a cada dia, uma ansiedade extrema o dominava todas as manhãs antes de ir pegá-la para levá-la ao serviço.

No carro, mesmo sem ela estar presente, podia perceber o seu perfume suave, delicado feito sua presença, e ele adorava isso.

Sentado em sua cama, sentiu o coração bater descompassado ao pensar que, talvez, estivesse apaixonado pela namorada de seu irmão. Isso não deveria acontecer.

Nesse instante seu rosto ficou sério e a testa franzida. Precisava lutar contra essas idéias.

Repentinamente a porta foi aberta e Rubens entrou.

Humberto olhou para o irmão e encarou-o de modo sério. Sentindo-se culpado, refletiu:

"Não é possível eu me apaixonar por sua namorada. Isso é horrível! Mas vai mudar! Ah, vai!".

— E aí?! Tudo bem, Humberto?!

— Tudo! — respondeu rápido.

— Você está esquisito. Parece que viu um fantasma.

— Não... Eu só estava pensando onde a Irene se meteu? Não consigo encontrá-la.

— O trabalho nos rouba todo o tempo. Tem dia que fica difícil conciliarmos as coisas.

— É, eu sei. Mas ela poderia me ligar. O seu celular sempre está desligado. Não está na loja... Puxa! Que falta de consideração! Caramba!

— Só posso defender a Irene, pois hoje também tive um dia cheio! Você sabe, quase não trabalho aos sábados, no entanto, nos últimos tempos, um caminhão quebra e todas as mercadorias precisam passar de um veículo para o outro. E quem é o prejudicado? O gerente de distribuição, lógico! Se você soubesse o trabalho que dá essa transferência de mercadorias, a lista de inventário e tudo mais... Trabalhar com logística não é fácil! Depois a Lívia reclama que eu nunca estou na minha sala, meu celular só dá caixa postal... Mas é que no depósito ou em outros lugares da empresa o aparelho não pega. Além disso, eu detesto telefone. As pessoas só ligam para cobrar alguma coisa, pressionar ou trazer mais problemas! — reclamou.

Humberto riu ao concordar:

— Sabe que você tem razão! Geralmente um telefonema acontece com essa finalidade mesmo.

— Então, meu caro, vê se não pressiona a Irene. Ela deve ter problemas suficientes para não te ligar.

Suaves batidas à porta entreaberta, e Rubens permitiu:

— Entra!

— Olá, Rubens! Oi, meu amor! — disse Irene sorrindo ao entrar no quarto. Indo à direção de Humberto, beijou-lhe a boca rapidamente e falou: — Imagino o quanto está chateado com o meu sumiço. Mas você nem imagina que dia eu tive!

— Eu tinha planos para hoje e...

— Ah, meu amor! — falou com mimos. — Se eu pudesse, teria vindo mais cedo.

Levantando-se, indo até o armário e pegando uma camisa, disse, sério, ao vestir:

— Esse negócio de você ir às lojas aos sábados não me agrada. Vocês têm encarregadas que podem decidir tudo. Afinal, é só um dia!

— Mas não é simples! É o dia de maior movimento. Eu não fico à toa na loja. Vamos esquecer esse assunto e espairecer.

Humberto parecia insatisfeito. Ajeitou os cabelos, pegou seus documentos e disse ao irmão:

— Até mais!

Irene seguiu atrás de Humberto e, após ele sair, certificando-se de que não seria vista, virou-se, jogou um beijo para Rubens, acenou um tchauzinho e saiu em seguida.

* * *

Na segunda-feira, ao irem para o trabalho, Humberto e Lívia estavam bem animados. A conversa era sobre assuntos alegres, que giravam em torno de Sérgio e Débora.

— Como eles são bacanas! Adorei a Débora. Parece que a conheço há séculos! — disse Lívia. — Ontem mesmo, eu e o Rubens estávamos no shopping e eu vi uma loja de roupinhas de criança e... Ah! Não resisti! Comprei um vestidinho rosa que é a coisinha mais linda!

— Que legal! Eu tenho certa dificuldade para comprar presentes. Nunca sei o que dar nem o tamanho. Sou bem diferente do meu irmão nesse ponto.

— Devo admitir que o Rubens tem bom gosto. Sábado mesmo, ele me deu uma blusinha linda. Se bem que... — Lívia silenciou.

Curioso, não suportando a pausa, questionou:

— Se bem quê?...

— Nós estamos discutindo muito e, no sábado, não foi diferente — falou chateada. — Quanto ao motivo, bem... É sempre o mesmo. Nos últimos finais de semana ele está sempre ocupado com trabalhos extras lá na empresa. Durante a semana, eu estudo. Não nos vemos. No sábado ou domingo, ele sempre é requisitado. Fui só conversar com ele a respeito e... — Breve pausa e comentou: — Eu sei que é bem desagradável eu ficar reclamando para você sobre isso, pois é seu irmão, mas...

— Conversou com ele?

— Sem dúvida. Mas acabamos discutindo, e ele se altera e... — Ela respirou fundo e contou: — O Rubens não está agindo certo. Alguma coisa está errada e eu não estou gostando disso. Sabe que toda vez que apronta alguma, ele me dá um presente?

Humberto riu e comentou:

— Eu comecei a implicar com a Irene por causa do tempo que se dedica àquela loja, e ela age da mesma forma. Sempre me dá um presente.

— Ele passou lá no shopping, no sábado, e foi ela quem o ajudou a comprar a blusa que ele me deu.

— Mas agora vocês dois estão bem? — quis saber.

— Estamos meio estremecidos. O clima não está muito bom entre nós. Eu não sei... Eu... — ela silenciou.

Humberto corroia-se inquieto por mais detalhes. Gostaria de saber mais sobre ela, sobre seus sentimentos a respeito de Rubens. Mas como perguntar sobre isso? Se ela terminasse o romance com seu irmão, ele teria coragem de fazer o mesmo com Irene? E se estivesse enganado a respeito de seus sentimentos? Havia muita afinidade entre ele e Lívia, mas o que fazer com isso? Aos poucos, percebia que a sua paixão era uma realidade.

Aproveitando uma das paradas no trânsito congestionado, ele virou-se e percebeu uma grande tristeza vagando no olhar perdido da moça.

Num impulso impensado, Humberto levou a mão ao rosto de Lívia, afagou-o, deslizou o carinho para sua nuca e para os cabelos, escorregando os fios por entre seus dedos.

Surpresa, ela o olhou oferecendo leve sorriso, ficando na expectativa. Ele, sem saber como explicar tal reação, constrangido, disfarçou o nervosismo da voz e falou:

— Não fique triste. Esses altos e baixos acontecem em todo relacionamento.

Ouvindo aquelas palavras ela ofereceu, novamente, um sorriso doce e singelo, confessando:

— Tem muita coisa acontecendo. Não é só isso que me deixa angustiada.

Silenciou. Um temor fez estremecer sua alma ao experimentar um aperto no coração. Séria e sem perceber, prendeu a respiração ao olhar longamente para Humberto, que desviou os olhos dela para prestar atenção no trânsito.

Lívia tinha bom senso. Seria incapaz de revelar ao futuro cunhado os seus sentimentos. Estava apaixonada por ele e, certamente, as suas discussões com Rubens davam-se pelo fato de ela querer que ele fosse exatamente como o irmão. Humberto era sensato, não fumava, não bebia e ela o admirava em tudo. Eram incrivelmente parecidos, porém só na aparência física.

Agora, não sabia como olhar para Humberto novamente. Temia que seu olhar a denunciasse. Como apreciou aquele toque, aquele carinho. Jamais sentiu em todas as carícias e beijos trocados com Rubens o que experimentou naquele instante.

Alguns minutos, e ele não resistiu, perguntando:

— Quer falar sobre as outras coisas que estão acontecendo? De repente, se for algo lá no serviço que eu possa te ajudar...

— Não. Lá no serviço está tudo ótimo. Você já me ajuda demais. — Para dissimular e não falar sobre o seu compromisso com Rubens, comentou: — Tem coisas acontecendo lá em casa que me deixam muito chateada.

— É o seu pai?

— Ele e o meu irmão são pessoas bem difíceis.

— É a bebida também, não é?

— É. Eles não se embriagam tanto quanto o senhor Leopoldo, mas... Ai, desculpe por falar dessa forma. É que, para você saber, eu precisava comparar e...

— Tudo bem. O álcool é um inferno!

— E quem bebe é o demônio! Achei bem interessante ver o alcoólatra por outro ângulo e saber um pouco sobre o alcoolismo do ponto de vista de alguém como o Sérgio. Entretanto é tão difícil conviver e saber como agir quando estamos envolvidos nessa situação no dia-a-dia. — Em seguida, contou: — O

meu pai implica muito comigo e o meu irmão não é diferente. O Luís e o Rubens não se dão bem. Ele vive dizendo que o Rubens me engana e tem outra... Ai! Nossa! Não agüento o meu irmão! Duas semanas atrás, ele teimou em afirmar que viu o Rubens no carro com outra mulher. Garante que era ele.
— Você acreditou?!
— Para ser sincera, não sei dizer. O Luís não mente. Ele é terrível, mas não mente. Quanto ao Rubens... Bem, disse que estava trabalhando naquele dia. Estou insegura. Não sei como agir. Nós brigamos feio por causa disso e ele...
Diante do silêncio, Humberto não disse nada. Não sabia o que falar. Acreditava que seu irmão não era digno de confiança e, certamente, traía a namorada com outras mulheres, mas não diria nada. Não poderia.

Ao estacionar o carro na empresa, como sempre, ele exclamou:
— Chegamos!
Descendo do carro, ela riu graciosamente ao comentar:
— Reparou que você sempre fala isso?!
— Isso o quê?
— "Chegamos!"
Ele achou graça e, lado a lado, caminharam até o setor onde trabalhavam.

* * *

O tempo foi correndo.
Era sábado e Humberto, como em outros dias daquela semana, sentia-se sem ânimo. Mil coisas passavam por seus

pensamentos. Deixava-se dominar por lembranças de todos os momentos perto da namorada de seu irmão e não sabia mais o que fazer. Gostava de Irene, porém por Lívia nutria um sentimento jamais experimentado.

Ao vê-la, queria correr ao seu encontro como um adolescente. Desejava envolvê-la em seus braços, beijá-la com paixão e depois gritar o seu nome por tamanha alegria. Mas não podia. Precisava calar no peito aquele amor proibido.

O que fazer?

Ele havia percebido que o namoro com Rubens não ia muito bem. Ela não comentou nada, entretanto notava que, a cada dia, era como se Lívia quisesse se distanciar de seu irmão, porém algo a impedia ou não tinha coragem. Talvez gostasse mesmo dele. Contudo não era mais a mesma. Parecia triste, inquieta, mas ele não poderia fazer nada a não ser aguardar.

Estava largado sobre a cama e sem a mínima vontade de se levantar, quando Neide bateu à porta e Humberto permitiu:

— Entra!

— Oi! Tudo bem?!

Remexendo-se um pouco, ele deu um suspiro ao dizer:

— Tudo. Que horas são? — indagou, procurando pelo relógio.

— Dez horas — respondeu a jovem ao se aproximar e se sentar na cama do irmão. Em seguida, perguntou: — Humberto, a Lívia vem hoje aqui?

— Não sei. Por quê?

— É que vocês trabalham juntos e, de repente, ela comentou alguma coisa. Notei que a Lívia está deixando de vir

aqui em casa, não liga mais... — Em seguida, quis saber: — Você e a Irene vão sair?
— Talvez. Não sei dizer. — Alguns instantes e reclamou: — Depois que ela inaugurou a terceira loja naquele shopping novo, não tem tempo para mais nada. Aos sábados, principalmente, corre de uma loja para outra, de um shopping para outro. Por que você quer saber?
— Eu queria fazer um programa do tipo: sairmos nós cinco juntos!
— Nós cinco?! Quem?! — interessou-se o irmão.
— Eu, você, a Lívia, o Rubens e a Irene!
— Pode ser. Mas por que isso, assim, de repente? Além do que você vai com a gente e vai sobrar?
— Quem sabe eu arrumo uma companhia! — exclamou rindo. — A Lívia poderia chamar o irmão dela! — gargalhou.
Humberto achou engraçado o jeito da irmã, porém não gostou da idéia.
Sentando-se na cama, ficou ao lado de Neide. Passou as mãos lentamente pelo rosto, alinhou os cabelos e procurou orientar:
— Neide, não seria difícil promover um encontro desse, mas tenho certeza que não vai ser uma coisa legal pra você. O Luís é um cara implicante, bebe, fuma... Se você vai investir num cara, deve procurar um com qualidades melhores. Se ficar com o cara errado, só vai perder tempo e ser infeliz. Depois, quando quiser terminar, será difícil. Vai sofrer e não terá coragem de acabar com tudo.
— Ai, seu bobo! Você parece um pai me aconselhando! Estou falando no Luís por falar. Terminei com o Dudu. Estou

sozinha. Tenho dezenove anos e sei decidir muito bem o que é melhor para mim!
— Eu tenho vinte e nove e ainda não sei o que é melhor para mim. Mas aonde você quer chegar? Quer sair conosco, por quê?
— Pra ver se te animo um pouco. Você está tão pra baixo nos últimos dias. Depois que voltou do Ceará, está muito estranho. Parece insatisfeito com o seu namoro. Anda desanimado com o noivado. Você está infeliz, Humberto!
— De onde tirou essa idéia? Se estou quieto ou pareço insatisfeito, são por outros motivos.
— Não minta pra mim! Você não sabe mentir! Pode se abrir comigo! Não vou contar nada pra ninguém. Tá escrito na sua cara que tem algo errado.

Levantando-se rápido, caminhou alguns passos e, parecendo contrariado, respondeu perguntando:
— De onde tirou essa idéia?! O que é isso?! Ficou louca?!
— Te conheço muito bem e até acho que sei o motivo de estar assim.

O irmão franziu o semblante, sentindo-se gelar. O que Neide queria dizer exatamente?
— Espere! Que conversa é essa?!
— Então você não nega?!
— Não nego o quê?! Do que você está falando?!
— Você está apaixonado por outra, Humberto. Não tente negar.
— Pare! Você vem até aqui tirando o meu sossego! Diz que quer sair e...

Interrompendo-o, Neide falou, parecendo atacar:

— Você gosta de outra!
— Gosto da Irene e vou me casar com ela! Se você não tem nada pra fazer, não fique me perturbando! Que droga!
— Eu sei por que está negando. Sei de quem se trata.
— Você ficou louca mesmo! O que te deu, Neide?! Simplesmente você acordou hoje e decidiu me infernizar?! — falou irritado.
— Humberto, é sério! Eu te adoro! Quero que seja feliz e ao lado de alguém que ame de verdade e corresponda ao seu amor. — O irmão a olhava de um modo indefinido, preocupado e, após breve pausa, ela revelou: — Serei bem direta: sei que está gostando da Lívia.
Imediatamente ele reagiu:
— Pare com isso, Neide! Essa é uma afirmação muito grave! Se mais alguém escuta uma coisa dessa, vou me complicar muito!
— Então negue! — Levantando-se, encarou-o ao desfechar: — Negue que não ama a Lívia! Porém faça um esforço ainda maior para tirar da sua cara aquele olhar apaixonado quando a vê!
Dizendo isso, Neide tentou sair do quarto, mas o irmão a impediu. Segurando-a firme pelo braço, olhando-a nos olhos inquiriu:
— Cuidado com o que está falando! — exclamou com a voz baixa entre os dentes cerrados. — Poderá me comprometer e fazer uma desgraça na minha vida!
— Solta o meu braço! Você está me machucando! — Pediu firme e enfrentando-o. Ao se ver livre, falou com seriedade ao encará-lo: — Cuidado você! Não está vendo que está

escrito na sua cara que está apaixonado?! O Rubens é louco por ela, não percebeu?! É melhor você dar um jeito nessa situação antes que ele desconfie. A Lívia não merece um cara como o Rubens e acho que a Irene não merece um cara como você! — Humberto, muito surpreso, não sabia o que fazer. Ficou calado, fugiu-lhe ao olhar e a irmã comentou: — Eu gosto muito da Lívia, ela é um amor. Conversamos muito. Batemos longos papos e foi então que comecei a reparar uma coisa: ela fala mais em você do que no namorado.

Humberto ficou paralisado. Seus olhos verdes e bem expressivos brilhavam enquanto prendia a respiração sem perceber. Alguns segundos e considerou, tentando disfarçar:

— De certo isso aconteceu porque a Lívia trabalha comigo e não tem muitos outros assuntos. Eu a levo para o serviço. Nós nos vemos todos os dias. Eu só a admiro, mais nada. Não tire conclusões precipitadas. Isso é perigoso. Você não tem motivos para acreditar que tenho qualquer outro sentimento por ela. Gosto da Lívia. Ela é bacana e só! Entendeu?!

— Não quer admitir, não admita! Eu creio que falta coragem pra vocês dois. Se ela terminasse com o Rubens e desse um tempo...

— Pare com isso, Neide!!! — falou firme, bem enérgico.

— Você bem lembrou que o Rubens é louco por ela!!! Quanto a mim, eu gosto da Irene! Vou ficar noivo e tenho planos de me casar. Vou até comprar um apartamento!

— Estou com pena de você, Humberto! Sempre fui sua amiga. Não sei por que não se abre comigo. Mas o assunto é delicado, eu entendo. Só te dou um conselho: Cuidado! Você não está conseguindo disfarçar o que sente por ela.

Dizendo isso, Neide saiu do quarto deixando o irmão preocupado, pensando em como resolver aquela situação.

* * *

Algumas horas depois, Irene e Lívia conversavam na sala da casa de dona Aurora.

— Esta blusa é da nova coleção de outono e chegaram outros modelos lindos! — dizia Irene, exibindo a roupa que usava.

— Realmente é muito bonita!

— Vou guardar algumas para você dar uma olhada sem compromisso. Tenho certeza que vai adorar!

— Estou precisando mesmo dar uma renovada no meu guarda-roupa. Separe algumas para eu ver. No próximo sábado, vou lá na loja.

Humberto chegou. Ao vê-las animadas, ofereceu leve sorriso, olhou para Irene e chamou:

— Vamos?

Levantando-se, ela concordou:

— Vamos, sim.

— Iremos todos! Não é?! — exclamou Neide sorridente, chegando à sala.

— Vamos todos para onde?! — questionou o irmão, demonstrando insatisfação, pois sabia do que se tratava.

— Falei com você sobre sairmos juntos, não lembra?! Depois falei pro Rubens e ele topou! Conseguiu até reservar uma mesa pra onde vamos! Você sabe, ele é cheio de contatos!

— Aonde iremos? — quis saber Lívia com simplicidade.

— Em um bar com música ao vivo! Um lugar bem animado! — avisou Neide sorridente.
— Ótimo! Faz tempo que eu não danço! — disse Irene.
— Por mim, tudo bem — concordou Lívia.
Humberto ficou sério, com o semblante contraído, mas não disse nada até o irmão chegar animado e chamando decidido:
— Está todo mundo pronto?! — perguntou Rubens.
— Sim. Vamos — concordou Humberto insatisfeito.

* * *

Bem mais tarde, sentados à mesa de uma casa noturna bem conhecida, estavam Humberto e Lívia, enquanto Rubens e Irene dançavam juntos e Neide dançava com um grupo de amigos.
— Você está tão sério, Humberto. Está preocupado? — perguntou Lívia.
— Estou um pouco indisposto, só isso — sorriu para dissimular.
— Não quis dançar. Está quieto e não bebeu nem o suco.
— Está estranhando por eu não beber nada que tenha álcool, não é?
— Como eu queria que o Rubens fosse assim... Mas não adianta falar e, às vezes, eu... — calou-se.
No entanto, ele quis saber:
— Às vezes o quê?
— Estou cansada — suspirou fundo. — Ele é...
— Apesar de sermos irmão, sou bem diferente dele.

Lívia o encarou e seus olhos se fixaram por longos minutos. Sentiam seus corações baterem fortes e descompassados. O silêncio reinou absoluto. Depois de longo tempo em que, sem palavras, pareciam confessar o amor que sentiam, Lívia não suportou e fugiu-lhe o olhar.

Neide, animada e sorridente, chegou à mesa um tanto ofegante. Pegando o copo do irmão, ingeriu um gole de suco e depois sugeriu alegremente:

— Por que não vão dançar?! A pista está ótima! O Rubens e a Irene estão bem animados! Vão dançar, vocês dois!

— Por mim tudo bem, mas o Humberto está indisposto — respondeu Lívia.

Encarando o irmão, Neide falou:

— Não está sendo nada simpático da sua parte! A Lívia quer dançar e você vai fazer essa desfeita?! Vai, Humberto! Aproveita que começaram as músicas lentas! Se anime um pouco! — Sorrindo de modo a provocá-lo, insistiu: — Vai logo! Dançar vai te fazer bem! Vai por mim!

Ele ficou sem jeito. Deu meio sorriso forçado e, ao se levantar, estendeu a mão à Lívia, chamando-a:

— Vem. Vamos lá!

Ao se unirem para dançar, ele a envolveu com delicadeza, embalando-a conforme a música. Vez e outra, devido às voltas que davam, viam Irene e Rubens dançando da mesma forma. Conversavam muito, parecendo bem alegres. Ao passo que Humberto e Lívia permaneciam em total silêncio.

Devido a uma música mais romântica, com uma letra muito expressiva e envolvente, ele a apertou contra si encostando o seu rosto ao dela enquanto afagava as suas costas.

De olhos fechados, podia sentir o seu perfume gostoso e a maciez de seus cabelos, à medida que ela experimentava o toque de seu rosto suave pela barba bem escanhoada.

Ficaram assim por longo tempo, esquecendo-se de quem eram e dos limites que os separavam.

Deixando-se dominar por um sentimento que invadia sua alma, Lívia recostou-se em seu peito escondendo o rosto, abraçou-o com força por longo tempo e correspondeu aos carinhos, afagando-o.

Humberto não resistiu e beijou-lhe a cabeça com delicadeza, roçando o seu rosto em seus cabelos no mesmo instante em que a acariciava com amor.

Algum tempo e ela espalmou a mão em seu peito. Parou de dançar, olhou-o assustada e, ofegante, sussurrou com voz trêmula:

— Meu Deus! O que estamos fazendo?! Humberto!

— Calma! — murmurou, parecendo tenso. — Não faça cena. Ninguém reparou em nós e... Foi inevitável, Lívia. Eu...

— Tomando-a novamente, conduziu-a para dançar e falou procurando disfarçar o nervosismo: — Desculpe-me. Pelo amor de Deus, me perdoa! — Percebendo-a trêmula e quase chorando, aconselhou: — Não podemos parar e retornar à mesa com você assim. O Rubens e a Irene acabaram de ir para lá e estão sentados.

— O que fizemos?! — perguntou com a voz fraca, ainda sob o efeito do choque.

— Não fizemos nada! Precisamos conversar, Lívia.

— Não temos o que conversar. Você está praticamente noivo e vai se casar.

— Mas não estou casado!
— Pare, Humberto!
— Agora não é um bom momento, mas precisamos conversar.
— Quero sentar. Não estou bem.
— Espere. Agüenta firme. Se os conheço, eles não vão ficar parados por muito tempo.

Eles silenciaram e continuaram assim por mais alguns instantes.

Ao ver Irene e o irmão levantarem novamente, Humberto a conduziu até a mesa, fazendo-a sentar-se.

Acomodando-se, observando-a cabisbaixa e fugindo-lhe ao olhar, não disse nada. Estava insatisfeito com a situação e não sabia o que fazer.

Agora tinha certeza, e sua irmã estava com toda razão. Lívia sentia algo por ele.

Alguns minutos se passaram e Irene retornou à mesa na companhia de Rubens.

Rindo descontraidamente, ela pegou o braço de Humberto e o puxou, pedindo para dançar.

Ele resolveu aceitar, afinal, ela não poderia percebê-lo diferente.

Rubens também tirou Lívia para dançar.

Humberto e Lívia sequer se olharam pelo resto da noite.

Era madrugada quando decidiram ir embora.

Enquanto Rubens animadamente, beijava o rosto de Irene e a abraçava para se despedir, Humberto e Lívia se afastaram sem qualquer cumprimento.

6

Confiando em um amigo

Humberto precisou simular uma dor de cabeça como desculpa pelo seu silêncio. Irene não contestou e, após deixá-la onde morava, ele seguiu com Neide para sua casa.

Ao se ver sozinha com ele, a irmã não resistiu e comentou:

— Eu vi o que aconteceu. — Ele continuou quieto mesmo se sentindo gelar e dominado por um torpor. Então ela continuou: — Vocês se gostam. O que vão fazer?

— Pare com isso, Neide. Não vamos fazer nada.

— Eu estava quase ao lado de vocês e vi tudo. Se não há nada, por que ela ficou daquele jeito? Por que reagiram daquela forma? — O irmão nada respondeu e ela prosseguiu: — Você vai cometer um erro se ficar noivo e ainda fazer a maior burrada se casando com a Irene. Pense nisso!

Inesperadamente, Humberto parou o carro, virou-se para ela e falou firme, quase aos gritos:

— E fazer o quê?! O que devo fazer, Neide?! O Rubens é apaixonado por ela!!! Nunca o vi tão apegado em alguém! Qual foi a outra namorada que ele levou em casa, hein?! Nenhuma! Aliás, se você quer saber, ele está falando em noivado!!! E se não bastasse, o Rubens quer fazer uma surpresa para a Lívia e lhe dar uma aliança no dia do meu noivado!!! E o que eu posso fazer?!! Nunca senti isso antes por alguém!!! Nunca fiquei tão inseguro!!! O que eu faço, Neide?!! Vamos?!! Me diga!!!

Gaguejando, assustada, ela murmurou

— Eu não sei o que dizer... eu...

— Então, pelo amor de Deus, pare de falar!!! Pare de me pressionar!!! — Breve pausa e admitiu, mais calmo, porém enérgico: — Estou apaixonado pela Lívia! Não é de hoje, não! Creio que foi desde quando eu a vi pela primeira vez! Desde quando ela começou trabalhar comigo! O que eu posso fazer?! — Depois de suspirar, profundamente, falou de um modo mais brando, mas parecendo chateado: — Nas últimas semanas, vejo que o Rubens está diferente, acho que se preocupa com ela e está mais responsável. Ele está gostando mesmo dela. Veio até comentar comigo sobre ficarem noivos e... Até falou em casamento.

— E você?!

— O que eu posso dizer, Neide?! Que amo a Lívia?! E o meu compromisso com a Irene?! Vamos ficar noivos daqui a dois meses! Ela está providenciando tudo! Hoje me falou que gostou de um apartamento e que era para eu ir ver! Vamos nos casar!

— Vai se casar e ser infeliz, Humberto? — falou com piedade.

— O que eu posso fazer?! Chegar para o Rubens e dizer que gosto da namorada dele?! Chegar para a Irene e pedir um tempo?!

— A Lívia gosta de você também! Percebe o quanto vocês dois serão infelizes se não ficarem juntos?! Se não tentarem

ficar juntos?! — Diante do silêncio, ela continuou: — Vocês precisam conversar. Se se gostam mesmo...
— O que podemos fazer?! Diga!
— Vão ter que enfrentar tudo e todos!!! Você nunca foi covarde, Humberto!
— Não estou sendo covarde! Mas sinto como se estivesse traindo o meu próprio irmão! Eu não posso fazer isso!
— Alguns segundos e continuou: — Suponhamos que eu e a Lívia fiquemos juntos. Como vou olhar para o Rubens pelo resto da vida?! E a Irene? Ela gosta muito de mim e... Estamos juntos há três anos!
— Como você vai olhar para você mesmo sabendo que gosta da sua cunhada, mas está casado com outra?! E se daqui a algum tempo a Lívia terminar com o Rubens?
— Eu não sei!!! Já pensei em tudo isso!!! — gritou. Mais brando, explicou: — Estou confuso e indeciso. Preciso pensar, preciso de paz e... Quero conversar com a Lívia. Agora, por favor, não fale mais nesse assunto. Não me pressione. Pode ser?

Neide ofereceu leve sorriso, afagou-lhe o rosto com delicadeza e desfechou:
— Desculpe por forçar a barra. Mas eu te conheço e nunca te vi assim tão no limite, tão nervoso... Sei lá. Achei que precisava conversar. É o seguinte: conta comigo, tá?! Eu te adoro! Faço tudo por você!

Olhando-a nos olhos, ele sorriu levemente, afagou-lhe rapidamente os cabelos como quem brinca e falou:
— Obrigado. Acho que foi bom ter falado sobre isso.

Em seguida, ligou o carro e se foram.

Mesmo chegando a sua casa de madrugada, Humberto não conseguiu conciliar o sono.

* * *

Passava das dez horas da manhã quando Neide entrou no quarto dos irmãos, onde somente Humberto estava deitado e quieto parecendo aguardar por ela.

— E aí? Não dormiu? — perguntou ela.
— Não.
— Quer conversar?

Sentando-se na cama, ele esfregou o rosto lentamente. Alinhou os cabelos, encarou-a e respondeu:

— Não quero falar sobre isso por enquanto. Principalmente aqui em casa. Eu já te pedi isso.

A irmã acenou com a cabeça, concordando e falou:

— O Sérgio te procurou agora há pouco. A mãe avisou que você estava dormindo.

Humberto se animou de imediato ao perguntar:

— Sabe o que ele queria?
— Não sei. Disse que não era nada importante e que conversaria com você depois.

Levantando-se, o rapaz informou:

— Vou tomar um banho e ver se acabo com essa preguiça!

Ele barbeou-se, tomou um banho, vestiu-se e foi até a casa de Sérgio, que insistiu para que entrasse.

— Não quero incomodar. Vim somente ver o que você queria comigo.

— Sente-se aí, vou pegar. — Não demorou e Sérgio retornou com um volume nas mãos, dizendo: — Eu te procurei para emprestar esse livro. Não deixei com sua mãe por não saber se você se incomodaria ou não se alguém soubesse que está interessado no assunto. Veja, este livro explica muito sobre alcoolismo. Tem linguagem fácil e clara. Será bom saber mais a respeito.

— Obrigado, Sérgio! — Apreciando o volume entre as mãos, Humberto comentou: — Você me ajudou muito naquele dia, com os esclarecimentos que deu sobre alcoolismo. É lógico que já ouvi muito a respeito, mas a forma como você explicou foi muito interessante.

— Este livro vai te ajudar mais. Acredite.

— Ótimo! Vou ler sim. Depois te devolvo.

Humberto ia se levantar quando Sérgio perguntou:

— Como está indo? Tudo bem? Já marcaram o noivado?

— É... — respondeu confuso e desanimado. — Marcamos para daqui a dois meses. A Irene está bem animada e, por ter mais tempo, está cuidando do bufê e organizando tudo a seu gosto.

— Vão se casar logo?

Humberto o encarou, ficou bem sério e falou amargurado:

— Antes eu queria. Mas agora... Não sei mais. — Sérgio ficou em silêncio, observando-o. Tentando disfarçar o nervoso, Humberto prosseguiu: — Não nos conhecemos muito bem e você pode até pensar que eu sou impulsivo, desequilibrado, mas, na verdade, estou confuso e... Estou desesperado, Sérgio!

— exclamou muito apreensivo.

— Calma. Não vou pensar nada, pois não sei o que está acontecendo. Se quiser conversar, fique à vontade. Por que você está assim?

— Eu não tenho amigo nem alguém com quem eu possa me abrir. Tenho muitos colegas, conhecidos, mas alguém de confiança mesmo, eu não tenho. Ontem conversei um pouco com a minha irmã porque ela desconfiou do que está acontecendo e não tive alternativa, ela me pressionou... Porém a Neide é minha irmã e... muito novinha. Confio nela, mas... Preciso conversar a respeito disso com alguém maduro, experiente, que não me julgue e saiba entender. — Olhando-o firme, desabafou: — Nunca fiquei tão desesperado como estou e não sei o que fazer.

— O que está acontecendo?

— Sabe a Lívia? — O outro acenou com a cabeça positivamente, e Humberto contou: — Estou apaixonado por ela. — Alguns segundos em que ficou esperando o outro se manifestar e prosseguiu, pois o amigo não se expressou: — No começo pensei que me atraí por ela por ser simpática, bonita, meiga... Foi uma atração à primeira vista, entende? Depois a levei para trabalhar comigo. Vamos todos os dias para o serviço. Trabalhamos juntos e... — Sua voz embargou e, com um travo de amargura, forçou-se a continuar: — Minha irmã percebeu que estou diferente e, de alguma forma, desconfiou de tudo. Ontem nós saímos todos juntos. Na danceteria acabei dançando com a Lívia e... — Ele contou o ocorrido e por fim perguntou: — O que eu faço Sérgio?! Tenho vinte e nove anos! Não sou nenhum adolescente, mas começo a agir como um! Estou enlouquecendo! Não paro de pensar na Lívia, de me imaginar ao lado dela! O que eu faço?!

— Isso é você quem terá de decidir. Eu apenas posso tentar te ajudar.

— Não tenho com quem conversar e só por me ouvir você já me ajuda. Hoje cedo, quando levantei, eu estava decidido a procurá-la, mas antes resolvi passar aqui para ver o que queria. Estou aflito! Ela não merece o Rubens. Nessa madrugada mesmo, ele a levou embora depois que saímos da danceteria, mas ele não chegou em casa até agora. Onde acha que está se não com outra?

— E se o seu irmão estiver com ela? São namorados, não são? Podem ter saído.

Imediatamente o outro reagiu, levantando-se:

— Não! Impossível! — Olhando para Sérgio, constrangeu-se da reação inesperada e sentou, procurando se acalmar.

— Desculpe. Não sei o que me deu. Sabe, pensar nela e imaginar os dois juntos faz com que eu perca o controle sobre mim! Não sei mais o que fazer! O que você acha?

Sérgio suspirou fundo, pensou por alguns instantes, depois explicou:

— Humberto, eu vou te falar como amigo e não como psicólogo, tá? Não quero que confunda as coisas. — O outro ficou aguardando, e ele prosseguiu bem calmo: — Eu sei o que é estar desesperado, não ter com quem se abrir e não ver saída diante de uma situação tão complexa. Eu sei exatamente o que é isso.

— Sabe mesmo?!

Olhando-o firme e sério, respondeu:

— Sei. Por isso, o que posso te aconselhar é: espera. Eu entendo que é difícil, porém procure ficar mais calmo.

Somente mais tranqüilo poderá organizar as idéias e não agir impulsivamente. Vejo que a situação é delicada e existem muitos outros detalhes importantes que, eu sei, não teve tempo de me contar.

— Eu sou um homem maduro, experiente, mas sinto como se tivesse perdido a sanidade. Penso nela, e em toda essa situação, dia e noite. Não tenho apetite nem ânimo para mais nada. Parece que vou enlouquecer!

— Eu entendo. Você precisa por ordem naquilo que quer, como se enumerasse as prioridades. O que quer fazer primeiro?

— Falar com a Lívia. O que você acha?!

— Se ela demonstrou carinho por você e em seguida teve medo do que fez, é por que tem algum sentimento sim. Se somente você sentisse algo por ela, seria diferente. No entanto, diante de tudo o que aconteceu, realmente você e a Lívia precisam conversar.

— E se ela não me quiser?! Ou então disser que gosta de mim?! Como fica o meu irmão?! Como vou olhar para ele?! Tem também a Irene... Não consigo parar de pensar em tudo isso!

— O que tiver de acontecer, vai acontecer. Não fique planejando o resultado de uma situação que não pode prever. Procure organizar as suas idéias, a sua vida, mas organize o que você pode, pois haverá coisas fora do seu controle. Depois você pensa nos outros.

— Você já esteve envolvido em situação tão difícil assim?

— Não igual a essa, mas com um grau de dificuldade semelhante. E digo uma coisa: tudo terminou da forma como eu menos esperava. Graças a Deus! — Nos olhos de Sérgio via-se uma serenidade e um brilho indefinido quando se lembrou do passado e contou: — Aconteceram algumas coisas e eu estava desesperado. Eu fiz uma loucura e agi impensadamente quando me vi sem saída. Não percebia o quanto eu estava sem fé e não confiei a Deus a minha vida, o meu destino. Quando não se pode fazer nada, confia-se no Pai! Como errei, Humberto! Como errei! Isso não faz muito tempo e não há um dia sequer que não me lembro de como a falta de fé me deixou insano, imprudente. Arrependo-me e me envergonho. Por isso posso te aconselhar como amigo e até com um grau de profissionalismo que me cabe. Temos de viver certas experiências e não enlouquecer diante delas. Você me disse que era espírita, então vou lembrá-lo de que nada acontece por acaso. Se você vive isso, é por ter condições de superar essa situação.

— Às vezes sinto que não vou conseguir. Isso tudo está me afetando até no trabalho. Até porque ela está lá o dia inteiro.

— Você vai conseguir. Um dia, assim como eu, vai olhar para tudo isso e... pode não dar boas gargalhadas a respeito, mas ficará sereno e verá o quanto todos os acontecimentos te amadureceram.

Humberto estava pensativo, parecendo mais calmo.

Um barulho o tirou da reflexão e as vozes de Débora e Rita invadiram o ambiente.

— Oi, Humberto! — cumprimentou Débora, beijando-o no rosto. — Que surpresa!

Rita fez o mesmo e ele explicou:

— Vim aqui pegar um livro com o Sérgio. Já estou de saída!

— Não! Fique e almoce conosco! — convidou o amigo.
— Não! De jeito nenhum. Preciso mesmo ir.

Antes de se despedir, Rita perguntou:
— E a Lívia está bem?
— Sim, está — respondeu ele.
— Vamos marcar um dia pra vocês irem lá em casa? — convidou Rita. Sérgio e Débora se entreolharam, observando que a cunhada havia se confundido, mas não tiveram como avisá-la, e ela ainda falou: — Adorei a Lívia! Vocês dois formam um casal tão lindo! — Sorriu ao perguntar: — Quando ficam noivos mesmo?!
— Bem... Não somos namorados e... — Humberto respondeu vacilante, sentindo o rosto corar.
— Rita, ele vai ficar noivo da Irene. Você não a conhece. A Lívia é namorada do irmão dele — avisou Débora.

O rosto de Rita avermelhou-se todo. Sorrindo sem graça, se desculpou:
— Perdoe-me, por favor! Ai! Que vergonha! Mas eu poderia jurar que... — Sem jeito, procurou corrigir a gafe: — Mesmo assim o convite está feito! Você e sua noiva, a Lívia e o seu irmão podem ir lá em casa. Será um prazer recebê-los.
— Claro. Obrigado — agradeceu Humberto com um sorriso simpático.

Despedindo-se, ele se foi e Sérgio o acompanhou até o portão onde avisou:
— Humberto, vá com calma e não fique constrangido em me procurar, tá? Qualquer coisa estou aqui, e você tem o meu telefone. Olha, eu sei o que é precisar conversar e não ter com quem. Conte comigo!

— Obrigado, Sérgio. Foi muito bom desabafar um pouco e ouvir teu conselho. Estou me sentindo melhor do que quando eu cheguei.

Naquele momento, o espírito Wilson, mentor de Sérgio, aproximou-se e o envolveu, inspirando-o. Imediatamente, ele correspondeu aos desejos de seu mentor e perguntou:

— Você não está indo ao centro, Humberto?

— Estou longe da casa espírita faz algum tempo. As exigências no serviço me roubaram todo o tempo.

— Seria bom começar a freqüentar. Receber alguns passes e, talvez, fazer um tratamento de assistência espiritual.

— Preciso pensar nisso, Sérgio.

— Não pense, cara! Vamos!

— Qual dia da semana vocês vão ao centro de que me falou?

— Na quinta-feira. Por causa do Mestrado que estou fazendo, fica quase impossível eu ir outro dia.

— Acho que vou com vocês para conhecer esse centro. Posso?

— Claro! Será um prazer! Vamos te aguardar às sete e meia, na quinta.

Humberto sorriu e concordou:

— Estarei aqui. — Num impulso, ele abraçou o amigo com força, estapeando-lhe as costas. Depois sorriu e agradeceu: — Obrigado. Você não sabe o que fez por mim.

Despediram-se e o amigo se foi.

Ao entrar, Sérgio pegou Rita pelos braços, chacoalhou, riu gostoso e falou brincando:

— Você deu um fora que nem imagina! Foi trocar a noiva do rapaz! — largou-a e, em seguida, abraçou-a de leve.
— Ai, Sérgio! Que furo! Eu poderia jurar que a Lívia era namorada dele! Achei que eles formavam um casal tão bonitinho!
— É que ela veio aqui trazer uma roupinha para a nenê, lembra? A Rita estava aqui e durante a conversa só falou no nome do Humberto! — contou Débora. — Os gêmeos não deram sossego, e a Rita não prestou atenção no que falamos.
Sérgio abraçou Débora pelas costas, beijou-lhe o rosto e, embalando-a de um lado para outro, comentou rindo:
— Você sempre defendendo a nossa cunhada!
— Mas vem cá! Não conheço a outra moça nem falamos nela, e a Lívia combina muito bem com o Humberto! Vocês não acham?!
— Fique quieta, Rita! — brincou Sérgio. — Você não tem idéia do que está falando!
A conversa continuou alegre entre eles, mas Sérgio ficou pensativo. Algo o preocupava a respeito de Humberto.
Por uma razão que desconhecia, naquele momento, gostava do amigo e desejava ajudá-lo de alguma forma.

* * *

O resto do domingo foi um dia terrível para Humberto.
Inapetente, não quis almoçar apesar da insistência de sua mãe, que até preparou algumas guloseimas ao gosto do filho. De nada adiantou. O rapaz se recusava a comer.

Inquieto, decidiu ir até a casa de Irene sem avisá-la. Queria conversar e analisar os seus sentimentos por ela. Mas, ao chegar, para sua surpresa, ela não estava.

Irene não tinha pais vivos. Seus dois irmãos eram casados e moravam em outro estado. Ela residia com uma tia viúva e seu primo, em uma confortável residência, em um bairro longe da casa de Humberto.

Ao entrar e conversar um pouco com dona Zélia, tia da moça, Humberto disse que estava com dor de cabeça para justificar a sua quietude. Ficou largado no sofá da sala, assistindo à televisão até que adormeceu.

Era noite quando Irene chegou e se deparou com ele dormindo no sofá. Dona Zélia logo contou cochichando:

— Ele não estava de conversa hoje.

— A senhora sabe por quê? — perguntou murmurando, curiosa e preocupada.

— Falou que estava com dor de cabeça. Perguntei se queria algum remédio, mas disse que não. Já tinha tomado. Não demorou e ele dormiu.

— A que horas ele chegou?

— Ah! Acho que eram umas três e meia.

— A senhora disse onde eu estava?

— Não, né! Nem eu sabia! Só disse que você não estava, e ele não perguntou.

Irene consultou o relógio verificando que passava das sete horas.

— Para ele não ficar chateado, vou dizer que cheguei aqui por volta das quatro. Está bem?

— Irene! Olha o que você está fazendo! Onde ficou até agora?
— Dormi na casa da Cleide. Acordamos e ficamos conversando sobre as lojas. Depois almoçamos e fiquei por lá. Não vi o tempo passar. Se eu disser que estava resolvendo coisas da loja até agora, o Humberto não vai gostar. Ultimamente ele anda reclamando e dizendo que estou dando mais atenção ao meu trabalho do que a ele.
— E não é verdade?!
— Não vai complicar as coisas entre nós. Por favor. Deixa o Humberto dormindo. Vou tomar um banho e já volto.

Em seu quarto, Irene ligou para Rubens avisando do ocorrido e para saber se ele tinha alguma novidade. Precisava ficar bem informada e atuar de um jeito que ninguém desconfiasse. Ela estava desconfiada, pois o namorado agia de modo estranho. Após ter sido deixada em casa por Humberto, ela nem entrou. Ficou no aguardo de Rubens que, deixou Lívia na residência dela, voltou para pegá-la e saíram, conforme combinaram enquanto dançavam.

Eram quase oito da noite quando Humberto acordou e, por alguns segundos, não reconheceu onde estava.

Irene se aproximou, beijou-o, afagou-lhe o rosto e disse sorrindo:
— Acorda, dorminhoco! Dormiu a tarde inteira. Já é noite!

Sentando-se no sofá, ele a olhou, ofereceu um sorriso e perguntou:
— Por que não me acordou?
— Estava num sono tão profundo... E a dor de cabeça, passou?

— Passou um pouco. — Ela sentou-se ao seu lado e, após algum tempo, ele perguntou: — Estou tão indisposto. Se importa se ficarmos por aqui?
— Não, meu amor. Eu entendo.
— Onde você estava?
— Na casa da Cleide. Queria ter combinado com você pra nós irmos ver aquele apartamento que te falei. Eu adorei! Ele é lindo! Mas, quando cheguei, minha tia disse que você tinha acabado de dormir e estava com dor de cabeça. Fiquei com tanta pena de te acordar... Mas não tem problema. Podemos fazer isso um outro dia.
Disse, beijando-o e lhe acariciando o rosto.

* * *

Como de costume, na manhã seguinte, Humberto foi até a casa de Lívia pegá-la para irem trabalhar. Para sua surpresa, ela não o esperava no portão como sempre fazia.

Estacionando o carro frente à residência, olhou para tentar ver alguém e nada. Decidido, resolveu descer e tocar a campainha.

A porta foi aberta e uma senhora saiu sorrindo ao vê-lo:
— Bom dia, dona Diva! A Lívia já está pronta?
— Bom dia, Humberto! Mas que estranho! A minha filha saiu faz uns quinze ou vinte minutos. Pensei que vocês já tivessem ido! — Séria e já fora do portão, a mulher olhou de um lado e de outro da rua e perguntou: — Mas cadê essa menina?!

Rapidamente, ele entendeu o que havia acontecido e comentou dissimulando:

— Acho que ela pensou que eu não fosse trabalhar hoje, pois tive uma dor de cabeça muito forte.
— Mas ela deveria ter te ligado para confirmar!
— Talvez não quisesse incomodar por ser muito cedo. Não se preocupe. Onde é o ponto de ônibus mais perto?
— Descendo aqui, você vira à direita e logo vai ver.
— Obrigado! Até mais!
— Vai com Deus!

Apressadamente, Humberto entrou em seu carro e foi até o ponto de ônibus, onde viu Lívia quase entrando em uma lotação.

Parando o veículo, saiu às pressas e, perto dela, segurou levemente em seu braço dizendo:

— Espere! Venha comigo!
— Ai! Que susto! — exclamou, levando a mão ao peito.

Afastando-a da aglomeração que se fazia à porta da condução, ele pediu calmamente:

— Vem comigo, por favor. — Vendo-a paralisada e sem reação, ele aproveitou e a conduziu até o carro, fazendo-a entrar. Dando a volta, sentou-se, olhou-a por alguns segundos, ligou o veículo e saiu.

Depois de algum tempo, quebrando o silêncio, ele pegou o celular e entregou a ela, pedindo:

— Ligue para a sua mãe e diga que eu a encontrei no ponto de ônibus. Ela está preocupada.

Maquinalmente, Lívia atendeu ao pedido. Desligou o telefone e segurou-o entre as mãos até chegarem ao serviço.

Durante todo o trajeto nada mais foi pronunciado.

No trabalho, Humberto tinha dificuldade para se concentrar, pois se sentia profundamente abalado.

Como proceder naquela situação? O que dizer à Lívia? Precisava ser racional, mas não conseguia.

Apesar de aparentar-se firme e tranqüilo, estava inquieto, com mil pensamentos em sua mente.

Era quase hora do almoço e ele não conseguia acalmar sua ansiedade. Aliás, não fez nada naquela manhã.

Num impulso, pegou o telefone e ligou:

— Lívia, daria para vir até minha sala, por favor?

Feito isso, ficou ainda mais tenso enquanto aguardava. Como agir? Por onde começar? E se ela não quisesse ouvi-lo? Poderia até pedir demissão!

Estava nervoso e bastante preocupado, apesar de não demonstrar.

Não demorou e Lívia adentrou a sua sala e não parecia tranqüila. Diferente dele, ela demonstrava-se abalada e até trêmula.

Firme, disfarçando o que sentia, Humberto pediu, educadamente, ao indicar com a mão:

— Sente-se. Fique à vontade, por favor. — Sem dizer nada, ela obedeceu e ele perguntou: — O Ademir já te passou aquelas despesas extras com serviços de manutenção?

— Sim. E já foram lançadas.

— Ótimo! Eu ia falar com o gerente sobre desenvolvermos um sistema próprio da Contabilidade, de Contas a Pagar, para o registro de informações complementares e outras atividades. O que acha?

— É para você se manter informado sobre os custos operacionais?
— Também.
— Posso fazer um simulado. Então poderemos complementar com alguns detalhes como: tipo de registros e informações que mais deseja.
— Prepare alguma coisa nesse sentido. Depois vamos analisar.

Ela sentia o coração batendo rápido pelo nervosismo e, pouco à vontade, demonstrava inquietação ao torcer as mãos e procurar conter a respiração alterada. Sabia que ele a chamou ali por outro motivo. Aquele tipo de pergunta, sugestão e trabalho não diziam respeito às funções dele. Normalmente, seriam atividades próprias de seu encarregado.

Humberto estava recostado na cadeira, trazendo o corpo largado para trás. Ajeitou-se, colocou os cotovelos sobre a mesa, uniu as mãos e perguntou ao encará-la firme:
— Tudo bem, Lívia?

Não havia como disfarçar a tensão. Num impulso, ela se pôs em pé parecendo amedrontada, e avisou com a voz vacilante enquanto caminhava, lentamente, em direção à porta:
— Se era só isso o que queria... Vou providenciar e...

Humberto, no entanto foi mais rápido. Levantou-se e foi até a porta fechada, que segurou com a mão espalmada, ao perceber que ela iria abri-la.

Lívia, que sempre pareceu controlada, ficou sem iniciativa.

Fugindo-lhe ao olhar, abaixou a cabeça, escondeu o rosto entre os cabelos e perguntou quase sussurrando:

— O que mais você quer?

Colocando-se frente a ela, Humberto avisou com voz pausada:

— Precisamos conversar.

— Não temos nada para conversar.

— Temos sim — ele afirmou em tom grave e baixo.

— O que aconteceu ontem foi um erro. Foi um engano. É melhor esquecermos tudo e...

— E sofrermos?! — perguntou, interrompendo-a. — Não podemos negar o que sentimos, Lívia.

Olhando-o firme, ela o encarou ao dizer:

— Você está praticamente noivo e vai se casar. Além disso, a Irene te adora. E... Você conhece o seu irmão. Ele nos mata!

— De onde tirou essa idéia?!

— Foi o Rubens quem me disse isso. — Alguns instantes e contou: — Você não sabe o que está acontecendo, Humberto! Não faz idéia! — exclamou, demonstrando-se nervosa, mas sem se exaltar. — O fato de me dar carona todos os dias já deixou o Rubens com ciúme e... Eu propus vir de ônibus e metrô, mas ele não quer. Não queria que você soubesse do ciúme doentio dele e... Não imagina como brigou comigo por isso! Até já me agrediu! Sabia?!

— O quê?! — surpreendeu-se.

— Foi isso mesmo o que você ouviu! Ele quer que eu venha trabalhar junto com você, mas me coage, constrange e até me agride para eu jurar que não me interesso por você e você não se interessa por mim! Quer saber?! — perguntou quase em lágrimas. — Ele falou que se desconfiar de alguma coisa, vai

nos matar! — Perplexo, Humberto não sabia o que dizer e ela pediu, parecendo implorar: — Agora, me deixa sair para que a situação não piore, por favor!
— Não! — reagiu. — Precisamos conversar! Só que aqui não é o lugar certo! Essa história não pode terminar assim. Eu não vou deixar! Agora preciso saber de tudo! Entendeu?! Depois vamos tomar uma decisão juntos!
— Não temos nada o que decidir!
— Ah! Temos sim! Agora, mais do que nunca, temos muito a fazer!
— Humberto, por favor...
— Você já fechou as notas na faculdade e pode faltar. Ao sairmos daqui hoje, nós vamos conversar.

O coração de Lívia estava apertado e ela não sabia como reagir. Achou-se dividida entre a vontade e o medo.

Abaixando a cabeça, constrangida, ela pediu:
— Preciso de um tempo. Vou pensar. Agora, por favor, eu tenho que ir.

Humberto abriu-lhe a porta permitindo sua saída, mas não disse nada. Estava incrédulo, inconformado. Não imaginava que seu irmão seria capaz de tamanha covardia: agredir Lívia.

Um suor frio gotejou-lhe o rosto e ele se sentiu tonto, precisando apoiar-se na parede para se equilibrar.

Aquilo tudo era um pesadelo. Não poderia ser verdade.

Angustiado, esperou aflito o dia passar.

7

Revelando sentimentos

O horário do expediente não havia se encerrado, mas o nervosismo e a inquietude de Humberto o fizeram decidir ir embora. Após arrumar suas coisas, pegou o telefone e chamou:
— Lívia, vamos?
— Mas...
Não a deixando terminar, interrompeu-a de imediato:
— Por favor, Lívia! Vamos agora!
— Está bem — murmurou. — Deixe-me só arrumar algumas coisas aqui, certo?
— Eu te espero no carro. Por favor, não demore.
Ao desligar, foi para o estacionamento aguardá-la. Não demorou e Lívia chegou.

Durante o trajeto, nenhuma palavra foi dita e, sem perguntar, ele decidiu ir a um pub, que é um barzinho, um lugar elegante e tranqüilo.

Acomodando-a em uma mesa, cuja poltrona a rodeava, tirou o paletó, sentou-se a seu lado, afrouxou a gravata e dobrou os punhos da camisa.

Com a chegada do garçom, pediram dois sucos e, logo que pôde, comentou:

— Lívia, eu estou muito confuso com o que está acontecendo. Nunca senti isso antes. Depois que me disse que o meu irmão te agrediu por minha causa, eu... Preciso saber exatamente o que está acontecendo. Estou aflito, desesperado!...

— Eu não queria te contar — falou timidamente, abaixando o olhar. Mesmo assim, criou forças e prosseguiu: — Eu e o Rubens estávamos bem até você retornar da viagem e arrumar um emprego para mim. Assim que me ofereceu carona, conversei com ele que achou ótimo e disse que seria melhor, pois eu não teria de enfrentar dificuldades com atrasos e condução lotada. Mas... com o passar dos dias ele começou a me fazer perguntas estranhas.

Diante da pausa, Humberto quis saber:

— Que perguntas estranhas?

— Se você era mais agradável, mais educado do que ele. Se eu gostava da sua companhia e... Perguntava coisas demonstrando-se cada vez mais inseguro e ciumento. A princípio, levei na brincadeira. Achei que fosse passar, mas depois o assunto foi ficando mais sério. Então, quando eu estava determinada a não ir para o serviço junto com você, falei com ele e... — Lívia deteve as palavras e abaixou o olhar.

— Ele o quê? — perguntou com voz grave e baixa.

Tentando não se emocionar, ela contou quase gaguejando:

— Eu nunca o vi daquele jeito. O Rubens havia bebido e... Ele me segurou pelos braços, me chacoalhou e me deu um tapa... Me bateu pela primeira vez! — Nesse momento, sua voz embargou e lágrimas correram em sua face. Ela secou o rosto com as mãos e quase não conseguia continuar. Humberto afagou-lhe o rosto e os cabelos, mas Lívia, delicadamente, afastou-se do carinho. Depois de se recompor, falou: — Fiquei assustada, com muito medo. No dia seguinte, ele me pediu desculpas, me presenteou, disse que era apaixonado por mim e estava com muito ciúme de você, pois ganha bem, sempre teve êxito em tudo o que fazia... Disse ainda que a culpa de ter agido daquela forma foi a bebida e... O Rubens falou tanta coisa... demonstrava-se tão abalado e arrependido que decidi não terminar com ele naquele dia. Eu estava indignada com o acontecido. Aquilo era imperdoável! Prometi a mim mesma dar um tempo, talvez, uma ou duas semanas e depois sim, terminaria tudo.

— Por que não me contou?!

— Eu me preocupava até com você, pelo fato de ter me arrumado um emprego e me dar carona todos os dias. Afinal, fez isso por eu ser namorada do seu irmão, não foi?

— Que absurdo! — falou inconformado. — Por que não terminou com ele?!

Encarando-o com olhos tristes, Lívia contou-lhe com imensa dor em seus sentimentos:

— Passado o tempo que te falei, tentei. Naquele dia, ele estava todo amoroso, mas eu decidi que seria o fim. Então falei em dar um tempo. O Rubens ficou transtornado, irreconhecível. Começou a dizer que você era a razão de tudo e passamos a discutir. Ele me bateu novamente e fez ameaças de todos os tipos. Disse que te mataria se desconfiasse de você por qualquer motivo. E que nos mataria se nos pegasse juntos. Fiquei desesperada e sem saber o que fazer. Tentei ser firme, dizendo que ia terminar tudo entre nós e iria contar pra todo mundo o que ele fez. Mas o Rubens estava completamente fora de si. Disse que me mataria se eu terminasse com ele.

Um choro a dominou.

Humberto estava incrédulo, confuso. Não conseguia organizar os pensamentos. Perplexo e sem saber direito o que fazer, sentou-se mais perto e a envolveu em um abraço.

Lívia escondeu o rosto em seu peito e chorou um pouco mais.

Após se refazer da forte emoção, ela sentou-se direito, mas não o encarava. E ele não sabia como se comportar.

Não demorou muito e, tomando coragem, o rapaz perguntou subitamente:

— Quando foi que percebeu que gostava de mim?

Breve pausa e a moça ergueu o olhar entristecido, admitindo com voz fraca:

— Quando o seu irmão começou a fazer as primeiras perguntas sobre o que eu achava de você. Percebi que eu não conseguia tirá-lo dos meus pensamentos e tive medo de dizer ao Rubens o que realmente achava de você.

— Essa situação não pode continuar assim! Ele não pode te agredir!!!

— E o que eu posso fazer?!

— Tome uma atitude, Lívia! Ou, então, eu tomo!

— Não! Por favor, não faça nada! Eu te imploro! — pediu, voltando a chorar. — Você não sabe como ele reage a isso. Estou desesperada e tentando me afastar um pouco a cada dia!

— Eu vou falar com ele sim! — afirmou convicto.

— Pelo amor de Deus, Humberto! Não faça isso! Veja... — Mostrando-lhe uma parte do pescoço, que sua blusa escondia, e o braço, ela falou: — Ontem ele quase me estrangulou. Senti que ia desmaiar e só então o Rubens parou de apertar minha garganta. Depois me segurou pelo braço e... Isso foi porque nós dois dançamos. E ele não me viu te abraçar daquele jeito... ou então... Humberto ficou nervoso e enfurecido diante de tudo, imaginando o que havia acontecido.

Após esfregar o rosto num gesto aflitivo, passou as mãos pelos cabelos e suspirou fundo.

Vendo uma lágrima rolar no rosto angelical de Lívia, ele não resistiu e a envolveu num abraço, beijando-lhe a cabeça vez e outra enquanto afagava-lhe as costas com carinho.

Ela estava confusa e com medo, por isso se deixou ficar em seus braços, abraçando-o forte. Algum tempo depois, procurou forças para se afastar do abraço, e ele, olhando-a firme, declarou-se, sussurrando com voz grave:

— Eu te amo, Lívia! Você não pode imaginar como me sinto. Eu adoro você!

— Não, Humberto! Não diga isso! — pediu com voz rouca e baixa.

— É verdade! Não posso negar! — afirmou com expressão carinhosa. — Estou inconformado com tudo isso. Parece que... nossas vidas estão trocadas e não sei o que fazer. Agora, minha vontade é pegar o Rubens e quebrá-lo ao meio!

— Não! A situação ficará pior!

Segurando delicadamente em seu queixo e a olhando firme nos olhos, pediu:

— Você precisa terminar com ele, Lívia! Isso tem que acabar! Não vou suportar te ver maltratada! Não estou agüentando te ver ao lado dele!

Com lágrimas brotando em seus olhos, confessou:
— Estou com muito medo dele! Você não imagina como é! Nunca me senti assim e não sei o que fazer. Tenho medo que ele tome alguma atitude passional!
— Você contou isso para alguém? Alguém sabe que ele te agride?
— Não. Só você.
— Precisa ir a uma delegacia dar queixa, pois...
— Não!!! Não vou de jeito nenhum!!!
— Somente isso vai detê-lo!
— Não, Humberto! Ele acaba comigo! O Rubens sempre diz que não tem nada a perder e se eu não ficar com ele, não ficarei com mais ninguém!
— Olha, aconteça o que acontecer, isso não pode continuar. Você precisa terminar com ele, assim como eu vou terminar tudo com a Irene. Estou decidido, Lívia. — Delicada, ela o encarou tristonha e sem nada comentar. Enternecido, Humberto se sentou mais perto, colocou o braço em seus ombros, puxando-a carinhosamente para si e disse: — Daremos um jeito nessa situação.

A moça estava profundamente triste e, sem reação, deixando-se envolver.

Recostando o rosto em seu peito, ela permaneceu em silêncio como se procurasse, no abraço reconfortante, um momento de paz.

Humberto, com todo o carinho, tocou-lhe o rosto, fazendo-a olhar para ele e admirando-a por alguns segundos.

Não resistindo, ele aproximou-se com ternura para beijá-la nos lábios, momento em que Lívia colocou a ponta dos dedos em sua boca. Esquivando-se do beijo, sussurrou:

— Não, por favor. É o que desejo! É o que mais quero, porém não posso! Isso não é certo.

Afastando-se do abraço, sentou-se direito, suspirou fundo e silenciou sentindo seu coração batendo descompassado.

Ele estava envergonhado e mencionou:

— Desculpe-me, por favor.

Séria, ela o encarou e disse:

— Humberto, não seja impulsivo. Não tome decisão precipitada. De repente esse sentimento entre nós pode acabar e...

— O que precisa acabar é o seu namoro com o Rubens! Isso não pode continuar!

— Porei um fim nisso. Não sei como, mas darei um jeito. Quero que espere. Não termine com a Irene. Espere um pouco. Me dê um tempo.

— Eu me resolvo com a Irene. Estou decidido. Quanto a te dar um tempo... Não sei como vou agüentar... Mas se precisa disso, tudo bem. — Em seguida, passou-lhe a mão, carinhosamente, pelo rosto enquanto a olhava enternecido.

Paralisada, a jovem tentava resistir ao toque e, oferecendo meio sorriso, pediu:

— Podemos ir?

— Sim, claro! — aceitou com voz branda, mas sentindo-se contrariado, com o coração oprimido.

A caminho de casa, Humberto, gentil e afetuoso, solicitou com brandura:

— Por favor, eu gostaria que me contasse tudo que ocorresse. Preciso saber, Lívia. Não estou em paz. — Ela nada disse, e o rapaz perguntou: — Sua mãe ou alguém da sua família desconfia que o Rubens a trata assim?

— Se alguém souber, vai contar para o meu pai e... Se ele souber, vai me matar.

— Seu pai é agressivo também?

— Muito — murmurou constrangida.

Humberto não se sentia bem. Experimentava uma dor no peito e os olhos ardendo pelos sentimentos reprimidos. Não podia acreditar no que acontecia. Estava aborrecido.

Ao parar o carro frente à casa da moça, eles se entreolharam com carinho, até ela dizer:

— Obrigada. Amanhã estarei te esperando no horário de sempre.

— Estarei aqui — confirmou angustiado.

Ela ia descendo do carro, quando se virou, novamente, para o rapaz e contou:

— Eu pensei em pedir demissão, mas preciso do emprego e...

— Não faça isso! Eu não vou suportar!

Extremamente triste, ela nada argumentou, somente se despediu:

— Tchau. Até amanhã.

— Até...

Ao vê-la entrar em casa, amargurado, Humberto se foi.

* * *

Os primeiros dias, após a conversa que tiveram, estavam sendo bem difíceis.

Apesar de estarem sempre juntos, Humberto e Lívia não tocaram mais no assunto, a pedido dela. Eles mal conseguiam se encarar.

A quinta-feira chegou e, conforme o convite de Sérgio, Humberto estava pronto para ir ao centro espírita. Na verdade, ele desejava conversar a respeito das últimas novidades com o amigo. Ignorava que esse desejo vinha da influência de amigos espirituais os quais insistiam para que tivesse orientação de uma pessoa equilibrada.

Chegando à casa espírita, Humberto conheceu os trabalhos lá existentes, recebeu passes e se pôs a assistir à palestra.

Enquanto isso, no plano espiritual, nobre entidade zelava por seu protegido. Era o espírito Nelson, mentor de Humberto que, satisfeito, agradecia a Deus e a outros amigos espirituais a oportunidade de estar ali com seu protegido.

— Nelson, agora será mais fácil dispensarmos os devidos cuidados a Humberto através dos passes que ele se dispõe a receber. Energias propícias às suas necessidades físicas e ao seu estado psíquico serão ministradas através do médium passista para que se mantenha equilibrado — comentou a nobre entidade Laryel, espírito amigo que assessorava os demais.

— Obrigado — agradeceu o espírito Nelson. — Há muito venho tentando influenciar meu querido Humberto a voltar a freqüentar, assiduamente, uma casa de oração. Principalmente agora que sei o quanto precisa de reposição fluídica compatível. Meus esforços não foram suficientes e precisei da ajuda de companheiros que, por meio do querido Sérgio, conseguiram trazer meu protegido até aqui.

— Sérgio nos ouve por estar em sintonia através da prece e em equilíbrio. Além disso, prometeu ajudar Humberto quando o amigo precisasse, na presente encarnação, e o fará — comentou o espírito Wilson, mentor de Sérgio.

— Humberto precisará de forças. Somente assim poderá oferecer sustentação a Lívia e se equilibrar. Meu principal trabalho para com o meu pupilo começa agora e esta casa de oração servirá de abrigo e local de refazimento para nós — tornou o espírito Nelson.

— Seria importante trazermos Lívia até aqui — considerou Wilson.

— Sua mentora, a nobre Alda, acompanha-a, hoje, bem de perto e providencia isso — comentou novamente Nelson.

— Lívia começa a experimentar situações turbulentas — comentou a nobre Laryel. — O digno companheiro Arlindo, mentor de Rubens, contou-nos a respeito. Existem irmãos espirituais sofredores que desejam, intensamente, prejudicar o progresso de Rubens. Conseqüentemente, atacam assiduamente Humberto e Lívia para que prejudiquem Rubens. Esses sofredores interferem nos pensamentos desses encarnados mais próximos para que se convençam de que eliminar Rubens é a forma de terem paz e ficarem juntos. Querem que Humberto e Lívia, inconscientemente, vinguem-se de Rubens usando seus sentimentos adormecidos do passado.

— Tenho muita fé e haveremos de auxiliar esses nossos protegidos, filhos queridos, com força, esperança e paz para que evoluam e continuem seguindo o caminho de Deus.

Bondosa, com feição angelical e generosidade nas expressões, a benfeitora Laryel propôs:

— Então vamos, Nelson. Precisamos prestar energias fluídicas aos demais tarefeiros espirituais que se propõem a ajudar cada um de nossos protegidos durante a palestra.

Roguemos a Deus que, hoje, nenhum encarnado quebre os laços de energias benéficas se retirando do salão de palestra antes que ela termine, pois é nesse período que verdadeiras cirurgias espirituais acontecem. É quando se desligam os laços fluídicos com os espíritos enfermos ou inferiores, retiram-se miasmas e se recompõe o corpo espiritual. O salão de palestra da casa espírita, bem como o de toda casa de oração, é especialmente preparado, na espiritualidade, nos dias de palestras, por especialistas que se empenham em atender os ali presentes. Quando o assistido se retira antecipadamente da palestra, não esperando pelo final, ele se prejudica.

— Alguns pensam que basta somente receber o passe e ir embora. Não sabem que o principal tratamento espiritual ocorre durante a palestra. É como ouvi de um companheiro: o passe é só o curativo para o machucado, mas é durante a palestra que a cirurgia é feita para retirar a moléstia.

Um outro companheiro espiritual, que estava próximo, sorriu ao dizer:

— Então, receber o passe e assistir à palestra, mas sair sem esperar o encerramento, é o mesmo que se retirar da sala de operação com a cirurgia aberta.

A nobre entidade Laryel olhou-o, sorriu e convidou:

— Vamos todos. Temos muito a fazer.

Ao saírem do centro espírita, Sérgio explicava a Humberto sobre alguns trabalhos da casa.

Humberto se sentia mais leve, mais tranqüilo e parecia ter se esquecido de seus problemas e dificuldades.

Aquele período que passou na casa espírita reavivou sua fé, transformando-o em alguém mais confiante e dono de si.

Admirado, iluminou-se ao dizer:

— Gostei muito daqui. Acho que me encontrei. Vou passar a freqüentar essa casa e, com o tempo, voltar aos trabalhos que realizava antes.

— Que bom! Fico feliz em saber disso! — considerou Sérgio.

— Engraçado... eu conheci você quando se mudou, conversamos algumas vezes, mas nunca nos aproximamos muito. Sabe, a primeira vez que eu fui a sua casa senti uma coisa estranha, foi como se o conhecesse de longa data. Tanto que, quando pediu minha ajuda com aquele pneu, me senti tão satisfeito em poder ajudar que você nem imagina! — riu. — Ao retornarmos, acabei ficando tão à vontade conversando lá... Sinto uma afinidade muito grande com vocês.

— Com certeza, somos amigos de longa data, pois eu e a Débora sentimos o mesmo. Você viu?! Até o Tiago disse que te conhece de algum lugar! — lembrou Sérgio.

— Sinto a mesma coisa em relação a ele. E a propósito, ele e a Rita não vieram hoje?

— Os gêmeos contraíram uma virose e realmente ficou impossível virem hoje. De certo estarão, aqui, na palestra de sábado. O meu irmão e a Rita não ficam ausentes do centro de jeito nenhum. —Débora havia parado para conversar com algumas amigas e se demorava. O marido não queria apressá-la e perguntou:

— Você está com pressa, Humberto? A Débora está demorando.

— Não! Deixe-a à vontade!

— Não tão à vontade! — riu. — Amanhã precisarei levantar bem cedo e você também.

— Você não tem aula hoje?

— Não. As terças e quintas-feiras, à noite, estou livre.

— Ao vê-lo distraído, olhando ao redor, Sérgio não resistiu e perguntou: — E você? Como está em relação à Lívia?

O amigo ofereceu meio sorriso. Gostou de ser questionado a respeito. Queria falar sobre o assunto, mas temia parecer inconveniente. Respirou e contou:

— Nós conversamos e... — Humberto relatou a Sérgio exatamente tudo que havia acontecido. Por fim, concluiu: — Na terça, quando íamos para o serviço, ela me pediu para não falarmos mais no assunto até ela resolver o que precisa. Sérgio, eu não sei como agir nem o que fazer. Ao mesmo tempo, estou desesperado. Os únicos momentos de paz que encontrei desde que conversamos, foi aqui, hoje. Você não imagina como me dói saber o que ela experimenta ao lado do meu irmão! Como poderia ter idéia de que ele a agride?! Fico aflito em pensar que estou amarrado! Não posso fazer nada! Todas as alternativas em que penso poderão e trarão represálias. Tenho medo de tomar alguma atitude da qual venha a me arrepender depois. Nunca se sabe.

— É uma situação bem delicada. A meu ver, quem precisa tomar uma atitude em relação ao Rubens é ela. Você só deverá apoiá-la.

— A Lívia está com muito medo dele, por isso creio que não vai fazer nada. Eu notei que, nas últimas semanas, ela estava diferente, não telefonava mais lá para casa procurando

por ele, não fazia comentários... Estava se distanciando, tentando se afastar dele, querendo terminar.
— E a família dela? Os pais não a ajudariam?
— Jamais dariam qualquer apoio. O pai é um homem muito ignorante, rígido em suas opiniões. Descobri que ele a agride também. A mãe é uma mulher submissa e o irmão... Bem, esse se parece com o pai. Ela não tem o amparo da família e é por essa razão que não fará nada.
— Mas precisará reagir. Se não puser um basta nessa situação, o quanto antes, tudo tenderá a piorar ainda mais. Você sabe. Eu, por experiência, penso assim: se a pessoa não tomar determinada atitude no momento certo, a vida indicará, obrigatoriamente, um rumo para ela seguir e nem sempre o que for estabelecido será do seu agrado.
— Em outras palavras, você quer dizer que...
— Se a Lívia continua se submetendo às exigências e aos maus tratos do Rubens, certamente, a vida vai lhe impor situações piores até ela arrumar uma maneira de se libertar de tudo. Analisando sob a visão espiritual, eu arriscaria dizer que a Lívia, de alguma forma e por algum motivo, se sente quase que na obrigação de permanecer ao lado do seu irmão e se subjugar, se deixar dominar por ele. É possível que, por razões desconhecidas, hoje, ela se sinta culpada pelo Rubens ser como é, por agir como age e acredita que fará algo terrível, como matar um de vocês dois ou os dois, caso ela se afaste dele. Parece que ela precisa reparar ou acertar débitos do passado. Mas não é assim que as coisas funcionam. Você deve ajudar e amparar alguém ficando ao lado só até onde dá, no limite de seu bem-estar, de sua harmonia. Quando a

sua felicidade, a sua paz estão comprometidas, tem que se pensar muito, principalmente, se o envolvimento, as ligações afetivas e materiais não estão firmes. Eles não estão casados, não têm filhos... Ela está vendo, com clareza, que ele se mostra cada vez menos respeitoso e isso vai piorar com o passar do tempo.

— Quando o Rubens está em casa, principalmente junto com ela, vem se exibindo mudado, afetuoso, parece até mais responsável. Veio falando em noivado e... Por quê?

— Para que, caso ela resolva contar sobre as agressões, ninguém acredite. Isso ele faz de forma inconsciente. É autoproteção.

— O que eu posso fazer, Sérgio? — pediu, parecendo suplicar.

— Orientá-la. Se ela não se sente segura com a família, se não encontra apoio com os familiares, precisará encontrar aprovação no que vai fazer. Essa aprovação é você quem vai dar, ficando ao lado dela. A Lívia precisa se sentir amparada e forte para ganhar liberdade.

Breve pausa e, após refletir um pouco, Humberto indagou:

— Será que devo terminar com a Irene ou esperar um pouco?

— Você deve se perguntar o seguinte: independente de ter ou não a Lívia ao seu lado, eu quero continuar com esse compromisso com a Irene ou não?

O outro o olhou surpreso, mesmo assim respondeu:

— Gosto da Irene, mas... na verdade, preferiria estar livre de qualquer compromisso com ela. Sinto certo medo e envergonhado de terminar tudo. São mais de três anos juntos, com planos de casamento e muitos sonhos...

— E vai deixar esses sonhos se transformarem em pesadelos?! O que será melhor para vocês dois? Não precisa me responder nada agora, Humberto. Seria bom refletir bem sobre isso e se decidir. Veja, você precisa separar as coisas. O seu compromisso e os seus sentimentos com a Irene são uma coisa. A situação referente ao problema da Lívia é outra coisa.

Humberto deu meio sorriso e respondeu:

— Entendi.

A aproximação de Débora interrompeu o assunto e eles mudaram o rumo da conversa.

Apesar de não ter resolvido os seus problemas, Humberto se sentia bem melhor do que antes. A assistência espiritual recebida revigorou-lhe o ânimo e a fé lhe trouxe um pouco de paz.

8

A GRAVIDEZ DE IRENE

Os dias corriam rapidamente. Humberto procurava uma maneira de romper o namoro com Irene. Afinal, faltava pouco para a data do noivado.

O rapaz sabia o que queria, mas faltava-lhe coragem, pois Irene sempre estava animada e às voltas com os preparativos para a festa, mal lhe dava atenção.

Havia dias em que ele não dormia direito e se alimentava mal.

No serviço, não mantinha atenção necessária e precisava se esforçar muito para não cometer erros por conta de preocupações particulares.

Quando se achava com Lívia, limitava-se a perguntar se ela se encontrava bem. Respeitando sua vontade, não questionava sobre sua decisão a respeito de seu namoro com Rubens. Não queria pressioná-la. Decidiu, primeiro, resolver sua situação com Irene e só depois se empenhar em apoiar Lívia.

Naquela manhã chuvosa de domingo, Humberto passou as primeiras horas sentado na mureta da área de sua casa pensando sobre ele e Irene. Daquele dia não poderia passar. Terminaria tudo com ela.

O som do telefone tirou-o das reflexões. Mesmo assim não deu importância, pois percebeu que Neide foi atendê-lo. Não demorou muito e a irmã foi chamá-lo:

— Humberto?! É pra você!
— Quem é?! — indagou, indo atender.
— É o Sérgio — tornou a irmã.
— Pronto! Sérgio?
— Oi, Humberto! Tudo bem?
— Tudo! E vocês?
— Estamos bem. Sabe, hoje é o aniversário da Débora e eu gostaria de fazer uma surpresa. Então estou te convidando, e a quem mais quiser trazer, para vir aqui em casa à tardinha. Não é nada especial. Só meu irmão e um grupo de amigos como o João e a esposa, o Nivaldo, o doutor Édison, dona Antonia... A Rita vai ligar para a Lívia, mas não sei se ela vem.
— Puxa! Hoje?! — ficou pensativo.
— Se tiver outros planos, tudo bem! Não se preocupe.
— Eu não sabia que era aniversário dela... Não comprei nada. Ficarei sem graça e...
— Ora! Não se preocupe com isso! Sua presença é mais importante!
— Obrigado! — riu. — Se é assim, eu irei. É à tardinha?
— É sim. Lá pelas cinco! Por ser domingo, não seria bom deixar para muito tarde.
— Estarei aí!
— Estou te aguardando!
— Até mais!

Humberto viu seus planos abalados, porém não poderia fazer uma desfeita aos amigos. Decidiu que iria à casa de

Sérgio e depois nada o impediria de, ao retornar, falar com a Irene.

No decorrer do dia, Irene telefonou dizendo que, devido ao movimento inesperado de clientes nas lojas, iria para a casa dele bem mais tarde.

De certa forma, Humberto ficou aliviado. Não queria levá-la à casa de Sérgio.

Mais tarde, recebido com nítida alegria pelo amigo, sentiu-se satisfeito.

Após cumprimentar Débora, beijando-a e abraçando-a com carinho, avisou:

— Fico devendo o seu presente.

— Não se importe com isso. Venha! Fique à vontade!

Depois que cumprimentou os presentes, ele se surpreendeu quando viu Lívia sentada ao lado de Tiago.

Humberto se aproximou deles, cumprimentou-os e Tiago pediu em seguida:

— Sente-se aqui! Eu preciso socorrer a Rita com as crianças! Com licença! — disse, saindo às pressas.

Acomodando-se ao lado da moça, ele sorriu e perguntou:

— E aí? Tudo bem?

O rosto de Lívia iluminou-se com um sorriso doce e ela respondeu:

— Tudo bem! E você?

— Levando a vida. — Alguns segundos e indagou: — E o Rubens? Não veio?

— Não. Ele foi chamado para atender uma emergência lá na empresa.

— Sei...
— E a Irene? — tornou ela.
— As lojas abrem aos domingos e ela ligou dizendo que está com muito movimento. — Breve pausa e comentou: — De certa forma, isso foi bom. Primeiro porque eu não queria trazê-la aqui e segundo, porque eu preciso esfriar minha cabeça um pouco. Vou tomar uma decisão bem importante hoje.
— Qual? — perguntou curiosa, mas de modo simples.
— Vou terminar tudo com a Irene.
— Terminar?! — surpreendeu-se.
Humberto a olhou nos olhos de um modo diferente, sério e decidido.
— Sim, Lívia. Vou terminar tudo. Não posso continuar comprometido com ela se desejo estar com outra pessoa. Isso não é certo. Há um momento na vida em que é preciso ter coragem para procurar a felicidade e é isso o que estou fazendo.
Abaixando a cabeça, entristecida, murmurou:
— Gostaria de poder fazer o mesmo.
— Por que não faz? — perguntou com entonação piedosa na voz.
— A situação é bem diferente.
— Você precisa reagir e deixar de ser submissa.
— E correr o risco de vê-lo cometer um crime passional?! Hoje em dia, é comum abrirmos os jornais e lermos sobre crimes motivados pela paixão. Tenho medo de ser mais um caso. Tenho motivos suficientes para não me arriscar.
— E continuará sofrendo?! Até quando?!
— Qual alternativa eu tenho, Humberto?! — sussurrou, encarando-o.

— Diga ao Rubens que me contou tudo. Eu estarei perto e aí você diz que está tudo acabado. — Ela abaixou os belos olhos castanhos e não respondeu. Diante de seu silêncio, ele propôs:
— Iremos à delegacia prestar queixa. Serei testemunha de ver as lesões no seu pescoço e no braço.

Ao olhar as mãos de Lívia, percebeu-as trêmulas segurando um copo de refrigerante.

A moça engoliu seco, suspirou fundo e murmurou, tentando esconder o nervosismo:
— Humberto, eu estou apavorada e você não entende! O Rubens não pode sonhar com o que estamos falando! Às vezes, tenho vontade de sumir para fugir dessa situação. Tudo isso está me deixando desesperada. Você não percebeu que não consigo mais me concentrar direito nem no serviço e cometi erros infantis? Não estou dormindo direito! Não paro de pensar em tudo isso! Não tenho paz! — Alguns segundos e prosseguiu: — Não sei o que fazer e você, quando me pressiona, faz com que me sinta pior.

— Não estou te pressionando. Estou procurando orientá-la. Veja, se não tomar uma atitude as coisas vão piorar.

Ela não o encarava, escondendo o rosto entre os cabelos longos.

Após breve pausa, tomou fôlego e ameaçou:
— Vamos parar com esse assunto ou eu vou embora!

Humberto se deu por vencido e não disse mais nada a respeito.

A aproximação de Sérgio, que lhes servia salgadinhos, interrompeu o momento tenso e começaram a falar de coisas mais agradáveis e corriqueiras.

* * *

Mais tarde, ao sair da casa de Sérgio, Humberto e Lívia caminharam, lado a lado, em total silêncio até chegarem onde o rapaz morava.

Após entrarem, Neide chamou a moça para ir até o seu quarto a fim de conversarem, pois Rubens ainda não havia chegado.

Não demorou, Humberto pegou as chaves de seu carro e saiu.

Havia decidido não esperar por Irene em sua casa, pois o que tinha para conversar deveria ser em outro lugar.

Chegando ao shopping, em uma das lojas onde a namorada deveria ficar, ele não a encontrou.

Cleide, amiga e sócia de Irene, recebeu-o sem jeito. Tentando disfarçar o nervosismo, não sabia o que falar.

Devido ao comportamento estranho da moça, Humberto ficou desconfiado. Cleide parecia inquieta demais, principalmente quando ele pediu para ligar para as outras lojas a fim de saber se Irene estava lá.

— Ela não está nas outras lojas e o celular cai na caixa postal. Talvez esteja vindo pra cá. Quem sabe?! — argumentou Cleide, preocupada.

— É estranho. Estou tentando falar com ela desde quando saí de casa — reclamou Humberto insatisfeito. Sério, quase sisudo, ainda falou: — Nos últimos tempos a Irene vem agindo bem diferente. Alguma coisa está acontecendo! Hoje ela me disse que havia uma movimentação nas lojas e não estou vendo nada!

Cleide o fitava com olhos arregalados, aparentando muita apreensão. Não sabia o que falar.

Em seu íntimo, ela acreditava que Humberto não merecia ser enganado daquele jeito por Rubens e Irene. Desejava que ele descobrisse a traição de alguma forma. Pensou até em lhe contar tudo, mas não podia.

Nada satisfeito, o rapaz decidiu esperar e permaneceu ali, em silêncio, andando de um lado para outro, vagarosamente.

Algum tempo depois e Irene chegou de braços dados com Rubens.

Caminhavam pelo corredor rente à vitrine por onde, de dentro da loja, podiam ser vistos. Chamavam a atenção por rirem alto. Pareciam bem alegres quando ela, segurando firme em seu braço, acariciou-lhe o rosto por algo que foi dito, afagou-lhe o braço ao mesmo tempo em que se reclinava em seu ombro de um jeito carinhoso, continuando encostada nele.

Humberto parou e ficou aguardando que entrassem, mas Cleide, apreensiva e nervosa, esfregando as mãos de um modo aflitivo, dirigiu-se até a porta para recebê-los e anunciar o quanto antes:

— Nossa! Como você demorou! O Humberto está aqui, te esperando já faz tempo!

Irene e Rubens sentiram-se gelar. Não demorou e ela foi à direção do namorado, estampando largo sorriso no rosto.

Bem perto, segurou-lhe a face com um jeito carinhoso e o beijou dizendo:

— Que bom vê-lo aqui! Estou morrendo de saudades!

Humberto ficou parado, concatenando as idéias e não correspondeu ao beijo rápido.

Aproximando-se, tentando agir naturalmente, Rubens sorriu e perguntou:
— E aí? Tudo bem?
Humberto percebeu que havia algo errado naquela situação.
O que Irene e Rubens faziam juntos? Por que estavam de braços dados daquela forma? Por qual razão ela o acariciou daquele jeito?
Imediatamente sentiu-se esquentar. Franzindo o semblante, com voz grave e moderada, demonstrando-se insatisfeito, questionou de imediato:
— O que está acontecendo aqui?!
— Como assim?! — perguntou Irene, desfazendo o sorriso e controlando seu nervosismo.
— O que o Rubens está fazendo aqui?! O que significa essa cena de estarem de braços dados e com você recostada no ombro dele?!
— Ei, Humberto! O que você quer dizer com isso?! — indagou o irmão com sorriso cínico para disfarçar.
— Nós nos encontramos no estacionamento e eu estava contando ao seu irmão o que me aconteceu hoje — Irene explicou, tentando pensar rapidamente em algo que justificasse o seu comportamento.
Observando que as vendedoras, bem como Cleide, olhavam atentas para eles, Humberto, bastante nervoso, propôs firme, quase exigindo:
— Vamos sair daqui! Precisamos conversar!
Saindo logo atrás dele, Irene acelerou os passos e Rubens os seguiu.

Haviam chegado ao estacionamento quando ela pediu aflita:

— Humberto, espere!

Ele se virou e, irritado, perguntou de imediato:

— O que significou aquilo que eu acabei de ver?!!

— Nada!!! Não estava acontecendo nada!!! — desesperou-se ela para se justificar.

— Espere aí, Humberto! — pediu o irmão hipócrita, representando sem escrúpulos. — Eu e a Irene nos encontramos aqui no estacionamento. Fomos para a loja e ela me contava sobre a surpresa que quer fazer para você no dia do noivado. Falávamos como iria reagir, só isso!

Humberto sentia-se confuso, atordoado. Sua vontade era de agredir o seu irmão, não só por aquele momento, mas por Lívia. Ele estava muito nervoso e quase dominado por uma fúria, que não conseguia controlar.

Nesse momento, na espiritualidade, seu mentor, Nelson, envolveu-o de modo amável, pedindo-lhe:

— Calma. Calma, Humberto. Se reagir, perderá a razão e a dignidade. O melhor é manter a calma.

Ao mesmo tempo, Irene começou a chorar e não parava de falar, tentando explicar o ocorrido.

Suspirando fundo, de modo a entonar austeridade na voz, Humberto determinou:

— Vá embora, Rubens! Podemos conversar depois!

— Não! Você não...

— Vá embora!!! — gritou firme, enfurecido.

— Rubens, por favor, vá — suplicou Irene chorando, de modo humilde, parecendo implorar. — Eu converso com ele.

Após ver o irmão ir embora, voltou-se para ela e avisou:

— Bem, Irene, é o seguinte — falou sério, com voz grave, demonstrando-se sob controle. — Há dias venho pensando muito e... Não é só por percebê-la diferente, com um comportamento que me incomoda, mas, principalmente, pelos meus sentimentos que não são mais os mesmos. Eu vim aqui hoje para terminar tudo entre nós. — Ela ficou paralisada, em choque. Diante do longo silêncio, o rapaz continuou: — Vim aqui decidido a isso. Não foi só pela cena desagradável e duvidosa que eu presenciei e... Em outras circunstâncias, você me deveria satisfações, mas não é o caso.

Irene, com lágrimas correndo na face pálida, murmurou com voz vacilante e mãos trêmulas:

— Humberto, você não pode fazer isso comigo. Eu te amo...

— Não sinto por você o mesmo que antes. Não podemos continuar juntos. Acabou.

Nesse instante, sentiu-se aliviado, tranqüilo. Parecia que um peso havia saído de suas costas.

— Não! Não pode ser! Tudo está pronto para o nosso noivado! Estamos começando a procurar apartamento! Não! Isso não é verdade!

— É verdade, Irene. Talvez seja difícil aceitar, mas é a verdade. Desculpe-me. Não tenho mais nada a dizer e... Bem, depois vemos o que será preciso devolver e...

— Não podemos terminar!

Olhando-a firme, falou calmo e friamente:

— Não há nada que me impeça. Tudo acabou. Com o tempo você aceitará a idéia. — Breve pausa e considerou: — A gente ainda vai se encontrar, talvez, tenhamos alguma coisa para acertar, mas por enquanto é isso. Agora não temos mais nada para conversar. Eu vou indo. Tchau.

Irene havia parado de chorar. Estava séria e, num grito, chamou-o ao vê-lo ir:

— Humberto, espera! — Ele se virou e, após ela se aproximar, disse: — Ainda temos o que conversar. — Ele ficou parado, esperando, e a moça prosseguiu: — Você não perguntou qual era a surpresa que eu estava preparando para o dia do nosso noivado, mas eu vou te contar assim mesmo. — Em seguida, falou: — Eu estava muito feliz e não agüentei guardar esse segredo só para mim. Por isso eu contei ao Rubens e pedi segredo, pois eu ia te contar só no dia do nosso noivado, mas...

— E o que é? — perguntou calmo.

— Estou grávida.

Humberto sentiu-se mal. Não acreditava no que ouvia. Imediatamente perguntou, pasmado, incrédulo:

— O que você disse?!

— Que estou esperando um filho seu — contou calma, encarando-o firme. — Há mais de um mês eu soube, mas não quis te contar. Preferi fazer surpresa e pensei que o dia do noivado seria ideal. Então... Eu não cabia em mim de tanta felicidade e resolvi contar para o Rubens. Por isso nos viu alegre, rindo... Falávamos da sua reação, pois você adora crianças e sempre comentou sobre ter filhos... Queríamos ver a sua cara, mas...

Humberto estava transtornado, não sabia o que fazer. Nunca pensou que uma notícia como essa o faria tão infeliz.

— Não sei o que dizer... Não esperava por isso — falou, expressando-se nervoso.

Aproximando-se, com lágrimas rolando em sua face, Irene segurou em seu braço acariciando-o. Olhou-o como se implorasse sua atenção e argumentou com voz doce:

— Isso é uma fase, Humberto. Vai passar. Nós nos amamos e... Esse filho vai nos completar.

Atordoado, ele a afastou de si e pediu:

— Por favor, espere. Não estou me sentindo bem. Eu preciso ir. Preciso pensar.

Dizendo isso, ele se virou e se foi.

Ao vê-lo entrar no carro, Irene ficou irritada. Voltou para a loja onde encontrou Cleide fechando o estabelecimento.

— O que aconteceu?!! O que foi que ele falou?!! — perguntou a amiga.

— Abra a porta!!! Preciso da minha bolsa!!! Preciso telefonar!!! — quase gritou. Entrando as pressas, Irene pegou o telefone e ligou para Rubens. Quando ele atendeu, ela falou afoita: — Escuta! Preste bem atenção! O Humberto quis terminar comigo. Eu disse que nós estávamos alegres e rindo porque te contei que estou grávida. Essa era a surpresa que eu iria contar para ele no dia do noivado. Entendeu?! Nós ríamos imaginando como seria a reação dele!

— E está?!!! Você está grávida?!!!

— Isso não importa! Mas se ele for falar com você, é o que vai confirmar!

— Você está brincando!!!

— Não! Não estou! — avisou irritada. — Tudo estava marcado para amanhã. Eu ia tirar amanhã. Mas precisei me valer dessa situação para ele não terminar comigo. As coisas não poderiam ficar daquele jeito.

— Irene, quem é o pai?! Você sabe?!

— Agora preciso desligar. A loja precisa ser fechada.

Após desligar, viu Cleide parada diante dela. A amiga ficou perplexa, incrédula e perguntou:

— Por isso você não ia vir amanhã?! Meu Deus, Irene!!! Você ia fazer um aborto?!!!

— Por favor, Cleide! Não me deixe mais nervosa! Não quero ficar mais irritada! Agora, vamos!

Elas fecharam a loja e foram juntas para o estacionamento.

Enquanto dirigia, quase automaticamente, Irene, em lágrimas, comentou:

— Eu não sabia o que fazer. Sempre me cuidei, tomei remédio! Que inferno!!! — esmurrou o volante. — Não sei o que deu errado!!!

— Calma. Não fique assim. Ainda bem que não tirou. Poderia ficar com remorso pelo resto da vida e...

— Ainda bem?!! — falou irônica. — Como você pode dizer isso?! Eu não queria!!! Não quero!!! Mas não tive alternativa! O Humberto ia terminar comigo!

Após alguns minutos, Cleide perguntou com delicadeza na entonação da voz:

— Quando você me disse que estava atrasado, o Humberto tinha acabado de chegar de viagem. Não daria tempo de você engravidar dele. Vai contar ao Rubens que o filho é dele?

— Não!!! Ficou louca?!! — Secando o rosto com as mãos ao parar no semáforo, Irene falou menos irritada: — O Rubens não pode saber. Eu não sei como vou fazer... Preciso dar um jeito para essa criança nascer prematura ou o Humberto vai desconfiar.

— O Humberto não pode te acompanhar a nenhum exame, a nenhum pré-natal. — Alguns instantes e perguntou: — Já pensou na possibilidade de ele não querer casar com você?

— Se isso acontecer, eu tiro! Tiro mesmo! — respondeu amargurada, rancorosa e com impiedade na voz.

A amiga sentiu-se mal ao ouvir aquilo. Não concordava com o que a outra fazia, mas não sabia como agir.

* * *

Sentado na área da frente de sua casa, Rubens não conseguia disfarçar seu nervosismo.

Lívia estava acomodada em uma poltrona de vime e permanecia quieta e insatisfeita.

— O que você tem? — perguntou ele.

— Nada — argumentou de imediato. — É tarde. Amanhã tenho de levantar cedo. Está na hora de eu ir. — Observando-o melhor, quis saber: — O que você tem, Rubens? Está tão inquieto.

— Estou pensando em algumas coisas do serviço. Estou nervoso. Eu, pelo menos tenho um motivo para estar assim. E você? Faz algum tempo que está diferente. Você não é mais a mesma. — Lívia se levantou, apoiou-se na mureta da área e ficou olhando a rua sem dizer nada. Aproximando-se repentinamente, Rubens pegou firme em seu braço, apertando-o, ao inquirir com voz baixa entre os dentes: — Estou falando com você! Não me dê as costas!

— Solta o meu braço! Está me machucando! — exigiu, fazendo um movimento para que ele a soltasse.

— Por que está reagindo assim, hein?!

Lívia, mesmo amedrontada, suspirou fundo, encarou-o e, apesar da voz estremecida, falou firme:

— Você não tem o direito de me tratar assim! Chega!

— O que aconteceu?! Ficou valente de repente! — exclamou com um tom de ironia.

— Chega, Rubens! Já basta! Está na hora de acabar com isso! Não agüento mais seus maus tratos! Não dá mais para continuarmos juntos!

Nem Lívia acreditou em si mesma ao dizer aquilo.

Enfurecido, ele foi à sua direção. Agarrou-a pelos braços e a chacoalhou enquanto perguntava:

— O que deu em você?!

— Me solta!!! — exigiu austera. — Você não vai mais me tratar assim! Acabou! Chega! Está tudo terminado entre nós e...

Sem que a jovem esperasse, Rubens a agrediu fortemente, com um tapa no rosto.

Ela quase caiu, mas ergueu o tronco, com a mão na face que queimava, e gritou:

— Covarde!!!

Rubens, parecendo insano, caminhou até Lívia, segurou-a pelo pescoço e começou a apertá-lo.

Na espiritualidade, seu mentor o envolvia com energias calmantes, mas essas eram incompatíveis às que ele criava, por isso recebia de companheiros inferiores fluidos mais pesados, pois eles tinham mais influência sobre ele que, por índole, desejava agir de forma contrária às promessas reencarnatórias feitas.

Lívia gritou.

Foi quando o senhor Leopoldo, mesmo sob o efeito do álcool, chegou em seu socorro.

Agarrando o filho pela camisa e pelo braço, o homem quase não tinha forças para separá-lo da jovem.

Neide chegou e também segurou Rubens, que parecia insano.

No meio da briga, Rubens empurrou o seu pai, que se desequilibrou, caiu e bateu fortemente a cabeça no chão.

Somente assim o filho parou e se deu conta do que tinha acontecido.

O senhor Leopoldo desmaiou.

Dona Aurora se aproximou às pressas e junto com Neide foi ampará-lo.

Aproveitando-se da confusão, Lívia se livrou do ataque correndo e foi embora.

O senhor Leopoldo foi levado ao hospital por Rubens e precisou de alguns pontos no ferimento, resultado da pancada.

O filho, para não se ver em complicações, mentiu durante o atendimento hospitalar dizendo que o seu pai, embriagado, escorregou sozinho e caiu.

Ao retornarem, encontraram com Humberto, preocupado, à espera de notícias. Quando ele chegou, não havia ninguém em casa e o celular de Neide apresentava-se fora de área.

O senhor Leopoldo estava em seu quarto descansando enquanto a esposa foi até a casa de Débora cumprimentá-la pelo aniversário e estava demorando.

Rubens tomava um banho e Humberto sabia de detalhes do acontecido através da irmã:

— Então foi isso o que aconteceu! — contou Neide.
— E a Lívia?! — quis saber nervoso.
— Não sei. Quando o pai ficou desmaiado e a mãe chegou e começou a gritar, ela sumiu. No lugar dela eu também teria ido embora.
— Vou até a casa dela — avisou Humberto num impulso.
Rubens chegou à cozinha sem que percebessem e perguntou, agressivamente, após ouvi-lo:
— Você vai até a casa de quem?!!!
Encarando-o, Humberto afirmou:
— Vou até a casa da Lívia saber como ela está. Por quê?!
— De que te interessa saber como ela está?! — perguntou Rubens agressivo. — O que você tem a ver com isso?! O problema é entre ela e eu!!!
— Você é um canalha!!! — gritou Humberto.
— E você?!! Quem você pensa que é para falar assim comigo?!! Pensa que só por que ganha bem, tem um carrão, tem dinheiro até para comprar apartamento à vista, vai dar uma de bom pra cima de mim?!! Vai se meter com a sua vida!!!
— Safado!!!
Espíritos inferiores presentes, procuravam irritá-los e fazê-los reagir um contra o outro.
Uma briga começou entre os irmãos, até Neide entrar no meio de ambos e ser ferida por Humberto quando ele deu um forte empurrão em Rubens. Depois se abaixou perto da irmã para ajudá-la.
— Você me paga, cara!!! — gritou Rubens, enfurecido. — Isso não vai ficar assim, não!!! — virou-se e saiu.

— Neide! Você está bem?! — preocupou-se Humberto.
Um pouco atordoada, ela murmurou:
— Estou. Tá tudo bem.
Ajudando-a a se levantar, o irmão acomodou-a em uma cadeira e indagou novamente:
— Está machucada?
— Não. Não foi nada. — Após longos minutos. Neide refletiu e virando-se para o irmão, perguntou bem séria: — Será que a Lívia contou a ele que gosta de você e por isso brigaram? Ou então...
— Então, o quê?!
— Será que ela quis terminar com tudo? Pois ele estava insano, irreconhecível!
— Será isso?! — disse pensativo. — Meu Deus! Por que tudo está acontecendo desta forma?
Andando de um lado para o outro, Humberto não sabia o que fazer. Pensamentos preocupantes e aflitivos o deixavam em desespero. Além disso, a cena de Irene contando sobre a gravidez não lhe saia da mente.
A voz macia de Neide o chamou à realidade quando ela o viu pegar as chaves do carro:
— Não vá atrás da Lívia.
— Por quê?
— De certo o Rubens foi procurá-la. Vocês dois vão se encontrar lá e isso não vai ser nada bom.
— O que eu faço?!
— Espera. Terá de vê-la amanhã de qualquer jeito. Aí, sim, você vai saber o que aconteceu. Hoje, o melhor é ficar aqui em casa.

— Não sei se vou agüentar até amanhã, Neide. Você não tem idéia do que está acontecendo...

— Quer me contar?

— Hoje à tarde, eu encontrei a Lívia no aniversário da Débora e... Eu a incentivei a terminar com o Rubens porque eu iria acabar com o meu compromisso com a Irene. Eu já estava decidido. Percebi que a Lívia estava insegura. Ela tem muito medo do Rubens. Não é a primeira vez que ele a agride.

— Como é?!

— Ele morre de ciúme dela e é violento, um verdadeiro covarde. Essa é a verdade. Depois que falei com a Lívia, hoje, acredito que ela se encorajou e foi falar com ele. — Alguns instantes de silêncio e contou: — Eu estava decidido a terminar com a Irene e fui até a loja procurar por ela. Esperei um bom tempo até ela aparecer de braços dados com o Rubens. Eles gargalhavam... A cena era comprometedora, mas não foi por isso que decidi terminar. Ao me ver, eles reagiram de modo estranho. Discutimos. Falei o que precisava e, quando me virei para ir embora, a Irene me avisou que está grávida.

— Grávida?!!! — gritou Neide, parecendo assombrada.

— Quem está grávida, Humberto? — quis saber dona Aurora, que acabava de chegar.

Humberto sentia-se derrotado.

Não encontrando solução para o que vivia, sentou-se à mesa, respirou fundo, encarou sua mãe e contou-lhe todos os detalhes sobre ele querer terminar o compromisso com a Irene e a gravidez.

Neide, que sabia boa parte do que acontecia, silenciou enquanto dona Aurora ouvia atentamente.

— Então é isso, mãe — desfechou o filho. — Eu não sei o que fazer.

— Você é um homem responsável, Humberto. Eu tenho certeza disso. Não será agora que deixará a Irene em situação difícil. — Breve pausa e sentou-se frente a ele, pegou suas mãos, fitou-o bem nos olhos e falou cautelosa: — Não quero que fuja das suas obrigações, mas é preciso que você seja bem esperto, cuidadoso.

— Com o que, mãe?! Como assim?!

— A Irene é uma moça muito livre, liberal... Não tenho nada a dizer contra ela. Mas... como você mesmo viu, ela tem um comportamento diferente, que deixa dúvidas...

— Aonde a senhora quer chegar, mãe?

— Será que esse filho é seu? — perguntou sem trégua.

— Ora, mãe! Que absurdo!

Dona Aurora se calou. Aquela era uma acusação muito grave para ser feita. Porém, a senhora já havia percebido, por parte de Irene, uma conduta que deixava dúvida quanto à sua moral, sua índole. Reparou que, quando Humberto viajou a trabalho, sua namorada se comportava de forma muito liberal, abraçando e beijando Rubens, enlaçando-o pelo braço quando brincava ou conversava.

Algumas vezes, surpreendeu-os sussurrando, conversando de modo estranho, comprometedor. Contudo dona Aurora não poderia afirmar nada. Temia a reação de Humberto e também não queria magoá-lo ainda mais.

Tirando-a de pensamentos inquietantes, Humberto perguntou:

— O que eu faço, mãe?

— Tome um bom banho. Vou fazer um chá pra você tomar antes de dormir. Reze e amanhã poderá pensar melhor. E... só mais uma coisa: quando o seu irmão voltar, não converse com ele por hoje. Deixe as coisas esfriarem um pouco.

Sem ânimo nem alternativa, Humberto aceitou fazer o proposto.

9

A FIRMEZA DE LÍVIA

Rubens havia retornado para casa de madrugada. Apesar de vê-lo chegar, Humberto fingiu dormir e nada conversaram.

Pela manhã, ao se levantar, Humberto viu o outro dormindo. Após se arrumar, como de costume, foi-se sem sequer fazer o desjejum.

Antes do horário de costume ele estacionava seu carro em frente à casa de Lívia.

Parecia muito apreensivo e extremamente ansioso para saber como ela estava e o que havia acontecido.

Não demorou e dona Diva saiu da casa e foi até o portão atendê-lo.

Humberto desceu do carro, contornou-o e ficou frente à senhora que, após cumprimentá-lo, avisou:

— Oh, filho! A Lívia não vai hoje. Ela não está muito bem. Mais tarde ela disse que vai ao médico para pegar um atestado.

— Se ela não está bem e precisa de um médico, eu posso levá-la agora. Posso vê-la?

A senhora ficou embaraçada, sem saber o que dizer e gaguejou:

— Mas... é que... Não vamos te dar mais trabalho.
— Não será trabalho algum, dona Diva! — afirmou ele que, desconfiado da mentira, foi portão adentro comentando:
— Eu posso levá-la ao hospital do nosso convênio aqui perto. Essa hora deve estar vazio e será bem rápido

Praticamente Humberto obrigou a senhora a entrar na casa junto com ele. Já na sala a mulher pediu:

— Espere aqui, vou chamar a Lívia.

Após longos minutos a moça chegou à sala ainda vestida de pijama e um robe. Cabisbaixa, escondia os olhos entre os cabelos compridos.

Procurando observá-la melhor, Humberto se aproximou, inclinou-se levemente e pôde ver que o seu rosto, antes belo e agradável, estava terrivelmente transformado pelas pálpebras inchadas, bem como considerável hematoma na maçã da face.

O rapaz sentiu-se golpeado e perguntou surpreso:

— O que aconteceu?!

— Sente-se. Vamos conversar — pediu a moça com a voz baixa, trêmula e rouca.

— Quem fez isso?! O Rubens?! Desgraçado!!! Eu vou matar o meu irmão!!! — enervou-se.

— Acalme-se, Humberto. Sente-se.

Experimentando o rosto queimar, demonstrando-se nervoso e contrariado, ele aceitou o convite depois de vê-la acomodar-se em uma poltrona.

Procurando aparentar calma, ela comentou:

— Você já deve saber o que o Rubens fez comigo lá na sua casa.

— Sim, eu sei. Sei o que a Neide me contou.

— Ontem, depois de algum tempo que cheguei aqui em casa, ele veio me procurar. Fui conversar com ele lá no portão e depois, para não chamar muito a atenção de quem passava na rua, fomos para a garagem. Eu estava decidida a terminar tudo, não queria voltar. Então ele começou a falar alto e a brigar comigo. — Breve pausa e continuou: — Em determinado momento, ele começou a dizer coisas... Disse que nunca me deixaria em paz. Fez ameaças de me matar se eu não me casasse com ele e...

— O que você disse?

— Perguntei como ele queria que eu vivesse feliz ao lado dele sendo como é? No meio de toda nossa discussão, eu não sabia que o meu pai estava nos ouvindo. De repente ele apareceu do nada e começamos todos a discutir... Meu pai me bateu, me deu um tapa me chamando de sem vergonha... Disse que eu só lhe dava desgosto e... — Lágrimas correram em sua face quando Humberto se aproximou e afagou-lhe os cabelos, mas Lívia se afastou do carinho e contou: — O meu pai começou a gritar, a brigar. O Rubens fez insinuações, falou um monte de coisa... Agora o meu pai exigiu que nos casemos.

— Espere! Não estamos no século XVIII! O seu pai não pode obrigá-la a isso!

— E quem vai dizer isso para ele?! — Nova pausa e completou: — Quando a discussão ficou mais branda, o Rubens disse que ia providenciar tudo para nos casarmos. E o meu pai concordou.

Humberto olhou para dona Diva, em pé, junto à porta, sem dizer nada. Mulher submissa, humilde e temerosa às reações agressivas do marido, não tinha a iniciativa de se colocar ao lado da filha para defendê-la ou orientá-la.

O rapaz não sabia o que dizer. Sua vontade era pegar Lívia, tirá-la dali, levá-la para longe daquela situação e protegê-la a seu modo. Mas não podia. Agora as suas preocupações se somavam à notícia sobre a gravidez de Irene, que não lhe saía da cabeça.

Uma angústia tomou conta de seu ser quando perguntou:

— Lívia, em que eu posso te ajudar?

— Não sei se alguém pode me ajudar em algo. — Erguendo-lhe os olhos tristes, ainda falou: — Estou sem ânimo. Não há nada que eu possa fazer.

A saída de dona Diva da sala, deu liberdade para Humberto propor:

— E se você saísse de sua casa e fosse morar sozinha? Eu te ajudo! Você trabalha! Tem dinheiro para se sustentar e...

— Eu poderia fazer isso para me ver livre do meu pai, mas e o seu irmão? Ele viria atrás de mim. Além disso, me vejo sem forças. Não sei o que está acontecendo comigo.

— Lívia, tem algumas coisas que preciso te contar. — Experimentando um sentimento amargo, olhando-a firme nos olhos, revelou: — Eu estava disposto a terminar tudo com a Irene. Ontem fui falar com ela e terminei tudo. Mas ela me contou... ...contou... que está grávida.

A notícia caiu como um raio devastador capaz de destruir qualquer último fio de esperança.

Ela sentiu-se mal. Um torpor dominou-a por longo tempo. Precisou se esforçar para não cair num choro. Porém, as lágrimas quentes que deslizaram na sua face não foram possíveis deter.

Respirando fundo, passou as mãos pelo rosto e ergueu o corpo ao falar encarando-o:

— Humberto, a partir de agora você tem outras obrigações. Devemos nos afastar definitivamente e não ter qualquer sonho ou esperança de ficarmos juntos. Você precisa me esquecer e eu devo fazer o mesmo. Com a gravidez da Irene, tudo muda.

— Lívia, espere! Definitivamente eu não quero mais nada com a Irene! Ela terá um filho meu e só! Não vou fugir as minhas responsabilidades! Pagarei pensão e irei visitá-lo!

— E você acha que, como pai, as suas responsabilidades só se resumem ao pagamento de pensão e meras visitas?! — perguntou, firme. — Pelo amor de Deus, Humberto! Uma criança precisa de acompanhamento, atenção, carinho, amor!

— E terá!

— Atenção, carinho e acompanhamento com horário marcado?! Você acha que só isso basta?! As necessidades de uma criança devem ser vistas de imediato, no momento em que está acontecendo! Não é algo que pode ser deixado para depois. E as noites de febre, de medo? E os momentos de ansiedade, tristeza? Acha que são situações que poderão ser deixadas para depois?! Para o dia da visita?! Um filho é a metade do seu ser! Estamos falando da formação de um caráter! É a continuação da sua vida material e espiritual aqui na Terra! Você não pode construir um bom caráter somente com algumas míseras horas de visita. Fico admirada por vê-lo pensar assim!

Humberto viu-se desarmado de palavras e com pensamentos confusos. E ela continuou:

— Seria desleal e desumano abandonar um filho por não tê-lo planejado. Eu acredito que, se você não o planejou aqui, hoje, certamente em esferas espirituais o aceitou ou até implorou para que ele viesse.

— Você acha que eu devo me obrigar a viver com a Irene por causa desse filho?!

— Eu não acho nada!!! Acho que deveria ter pensado antes de se deitar com ela!!! — exclamou nervosa. — Responda a você mesmo: diante dessa gravidez, você se casaria ou não com ela, se eu não existisse? — O silêncio foi absoluto e ela prosseguiu: — Acredito que você tem bom caráter e integridade suficiente para não resumir em um cheque e algumas horas o que tem a dar para o seu filho todo mês, pois só isso é muito mesquinho. E mais uma coisa! — Encarando-o nos olhos, desfechou: — Não serei eu a culpada pela sua falta de atenção e de tempo para com essa criança. Estou com dificuldades e sérios problemas, porém, nem se eu estivesse livre e desimpedida, eu não ficaria com você. Seria desleal da minha parte, pois seu dever e atenção, hoje, são para com o seu filho.

O rapaz não esperava tamanha firmeza em voz tão doce e frágil. Ele estava confuso, desorientado.

— Agora... Por favor, eu preciso ficar sozinha.

Humberto não disse nada.

Simplesmente olhou para Lívia sem saber o que fazer. Sentia-se envergonhado.

Cabisbaixo, caminhou em direção à porta e se foi sem se despedir.

* * *

Ao chegar à empresa, Humberto não conseguia prestar atenção em nada. Seus pensamentos fervilhavam inquietos, enquanto uma angústia doía-lhe profundamente na alma.

À tarde, começou a se sentir muito mal. Uma dor forte no peito o derrotava e uma tontura não o deixava reagir.

Usando de suas últimas forças, ele pegou o telefone, chamou a auxiliar administrativa até sua sala e perguntou:

— Júlia, sabe dizer se o doutor Cássio ainda está aí?

— Sim, está. Hoje ele fica até às cinco horas. — Percebendo-o pálido, a secretária indagou preocupada: — Está se sentindo bem, Humberto?!

Ele passou a mão pelo rosto frio, afrouxou a gravata, suspirou fundo e, com a voz fraca, pediu:

— Júlia... Chame alguém pra me ajudar a ir até o ambulatório. Não estou nada bem. Sinto dor no peito, tontura, dor de cabeça...

Dizendo isso Humberto debruçou-se sobre a mesa enquanto a assistente saiu às pressas em busca de ajuda.

Algum tempo depois, Humberto se encontrava deitado em uma maca no ambulatório da empresa, tendo ao seu lado, o médico que, depois de lhe fazer muitas perguntas, concluiu:

— Sua pressão está normal, um pouco baixa, pode-se dizer... Mas você falou que não se alimentou hoje. A medicação que tomou vai aliviar a dor de cabeça. A tontura deve ser porque não comeu nada.

— Pensei que eu fosse enfartar. Senti uma coisa tão ruim!

— Pode ser estresse! Tem ficado muito nervoso ultimamente?
— Põe muito nervoso nisso, doutor!
— Tire umas férias! Procure relaxar! Isso passa. — Após pensar um pouco, o médico decidiu: — Vou pedir uma série de exames e encaminhá-lo ao cardiologista, só para registrarmos tudo e deixá-lo tranqüilo. Eu tenho certeza que não é nada.

Humberto se sentou. Por um tempo, ficou quieto e de cabeça baixa. Depois suspirou fundo, recompôs-se, desceu da maca, pegou as guias médicas de encaminhamento e dos exames laboratoriais e agradeceu:

— Obrigado, doutor!
— Não por isso! Qualquer coisa me procure.

Ao chegar à sua sala, sentia-se muito triste e decidiu ir embora.

* * *

Chegando à sua casa, não suportando tamanha preocupação, chamou sua mãe.

Dona Aurora, sempre amorosa e prestativa, largou o que estava fazendo e foi até o quarto do filho.

Humberto sentou-se em sua cama e ela na cama de Rubens, ficando frente ao filho.

Com semblante abatido e um travo amargo na voz grave, ele falou:

— Mãe, hoje de manhã, eu fui até a casa da Lívia. Ela não foi trabalhar. Estava extremamente abalada. O Rubens a procurou e... — Do seu jeito, ele relatou o que o pai de Lívia e seu irmão acertaram e desfechou: — Ela não quer se casar com o Rubens, mas o pai exige o casamento.

— Humberto, eu sei que o caso da Lívia é sério e nos preocupa muito, mas você e a Irene não estão com problemas mais sérios, filho? Por que se importa tanto com a Lívia?

— Ora! Quem disse que estou me importando com ela?!

Sem trégua a senhora perguntou:

— Você sente algo pela namorada do seu irmão?

— Lógico que não! De onde a senhora tirou essa idéia?!

— A mãe nada disse, e o filho comentou: — A Lívia me contou que o Rubens tem ciúme de mim com ela, como eu já disse, e estou preocupado, eu...

— Hoje cedo, o seu irmão me contou que vai se casar e ainda disse que queria vir morar aqui, a princípio, pois não quer alugar uma casa. A idéia dele é juntar dinheiro e comprar uma.

Humberto sentiu-se gelar. Não esperava por isso.

— Mas!... O que a senhora disse?!

— O que eu posso dizer, filho?! Que não quero seu irmão aqui?! Além do que, temos um cômodo e cozinha lá nos fundos que está desocupado. Não posso negar isso ao meu filho.

O rosto de Humberto pareceu desfigurado, ficando com o olhar perdido por algum tempo, enquanto deixava sua imaginação formar idéias que o deixavam quase desesperado.

Não havia o que ele pudesse fazer. Achava que a vida lhe estava sendo muito cruel.

Alguns minutos e dona Aurora indagou, preocupada:

— O que decidiu em relação à Irene?

— Ainda não decidi.

— Por que quis terminar com ela, Humberto?

— Meus sentimentos por ela mudaram. A Irene está bem diferente de quando a conheci.
— Por que deixou que ela engravidasse, filho?! — perguntou comovida.
— Ora, mãe! Por favor! — disse, levantando-se e caminhando pelo quarto. Fez ligeira pausa e continuou: — Eu sei que tenho responsabilidade para com a criança, não vou abandoná-la. Porém, mãe, o que acaba comigo é a idéia de ter de me unir a alguém que eu não quero mais! Não sei dizer o que é mais errado: eu, só por causa desse filho, me casar com a Irene sem gostar dela, ou tentar dar toda a assistência à criança e nos pouparmos de uma convivência forçada, em que, provavelmente, haverá muita incompatibilidade.
— Você gosta de outra moça, Humberto? — perguntou muito desconfiada.
O verde dos olhos do rapaz reluziu feito uma jóia pelas lágrimas que brotaram.
Fugindo-lhe ao olhar, com o coração batendo descompassado, não teve coragem de negar.
— Gosto, sim. Estou muito interessado em outra pessoa. Mas, agora, diante de tudo o que está acontecendo...
— É a Lívia? — tornou ela murmurando.
— É alguém lá do meu serviço — dissimulou ele.
Dona Aurora era astuciosa. Por causa daquela resposta, entendeu que o filho dizia a verdade, porém só meia verdade.
Levantando-se, comentou:
— Eu não sei o que dizer. Seria fácil eu te aconselhar a terminar tudo com a Irene e só dar provisões ao seu filho. Eu sei como é difícil criar filho, mesmo casada, mas com pai

ausente. Imagino que sozinha seja pior. Não é só de dinheiro que uma criança precisa. Inquieto, sem saber o que fazer e tendo o coração oprimido, Humberto subitamente perguntou:

— Mãe, por que levantou a dúvida sobre esse filho não ser meu?

— Eu não tenho dúvida alguma! — respondeu quase assustada.

— Então por que me perguntou se eu tinha certeza disso ou não?

— Não sei por que falei isso, filho. Talvez... Sabe, eu venho percebendo que você não estava levando esse namoro tão a sério. Apesar do noivado marcado, não te vejo nada animado. Achei que você estava meio distante dela... Principalmente por ter voltado de viagem há pouco tempo... Desculpa. Foi um erro ter falado isso. Talvez seja por não querer te ver tão triste ao lado dela. Sabe, a Irene é muito extrovertida.

— A senhora acha que ela é fiel?

— Quem sou eu para dizer alguma coisa. De quanto tempo ela está?

— Não perguntei. Mas depois do comentário que a senhora fez, comecei a ficar desconfiado. Sabe, mãe, não gostei de vê-la daquele jeito com o Rubens. Senti alguma coisa no ar. A Cleide estava extremamente nervosa e os dois se assustaram muito quando me viram.

— Você tem alguma desconfiança da Irene?

— Tem algo estranho acontecendo. É uma coisa que sinto e não sei explicar.

— Vou ser sincera, Humberto. Eu não gostaria de te ver casado com ela. Talvez foi por isso que comecei a levantar suspeitas. Procure saber o que está acontecendo e desvendar essa "coisa" estranha que sente a respeito e que te causa essa desconfiança.

— Tenho uma decisão muito séria para tomar, mãe, e não sei o que fazer.

* * *

Enquanto eles conversavam, na espiritualidade, Nelson, mentor de Humberto, e Josias, mentor de dona Aurora, observavam seus tutelados.

Preocupado com o seu protegido, o espírito Nelson comentou:

— A postura de Irene surpreendeu até a nós. É impressionante como a criatura encarnada consegue desperdiçar uma oportunidade reencarnatória para harmonização de seus erros do passado. Seus pensamentos sempre andam às sombras da mentira e da vaidade.

— Era desnecessário que todos, principalmente Humberto, passassem por tamanho tormento — considerou Josias.

— Ela sabe que o filho que espera é do Rubens, não de Humberto e não diz a verdade.

— Nesta encarnação, ela deveria trabalhar em si a humildade e a verdade. Se assim fosse, Irene não trairia Humberto e, pelo fato de tê-lo abandonado em encarnação passada, deveria experimentar somente a tristeza da separação nesta oportunidade. Depois que Humberto terminasse com ela, certamente,

Rubens surgiria em sua vida e aí, após conceber o filho planejado para esta reencarnação, ele a abandonaria também a fim de ela, novamente, sofrer com a separação e, sozinha, cuidar de um dos filhos que ela abandou no passado. Cuidaria da criança o tempo que lhe coubesse.

— Este filho estava previsto, no planejamento reencarnatório, para vir assim que Irene e Rubens se envolvessem. Ele aí está, mas ela manipulou os fatos, provocando muitas alterações e sofrimentos.

— É verdade, caro Josias. Estou preocupado. Preciso encontrar um jeito de Humberto conhecer a verdade. Somente influenciar a querida Aurora a suspeitar de o filho não ser de Humberto, não foi o suficiente.

— E quanto à Lívia?

— Ajudaremos a companheira Alda a sustentá-la. Lívia se livrará da opressão autoritária de Rubens, que em nada se melhorou e não cumpriu suas promessas. Para ele, esse comportamento só acarretará solidão e dificuldades indizíveis. Humberto, por sua vez, será testado, A situação mudou, por causa da mentira da Irene, e eu temo por meu protegido, pois ele se colocará em grande perigo de falir nesta reencarnação. Ele precisa se fortalecer e vencer muitos desafios. Esperamos poder contar com Lívia para sustentá-lo. Que Deus abençoe a todos.

***

Dona Aurora foi terminar o jantar, deixando Humberto a sós com Neide, que acabava de chegar.

Percebendo o irmão amargurado, com semblante sofrido pelo novo rumo dos acontecimentos, ela se achegou perto dele, afagou-lhe as costas e perguntou com voz macia:

— Quer conversar?

— Estou cansado, Neide. Minha cabeça dói... Não consigo parar de pensar e... É como se minhas idéias queimassem o meu cérebro.

— Tudo bem. — Não demorou e propôs: — Olha, eu peguei um filme emprestado. Vamos jantar e assistir, tá? É uma comédia romântica! Você vai gostar!

Forçando um sorriso, ele concordou para contentá-la:

— Pode ser. Agora vou tomar um banho.

* * *

Mais tarde, mesmo diante da televisão, Humberto não conseguia assistir ao filme. Apenas havia se alimentado por insistência de sua mãe. Ele trazia os pensamentos surrados pelas contrariedades e conflitos íntimos. Quando o telefone tocou, sentiu-se gelar e um mau pressentimento o dominou.

Ele sabia quem era e, após Neide atender, a confirmação veio.

— Humberto, é pra você!

Forçando-se a se levantar, ele engoliu seco, pegou o aparelho sem fio das mãos da irmã e foi para o seu quarto.

— Pronto — atendeu com a voz fraca.

— Sou eu, a Irene.

— Fala.

— Estou preocupada com você. Esperei que me telefonasse... Precisamos conversar.

— Eu sei — afirmou, deixando o silêncio imperar por alguns segundos.

— Por favor, Humberto! Fala comigo!

— O que você quer que eu diga?

— Não sei! Mas diga alguma coisa!

— Irene, eu sei que precisamos conversar muito. Mas, hoje, eu não estou me sentindo bem.

— Quer que eu vá até aí?

— Não — respondeu secamente.

— Quando podemos nos ver? Amanhã?

— Não. No sábado eu te procuro.

— Sábado?!

— Me dê um tempo, Irene! Preciso pensar!

Contrariada, mas tentando não pressioná-lo, ela concordou ao percebê-lo nervoso.

— Está bem. Eu te ligo no sábado.

— Não. Eu te ligo! Pode deixar! — afirmou ele convicto.

— Como quiser.

— Tchau — ele despediu-se com frieza.

— Eu te amo. Tchau.

Sem dizer mais nada, o rapaz desligou.

Jogando-se em sua cama, fechou os olhos na esperança de dormir e fugir daquele pesadelo.

10

FUGINDO DA FELICIDADE

Na manhã seguinte, lá estava Humberto, bastante nervoso, dentro de seu carro e na frente da casa de Lívia.
Ao vê-la sair, sentiu uma gota de alívio, embora ainda estivesse muito apreensivo.
Ela entrou no veículo, cumprimentando-o com extremo constrangimento.
— Tudo bem com você? — ele quis saber.
— Tudo — respondeu com voz baixa e sem encará-lo.
Além disso, nada mais foi dito durante todo o longo trajeto até a empresa.
Após estacionar o automóvel e desligá-lo, ela comentou:
— Humberto, gostaria de te pedir um favor.
— Claro!
— Vamos esquecer tudo o que conversamos. Até por que não houve, absolutamente, nada entre nós.
— Nada, a não ser um grande sentimento que está nos devastando. Ora! Pelo amor de Deus, Lívia! Não podemos negar o que sentimos um pelo outro!
— Podemos sim!
— E o que você vai fazer para me esquecer?! Me diz?!

— Vou me casar com o Rubens — avisou friamente.
— Você não o ama! Está com medo dele!
— Medo não! — reagiu. — Estou apavorada! Você não sabe!... Não imagina o que é viver aterrorizada! É o que eu vivo! Nunca sei o que faço! Nunca sei como agir por causa dele!
— Eu não acredito no que estou ouvindo!!!
— O seu irmão nos mata! Você não sabe como ele é de verdade! Ele me venceu! — chorava, enquanto desabafava: — Maldito foi o dia em que eu aceitei o convite dele para sairmos!!! O dia em que aceitei namorá-lo!!! O seu irmão não é normal!!! Ele me ameaça, me agride e depois age como se nada tivesse acontecido!!!
— Se ele faz isso agora, depois do casamento vai ser pior!
— Talvez não! Talvez se sinta mais seguro! — Além do mais... Não estou suportando a pressão! Você não pode me ajudar! A sua vida não está melhor do que a minha!
Ele suspirou fundo, recostou-se no banco, fechou os olhos e murmurou:
— Já pensei em fazer uma loucura e...
— O quê?
— Matar o meu irmão — confessou no mesmo tom.
— Ficou louco?! Eu não esperava ouvir uma insanidade dessa de você!
— Eu não sei o que fazer, Lívia!
— A princípio, vamos nos afastar — pediu mais calma.
— Não, por favor — falou, parecendo implorar. — Se fizermos isso, vamos levantar desconfiança.

— Então siga a sua vida que eu sigo a minha, e não tocamos mais nesse assunto. — Após pequena pausa, chamou-o:
— Vamos entrar? Não podemos ficar mais tempo aqui. — Depois lembrou: — Apesar de eu não ir para a faculdade hoje, não vou voltar com você, pois o Rubens vem me buscar.
— De moto?
— Não sei. Talvez.
Sem qualquer outro comentário, Humberto abaixou o olhar e ambos desceram do carro e foram para o elevador.

* * *

Estava sendo bem difícil conciliar todos aqueles acontecimentos.
Os dias passavam, até que Humberto se encontrou com Sérgio no centro espírita.
O amigo percebeu que ele se encontrava nervoso e quase não prestava atenção na palestra. No final da sessão, observando Humberto muito quieto, Sérgio se aproximou perguntando:
— E aí?! Como estão as coisas?
— Tem certeza de que quer saber?
— O que está acontecendo, Humberto? — perguntou, preocupado.
O amigo contou tudo o que havia acontecido e que lhe afligia.
— Grávida?! A Irene?! — exclamou Sérgio sussurrando pela surpresa.
— É. Está — confirmou, desanimado. — Eu até passei mal por causa disso. Precisei ir ao médico lá na empresa.

Senti algo tão estranho. Parecia que eu ia morrer. Agora, já estou bem.
— E o que pretende fazer?
— Não posso abandonar um filho. Porém estou contrariado em ter que me casar com ela. Eu não sei o que fazer. Sabe, não estou muito bem. Até cheguei mais cedo, hoje, aqui no centro, para me propor a um tratamento de assistência espiritual com passes. Ando tendo idéias perturbadas e pensamentos confusos.
— Quer falar a respeito? Desabafar é bom.

Lançando-lhe um olhar transtornado, Humberto confessou, quase sussurrando:
— Ando pensando em matar meu irmão. — Sérgio continuou tranqüilo, e ele explicou: — Não são só pensamentos. Não estou falando de uma forma simbólica, não! Eu venho sentindo um desejo, uma vontade que quase não consigo controlar.
— Você sabe o que é isso, não sabe?
— Sim. Com certeza é uma influência exterior, espiritual, que está aproveitando as dificuldades e as circunstâncias para me levar ao desequilíbrio e fazer com que eu cometa uma loucura. Com isso eu acabo é com a minha vida. Você não imagina o que eu estou sentindo. A idéia é fixa! É forte demais! Sabe, outro dia, eu estava lá em casa e depois de um telefonema da Irene fiquei arrasado. Então fiquei pensando e... O Rubens havia ido trabalhar de carro e a moto estava na garagem e... Bem, eu entendo um pouquinho de mecânica de moto. Entendo o suficiente para mexer no mecanismo e deixá-lo pronto para um acidente. Cheguei a levantar, ir à garagem e pegar a maldita moto e...

Diante da pausa, Sérgio questionou:
— Você mexeu em alguma coisa?
— Não. Precisei me esforçar muito para não fazer nada. Depois, no outro dia, conversando com a Lívia, ela me contou que o Rubens iria buscá-la no serviço e, talvez, de moto. Fiquei em choque. Entendeu o que eu poderia ter feito?!
— Mas não fez nem vai fazer! — falou firme.
— Estou nervoso, Sérgio. Muito preocupado com a minha sanidade.
— As coisas estão acontecendo depressa demais para você, para o seu ritmo. São acontecimentos não agradáveis. Nada saiu como você queria. Faça a assistência espiritual. Não abandone o centro.
— E o que eu faço quando vier essa vontade insana de matar o meu irmão?
— Sabe fazer meditação?
— Sei.
— Medite todos os dias, centralizando o pensamento em tudo o que for bom, próspero e de Deus. Quando essas idéias surgirem, pegue o Evangelho Segundo o Espiritismo e leia-o. Se não tiver o livro a mão, ore! Ore mesmo! — enfatizou. — Entendeu?! A prece, a oração é a única e a maior arma que temos contra qualquer força ou pensamento negativo. Quando você tiver essa vontade, essas idéias ou outras que são incompatíveis ao seu grau de evolução, perca alguns minutos orando.
— Vou fazer isso.

A aproximação de Débora os interrompeu e o rosto de Humberto desanuviou ao vê-la sorridente, desfilando com a avantajada e bela barriga.

— Não olhem para mim desse jeito — brincou ela. — Hoje eu não demorei!

— E como está a Laryel, Débora? — quis saber Humberto sorrindo.

— Bem sapeca! Fazendo a maior bagunça! — disse rindo. — Não sei com quem ela está brincando o tempo todo. Só sei que o *playground* está pequeno demais!

Eles riram e Humberto perguntou enquanto caminhavam para o estacionamento:

— E quanto ao nome Laryel? É um nome muito bonito, porém diferente. Eu nunca o ouvi antes. Quem escolheu esse nome?

— Foi o Sérgio! Até hoje eu não sei onde ele arrumou esse nome. Quando eu disse que estava grávida, ele afirmou que seria uma menina e que se chamaria Laryel!

— A verdade é que eu ouvi esse nome em um sonho, eu acho — explicou Sérgio. — Não sei muito bem se eu estava dormindo ou desdobrado, conversei com uma entidade linda! Não sei o que falávamos, mas a conversa me fez muito bem, me deu forças e bom ânimo. Então, pelo fato do nome ser bonito, em homenagem a essa criatura maravilhosa e por ser o primeiro nome que surgiu à minha cabeça, eu escolhi Laryel! A princípio, até pensei que essa entidade estivesse reencarnando.

— Por esse sonho ter sido antes da gravidez, não acha que era, realmente, a sua filha conversando com você antes da concepção? — tornou o amigo.

— Por isso pensei que fosse ela, mas depois tive a certeza de que não era. Essa entidade nobre, com quem sonhei, ainda está na espiritualidade.

— Como tem certeza? — perguntou Débora.
— Porque sonhei com ela novamente depois que você ficou grávida. — Sorrindo, tornou a dizer: — É um nome muito bonito e uma homenagem a quem me ajudou muito.

Eles não podiam ver, mas, naquele momento, na espiritualidade, seus mentores e outros amigos os acompanhavam.

A nobre entidade Laryel, sempre com indizível serenidade e amor, aconselhou o companheiro:

— Querido Nelson, será preciso trabalho incansável e assídua atenção de sua parte para com o seu protegido. Haverá uma força mental cruel para influenciar Humberto contra o irmão. Isso já começou e vai aumentar. O objetivo é trazer angústia e inúmeros tormentos.

— Sérgio estará atento e pronto para ajudar o amigo conforme prometeu — avisou Wilson. — Ele é muito sensível às nossas inspirações. No entanto nem sempre está próximo de Humberto. Será preciso muita vigilância.

* * *

Humberto acordou, porém ficou algum tempo deitado. Estava tomado por um grande cansaço, mas, com convicção, pensava:

"Uma coisa agora está clara para mim: farei tudo o que eu preciso, antes que cause mais danos às pessoas à minha volta. Não é pelo fato da Lívia não querer nada comigo que eu vou deixar de pensar nela. O que eu não posso fazer é trair o meu irmão. Não posso trair a minha consciência. Prefiro sofrer por me afastar da Lívia, mesmo gostando tanto dela, a ficar dias e noites pensando no que fiz contra o Rubens. Se fosse para ela ficar comigo, eu a teria conhecido primeiro. Como poderei viver bem comigo mesmo com o remorso de tirá-la do meu irmão? E se ele fizer algo contra a Lívia como diz? Como viverei com isso? Além de tudo, como é que vou abandonar um filho e ser feliz? Nunca poderei ter paz na consciência sabendo que renunciei um filho, que me foi confiado. Se eu soubesse de algo sério ou grave no comportamento da Irene, seria diferente. Ela precisará que eu esteja ao seu lado, precisará do meu apoio. Não é justo que eu a abandone. Está decidido! Farei o que preciso fazer e pronto! Vou procurar a Irene e resolver essa situação hoje".

* * *

Bem mais tarde, na casa da tia de Irene, Humberto sentou-se frente à namorada como se estivesse curvado pelo peso de uma infinita e profunda tristeza.

Forçando-se um meio sorriso, explicou:

— Eu demorei a te procurar porque precisei pensar muito. Ultimamente, tudo ficou meio estranho entre nós e eu não sabia o que fazer, por isso decidi me afastar de você.

— Acho que o nosso namoro caiu na rotina, Humberto.

— Pode ser isso. Na verdade, Irene, eu ainda não estou muito bem, mas quero tentar novamente. Afinal, temos um filho a caminho e ele pode nos dar ânimo e uma vida nova.

Sentando-se ao lado dele, ela o envolveu num abraço forte. Recostando o rosto em seu peito, disse aliviada:

— Ah, Humberto! Como estou feliz! Meu amor, isso vai passar! Você vai ver! É uma fase! Um momento ruim! Abraçando-a com carinho, ele afagou-lhe os cabelos e beijou-lhe a testa. Sentiu-se apiedado por vê-la tão feliz. Imaginou como a estava magoando, principalmente, naquele estado tão sensível, por causa de sua distância e falta de notícias. Acariciando-lhe o rosto, ele sorriu levemente e avisou:
— Eu prefiro que não fiquemos noivos. O que você acha de marcarmos a data do casamento logo?
— Acho ótimo!!! — quase gritou de alegria.
— Então, na segunda-feira, podemos providenciar isso. Tudo bem?
— Tudo! Estou tão feliz, meu amor! Te amo muito! — Beijaram-se longamente e ela propôs: — Vamos contar para minha tia, para sua família!... Vou ligar para os meus irmãos!
— Como quiser.
— Contou para a sua mãe?!
— Não. Eu queria conversar com você antes.
— Vamos até sua casa contar pra eles?
— Vamos. Vamos sim. — concordou, conformado com o seu destino.
— Ah! Se amanhã vamos ao cartório marcar a data do nosso casamento, vamos aproveitar para dar uma olhadinha naquele apartamento de que te falei? Eu queria tanto que você visse! — falava com voz mimada. — Tenho certeza que vai adorar!
— Tudo bem. Vamos, sim.

* * *

O tempo foi passando.

A notícia sobre o casamento de Humberto e Irene deixou alguns surpresos e outros com grandes expectativas.

Ao saber, Lívia foi invadida por um frio cortante, como se não lhe restasse mais esperança alguma de felicidade.

Ela e Humberto continuaram indo juntos para o serviço, pois Rubens queria assim. Sentindo-se inseguro, disse a ela que, se não fosse trabalhar junto com seu irmão, seria por haver algo entre os dois e que confabulavam contra ele. No entanto, nem Humberto ou Lívia tocavam no assunto.

Ele encontrou Lívia sozinha, na cozinha da casa de sua mãe, e, somente depois de muito pensar, perguntou:

— Como estão as coisas?

— Caminhando.

— E você e o Rubens, como estão?

Seus olhos lacrimosos o encararam firme e, fazendo-se forte, contou:

— Não estou suportando ficar mais com ele. Preciso dar um jeito ou...

— O que está acontecendo, além do que eu já sei?

— Brigamos muito. Não agüento ficar mais ao lado dele.

Sentindo o coração apertado, queria abraçá-la, envolvê-la, mas não podia e permaneceu sentado à mesa ao comentar:

— Lívia, talvez só eu possa te ajudar, se você quiser, lógico.

— O quê?

— Como diretor na empresa eu posso conseguir sua transferência para a filial do Rio de Janeiro ou do Ceará. Não contaremos para ninguém. Você simplesmente pega as suas coisas e vai embora. Será o mesmo serviço, o mesmo salário que dará para os seus gastos. Depois de instalada, se quiser avisar os seus pais, tudo bem. Pela distância, o Rubens não vai poder fazer nada com você. Acabou.

— Mas... E você, Humberto?

— Não foi você mesma quem me alertou sobre as minhas responsabilidades para com o meu filho? Vou me casar agora, Lívia! Não posso fazer mais nada por você além disso!

— Não estou te pedindo nada! Não confunda as coisas. Eu quis dizer que... — ela perdeu as palavras. Não sabia o que dizer. Sofria ao pensar que Humberto iria se casar.

Sério, falando friamente, ele perguntou:

— O que você me diz da transferência?

— Eu aceito! É o que eu quero. Se puder fazer isso por mim, serei eternamente grata. Mas que ninguém desconfie. Pode ser?

— Pode. Isso eu consigo — falou com gravidade no tom da voz. Os seus olhos verdes expressavam uma tristeza sem fim enquanto se nublavam pelas lágrimas que brotavam. Disfarçando a amargura, ainda comentou: — Amanhã vou dar um telefonema e depois conversaremos. Perdoe-me por não poder fazer mais nada por você além disso.

— Você está fazendo muito. Nem imagina. Eu só quero que seja muito feliz.

Subitamente a voz macia de Neide ecoou firme, assustando-os:

— Vocês estão cometendo a maior burrada de suas vidas!

— O que é isso, Neide?! Do que você está falando?! — perguntou Humberto, parecendo bem irritado.

— De vocês dois! Como podem abrir mão da felicidade e do amor por causa de criaturas tão mesquinhas como a Irene e o Rubens?!

— Neide, por favor, pare com isso! — pediu Lívia amedrontada.

— Só porque estou falando a verdade, vocês me mandam parar?! Olhem pra vocês dois! Estão apaixonados! Lívia, o Rubens não te merece! E quanto a você, Humberto, acredita que a Irene é tudo com que sonhou? Tem certeza que é com ela que quer viver o resto da sua vida?! Cai na real!

— Fique quieta, Neide! Pelo amor de Deus! Se alguém te escuta!... — pediu Lívia, desesperada.

— Isso não pode ficar assim! — exclamava a irmã, inconformada.

Humberto aproximou-se e, frente a ela, ordenou bem severo:

— Cale a boca, Neide! Você ainda vai me arrumar uma grande confusão com o que está dizendo! Pare!

Um murmurinho os fez ficar atentos.

Era a aproximação de Irene e dona Aurora que conversavam pelo corredor, antes de chegarem à cozinha.

Ao ver Humberto, Irene abriu um sorriso. Aproximou-se, beijou-o e anunciou:

— Oi, amor! Eu passei aqui só para pegar com você o cheque para pagar o pintor. Combinamos que você daria um cheque seu, e o pintor já está terminando o serviço. — Olhando para as outras, contou: — Nosso apartamento está lindo!

Ainda bem que o proprietário anterior teve bom gosto com a escolha dos armários planejados que deixou.

— Já está todo mobiliado? — perguntou Lívia com simplicidade, tentando disfarçar o nervosismo de pouco antes.

— Sim, está. Só faltam as cortinas. Essa semana chegam os tapetes e a mesa da sala de jantar. Ontem entregaram os sofás. O Humberto nem viu ainda! Neste fim de semana vamos lá para vocês conhecerem, combinado?

— Vamos sim, filha. Eu gosto de ver casa nova! — disse dona Aurora. — Falta pouco tempo para o casamento, hein! Os convites estão prontos?

— Os convites estão na gráfica ainda. Mas o grupo de convidados é bem pequeno. — Virando-se para Humberto, Irene perguntou: — Você queria chamar o Sérgio para ser seu padrinho. Falou com ele?

— Ainda não. Vou falar.

— Não demore! Convite de última hora não é bom. — Em seguida, Irene avisou: — Já é tarde! Preciso ir. Faz o cheque pra mim, Humberto!

Sem qualquer empolgação, ele foi até o quarto, e Irene o seguiu.

Quando o assunto era referente ao seu casamento com Irene, Humberto precisava se esforçar muito para expressar leve sorriso.

Uma angústia o envolvia sempre que pensava em sua união com ela. Contudo não poderia fazer mais nada, já estava resolvido.

11
CONSEQÜÊNCIA DE UMA TRAIÇÃO

Era sábado à tarde, quando Humberto, atendendo a um desejo sincero, estava na casa de Sérgio convidando-o para ser seu padrinho.

— Será uma cerimônia simples onde o juiz de paz celebrará o casamento no próprio salão. Haverá cerca de sessenta convidados.

— Você me disse que a Irene é católica. Ela não quer se casar na igreja?

— Sou eu que não quero casar na igreja. Se eu deixasse pela Irene, o nosso casamento teria até carruagem puxada por cavalos brancos. Já estou deixando que faça tudo o que quer no apartamento, que ela decorou com o maior luxo, mas quanto à cerimônia... Não quero nada extravagante. — Breve pausa, olhou para Sérgio e perguntou com leve sorriso: — E aí? Vocês aceitam ser meus padrinhos?

— Lógico, cara! Sem dúvida! — afirmou o amigo, com largo sorriso.

— Fiquei muito feliz com o convite, Humberto. Nossa! Adorei saber de sua consideração por nós! Mas tenho uma preocupação...

— Que preocupação, Débora?!
— Será que eu não estarei no hospital nessa data?
— Ah! Não brinca! — surpreendeu-se Humberto.
— Não tem problema! A Débora fica no hospital, e eu vou ser o seu padrinho! — brincou Sérgio.
— Engraçadinho!!! — ela reclamou, brincando.

Virando-se para a esposa, Sérgio a abraçou, comentando:
— Acredito que dê para você ir sim. Só se ela resolver chegar antes. — Voltando-se para o amigo, avisou: — Pode contar conosco! Ficaremos felizes em sermos os seus padrinhos.
— Mas ficarei alerta. Caso a Laryel resolva chegar antes, já deixarei outros de sobreaviso — sorriu de um jeito maroto.
— Quem? — quis saber Débora.
— O Tiago e a Rita!
— Eles vão gostar! — exclamou Sérgio.
— Tenho muitos conhecidos, mas amigos afins, pessoas que eu considero mesmo, só tenho vocês.
— Ficamos contentes com isso. Também consideramos muito você — disse Sérgio.

Débora se levantou, informando:
— Vou fazer um cafezinho para nós!

Aproveitando-se de sua ausência, o amigo perguntou:
— Tem certeza de que é isso o que quer, Humberto?
— Na verdade, eu não queria isso. Você sabe. Mas é o que eu devo fazer. Não posso abandonar um filho. Se a Irene me desse motivo para isso, seria diferente. Do contrário... Jamais eu teria tranquilidade. — Alguns segundos e comentou: — Eu e a Lívia não temos nenhuma chance. Para ajudá-la, estou

cuidando de sua transferência para a filial do Rio de Janeiro. Assim ela ficará longe do Rubens.

— E longe de você também.

— Isso será bom para nós dois.

— É verdade. Mas o que me preocupa é pensar por quanto tempo você irá suportar ficar ao lado de alguém que não ama. Você terá de ser bem forte.

— É isso o que peço a Deus. Muita força. Eu estava lendo no evangelho sobre o dever e sei que preciso cumprir com o meu dever moral.

— Vamos lembrar que o evangelho nos ensina que o dever é a lei da vida, mas também diz que o dever é a obrigação moral, primeiro para consigo mesmo e depois para com os outros. Sabe... Eu adoro a Débora. Acho que se nós não estivéssemos juntos eu não ficaria com mais ninguém. No seu caso, há um filho comprometendo qualquer decisão que tome a respeito de ficar com a Lívia. Será que é justo você sacrificar a sua vida íntima por ele?

— Esse filho me chama à responsabilidade. Se não fosse por ele, eu não iria me casar com a Irene. De jeito nenhum.

— Não acha que mais tarde poderá se arrepender e se separar? Isso não será pior para todos?

— Estou fazendo o que acho certo agora. Não consigo pensar no futuro.

Sérgio não disse nada, mas lamentava tudo o que estava acontecendo na vida de Humberto.

Encarnados, desconheciam a verdadeira e sincera amizade espiritual de longos anos.

Sérgio queria ajudá-lo, porém não sabia como. Em seu íntimo estava contrariado com tudo. Ele sentia que os acontecimentos não deveriam ser naquela ordem. Nada poderia dizer para não deixar o amigo ainda mais triste.

A campainha tocou estridente e logo se ouviu a voz de Rita com os dois filhos e Tiago, que a ajudava.

O irmão de Sérgio, que tinha as chaves do portão, entrou avisando:

— Cheguei!!!

— Entra Tiago!!! — pediu Sérgio.

Já na sala, eles se cumprimentaram e Rita, sem rodeios, colocou Daniel no colo de Humberto e exclamou sorridente:

— Segura esse que eu não agüento mais! — jogando-se no sofá, ainda falou: — Meus braços estão em frangalhos! Quando não é um, é o outro que quer colo!

Humberto brincava com o garotinho esperto e risonho ao perguntar:

— Como vocês os conhecem? São idênticos!

Largada no sofá, ela explicou:

— Amarramos uma fitinha no braço do Rafael, veja — erguendo a manguinha da blusa do menino, que estava no colo de Sérgio, mostrou. — E usamos um caderno para anotar e controlar tudo o que damos ou fazemos para eles. Mesmo assim, muitas vezes, cheguei a dar de mamar para um duas vezes e só desconfiava depois que o outro começava a gritar de fome e o que estava comigo não queria mamar. E quanto a dar remédios e vitaminas!... Faço a maior confusão! É uma loucura! Não sei se Deus me deu um presente ou um castigo! — riu.

— Deus te ama tanto, Rita, que agora virão duas meninas! Você vai ver! — disse Sérgio.

Jogando uma almofada nas costas do cunhado, Rita falou séria e quase nervosa:

— Vira essa boca pra lá! — Levantando-se, foi para a cozinha parecendo zangada.

— Oh, Sérgio! Não fala isso não! Ela fica uma fera e desconta em mim! — reclamou Tiago, indo atrás da esposa.

Sérgio riu com gosto e comentou:

— É que os gêmeos ainda não têm um ano e Rita está desconfiada de que está grávida de novo.

— Uaaaaaauh!!! — divertiu-se Humberto. — Até eu ficaria uma fera! — brincou.

— Semana que vem ela vai ao médico para ter certeza. Vamos aguardar — explicou o outro, ainda sob o efeito do riso.

* * *

Os dias foram passando

Irene, rapidamente, agilizava tudo para o casamento.

Os convites já haviam sido entregues e o apartamento decorado ao seu gosto. Humberto estava mais calado a cada dia, mergulhado em seus próprios pensamentos que não ousava dividir com alguém.

Algumas vezes em que levou Irene até a casa de Sérgio ou foram juntos ao centro espírita, o amigo reparou que Humberto, praticamente, não conversava.

Sempre quieto, parecia alheio a tudo a sua volta.

Lívia e Humberto não ousavam conversar mais sobre o assunto. Limitavam-se, no máximo, a falar de sua transferência para o Rio de Janeiro ou alguns assuntos de serviço.

Não poderiam deixar que Rubens desconfiasse de nada, por isso o tratavam normalmente. Aliás, Humberto pouco conversava com o seu irmão.

Faltava menos de uma semana para o casamento. Humberto havia ganhado alguns presentes dos colegas de serviço. Não querendo levar os pacotes para casa, decidiu ir até o seu apartamento e deixá-los lá.

Já havia passado mais de uma hora do fim do expediente e se surpreendeu ao ver Lívia esperando, no hall, o elevador:

— Ainda está aqui?

— Eu tinha que adiantar um serviço e... Como não tenho aula, pois emendaram por causa do feriado amanhã, resolvi ficar até mais tarde um pouquinho.

— O Rubens não vem te buscar?

— Não. Nem avisei que não vou à faculdade hoje.

— Posso te levar, mas preciso passar antes no apartamento para deixar uns presentes lá. Quer uma carona?

— Aceito, sim! Vamos!

Estavam no prédio onde ficava o apartamento de Humberto. Lívia desceu do carro propondo-se a ajudá-lo com os presentes.

Agradecido, aceitou.

No hall, a moça aguardou que ele abrisse a porta.

Ao entrarem, para estranheza dele, havia um abajur aceso na sala e uma claridade vinda da suíte do casal, indicando alguém lá.

Olhando para Lívia, pediu com simplicidade:
— Venha. Coloque os pacotes ali, sobre a mesa, por favor — mostrou. Em seguida, comentou falando baixo e cismado: — Tem alguém aí. Será que é a Irene?

Sem demora, Humberto foi à direção da suíte. Lá, encontrou Irene e Rubens deitados, juntos, em um momento bem íntimo.

Ao percebê-lo, Irene deu um grito e exclamou:
— Humberto!!! Ai, meu Deus!!!

Ele ficou em choque, incrédulo, parado à porta e sem conseguir se mexer. Enquanto Lívia permanecia ao seu lado.
— Espere! Vamos conversar! — pediu Rubens espantado, cobrindo-se.

Ao vê-los, Lívia levou a mão à boca abafando o grito e, em seguida, o choro.

Não suportando, ela virou as costas e saiu correndo.

Atônito, completamente perplexo, Humberto pareceu ter dificuldade em se mexer e respirar. Um torpor o dominou e se sentiu tonto. Não ouvia mais nada do que era dito por eles.

Entorpecido, precisou usar toda a sua força interior para não dizer nada nem reagir contra sua namorada e seu irmão. Hesitante, virou as costas e saiu à procura de Lívia.

Sua visão estava turva e não escutava direito.

Chegando à garagem, ele encontrou Lívia, agachada e encostada à porta do carro, chorando muito.

Humberto tremia. Com a respiração alterada, sentiu a tontura dominá-lo e acreditou que não fosse suportar.

Fechando os olhos, pensou em Deus e pediu forças.

Em seguida, curvando-se, segurou no braço de Lívia, que se esvaía num choro compulsivo, e a forçou se levantar. A jovem o abraçou com força, escondendo o rosto.

Não demorou e ele pediu, ainda confuso e com voz vacilante:

— Entre no carro. Vamos sair daqui.

Humberto mal prestava atenção ao que fazia. No trânsito, dirigia automaticamente.

Ele não sabia como agir. Não conseguia organizar as idéias.

Enquanto isso, lágrimas começaram a correr em seu rosto e um sentimento doloroso de indignação o dominava. Não esquecia, por um segundo, a cena que presenciou. Aquilo foi muito cruel.

Estava revoltado. Como alguém normal poderia ter a capacidade de trair o próprio irmão daquele jeito?! No seu quarto, na sua cama... Não acreditava no que havia acontecido.

Se, por acaso, Lívia não tivesse visto tudo, Humberto duvidaria da própria sanidade.

Como alguém como a Irene, que o conhecia tanto tempo, pôde fazer aquilo com ele?! Ela sabia, sentia que ele estava se casando contrariado e por causa do filho que ela esperava. Por que o obrigou a tanto, e em tão pouco tempo, para ficarem juntos, se não o amava?! Nunca viu tanta hipocrisia, tanta mentira junta! Há quanto tempo o traía?! Com quantos outros mais?... Sua mãe bem que falou que Irene era muito liberal. Até levantou a dúvida sobre o filho não ser dele.

Pensamentos mórbidos o dominavam.

Acreditava aquela ser a ocasião propícia para matar Rubens e Irene. Deveria ter reagido! Seria a oportunidade de vingar-se da traição dos dois. Vingar-se de tudo o que o irmão fez para Lívia.

Arrependia-se por não ter reagido contra eles. Seria a hora certa.

Nesse instante, espíritos sem instrução e que desejavam promover toda espécie de mal e discórdia, rodeavam-no.

— Vamos! Mate os dois! Ainda dá tempo! Vai! Volta lá! — insuflavam, ininterruptamente, os espíritos cruéis. — Não seja covarde! Volta lá e acaba com os dois!

Humberto sentia-se confuso, desorientado e com muita raiva.

Subitamente parou o carro. Deu um soco forte no volante e vociferou:

— Vou voltar lá!!! Vou acabar com aqueles dois!!!

— Não! Por favor, Humberto — pediu Lívia, em desespero.

Virando-se para ela, trazia no olhar um brilho estranho, ao mesmo tempo que uma dor, uma mágoa o corroíam. Com voz grave e rouca, murmurou entre os dentes:

— Vou sim! Vou matar aqueles dois!

— Não!!! — ela gritou determinada, segurando-lhe a mão que ia ligar o carro novamente. E falou firme: — Humberto! Por favor, me escuta! — Ele a encarou com olhos vidrados, e ela continuou: — Você teve mais decência, mais dignidade em ter deixado os dois lá! Não se iguale aos dois! Não seja tão baixo! O que fizer agora pode se voltar contra você! Não perca a razão, o caráter!

— Eles não podiam fazer isso comigo!!! Íamos nos casar no sábado!!! Não acredito no que eu vi!!! — Ele tremia e suava frio. Estava transtornado. Após alguns segundos, lembrou: — Eu não amo a Irene, mas ia me casar pelo meu filho!!! Eu ia abrir mão de toda a minha vida por isso e ela sabia!!! Desde quando os dois estão juntos?!! Será que esse filho é meu?!!

Lívia, em lágrimas, abraçou-o, puxando-o para junto de si, e Humberto debruçou-se em seu ombro, abafando o choro.

Ela não disse nada. Entendia o seu desespero. Sabia o quanto ele estava sofrendo e, qualquer coisa que falasse, provocaria mais dor.

Longo tempo se passou e os dois continuavam em silêncio.

Abraçado ao volante, através dos vidros do carro, ele olhava para o céu escuro coberto por longas nuvens carregadas por um vento gelado. Ainda sentia faiscar no peito um ódio mortal, nascido da indignação.

Ela experimentava um enfraquecimento, algo que esgotava suas forças. Estava exausta e incrédula com o que acontecia.

Finalmente, Humberto a olhou e perguntou sério:

— O que você vai fazer?

— Não posso mais encarar o Rubens. Nunca mais quero vê-lo. Depois disso... Eu o odeio tanto! Estou com nojo dele!

— A idéia de matá-lo não me sai da cabeça — falava de um modo calmo, muito estranho, como se estivesse planejando algo. — Se eu queria uma oportunidade para fazer isso... Esse é o momento.

— Pelo amor de Deus, Humberto! Pare com isso! Não fale assim!

— A lembrança dos dois juntos, na minha cama, não me sai da cabeça e...
— É lógico! Acabou de acontecer! Eu também não esqueço!
— Estou sentindo algo muito estranho, Lívia. Não consigo me controlar.

Ela virou-se para o rapaz, segurou com força suas mão geladas e úmidas, e com fala firme olhou em seus olhos como se invadisse sua alma e pediu:
— Ore! Por favor, ore! Faça a prece que Jesus nos ensinou.

Algo apertava o coração de Lívia como se fosse um mau presságio.

Ele recostou a cabeça no encosto do banco, fechou os olhos e orou como ela pediu.

Lágrimas corriam pelos cantos de seus olhos cerrados, e uma nuvem de dor pairava sobre o seu rosto pálido. Vez ou outra, engolia a seco enquanto um soluço o estremecia.

Passados alguns minutos, suspirou fundo, abriu os olhos e esfregou o rosto com as mãos.

Olhou para Lívia por vários segundos sem nada dizer. Ajeitou-se no banco, ligou o carro e falou decidido:
— Vamos embora.
— Eu vou para a sua casa. Não quero que fique sozinho. Estou preocupada com você.

Lívia temia que ele retornasse ao apartamento e fizesse algo contra o irmão ou Irene. Queria acompanhá-lo para garantir que não praticaria qualquer loucura.

Chegando próximo a sua residência, Humberto parou o veículo na rua. Não tinha vontade de abrir a garagem, muito menos de entrar.

Não sabia se Rubens estaria em casa nem como iria reagir ao ver o irmão.

Era bem tarde da noite. Sentia-se estranho, como se um cansaço o dominasse.

Debruçado ao volante, não dava importância à voz de Lívia, que pedia preocupada:

— Humberto, vamos entrar? Vamos conversar com sua mãe? Ela saberá nos aconselhar. Não é bom ficarmos aqui.

A muito custo, ela o convenceu.

Dentro de casa, ele entrou com modos estranhos. Passou por sua mãe e irmã andando firme, sem encará-las ou cumprimentá-las.

Dona Aurora e Neide não entenderam o que estava acontecendo. Ele não costumava agir assim quando chegava a sua casa. Ao contrário, Humberto era sempre alegre, beijava-as e as cumprimentava sorridente.

O rapaz foi para o quarto que dividia com o irmão. Dona Aurora, estranhando o jeito da moça e sua presença ali, perguntou:

— O que aconteceu, Lívia?!

Ela se sentou e começou a contar.

Mesmo sob o efeito do choro e dos soluços impertinentes, contou tudo. No final, a senhora disse horrorizada:

— Meu Deus! Eu desconfiava disso! — murmurou assustada, incrédula.

— Desconfiava e não me contou!!! — Humberto gritou e com voz forte, pois havia chegado à porta e escutou sua mãe.
— Por que não me contou, mãe?!!
— Eu poderia estar enganada! É uma acusação muito grave! Calma, meu filho!
— Como pode me pedir calma?!! Como acha que estou me sentindo?!!
— Seja realista, Humberto! Foi ótimo isso ter acontecido! Você não gostava mesmo da Irene e ia se casar por obrigação! — opinou a irmã.
— Cale a boca, Neide!!! Fica quieta!!! Você não sabe o que está dizendo!!! — gritou ele, incontrolado.
— Sei sim! Pode parecer o fim do mundo, mas ganhou a sua liberdade! Aliás, vocês dois estão livres! — tornou a jovem

Lívia, sentada à mesa da cozinha, debruçou-se sobre os braços e chorou em silêncio, inconformada.

Humberto, extremamente nervoso, não sabia o que fazer. Sentia-se mal. Uma tontura o dominava. Precisou apoiar uma mão na parede para se segurar, sem que alguém percebesse, e recostou a testa no próprio braço.

Repentinamente, um barulho de moto anunciou a chegada de Rubens.

Humberto ergueu a cabeça e apurou o olhar febril em direção à porta. Seu belo rosto achava-se conturbado e sisudo, quase irreconhecível.

A passos rápidos, apanhou uma faca grande de cozinha, que estava sobre a pia, e saiu quase correndo, em direção da porta que dava para um quintal, depois para a garagem.

Lívia, atenta e deduzindo o que poderia acontecer, bem ligeira, foi atrás dele.

Ao chegar à garagem, Humberto encarou o irmão. Rubens estava pálido e nervoso.

Ao ver a faca na mão do irmão, balbuciou:

— Espera aí, cara!!! Vamos conversar!!!

Com voz grave, baixa e rouca, o outro respondeu indo a sua direção:

— Não tenho nada pra conversar. Desgraçado!!!

Lívia segurou-se no braço de Humberto, enquanto gritava:

— Some daqui, Rubens!!! Vá embora!!! Some!!!

Pondo-se na frente de Humberto, ela tentava segurá-lo. Em vão.

Humberto estava completamente transtornado, irreconhecível e sob grande influência espiritual inferior.

Empurrando Lívia contra a parede, ele foi à direção do irmão ao mesmo tempo que Neide e sua mãe tentavam segurá-lo pela camisa.

Rubens ficou aterrorizado ao perceber que o outro se encontrava decidido.

Rápido, o rapaz montou novamente a moto em que havia chegado, manobrou o veículo e partiu às pressas.

Humberto sentiu-se muito mal. Teve a impressão de que iria desmaiar. Atordoado, parou por alguns instantes, mas não ouvia o que Lívia, sua mãe e sua irmã falavam.

Abrindo a mão, deixou que a faca caísse ao chão.

Tudo estava ficando muito confuso. Sua cabeça roçava. Experimentava o rosto esfriar e as pernas amolecerem.

Sem se importar, automaticamente foi para o seu quarto e jogou-se de bruços sobre a cama.

Não sabia dizer quem estava ali nem o que lhe diziam. Mesmo deitado, achava-se tonto, exausto. Não conseguia organizar suas idéias.

Fechando os olhos, largou o corpo e entregou-se a um adormecimento, que não sabia dizer se era sono.

* * *

A claridade do céu passava por entre as frestas da janela, deixando o quarto na penumbra.

Humberto abriu os olhos lentamente e virando-se reconheceu o amigo Sérgio, sentado em uma cadeira ao seu lado.

Sentia o corpo dolorido. Era difícil se mexer. Forçando-se, sentou-se na cama e verificou que dormiu com a mesma roupa que chegou.

Havia se esquecido do dia anterior. No momento seguinte, pensou que havia tido um sonho ruim. Mas, vagarosamente, as lembranças ressurgiam com intensidade e ele não podia negar o que tinha acontecido.

— Tudo bem, Humberto? — perguntou Sérgio com tranqüilidade.

— Não sei... — balbuciou.

— Tome este chá — pediu ao lhe oferecer uma caneca com a bebida fumegando. — Foi a Lívia quem preparou.

— Eu não quero. Obrigado — respondeu confuso, sem entender por que o outro estava ali.

— Bebe um pouco, vai! — insistiu.

— Não... Estou enjoado e com a cabeça doendo. Não quero nada. Obrigado. — Observando melhor o amigo, ele perguntou após organizar um pouco os pensamentos: — Você soube o que aconteceu?

— Eu soube pela Lívia e pela Neide — tornou Sérgio, sempre calmo.

— Não posso acreditar... Estou arrasado! Confuso!... — dizia ainda atordoado. — Desculpe-me... Não precisavam ter te chamado até aqui por causa disso. Você deveria estar no trabalho e...

— Hoje é feriado, esqueceu?

— Feriado?!... Hoje?!...

Percebendo que o amigo ainda não concatenava as idéias, Sérgio decidiu conversar para atualizá-lo:

— Humberto, ontem o seu irmão...

— Pare! — pediu rápido e nervoso. — Não me fale nesse desgraçado! Quero que ele morra! Se ele aparecer na minha frente, eu o mato!

— Espere, Humberto. Ontem, depois que o Rubens saiu daqui, ele sofreu um acidente de moto. — Observando-o perplexo, imóvel e parecendo prender a respiração, Sérgio continuou: — O Rubens se chocou contra a lateral de uma carreta em alta velocidade. O impacto foi muito forte. Ele e a moto foram para baixo dessa carreta.

Após algum tempo, ordenando os pensamentos, e mesmo não querendo considerar o que pudesse ter ocorrido, perguntou murmurando:

— Como ele está?

Em tom calmo e triste o amigo revelou:

— O Rubens não sobreviveu.
Humberto ficou confuso. Abaixando a cabeça, levou as mãos ao rosto esfregando-o vagarosamente, permanecendo cabisbaixo.
Mais uma vez ele não acreditava no que estava acontecendo.
Parecendo desorientado, indagou com voz trêmula:
— Onde está minha mãe?
— A sua mãe não se sentiu bem e a levaram para o hospital. Ela está em observação e sob efeito de tranqüilizantes. A Neide está lá com ela. O seu pai está junto com o Tiago cuidando de tudo para o funeral do seu irmão. Os seus primos, tios e tias estão vindo para cá. A Neide os avisou.
De repente, Humberto, como que gemendo, sussurrou:
— Ai, meu Deus! Sérgio me ajuda! — pediu com voz baixa e a respiração ofegante. — Estou passando mal... Não sei o que está acontecendo comigo...
Humberto foi levado ao hospital.
Sentia-se como se estivesse vivendo um pesadelo, mas com alguns poucos momentos de lucidez.
A cena de ver Irene e Rubens juntos era incessante, imutável. A vontade de matar o irmão vinha-lhe à cabeça constantemente. A lembrança confusa de quando foi à sua direção com uma faca, pronto para matá-lo, não o abandonava. Foi a última vez que o viu.
O arrependimento transformou-se em uma dor profunda, desesperadora, cravada em seu peito de forma muito cruel, impiedosa.

Acreditava que o seu desejo de matar Rubens tornou-se realidade pelas energias despendidas através de seus pensamentos, de sua vontade intensa.

Após passar horas em observação, o médico de plantão resolveu interná-lo uma vez que nenhum medicamento o fazia melhorar.

Humberto dizia sentir tonturas, formigamento nas mãos e nos pés, dor de cabeça. Apresentava contrações musculares e fortes tremores.

No dia seguinte, ainda com os mesmos sintomas, negava-se a comer e largava-se sob o leito hospitalar trazendo o olhar perdido e olhos lacrimosos.

De vez em quando, era dominado por crises de choro intenso.

Só dormia sob o efeito de medicamento e, estando acordado, o pouco que conversava era de forma incoerente. Parecia desorientado.

Sérgio, muito preocupado com Humberto, foi à procura do doutor Édison, médico psiquiatra e seu grande amigo. Foi também o seu professor na universidade e seu atual sócio na clínica onde trabalhava.

— Então foi isso, doutor Édison. O irmão pilotava uma moto e, não se sabe como, entrou sob as rodas de uma carreta. O acidente foi muito violento. O corpo do rapaz foi triturado. Ele teve morte instantânea. Quanto ao Humberto, ele está internado há um dia e eu sei que essa internação não lhe fará muito bem. Está sob o efeito de medicação forte. De certa forma, sinto-me culpado, pois eu o levei ao hospital.

— Você fez o que era preciso. O seu amigo não estava bem e necessitava de socorro. Lembro-me dele no aniversário da Débora. Conversamos um pouco e ele me pareceu um bom rapaz. — Olhando para Sérgio de um jeito desconfiado, o médico amigo perguntou, sorrindo: — E então, Sérgio? Em que eu posso ajudar? O que quer que eu faça?

— Se não for pedir muito, doutor, eu gostaria que o senhor fosse vê-lo, por favor. Acho que o Humberto não deveria ficar internado.

— Posso vê-lo sim. Mas sabe que não posso interferir na opinião do médico que está tratando dele. Acredito também que esse tipo de crise não o deixe internado por muito tempo. Para ele ficar lá, o médico tem alguma suspeita.

* * *

Algumas horas depois, Sérgio estava no quarto do hospital e ao lado de Humberto.

Seus olhos abriam e fechavam vagarosamente e ele parecia alheio a tudo.

Chamando Sérgio para um canto, o doutor Édison explicou:

— Ele tomou uma medicação muito forte e hoje será impossível receber alta. Provavelmente nem amanhã irá para casa. Veja, ele passou por situações e conflitos que foram altamente estressantes. Com certeza, é um distúrbio de estresse agudo. Dependerá dele, ou seja, de sua estrutura emocional ficar bom o quanto antes ou não.

— Por que está sob efeito de medicamentos?

— Tremores fortes, violentos. Contrações involuntárias, o que não é muito comum. Talvez devessem deixá-lo sem medicação por mais tempo e... Além disso, ele reclama de forte dor de cabeça, intensa dor no peito, desrealização e apresenta midríase.

— O que é midríase?

— Aumento dos diâmetros das pupilas. O médico está se precavendo.

— Entendo — disse Sérgio. — Vai que o Humberto recebe alta e, de repente, tem um infarto ou um acidente vascular encefálico!

— O jeito é aguardar. Ele está sendo bem atendido.

* * *

Alguns dias depois, Humberto recebeu alta e estava em sua casa.

Pouco falava. Quando lhe faziam perguntas, limitava-se a dizer: sim ou não e havia momentos que nada respondia, deixando o olhar triste perdido.

Preocupado com o amigo, Sérgio foi visitá-lo e Neide contou:

— Ele não se alimenta. Hoje, com muita dificuldade e depois de muita insistência, tomou meia xícara de café com leite e nada mais. Fica deitado o dia inteiro e, é só olhar para ele por algum tempo, que podemos vê-lo chorar. Você vai ver! Não se barbeia! Não se cuida!

— E sua mãe? Como ela está?

— Arrasada! Fica meio perdida. Chora... Acho que não entrou em depressão ou não ficou pior porque tem de cuidar do Humberto. A Débora tem vindo aqui e conversado bastante com a minha mãe. Além de fazer companhia para ela, quando eu não estou aqui, minha mãe se distrai com ela.

— Sua mãe e o Humberto conversam?

— Ela entra lá no quarto e fica horas falando, contando coisas corriqueiras. Mas eu percebi que não conversam sobre o Rubens ou a Irene. Nem ele diz nada.

— Posso vê-lo?

— Claro, Sérgio! Venha!

Ao chegar à porta do quarto, Neide deu poucas batidas e enunciou:

— Visita para você!

Humberto pareceu fazer grande esforço para se sentar na cama enquanto Sérgio, sorridente, adentrou falando:

— E aí? Tudo bem?!

— Como vai, Sérgio? — perguntou sem qualquer ânimo.

Após oferecer uma cadeira para o visitante se sentar frente ao amigo, Neide pediu licença e saiu.

Acomodando-se, o amigo respondeu:

— Estou bem. E você?

— Não me sinto bem. Estou com uma sensação estranha e muito ruim — Humberto sentia o corpo dolorido e um cansaço o dominava. Não suportando, inclinou-se para o lado e deitou novamente. De seus olhos fechados, lágrimas corriam pelos cantos.

— O médico prescreveu algum medicamento?

— Sim — murmurou. — Mas não está adiantando nada.

Minha cabeça está pesada, me sinto tonto, confuso. Não consigo pensar direito. Não consigo me concentrar.

Sérgio olhou para o criado-mudo e viu a caixa aberta com a cartela de comprimidos à mostra. Curvando-se um pouco, pegou a medicação, olhou-a e depois a colocou no lugar. Em seguida, virou-se para o amigo e aconselhou:

— Você precisa é sair deste quarto o quanto antes.

— Não consigo andar. Parece que vou desmaiar a qualquer momento. Sinto uma fraqueza, e um frio percorre o meu corpo, principalmente o meu rosto. Minhas pernas ficam fracas, como se eu fosse cair. A sensação é de não ter mais o controle sobre mim.

O espírito Wilson, mentor de Sérgio, aproximou-se de seu protegido, inspirando-o.

Num impulso Sérgio levantou-se, foi até a janela e a abriu. Virando-se para Humberto, pediu firme:

— Vai! Levanta!

— O quê?

— Vou fazer com você o que eu gostaria de fazer com todos os pacientes que me procuram nesse estado. Com eles eu não posso fazer isso, só me limito a sugerir, aconselhar. Como você não é meu paciente... Não vou passar vontade! — Pegando-o pelo braço, ele o fez sentar e falou: — Vamos lá, levanta! Você precisa sair daqui o quanto antes! Cama é lugar de dormir! Ficando aqui você só estará à mercê de pensamentos negativos, alimentados por espíritos inferiores.

— Estou tonto, posso cair — falou, desanimado.

— Acha que eu não consigo te segurar?! Olha o meu tamanho! — sorriu, brincando. — Como você já está de agasalho, é só pôr um tênis!

Humberto despendia grande força para fazer qualquer movimento. O simples fato de pegar os calçados, para ele, era um grande sacrifício.

Naquele momento em que decidiu agir, colocando o tênis, o espírito Nelson, seu mentor, envolvia-o com grande fluxo de energia salutar e, sem saber por que, Humberto obedecia ao amigo.

Com voz fraca, ele falou:
— Estou avisando, Sérgio. Não me sinto bem.
— Fique tranqüilo! Você está comigo!

Já na sala, com uma bandeja nas mãos, Neide os olhava assustada, pois ia levar um café para eles.

Sorrindo ao vê-la, Sérgio pediu:
— Você tem um pouco de leite para pôr nesse café? Seria bom o Humberto tomar um café com leite antes de sair.
— Tenho sim! Mas... Vocês vão sair?!
— Vamos dar uma volta! — tornou o amigo.
— Um instante! — disse a jovem, que não demorou e retornou à sala com uma xícara de café com leite. Olhando para o irmão, que havia se sentado no sofá, Neide ofereceu: — Toma! Vai te fazer bem! Será ótimo sair um pouquinho. Está um sábado lindo!

Humberto nada respondeu. Com enorme sacrifício, deu alguns goles na bebida e logo colocou a xícara sobre a bandeja.

Sem deixá-lo se acomodar, o amigo convidou:

— Vamos logo! Está uma tarde linda! Será bom tomar um pouco de sol.

Em seguida, saíram.

Enquanto andavam pelos quarteirões do bairro, Sérgio perguntou:

— Quando você retorna ao serviço?

— Na próxima terça-feira. Na segunda-feira, tenho consulta médica. Não sei como vai ser.

— Por quê?

— Não tenho vontade de fazer nada. Tudo está sendo muito difícil. Como vou trabalhar assim? Parece que não consigo pensar direito. Como vou resolver situações lá na empresa?

— Diante da pressão que experimentou, do estresse que viveu e o súbito falecimento de seu irmão, é de se esperar que esteja assim. Mas veja, você está assim, você não é e não ficará desse jeito. Isso é uma fase.

— Será?!

— Lógico!

— Eu gostaria de acreditar nisso. Mas o que sinto é tão intenso, é algo tão ruim. Sinto-me incapacitado, inútil, culpado.

— Culpado pelo quê?

Humberto não respondeu. Mas, passado alguns minutos, pediu:

— Vamos voltar. Não estou me sentindo bem.

— Como quiser. Vamos sim.

Chegando a sua casa, Humberto foi direto para o seu quarto e Sérgio o seguiu.

Ao vê-lo se sentar na cama, falou com voz firme:

— Reaja, Humberto! Não pense que a cama vai acabar com esse estado! Ao contrário! Quanto mais você ficar aí, mais retarda a sua melhora.

— Não consigo reagir.

— Consegue! Consegue sim! — Breve pausa e perguntou: — Você disse que se sente culpado. Culpado de quê?!

— Você talvez não entenda porque nunca desejou morrer nem matar alguém. Eu queria matar o Rubens antes de vê-lo com a Irene. Eu sabia que o meu irmão não prestava, que saía com outras mulheres, que traía a Lívia... só não sabia que traía a Lívia com a minha futura esposa... Quando os vi lá, no apartamento, eu fiquei insano, louco. Nunca senti tanto ódio de alguém e... — lágrimas copiosas corriam em sua face e ele se calou.

— Qualquer ser humano normal sentiria ódio diante da mesma situação.

— Mas ele morreu! Estou confuso! Desorientado!

— Reencarnamos com um compromisso, com vários propósitos, com diversos planos. O desencarne do Rubens nada tem a ver com os seus desejos de matá-lo. Ou você se acha tão poderoso assim?! Acredita que é só desejar uma coisa e ela acontece?! Acredita que o seu ódio ou a sua vontade de matá-lo contribuiu de alguma forma para que ele morresse? Ora, Humberto! Seja sensato!

O outro secava o rosto com as mãos, procurando fugir-lhe o olhar. Algum tempo e comentou:

— Eu não paro de lembrar a cena dos dois juntos... Estavam se amando... — Breve pausa e continuou: — Fico pensando: desde quando isso vinha acontecendo? Será que

aquela criança é meu filho? E se não for? Como saber? Eu ia terminar com a Irene, mas por causa da gravidez resolvi me casar. Ela acabou com a minha vida e...
Sérgio o deixou desabafar. Ao vê-lo mais calmo, parecendo exausto e desanimado aconselhou:
— Levante. Tome um banho que vai se sentir melhor.
— É estranho, mas... Depois de conversar com você, eu já me sinto um pouco melhor.
— Foi porque agiu. Tome uma atitude para sair desse estado. Caminhar, falar, fazer qualquer coisa vai aliviar a tensão e é disso que precisa. Volte a realizar as suas tarefas de antes! Retorne à casa espírita! Você se afastou de lá, esqueceu? — O outro nada disse, e ele reforçou: — Agora vai! Levante! Tome um banho e vá assistir à televisão ou ler um livro. Não fique parado nem se entregue a pensamentos decaídos. Eu sei que não é fácil, mas você pode e deve fazer isso, Humberto. O tempo, a vida, o mundo não vão parar só porque você está desse jeito. E é você quem precisará se tirar desse estado, porque foi você quem se colocou nele de algum jeito.
— Eu?!
— Exatamente. Ninguém passa por uma situação de que não precisa. Nesta ou em outra vida, você fez ou deixou de fazer algo para hoje se colocar nessa condição. E digo mais, será nessa ou em outra vida que você precisará agir para sair desse estado. — O amigo ficou pensativo e nada disse. Sérgio não quis sobrecarregá-lo com mais idéias. Acreditou que aquelas palavras eram suficientes para sua reflexão. Logo decidiu: — Pense no que te falei. Agora preciso ir. A Débora está sozinha e eu já fiquei fora por muito tempo hoje.

— Obrigado por tudo. Senti-me melhor depois de sua visita.
— Não fique deitado, Humberto! Reaja!
— Pode deixar.

12

VÍTIMA DE SI MESMO

Os dias foram passando. Humberto não seguiu as orientações prudentes do amigo. O quanto podia ficava trancafiado em seu quarto, remoendo pensamentos inúteis. Esses pensamentos e sentimentos tristes e infelizes eram grandes geradores de energias inferiores. Sem que pudesse ver, fluidos pesarosos eram criados por ele mesmo. Tais substâncias espirituais rodeavam-no, chamando a atenção de espíritos simpáticos àquele estado psíquico, espiritual.

Não demorou e Humberto, sem querer e sem perceber, atraiu a atenção de Adimar, um espírito sofredor, que se deixou escravizar por estado emocional semelhante ao dele.

— Você sofre como eu... — lamentava o espírito Adimar, achegando-se a Humberto. — Só você pode me entender. A vida não tem significado nem objetivo. Tudo o que fazemos se torna um fracasso. Eu fiz muita coisa errada quando tentei acertar, mas nada deu certo. Fui traído. Ela não valia nada. Sou um incapacitado, um inútil igual a você. Essa dor, esse cansaço nunca passa. A vida não tem graça nenhuma.

Simultaneamente Humberto pensava:

"O que está acontecendo comigo? A minha vida acabou. Sou inútil. O que vou fazer agora? Eu acabei com o meu irmão. Foi para fugir de mim que ele morreu. Ele acabou comigo. Por causa da Irene minha vida não tem sentido". No minuto seguinte, continuou: "Mas ele não me respeitou. Ele e a Irene, juntos...".

Em seguida, as imagens da cena que presenciou, quando encontrou Rubens e Irene no apartamento, vinham à sua mente de forme viva, como se acontecessem naquele momento.

Até reações bioquímicas disparavam no corpo de Humberto, provocando as mesmas sensações físicas como no instante em que os flagrou juntos.

Nesse momento, ele se sentia muito mal. O seu rosto esfriava. Uma sensação de desmaio o dominava como se fosse cair. Em meio a esse conjunto de sensações começava a tremer e era vencido por uma crise de choro.

O espírito Adimar, triste e infeliz, experimentou grande satisfação por encontrar alguém tão compatível como Humberto.

Dependente, e deixando-se escravizar por outros espíritos também inferiores, Adimar decidiu procurar um outro companheiro, na espiritualidade, para contar a novidade.

Saindo à procura do espírito Natan, que não foi difícil encontrar, avisou:

— Tem alguém que sofre como eu. A vida perdeu a graça para ele.

— Nosso chefe ficará muito feliz em saber disso. Já contou pra ele? — perguntou Natan.

— Não. O caso é recente. Mas sou eu que vou ficar com essa vítima. Fui eu quem encontrou o sujeito — afirmava com jeito melancólico e um modo quase infantil.

— A gente recebe ordens! Cabe ao nosso chefe decidir. Mostra onde ele está! — exigiu.

— Não. Você quer ficar com ele e fui eu que encontrei o cara. Só conto pro chefe.

— Então vamos lá! O nosso comandante decide!

— Onde ele está? — quis saber Adimar.

— No lugar de sempre. Vamos!

Imediatamente, eles seguiram atravessando várias regiões sob o *domínio das sombras*.

Era um vale infeliz onde grupos de espíritos hostis e desequilibrados se defrontavam sem qualquer razão.

Mais adiante, alcançaram uma vila de ruas, vielas e alguns becos sinistros. As estruturas eram de deploráveis moradias rodeadas como que por esgotos correndo a céu aberto.

Havia vasta aglomeração de espíritos decadentes e sórdidos com aparência horrenda, pois seus corpos espirituais refletiam as suas viciações e revoltas.

Outros ainda, possuíam formas quase animalescas.

Todos, sem dúvida, cumpriam ali, sofrida penitência por sua natureza rude e cruel quando encarnados.

A frente, a extensão do território mudava de aparência. Contruções mais imponentes se erguiam, fazendo um contraste chocante com a região deplorável e miserável que as rodeavam.

Adentrando naquele que parecia ser o edifício principal, Adimar e Natan foram interpelados por um dos que ali estavam como guardas do lugar.

Após dizerem com quem queriam falar, seguiram até o local indicado.

Percorreram corredores e salões de aspecto desagradável e iluminação bruxelenta de onde se ouviam gemidos, lamentos e choros.

Adiante, chegaram a uma grande sala de atmosfera abafada, de pouca claridade, mobília escura e pesada que lembravam tribunais de séculos atrás.

O lugar estava lotado e não conseguiam entrar. Da porta ouvia-se vozerio em meio a algo semelhante à música primitiva, cujos tambores rufavam em ritmo alucinante e explosivo.

Sentinelas, rigorosamente uniformizadas, preservavam a segurança do local. Um deles se adiantou frente a Natan e Adimar, questionando a visita:

— O que querem?

— Viemos falar com o comandante de nossa equipe, o capitão Adamastor.

Sem dizer nada, o guarda os deixou aguardando e, após minutos, retornou acompanhado de um homem de aparência severa, com vestimentas imponentes, parecendo as de guerreiro dos primeiros séculos.

Diante de Natan e Adimar, ele questionou:

— O que querem?

— Tenho novidades, chefe — disse Adimar com expressão melancólica. — Encontrei alguém que me é compatível. Posso ficar com ele e me alimentar de suas energias? Assim vou me sentir melhor e ficar refeito para outras tarefas. O senhor disse que eu teria créditos se encontrasse alguém novo e significativo.

— Vamos sair daqui. Venham até a minha sala. Quero saber dessa história direito — ordenou em tom cavernoso, medonho e com modos rudes.

Enquanto percorriam corredores, podiam ouvir gemidos desagradáveis, choros convulsivos e gritos atormentados de criaturas aglomeradas e presas atrás de grades, em diversas celas.

Eram espíritos escravizados, ali, por força de atração, pois, quando encarnados, viveram o erro moral e cometeram delitos dos mais diversos. Caluniaram, criaram ambientes negativos com suas brigas ou discussões sem propósito. Cultivaram o ódio, a raiva e o rancor. Não perdoaram. Foram maliciosos, traíram, enganaram, iludiram ou adulteraram, até em pensamento, tirando vantagem de alguma forma. Alimentaram-se nos vícios dos assédios morais ou sexuais, das fofocas e conversas sem fundamento sobre a vida alheia. Muitos cultivaram a discórdia, o ciúme, a inveja. Outros, ainda, viveram os vícios materiais, físicos. Abusaram do sexo, fumaram, drogaram-se ou beberam destruindo células e neurônios perfeitos concedidos pelo Pai como dadivosa bênção de saúde em um corpo físico perfeito. Havia os que centralizaram os sentidos humanos nos vícios do jogo, abusando das faculdades sagradas pela satisfação de elevar o ego ou em função da ganância pessoal.

 Todos vítimas de si mesmos, vítimas de suas paixões terrenas que inferiorizaram suas almas.

 Agora, no mundo real, eram obrigados a se defrontarem com as deploráveis condições em que se colocaram.

 Sem encontrar apoio ou amparo, como os que tiveram à disposição quando encarnados, estavam aglomerados, mas sozinhos com suas enfermidades. Muitos sofriam desequilíbrios mentais visíveis. Outros viviam necessidades enlouquecedoras no pântano de suas consciências, arquivos mentais de cada um. Muitos sabiam de seus erros. Suplicavam socorro e misericórdia. A inquietação e o medo eram desesperadores.

Adiante, Adamastor entrou em uma sala e colocou-se atrás de uma mesa espalmando as mãos ao indagar:

— Como aconteceu? Há quanto tempo a criatura infeliz é compatível com você? Pois para não ter companhia espiritual, sendo como me diz, só pode ser um caso novo!

— É um caso novo. É um rapaz. Parece que tinha conhecimento espírita e tarefeiro na área. O cara tinha recursos, mas não era tão bom para usar o que sabia a seu favor. Ele começou a gostar da namorada do irmão. Parece que eles se conhecem de outras vidas. Daí que ele tinha um compromisso com outra e queria terminar, mas não pôde porque ela ficou grávida. Só que esse filho é do irmão dele. O sujeito não sabia que o irmão tinha um caso com a namorada dele até pegar os dois na cama. — Adamastor gargalhou prazerosamente. Desferiu palavrões e riu de novo. Em seguida, fez um gesto para que Adimar continuasse, e assim ele o fez. — Foi na semana do casamento dele que pegou os dois juntos. Depois quis matar o irmão, mas esse irmão fugiu de moto e morreu num acidente. O cara ficou em choque, confuso e aí tudo ficou favorável pra mim. Primeiro ele ficou triste, agora, está na depressão. A vida dele não vale nada. Tudo deu errado. Está com ódio do irmão, mas com peso na consciência.

— E quem você deixou lá para vigiar esse sujeito? — quis saber Adamastor ainda sob o efeito do riso.

— Ah... Ninguém. Viemos aqui para falar com o senhor primeiro.

— Imbecis!!! — vociferou, irritado. — Como podem deixar uma presa dessa sem acompanhamento de um dos nossos?!! — Depois de esbravejar e protestar com alguns palavrões, exigiu saber: — Onde está o desgraçado?!!

— Vamos, eu mostro — constrangeu-se Adimar.

* * *

Depois de refeito o caminho de volta, o espírito Adamastor, junto com Adimar, Natan e outros quatro, que se portavam como soldados fiéis, chegaram à casa de Humberto.

Havia algum tempo que não realizavam o culto do Evangelho no Lar naquela residência e a energia protetora promovida por essa prática, estava enfraquecida, quase não existia.

Além disso, havia os fluidos pesarosos trazidos e criados pelo senhor Leopoldo, pai de Humberto, que cultivava o vício da bebida alcoólica e era acompanhado por irmãos espirituais totalmente desequilibrados, os quais continuavam dependentes, necessitados das energias funestas produzidas pela beberagem do homem.

Como se não bastasse, Humberto se enfraquecia mental e espiritualmente quando oferecia atenção aos pensamentos decaídos, sofridos e tristes que alimentava.

Não havia um campo magnético que protegesse, espiritualmente, aquela residência e, mesmo a presença dos mentores ali, não podiam socorrer os encarnados por eles estarem em outro nível de elevação. Além disso, não se ajuda aquele que não deseja.

Nossos pensamentos, nossas práticas e nossa linguagem são responsáveis pelas forças superiores que nos protegem.

Sem conseguir detectar as entidades mais elevadas, Adamastor e os demais adentraram em cada ambiente à procura de sua vítima.

Chegando ao quarto, encontraram Humberto largado na cama, entregue às torturas e dores de suas próprias reflexões.

Adamastor parou desconfiado, fitando o rapaz por algum tempo.

Humberto não tinha a mesma aparência de antes, mas o outro sentiu que era alguém que conhecia.

Em absoluto silêncio, ele o rodeou conhecendo intimamente a sua vida mental, sua organização psíquica.

Com os olhos esgazeados, como que assombrado ao reconhecer de quem se tratava, o espírito Adamastor pôs-se firme frente a Humberto e, após uma gargalhada estrondosa, sarcástica, falou em tom irônico e cruel:

— Te encontrei, desgraçado!!! Como desejei te encontrar, seu infeliz! E não precisei te procurar muito, não! Você se achava muito bom e tinha o poder de me prender naquela colônia dizendo que era para o meu bem, para a minha recuperação e evolução! Me deixou trancafiado por décadas! Eu estava necessitado e enlouquecido! Os meus vícios não eram da sua conta e eu quase fiquei louco naquela Enfermaria dos Perturbados! Eu só queria ter liberdade e me aliviar do que sentia, pouco importava pra você se eu precisava vampirizar alguém infeliz ou não. — Com olhar colérico, apurado, prosseguiu com jeito insensível: — Tanto fez que conseguiu que eu reencarnasse fazendo eu acreditar que seria o melhor. Me convenceu que os meus desejos sexuais foram abusivos e que minha consciência pedia ajuste. Falou que depois desse ajuste eu seria uma criatura melhor. Acreditando que me sentiria aliviado, até me convenci em reencarnar, passando por experiências que você nem imagina, seu infeliz! — Alguns minutos em que o observava, contou enraivecido: — Vivi uma vida miserável em favelas e no meio do crime. Sofri abusos desde menino. Não tive família. Fiz tráfico de armas e drogas. Roubei, matei, estuprei e fui parar na prisão. Machucado e ferido me usaram de tudo quanto era jeito. Dia e noite! Foram anos de inferno! Depois que morri assassinado na cadeia, fui socorrido por amigos que me esperavam, pois, para eles eu tinha valor.

Você mentiu pra mim!!! Hoje a situação mudou!!! Eu estou no comando!!! Sou uma autoridade agora, e você não tem mais poder sobre mim!!!

Sou o capitão Adamastor!!! — Percebendo a fragilidade de Humberto, ele avisou: — Tenho muitos como você! São desequilibrados, desesperados, loucos, infelizes!!! Vou acabar com a sua vida porque o que eu mais quero é encontrar você fraco, assim, depois da sua morte!!!

Apesar de não ouvi-lo, Humberto sentia suas vibrações. Sem entender o que estava acontecendo, começou a experimentar uma sensação terrível.

O seu corpo estremecia ao mesmo tempo que pensamentos confusos e tumultuados invadiam cruelmente suas idéias, proporcionando um medo indeterminado.

Cerrando os olhos, afundou a cabeça no travesseiro, procurando fugir daquelas sensações.

Impossível!

Então se fechava na câmara escura da memória, sem buscar saída.

Assim passou a tarde.

Adamastor circunvagou o olhar tentando ver como estava a espiritualidade daquela residência. Visualizando energias negativas, produzidas pela presença de bebida alcoólica e irmãos infelizes que permaneciam, ali, à espera do senhor Leopoldo, sentiu um contentamento inebriante. Sabia que Humberto poderia ficar à sua mercê se continuasse com aquele nível de pensamento e sem reações que o impulsionassem a uma melhora.

Virando-se para um de seus subordinados, o espírito Adamastor ordenou:

— Você vem comigo! Os outros ficam aqui tomando conta dele e da casa. Ele é meu! Voltarei com reforço. Esse cara não pode escapar! Continuem envolvendo esse infeliz com suas energias para que ele esmoreça a cada segundo e não reaja! — Voltando-se para Humberto, ainda falou: — É uma pena você não ter nenhum desequilíbrio na área do sexo, do vício no álcool nem cigarro nem outras drogas. Se tivesse... Ah!... teria muita afinidade comigo e eu faria você conhecer o inferno por muitas e muitas reencarnações, pela frente, pois eu o ajudaria a cometer tanta coisa... Mas antes, seria escravizado e meu prisioneiro por séculos! Seu infeliz! Porém ter você nesse estado, já é grande coisa. Aguarde! Vai ver o que eu vou fazer com você!

Dizendo isso ele se retirou rapidamente.

* * *

Humberto sentia-se dominado por uma exaustão indescritível, mesmo com o correr dos dias.

Desde os últimos acontecimentos tão severos e o início daquelas sensações perturbadoras, ele esperava sentir, gradativamente, um alívio para tudo o que experimentava, mas isso não acontecia.

Cerca de três semanas se passaram e quase nenhuma melhora.

Havia ido ao médico Clínico Geral que o encaminhou a um médico Psiquiatra de quem não gostou. Depois passou por outro especialista e, após longas conversas, em que contou tudo o que lhe aconteceu, ele lhe prescreveu outro antidepressivo, aconselhou caminhadas, ambientes alegres e procurar seguir uma vida normal.

Retornando ao trabalho, mal tinha energia para sequer sorrir.

Os seus nervos e músculos da face pareciam permanecer sempre contraídos, retesados.

A ascensorista o cumprimentou e sorriu ao abrir a porta do elevador para o décimo andar e ele mal agradeceu.

Todos o olhavam com certa expectativa, pois, de alguma forma, souberam de todo o ocorrido durante o velório de seu irmão. Os conhecidos, que lá compareceram, notaram sua falta e questionaram aos demais, que especularam sobre o assunto.

Dessa forma, Humberto imaginava o que estariam ou não pensando e comentando a respeito dele. Isso causticava sua mente, provocando-lhe imensurável sofrimento psíquico que se irradiava para o físico.

Durante todos os dias em que permaneceu em casa, recusou receber visitas e atender telefonemas dos colegas. Somente Sérgio e Tiago o visitavam. E todas as vezes que Lívia foi vê-lo, Humberto não a encarou, não disse absolutamente nada.

Ao retornar ao serviço, não foi à casa da jovem para pegá-la, como sempre, e estremecia por saber que seria obrigado a encará-la na empresa.

Chegando à sua sala, um sofrimento infinito o abatia. Uma confusão mental não o deixava se concentrar em nada. Precisava de muito esforço para ficar atento.

As horas foram passando. Por várias vezes, precisou debruçar-se sobre a mesa de trabalho por não suportar a sensação doentia que o dominava.

Sua assistente, como sempre fazia, havia deixado tudo preparado para o seu dia começar.

O computador já ligado, mas com a tela vazia e uma imagem, símbolo da empresa, rodopiando vagarosamente de um lado para outro do monitor em silêncio. Formulários e requisições precisando de sua assinatura estavam sobre a mesa. Contratos e relatórios, que não foram lidos, a sua espera. Tudo por realizar.

Olhando para tudo, Humberto parecia não reconhecer o seu trabalho. Não sabia o que fazer primeiro. Julgava-se incompetente, totalmente inútil, um incapacitado.

Os espíritos que o seguiam, reforçavam os seus pensamentos negativos e depressivos. Um deles dizia:

— Tudo é muito, muito difícil. Você nem sabe pra que está aqui!

Enquanto outro prosseguia:

— De que adianta se esforçar tanto? A vida é uma desgraça! Você sempre foi bom, honesto, mas e agora? De que valeu sua honestidade? Viu no que deu? Seu irmão tá morto por sua culpa! A morte te espera. Você vai sofrer mais ainda, mais do que seu irmão sofreu quando sentiu o corpo sendo triturado pelas rodas pesadas daquela carreta em meio às ferragens da moto. Foi horrível! Horrível! Horrível! O Rubens estava com medo! Medo! Medo! Medo! Apavorado! Apavorado! Sem saber o que fazer!

Imediatamente, uma sensação desconhecida invadia Humberto.

Sentia o rosto esfriar e algo lhe doía no peito e no estômago. Pensamentos terríveis, obscuros o assaltavam.

Começou a se lembrar de seu irmão, do desejo que teve de matá-lo.

Em seguida, ficou imaginando a cena de sua morte como se estivesse acontecendo em câmera lenta. Como se pudesse perceber, vagarosamente, a dor e o desespero de Rubens.

Uma aflição extrema o dominou, e ele se forçava a não chorar, mas as lágrimas eram mais teimosas.

— Vamos! Vai! Se mata! O que está fazendo aí ainda?!

— diziam-lhe incessantemente os espíritos inferiores que o acompanhavam. — Depois de tudo o que fez, só terá sossego na morte! Vamos!

Todas aquelas impressões incomuns lhe eram passadas com fluidos pesarosos, terríveis.

De repente, ouviu ligeiras batidas e a porta de sua sala se abrindo. Humberto se levantou rapidamente. Tentando disfarçar, começou a olhar pela janela ao escutar sua auxiliar administrativa dizer:

— Com licença! — entrando, Júlia fez soar seu salto no piso ao ir até sua mesa mostrando: — Aqui estão os relatórios de fechamento das últimas semanas. Acredito que deva acompanhar o movimento, pois, apesar de ter ficado ausente, deve saber de detalhes, porque o doutor Osvaldo convocou uma reunião para amanhã à tarde. Acredito que... — Observando-o com o olhar perdido, através da vidraça, ela perguntou: — Tudo bem, Humberto?

Com uma voz estranhamente calma, ele respondeu sem encará-la:

— Estou me sentindo diferente. Confuso.

— Já é quase meio-dia — avisou Júlia, depois de passar as vistas sobre a mesa.

— E o que tem isso?

— É que não leu os relatórios nem assinou os formulários. Preciso da liberação para a compra dos materiais importados para antes do almoço. Vejo que sua mesa está intacta.

Humberto se virou. Seu rosto belo e agradável que sempre expressava quase um sorriso, mesmo quando sério, agora estava congelado em uma fisionomia sofrida e triste.

Caminhando dois passos, chegou até a cadeira frente à sua mesa e se acomodou.

Parecendo doente, sem ânimo nem energia, colocou o cotovelo sobre a mesa e apoiou a testa na mão. Dominado por um mal-estar terrível e pensamentos dolorosos, não conseguia reagir.

— Humberto, você quer ir ao ambulatório? O doutor Cássio está aí.

— Estou farto de médicos, Júlia. Os remédios não adiantam e, a cada dia, sinto-me pior.

— O que você sente?

— Minha capacidade de concentração está reduzida. Não tenho ânimo para nada. É como se a vida e as coisas à minha volta tivessem perdido a cor, perdido o brilho. Nada tem graça. Estou sensível a tudo que vejo e ouço. Todas as situações à minha volta são desagradáveis e qualquer problema se potencializa, pois não me sinto capacitado para resolvê-lo.

Júlia respirou fundo, puxou a cadeira em frente à mesa do diretor e se sentou comentando:

— Humberto, eu estive no velório do seu irmão. Soube, através da Neide, que você estava internado. Soube também o que ocorreu. Aliás, eu acompanhei todos os últimos acontecimentos da sua vida. E... Posso ser sincera, mesmo? — Ele se jogou para trás, largando-se no encosto da cadeira, acenou positivamente com a cabeça e Júlia continuou: — Você estava confuso, em conflito antes de marcar o casamento. Chegou a comentar comigo que a Irene estava diferente nos últimos tempos e a idéia do noivado o aborrecia. Quando telefonava para ela, nas sextas-feiras, nunca a encontrava. Lembro porque era eu quem fazia as ligações para você. Depois, repentinamente, resolveu se casar com a Irene. Ao mesmo tempo, eu observei você e a Lívia e... Comentou comigo que ela queria ser transferida para o Rio porque queria terminar com o namorado... Vi

vocês dois conversando no carro e... Eu percebi algo, Humberto. — Breve pausa e falou: — Desculpe-me comentar, mas eu não tive como não perceber.
Ele estava calado. Sua fisionomia ostentava uma tristeza profunda e infinita. Com extrema dificuldade, perguntou:
— Todos perceberam? Dava para qualquer um perceber?
— Não. Com certeza, não. Eu estava mais perto de vocês. Foi por isso.
— Eu não tenho nada com a Lívia. Nunca tive.
— Eu acredito! E talvez seja por isso que esteja assim. O seu irmão e a sua namorada te traíram descaradamente! Eles foram dois safados!
— Pare com isso, Júlia — pediu, incomodado com o assunto.
— Talvez experimentando um pouco de raiva do seu irmão e da Irene vai fazer você se sentir melhor!
— Nada me faz sentir melhor. Quando vou ao centro espírita, como fiz semana passada, sinto uma pequena dose de alívio. Tenho um pouco de fé e esperança de sair desse estado horrível, mas depois tudo passa. Não dá para descrever exatamente o que sinto. São sensações e sentimentos que nunca experimentei antes dessa forma. Tudo é muito intenso. Minha mente fica confusa e meus pensamentos são invadidos por um turbilhão de imagens, idéias ou acontecimentos horríveis. Junto com isso, uma sensação de pânico, um pavor terrível me domina. Começo a ter tremores e suor frio. Tenho a impressão de que vou desmaiar, de que vou morrer. Uma angústia imensa, junto a um pavor irracional, tomam conta de mim. À noite, tudo se intensifica. Quando durmo, o sono

é agitado ou então é extremamente pesado. Mas não satisfaz. Tenho sonhos dos quais não lembro detalhes e acordo com o coração aos saltos, dor no peito, suando e tremendo. Há momento em que a dor na alma é tão intensa que eu não suporto. Então preciso chorar sem até saber o porquê. Chorar alivia um pouco.

— Isso é síndrome do pânico?

— Um médico disse que é síndrome do pânico. Outro diz que é depressão. Teve outro, ainda, que disse que são as duas coisas. Há, ainda, um que deu o nome de outro tipo de transtorno psicológico. Em todo caso, fico apavorado em pensar que estou, psicologicamente, desequilibrado.

— Grande número de pessoas que ficam emocionalmente abaladas por acontecimentos desagradáveis ou estressantes experimentam um estado psicológico parecido com esse seu.

— Eu preciso retomar a minha vida, Júlia. Mas me sinto fraco, abalado, sensível a tudo e a todos. Não consigo nem organizar os meus pensamentos. Quando falo, só quero reclamar do que sinto.

— Como está a Lívia? Tem conversado com ela?

— Não — respondeu secamente.

— Você não a trouxe hoje? — tornou a secretária.

— Não. Desde quando tudo aconteceu... — Humberto deteve as palavras. Sua voz embargou pelos fortes sentimentos tristes e indesejáveis. Os seus olhos, febrilmente brilhantes, empoçaram-se com lágrimas que ele fez de tudo para disfarçar, esfregando o rosto discretamente. Rápido, alinhou os cabelos, respirou fundo e ajeitou-se na cadeira. Era como se tivesse, na alma, feridas difíceis de fecharem. Esforçando-se

para falar, pediu: — Júlia, esse assunto não me faz bem. Não me vejo preparado para falar sobre isso.
 — Não quero parecer inconveniente, mas precisa se preparar para lidar com essa situação. A Lívia está aí! Vai se deparar com ela a qualquer momento! A propósito, e a transferência dela para o Rio de Janeiro? Como vai ficar?
 — Não sei. Ela tem dificuldades com o pai e, talvez, ainda queira ir para o Rio por causa disso.
 — Vai precisar falar com ela a respeito, pois queria a transferência por causa do Rubens, mas, agora...
 — Júlia, você pode falar com ela a respeito disso? Cuide dessa situação para mim, por favor.
 — Tudo bem. Posso falar com ela sim. Mas, veja bem, até quando vai fugir da Lívia?
 Sentindo-se fraco, quase sussurrou:
 — Não sei. Eu não estou conseguindo pensar. Pode resolver isso para mim?
 Levantando-se, avisou:
 — Está certo! — E lembrando, perguntou: — E aquele seu amigo, o psicólogo? Tem conversado com ele a respeito disso?
 — Ele sabe o que está acontecendo. Na verdade, sou eu que estou sem ânimo para fazer o que ele indicou. Caminhada, meditação, relaxamento, leitura, ir ao centro ou sei lá mais o quê.
 — Minha irmã esteve assim, como você, e foram exercícios, caminhada, casa de orações e coisas assim que a fizeram melhorar. Ela precisou levantar da cama sozinha, pois remédio algum a tirou de lá.

— É o que todo mundo me diz. Mas não tenho disposição para sair. Quanto aos exercícios de relaxamento, mentalização ou meditação... quando faço acho que não têm efeito algum.

— Ora, Humberto, você sabe que os exercícios mentais de relaxamento, reflexão, harmonização são práticas que produzem resultados certeiros, mas não são como passes de mágica ou da noite para o dia, principalmente, para com as pessoas que não têm o hábito dessa prática.

— É, eu sei. Você tem razão — respondeu desanimado.

— Em todo o caso, não tenho conversado com ele. A filhinha dele nasceu e... Falando nisso, preciso visitar a garotinha. Poderia providenciar um presente para a nenê?

— Claro! Vou providenciar — avisou. Mas antes de sair, pediu: — Humberto, por favor, assine a liberação para a compra dos materiais e produtos químicos importados.

Após rapidamente assinar os papéis, ele perguntou:

— O que mais?

— Dê uma lida no fechamento das últimas semanas. O doutor Osvaldo convocou uma reunião para amanhã e será melhor você estar por dentro de tudo.

— Obrigado, Júlia.

Com olhos fixos nele, sentindo certa piedade, ela ainda disse:

— Sei que o momento que está passando é bem turbulento. Se precisar de mim, nem se for só para conversar, é só chamar.

— Certo. Obrigado — ele agradeceu, sentindo o rosto pesado, contraído, sem conseguir sorrir.

Júlia o deixou sozinho novamente e, com isso, pensamentos direcionados por espíritos inferiores que o acompanhavam o desviavam da fé raciocinada, da esperança num futuro próprio e da importância de determinadas experiências terrenas, próprias da evolução humana. Experiências essas que, apesar de dolorosas, servem para nos corrigir e elevar.

Muitos daqueles que superam tais transtornos se tornam criaturas melhores, com mais potencial e mais fortes do que antes. Conseguem descobrir em si talentos que desconheciam e passam a viver com mais harmonia, fé e paz.

Humberto vacilava em sua fé, apesar de todo o seu conhecimento. Ele era simplesmente vítima de si mesmo.

13

GOTAS DE ALÍVIO

Em sua casa, Humberto não oferecia atenção a nada nem a ninguém. Uma onda de tristeza e gigantesca amargura o tragavam para uma profunda depressão.

Era dominado por um desejo mórbido de se deixar largar sobre a cama com as janelas fechadas e o mínimo de luz possível, vinda da porta do quarto entreaberta.

Na espiritualidade, a cada dia tudo era mais desagradável. Espíritos de aparência deplorável com vívida aflição, ansiedade e desespero enchiam o ambiente. Alguns se prostravam ajoelhados ao lado dele, atentos aos seus pensamentos e prontos para envolvê-lo, a todo o momento, com energias inferiores, desagradáveis que certamente acentuariam ainda mais o seu desequilíbrio.

Humberto se propunha a rezar, mas suas idéias se confundiam. Era como se ele tivesse dois pensamentos ao mesmo tempo. O seu mentor Nelson o envolvia, acompanhando-o em cada palavra na oração. Porém, na primeira distração, ele desanimava entregando-se às torturas emocionais que o castigavam, dificultando a sua união com o Pai da Vida e impedindo a recepção de energias novas, bênçãos que o iriam recompor física e espiritualmente.

Adamastor acabava de chegar com um pequeno grupo que o acompanhava como cães fiéis.

Trouxeram arrastados espíritos doentes, escravizados, inferiores e incrivelmente sofredores, além de espíritos que perderam a forma humana e possuíam uma aparência tal qual um verme gigante, de cor parda acinzentada, que pareciam ser de matéria viscosa, escorregadia, nojosa, conhecidos como ovóides.

Como se trovejasse, Adamastor ordenou:

— Aqui estão as ferramentas de que precisam para o trabalho com Humberto! Primeiro será preciso que ele fique bem fragilizado, espezinhado, torturado e ferido devagarzinho. O desespero nele irá se instalar. Ele vai se render e se colocar à minha disposição. Fará tudo o que eu quiser. — Apontando para alguns dos espíritos que havia trazido, continuou: — Segundo, com esses doentes ligados a ele, a vampirização será incessante. Assim que estiver bem abalado, esses outros — apontou para os espíritos com formato ovóides —, devem ser imantados a ele para promoverem total desordem psíquica, pois é impossível equilibrar aquele que não deseja se equilibrar. É assim que eu quero ver esse sujeito! Confuso, tonto, baratinado, sem qualquer controle sobre si e dependente. Poderá vir ajuda dos quintos dos infernos que ele não vai se erguer mais! Nunca mais!

Nesse momento, Humberto, largado sobre a cama, era impregnado de energias espiritualmente nojosas, inferiores. Ele não reagia. Inerte, inalava substâncias escuras que se irradiavam para o seu peito, deixando-o espiritualmente opaco. Assim que os espíritos extremamente doentes, deformados perispiritualmente, foram encostados em Humberto, suas melhores energias começaram a ser sugadas. Os espíritos, por intermédio de fios magnéticos incrivelmente sutis, vampirizavam-no através de um processo intenso e, cuidadosamente, ligado às costas, no peito e, em particular, na medula e na cabeça.

A essa altura, Humberto se sentia mais exausto do que nunca. Uma sensação desesperadora o dominava e ele enfraquecia, sem qualquer ânimo para reagir contra aquelas mentes enfermiças.

Enquanto isso, Adamastor gargalhava prazerosamente, em vista ao sucesso de seus procedimentos.

* * *

Bem mais tarde, dona Aurora chegou. Por sua sensibilidade, logo ao entrar, sentiu a casa impregnada por uma atmosfera pesada e triste.

Sem entender o que acontecia, a senhora se deixou envolver por uma angústia devastadora. Imediatamente a lembrança de Rubens veio a sua mente.

Aquela seria a hora do filho chegar a sua casa. Lembrou-se de seus costumes, de preparar-lhe alguma refeição e foi quando uma dor, em forma de saudade, castigou-a incrivelmente.

Em pé, encostada em um canto da pia da cozinha, ela chorou compulsivamente.

Um desespero a dominou ao recordar de como tudo aconteceu tão rápido.

Seria Humberto o culpado por tudo o que aconteceu ao irmão? Afinal, se ele não fosse com aquela faca atrás de Rubens, o irmão não precisaria ter saído de casa naquela hora nem daquele jeito.

Por outro lado, pensava que ela mesma poderia ser a culpada, pois havia desconfiado de algum romance entre Rubens e Irene, mas não disse nada. Poderia tê-los repreendido. Talvez, se tivesse contado ou sugerido a Humberto, sutilmente, o que suspeitava, seria tudo diferente.

Não deveria ter deixado o seu filho marcar o casamento. É provável que não se sentisse tão traído e a situação se resolvesse de outra forma. Mas nada disso aconteceu e agora um de seus filhos estava morto.

Uma dor infinitamente profunda cravou-lhe o peito impiedosamente. Não havia nada que pudesse fazer. Então um desespero a dominou em doloroso choro.

A chegada de Neide não a inibiu.

Amorosamente, a filha se aproximou. Envolveu-a com terno carinho e perguntou piedosa, apesar de saber o que estava acontecendo.

— O que foi, mãe?

— Saudade, filha! Saudade! — explicou, sussurrando em tom lamurioso entre os soluços. — Você não imagina como é a dor de perder um filho! Ninguém deveria viver mais do que um filho! Eu quero o meu filho de volta... — chorava copiosamente.

— Mãe, preste atenção — dizia a jovem entre as lágrimas —, eu entendo o seu sofrimento. Porém, quanto mais a senhora se deixar ficar nesse desespero maior será a sua dor.

A vida não acaba com a morte. O Rubens não morreu. Ele vive em outro plano e recebe suas preces, suas bênçãos, seu amor e tudo o que a senhora pensar, disser e lembrar em relação a ele. Eu sei que a senhora é católica, vai todo domingo à igreja. Sei também que acredita nos ensinamentos espíritas e por isso sabe que o Rubens sente os seus pensamentos, recebe as suas preces. — A mãe não dizia nada e Neide perguntou: — A senhora quer que ele sofra?

Murmurando de maneira lamentosa, dona Aurora respondeu:

— Não...

Afagando-lhe o rosto, Neide propôs:

— Então reaja, mãe. Sinta saudade, chore, mas não entre em desespero. Continue sendo uma boa mãe.

— Tudo o que eu faço me faz lembrar do Rubens.

— Que bom, mãe! Isso significa que ele vive no seu coração! Quer dizer que a senhora o ama e nunca vai esquecer-se dele! Tudo é muito recente, somente o tempo e o amor vão aliviar essa dor. Pense comigo: a senhora acha que o Rubens gostaria de ver a senhora assim, tão angustiada, entregue a esse choro desesperador?

— Não...

— Então faça algo produtivo e bom. Assim ele irá receber melhor o seu amor. A senhora vai transmitir a ele muita paz e luz. Então, mesmo longe, ele ficará muito bem. O que mais precisamos agora é cuidar do Humberto.

Enxugando as lágrimas com as mãos, esfregando o rosto, dona Aurora comentou terrivelmente entristecida:

— Estou desesperada por causa do Humberto. Ele não está bem.

— Vamos cuidar dele, mãe. Se a senhora continuar desse jeito, o Humberto vai se sentir pior e vai demorar para sair desse estado.

Respirando fundo, apesar de toda a dor, a mãe arrancou forças do fundo da alma e afirmou:

— Seu irmão vai ficar bom. Vou cuidar dele. Deus é grande!

— Ele já chegou?

— Acho que sim. Vou ver.

Imediatamente, dona Aurora foi até o quarto de Humberto.

Chegando lá, ficou aterrorizada ao ver o filho sobre a cama.

Ele estava deitado de lado, coberto com uma colcha. Podia se perceber os tremores de um choro sufocado.

— Meu filho! O que foi?! — Ele não respondia e sufocava o rosto no travesseiro. Puxando a coberta, ela quis ver sua face e tocando-a com carinho, pediu amorosa, mesmo em lágrimas:

— Humberto, não faça isso, meu filho! Olhe para mim!

— Mãe... Me deixa, mãe... — respondeu com extrema dificuldade e com a voz abafada.

— Levanta, Humberto! Você não trocou a roupa nem tomou banho.

O espírito Nelson, mentor do rapaz, aproximou-se da senhora e, percebendo sua elevação moral, pois apesar de toda força espiritual inferior que havia ali e da dor não se deixava abater como o filho, envolveu-a com energias superiores e a intuiu. Momento em que a mulher reagiu firme.

Arrancando a colcha em que Humberto, praticamente, embrulhava-se, dona Aurora puxou-o pelo braço fazendo-o se sentar.

O rapaz permitia-se conduzir mecanicamente.

— Senta, menino! Respira fundo! — Estapeava-lhe o rosto de modo fraco e bondoso, dizendo-lhe ao desabotoar sua camisa: — Vamos tirar essa roupa. Vai tomar um banho e vai se sentir bem melhor! Você vai ver! — falava com energia.

— Mãe, me deixa...

— Só depois de um banho e de um prato de sopa bem quentinha! Eu fiz aquela sopa que você gosta e acabei de trazer pão fresquinho — Abrindo o armário, pegou um agasalho e uma camiseta, avisando: — Agora vai pro banheiro e toma um bom banho. — Diante do desânimo do filho, ela falou firme, mas quase sorrindo: — Se não for, Humberto, eu mesma vou fazer isso!

Ele respirou fundo e, como se precisasse despender imensurável força física, ergueu os olhos, levantou-se e foi para o banheiro.

A sós, no quarto do filho, dona Aurora sentou-se em sua cama e começou a orar.

Rezando baixinho, murmurava suavemente as palavras com tamanha fé que, na espiritualidade, via-se uma luz acesa em seu peito e, a cada momento de sua prece carregada de fé, esperança e indescritível amor, a luz aumentava de intensidade.

— Maria, mãe santíssima! — rogava a senhora em lágrimas. — Socorra o meu filho! A senhora, que é mãe, sabe entender o meu sofrimento, a minha dor e também o meu amor. Envolva o meu Humberto com o seu manto sagrado! Dai força, harmonia e paz ao meu filho querido. Eu imploro, mãe santíssima, imploro! Em nome de Jesus, seu filho amado! Faça com que o meu Humberto melhore e se cure do que quer que seja que o esteja maltratando tanto. Ajuda o meu filho, mãe do céu! A senhora sempre me socorreu! — pedia com lágrimas correndo-lhe pela face e com fé inabalável.

Dona Aurora não pôde ver, mas, naquele instante, na espiritualidade, fez-se uma claridade azulada de incrível beleza e uma luzente entidade se fez presente.

De aspecto jovem e traços angelicais, exibia aparência translúcida, sutil de uma beleza impressionante, parecendo ser formada de substância luminosa flutuante. Transmitia bondade e amor no quase sorriso doce.

A generosa benfeitora ponderou por segundos e considerou em tom tranquilo e tênue:

— Quem sou eu comparada à grandiosa entidade por quem clama? Um espírito de tamanha elevação, como a que foi a mãe abençoada de nosso Mestre Jesus, certamente a ouve e a socorre, sim, pois todo coração de mãe possui a sublime essência do amor e da bondade. Agradeço a Deus, se me permitir ajudar em nome daquela que atingiu um dos graus mais elevados na escala dos valores morais aqui na Terra.

A nobre entidade era Laryel, que se aproximou de dona Aurora, ergueu a delicada e graciosa mão de onde essências luminescentes irradiaram-se, envolvendo a senhora. Enquanto tarefeiros de sua confiança recolhiam do mesmo fluido, utilizando-o para magnetização do reservatório de água da casa.

Em seguida, a nobre benfeitora curvou-se envolvendo dona Aurora em generoso e terno abraço e comentou bondosa:

— Muitas coisas acontecem por nossa invigilância. Mas, sem dúvida, essas experiências servirão de aprendizado para a elevação do homem de bem. Nosso querido Humberto tem missão a cumprir ao lado de Sérgio, mas necessitará, antes, cultivar o amor incondicional e o perdão verdadeiro. Conhecemos o seu passado digno e suas nobres tarefas no campo do auxílio e do socorro. Ele próprio desejou colocar-se em prova, na presente encarnação, caso se desviasse da bondade e do amor. Esse querido filho do coração precisará criar forças interiores para se superar e se libertar das amarras da dúvida e da insegurança, voltando-se para a fé que sempre cultivou. Estaremos ao seu lado amparando-o com gotas de alívio, que ele deverá aproveitar. Serão momentos de trégua para reflexões, elevação e ação. Conforme ele pediu no planejamento reencarnatório, vamos fortalecê-lo à medida que se dispuser a agir, elevar-se e buscar, no Pai Celeste, a sua força para recomeçar e dar rumo ao seu coração sem destino.

Uma indizível serenidade tomou conta do coração de dona Aurora.

A mãe de Humberto parou de chorar, secou o rosto com as mãos e murmurou:

— Obrigada, nossa senhora. Proteja o meu Humberto e socorra o meu Rubens. Não deixe o meu filho que morreu sem socorro. Proteja o Rubens, com as bênçãos de Deus, de todo mal.

A elevada Laryel ofereceu sorriso sutil e orientou:

— O querido Rubens será socorrido quando aceitar e entender a condição do irmão e aprender a sentir o seu amor. No entanto, como poderei negar o pedido de uma mãe sincera? — Bondosa, afirmou: — Mãe, ele será assistido. — Olhando para os demais companheiros espirituais que a auxiliavam, solicitou generosa: — Quando o querido Rubens despertar, não permitam que seja envolvido por perseguidores nem que se retire desta casa, pois aqui será mais fácil socorrê-lo no momento em que estiver preparado. Se sair daqui, os inimigos do passado poderão envolvê-lo e arrastá-lo para um vale de grande sofrimento. Lamento não podermos levá-lo para local apropriado e seguro. Colaborem para que ele receba ajuda para se refazer um pouco e não experimentar os horrores do estado em que ficou o seu corpo físico por conseqüência de seu desencarne.

O banho, pelo contato da água corrente magnetizada em seu corpo, aliviou Humberto de alguns miasmas e ele se sentiu um pouco melhor.

Adamastor havia se retirado. Os espíritos que o prejudicavam não entendiam o que havia acontecido, quando o viram mais refeito e livre de alguns dos procedimentos espirituais inferiores. Eles não identificaram a presença de Laryel e seus companheiros. Perceberam somente que algo estranho ocorreu.

Contrariados, resolveram intensificar o que faziam, mas teriam de começar tudo de novo.

Após o banho, Humberto foi para a cozinha e sentou-se à mesa.

Sua mãe serviu-lhe um prato com sopa quente e reconfortante que ele, vagarosamente tomou. Também se serviu de pão e mais nada.

Aquela alimentação continha energias especiais. Eram fluidos transmitidos por dona Aurora através de seu amor e carinho dispensados durante o preparo dos ingredientes. Pensamentos elevados, de satisfação, generosidade e ternura impregnam todo alimento, como também o oposto acontece.

Ao terminar a refeição, Humberto nada comentou e por alguns instantes sentiu-se muito melhor, mais refeito.

Pensou que talvez o seu mal estar fosse por má alimentação. Mas não demorou e sua cabeça pareceu pesada novamente e precisou ampará-la com as mãos apoiando os cotovelos na mesa.

Neide, que falava de um acontecimento de seu serviço, interrompeu o assunto e contou:

— Fui visitar a nenê da Débora. Que coisinha mais linda! Você tem que ver, Humberto! Eu ia comprar um presente, mas não tive tempo. Então fui lá e fiquei devendo a lembrancinha — riu. — Você deveria ir lá! Não é, mãe?!

— É verdade, filho. O Sérgio é seu amigo... Fui lá várias vezes e ele sempre pergunta de você. Eu até peguei algumas roupas da nenê para lavar, sabe! É que quero ajudar um pouco.

— A Débora não tem empregada, mãe? — perguntou Neide.

— Tem uma mulher lá ajudando desde quando ela teve a nenê. Mas sabe como é... Roupinha de nenê novo precisa de cuidado, e essas empregadas fazem tudo de qualquer jeito. — A senhora sorriu e comentou: — Coitada da Débora, está toda atrapalhada! Acho que nunca pegou um bebê no colo. Agora, sozinha pra cuidar da menininha dá até dó. O Sérgio tem mais prática do que ela, mas ele trabalha e estuda... Fica difícil.

— A Débora não tem mãe? — tornou Neide.

— Não — respondeu a mãe. — Os pais dela morreram... parece que foi num acidente. A sogra não se manifesta pra ajudar e também mora longe. A Rita é outra coitada, não pode ajudar porque tem os gêmeos que dão o maior trabalho — sorriu. — Os meninos são uma graça! A Rita está grávida de novo, sabia?

— A Débora me contou — disse Neide.

— Então, quando fui lá visitar e vi que não tinha ninguém ajudando, resolvi dar uma mãozinha e ela não se importou. Ficou até muito agradecida. — Breve pausa e dona Aurora comentou, sem prestar atenção no que falava: — É bom eu fazer alguma coisa, me sentir útil, fico ocupada e não penso...

Imediatamente ela se calou, mas o filho já tinha ouvido.

No mesmo instante Humberto se sentiu mal. Um torpor o deixou tonto. Esfregou levemente o rosto e apoiou novamente a fronte nas mãos.

Havia entendido que sua mãe queria se manter ocupada para não pensar na morte de Rubens, na falta que ele fazia, nas lembranças desagradáveis da discussão que tiveram quando descobriu a traição e queria matar o seu irmão. Imaginou quanta angústia e dor deveria ser, para ela, quando recordava de tudo aquilo e ele culpava-se.

Novamente, o efeito de sensações desagradáveis o dominava ao sentir um peso nos ombros e nos braços ao mesmo tempo que suas pernas esmoreciam.

Se estivesse em pé, talvez, caísse ou cambaleasse. Era como se fosse desmaiar.

Não suportando a onda de pensamentos decaídos, debruçou o rosto pálido, quase cadavérico, sobre os braços. Era como se estivesse desfalecendo.

Na espiritualidade, tarefeiros do mal, frios e impiedosos, a serviço de Adamastor, reconheceram as impressões aflitivas e dolorosas de Humberto e, imediatamente, passaram a lhe aplicar como que passes magnetizando-o de elementos intoxicantes como a sedá-lo para que não reagisse. Essa magnetização interferia inclusive no efeito dos medicamentos de prescrição médica que tomava, pois conseguiam uma reação bioquímica no corpo do rapaz, neutralizando sua finalidade.

Eram criaturas sombrias com aspecto forte e desagradável.

Seus gestos hostis manipulavam sobre Humberto substâncias fluídicas espessas e escuras ampliando seu mal-estar e fazendo-o entregar-se a tormentosas reflexões.

Era assombrosa a organização obsessiva!

Uma vez que Humberto não reagia à essa indisposição, deixando-se entorpecer sob a magnetização deplorável, outros espíritos, cuidadosamente, manipulavam energias espessas transformadas em finíssimos fios pardos que começavam a ser ligados em seu cérebro e na medula. Descendo, ampliavam-se por todo o sistema nervoso central, passando pela região da garganta, na laringe, ramificando-se para o coração e pulmões, entremeando pelo diafragma e indo massificar-se em matéria fluídica mais densa atrás do estômago, depois nos intestinos, descendo até os órgãos genitais.

Lentamente, todos os centros de forças, conhecidos como chacras, eram controlados e impregnados.

Espíritos tão inferiorizados que perderam a formação perispiritual humana, os ovóides, eram ligados na região da cabeça, nas costas, no peito e na região gástrica. Eles sugavam, continuamente, as energias do corpo de Humberto alimentando-se delas e o enfraquecendo ainda mais.

Havia espíritos que ainda magnetizavam outras substâncias fluídicas na região dos nervos óticos e auditivos para poderem influenciá-lo mais através de sugestões, com fenômenos físicos ou psíquicos produzidos por uma espécie de hipnotismo ampliando nocivamente a sua sensibilidade.

Humberto sentia a mente doente, enfermiça. Não sabia o que era nem tinha como explicar o que o atormentava.

Ao observá-lo pálido, Neide correu até ele, tocando-lhe os ombros, e perguntou:

— O que você tem?

Erguendo os tristes olhos verdes afundados em lágrimas, com a respiração fraca, sussurrou:

— Não sei... Estou me sentido muito mal.

Dona Aurora se aproximou e pediu implorando:

— Reage, meu filho! Respire fundo e abra os olhos. Vamos! Reage contra isso, meu filho!

Humberto tentava, mas parecia sufocado, mergulhado em um mar de angustiosas aflições.

— Será bom levá-lo ao médico? — perguntou Neide.

— Não... — murmurou o irmão sem forças. — Eu quero deitar.

Com a ajuda da irmã e de sua mãe, ele se levantou e foi para o quarto entregando-se à tirania daquelas criaturas que o queriam destruir.

Após isso, dona Aurora entrou para o seu quarto, apanhou uma Bíblia, leu o salmo 91 e, em seguida, rogou com toda a sua força, toda a sua fé pedindo proteção e amparo ao filho que sofria e necessitava de proteção.

Novamente, por causa de sua prece fervorosa e sincera, espíritos amigos conseguiram doar energias salutares a Humberto que, apesar de toda a magnetização com fluidos inferiores, sentiu as bênçãos renovadoras que o socorreram num sono menos agitado.

* * *

Na manhã seguinte, foi com muita dificuldade que Humberto se levantou, barbeou-se e tomou banho.

Na cozinha, olhando a mesa posta para o desjejum, não sentia a menor vontade de se alimentar. Mas forçado por dona Aurora, ele tomou alguns goles de café com leite e comeu um pequeno biscoito.

— Filho, passe no médico hoje, quem sabe ele te dá um remédio melhor.

— Vou ver... — respondeu baixinho.

— Humberto — tornou a mãe, com jeitinho, afagando-lhe o ombro —, você vai pegar a Lívia hoje?

— Não.

— Seria bom ela ir com você, filho. Eu não queria que dirigisse, assim, desse jeito. Estou preocupada. E se, quando estiver dirigindo, der o mesmo que te deu ontem aqui em casa?

— Vou ficar bem, mãe.

— Mas eu não! Não vou ficar tranqüila. Além do mais, a Lívia é uma boa companhia e acho que, se vocês conversassem, você iria melhorar. Quem sabe está precisando desabafar um pouco!
— Minha vontade é de ficar em casa deitado. Não tenho ânimo para nada nem para conversar.
— Vai, filho! — pedia com jeitinho carinhoso. — Chame a Lívia pra ir com você! Além do quê, ela precisa de carona. É tão difícil pegar condução tão cedo! — Diante do silêncio, ela propôs animada: — Quer que eu ligue pra ela dizendo que você vai passar lá?

O desejo do rapaz era dizer não. Contudo, aproveitando-se da pouca energia salutar que o envolveu por causa das preces de sua mãe na noite anterior, o espírito Nelson conseguiu intuí-lo a titubear na resposta e ele disse:
— Não sei, mãe... Não quero falar com a Lívia.
— E eu não quero que você dirija desse jeito. Aliás, eu sei que o remédio que você toma diz que não pode dirigir ou mexer com máquinas pesadas. Eu li na bula! — Breve pausa e dona Aurora falou de modo animado, quase faceiro: — Filho! Vou ligar pra ela antes que saia de casa! Coitada, né? Pegar condução cheia é tão ruim! Além do mais, ela me disse que trancou a matrícula na faculdade e pode voltar com você.

Sem esperar que o filho dissesse algo, a senhora foi até o telefone e ligou para Lívia. Retornando, avisou:
— Ela está te esperando! Vai, come só esse pedacinho de pão com queijo minas, eu sei que gosta! — Ao vê-lo franzir o rosto, insistiu carinhosa: — Vai filho! Só esse pedacinho e pronto!

Para agradar sua mãe, ele forçou-se a comer. Mas o pão parecia não dissolver em sua boca ressequida e arranhar sua garganta. Isso ocorria pelos miasmas espirituais entremeados nessa região.

Depois, com enorme esforço, levantou-se e foi acabar de se arrumar para sair.

Ele estava confuso, não conseguia concatenar as idéias e, ao sair de casa, rumou automaticamente para a casa de Lívia.

A moça o aguardava no portão quando ele chegou.

Assim que a viu na calçada, Humberto desceu do carro e a cumprimentou a distância, perguntando em seguida:

— Você pode dirigir hoje?

— Posso sim. Por quê? Você não está bem?

— Não como deveria. — Dando a volta no veículo, o rapaz ocupou o banco do passageiro enquanto Lívia sentava-se no lugar do motorista.

Em seguida, ela perguntou:

— O que aconteceu?

— Ontem não me senti nada bem. Um outro médico trocou os medicamentos que estou tomando e... Acho que é isso. São remédios muito fortes. Na bula tem indicação para não dirigir nem manusear máquinas até o paciente se sentir bem, e esse não é o meu caso. Por me ver assim, minha mãe ficou preocupada e... Você sabe como ela é. Desculpe-me por incomodar.

— Não é incomodo algum. Você sabe.

Os espíritos ignorantes e transviados que acompanhavam Humberto impregnando-o com fluidos densos para desequilibrá-lo, ameaçavam Lívia com gestos hostis, como se ela pudesse percebê-los.

A intenção dos irmãos infelizes era de atrapalhar o rapaz com algum tipo de alucinação, com a ajuda das impregnações magnéticas feitas em seus nervos visuais e auditivos, para que, dirigindo, Humberto provocasse um acidente, se possível grave, na primeira oportunidade.

Entretanto Lívia não era afetada pelos obsessores em ação. Na verdade, estava longe de percebê-los pelo seu padrão vibratório superior. Alem disso, o espírito Alda, sua mentora, sem ser percebida, envolvia-a em energias sublimes que a protegiam.

Essa união equilibrada entre Lívia e sua mentora acontecia pelo fato da encarnada ligar-se a planos elevados através da prece sincera, da fé inabalável e do amor incondicional.

Dessa forma, eles seguiram para a empresa onde trabalhavam.

No caminho, Lívia falou sobre o clima, o trânsito complicado e outros assuntos supérfluos, e Humberto só ouvia.

Vez e outra, uma onda de sensações ruins o dominava. Sem que ela percebesse, cerrando os olhos, ele não dizia nada.

Chegando à empresa, ela estacionou o carro e virou-se para o rapaz perguntando ao vê-lo desanimado, silencioso e pálido:

— Tudo bem com você?
— Está.
— Humberto, já que de você eu não ouço nada, tomei a liberdade de perguntar à Neide e a sua mãe o que está se passando.

— O que elas disseram? — perguntou com voz baixa e tom grave.

— Que você foi a vários médicos e disseram que está em depressão. Receitaram medicamentos e psicoterapia, mas você só está tomando os remédios.

— É isso mesmo.

— Você precisa reagir, Humberto! Não pode se entregar a esse estado! Você não é assim! Quanto mais demorar para reagir será pior!

— Reagir como? Não tenho o que fazer!

— Conversou com o Sérgio a respeito disso?

— Ele me indicou algumas coisas que nem sei dizer e... Falou para eu ir fazer uma assistência espiritual no centro.

— E você não fez nem uma coisa nem outra?

— Não dá tempo. Não tem como. — Alguns segundos e perguntou: — Você tem idéia do que sinto? — Sem esperar por uma resposta, comentou: — É uma coisa que não dá nem para descrever! É uma sensação e sentimentos horríveis! Nunca experimentei nada parecido. Sinto uma dor no peito, uma angústia!... Não tenho vontade de fazer nada. Aliás, a única vontade é a de ficar deitado e quieto. Nada mais!

— Você precisa se forçar a fazer alguma coisa. Comece a resolver pequenas situações. Force-se a assistir um filme no cinema, vá a um teatro, ao centro espírita, à psicoterapia... Sei lá! Ocupe o seu tempo!

— Eu fui ao centro espírita semana passada e... Tudo, Lívia, exatamente tudo a minha volta me deixa desgostoso, pois me faz pensar ou lembrar de coisas melancólicas. Quando eu olho para você, me sinto mal. Falo de mal-estar mesmo! Tenho a impressão de que vou desmaiar. Depois vem uma sensação grande, mas tão grande de tristeza que quero chorar

— Nesse instante, lágrimas brotaram em seus olhos, mas ele disfarçou e as aparou rapidamente antes que caíssem.
Entristecida, ela perguntou, temerosa:
— Por que, quando me olha, fica triste?
— Não é uma tristeza comum. É algo aterrorizante. Eu me lembro do meu irmão. Lembro do desejo de matá-lo, da nossa briga antes de ele sair de casa... Fico imaginando como foi o acidente, o que ele sentiu... Às vezes esses sentimentos se confundem e eu recordo de como o encontrei com a outra lá no meu apartamento e sinto raiva, pavor, dor... — Alguns instantes e comentou: — Em casa, quando vejo minha mãe triste ou chorosa, é a mesma coisa... Uma dor intensa me domina, meu rosto fica pesado, contraído. Sinto dor mesmo! É como se eu tivesse os sintomas de uma gripe muito, muito forte e todo o meu corpo não tivesse força alguma e pedisse cama. No meio de tudo isso, a vida perde a importância, perde a cor, o brilho, a graça. Nada faz sentido. Por que lutamos, trabalhamos e depois morremos? Tudo é tão rápido, sem objetivo.
— Estou assombrada por ouvir isso de você — falou de modo lamentoso. Aproveitando a primeira pausa, de modo enérgico, continuou: — Pelo amor de Deus, Humberto! Onde está todo o seu conhecimento?! Onde está a sua fé?!
Ele apoiou os cotovelos no painel do carro, segurou o rosto com as mãos para que ela não visse as lágrimas que brotavam. Alguns minutos e, refazendo-se um pouco, comentou:
— Eu não sei onde está tudo o que aprendi. Não consigo pensar. As coisas não fazem sentido. A minha mente fica em branco e preto. Às vezes não me concentro e não entendo o que estão me falando, mesmo que sejam coisas simples.

— Humberto, preste atenção! Você passou por uma contrariedade muito grande. Queria terminar tudo com a Irene, mas viu-se obrigado a se casar. Estava magoado e até revoltado por saber tudo o que acontecia entre mim e o Rubens. Foi por causa das agressões e das ameaças do Rubens que eu não me separei dele. Você sabe. Estava descontente por não podermos ficar juntos, apesar do forte sentimento que tínhamos um pelo outro. Como se não bastasse, faltando quatro dias para o seu casamento, você pegou a Irene com o seu irmão, na cama do seu apartamento!
— Pare, Lívia! — pediu desesperado, ofegante.
— Eu estava com você, Humberto! Eu vi tudo! Os dois estavam lá, se amando! — Mesmo o vendo se sentir mal, ela continuou: — Como não sentir o que sentimos?! Como não ficar indignados, revoltados, com raiva?! Como?! Como não ter vontade de matar o seu irmão e a Irene?! Eu também senti isso! Eu fui agredida pelo Rubens! Ele me ameaçava! Maltratava! Por causa dele minha vida tinha acabado! Quantas vezes eu pensei, desejei que ele morresse para tudo isso acabar?! Aceitei até a transferência que você me propôs para o Rio de Janeiro! Eu precisava mudar toda a minha vida por causa daquele crápula! Um cafajeste! Como acha que eu me senti?!
— Apesar de você ter vivido contrariada também e ainda ter encontrado os dois juntos, não está como eu. Eu queria matar o Rubens e essa idéia não foi só depois que eu os vi. Há tempos vinha pensando nisso. Eu estava com ódio do meu irmão pela forma como ele te tratava. Agora que ele está morto, me sinto culpado, com remorso.

— Não foi você quem o matou! Acorda! Foi uma fatalidade! O Rubens passou pelo que precisava! Nós não sabemos qual foi o plano dele para essa reencarnação. Você acredita ou não nisso?!
— Não sei mais em que acredito. Só sei que não me reconheço. Nunca senti isso antes.
— Desejar que tudo fosse diferente, eu também desejaria. Mas não foi. Precisamos viver com isso. O que me conforta é o fato de que nem você nem eu tê-lo matado. Porque vontade e motivo nós dois tivemos para isso. Estou sendo realista. Não vou negar um sentimento que eu tive. Mas, quando fiquei com raiva e experimentei tamanho ódio, imediatamente, mudei os meus pensamentos. Pedi perdão a Deus por tudo o que eu imaginava e desejava ao Rubens. Orei. Peguei O Evangelho e li sobre Amar os Inimigos. Depois refleti muito sobre o tema, pois o Rubens, apesar de estar comigo, tornou-se um inimigo. Eu não sei por qual motivo, qual razão do passado, estávamos juntos. A prece, a reflexão sobre isso me trouxe um pouco de paz e eu procurava um meio pacífico de me livrar dele. Com isso, senti que aquele veneno imenso que teve origem com a raiva, com o ódio se anulava na minha mente e no meu corpo.

Eu acho que não entrei em depressão como você, diante de todo esse estresse que vivi, porque usei a prece, o amor, a compreensão, a esperança e a fé nos desejos de Deus como remédio contra os venenos do ódio, da raiva e da contrariedade.

— Ele ficou em silêncio, fitando-a com olhos tristes e fisionomia pesada, e Lívia completou: — Você, hoje, está envenenado com as energias de todos os sentimentos negativos que você mesmo criou, cultivou e alimentou em si. Com exceção de

Deus e dos espíritos criados por Ele, nada mais é eterno. Então o que você experimenta não vai durar para sempre. O remédio para o que o aflige não está em um vidro ou em uma cartela que sai de um laboratório farmacêutico. A sua dor é na alma. O remédio para você, espírito, está na prece, no Evangelho, nos ensinamentos de Jesus.

— Eu penso que isso o que estou sentindo não vai passar nunca!

— Vai passar sim! Você vai vencer essa dor! Vai superar esses sentimentos depressivos quando se libertar das energias ruins que criou em si mesmo e se renovar com energias novas, salutares criadas ou atraídas por você.

— Quero ser como antes.

— Você nunca mais poderá ser, agir e pensar como antes. Como era antes te deixou como está agora. Você precisa e vai conseguir ser mais forte, diferente de antes. Vai conseguir viver melhor a vida, amando, respeitando, aproveitando a alegria dos bons momentos, aprendendo com as dificuldades das tristezas sem se deixar envolver por elas. Quando sentir raiva, ódio, parar e pensar: de que adianta isso? Para que vai me servir tanta preocupação? Para que vai me servir esse sentimento triste? Então vai se socorrer nas reflexões do Evangelho e perceber que em vez de raiva e ódio, deve compreender aquele que tenta provocar em você tais sentimentos e que aquilo vai passar. Vai descobrir que sentir tristeza e não poder fazer nada, faz parte da vida e que isso também vai passar. Você vai poder se esforçar para fazer o melhor e se sentir bem com isso. Deitar a cabeça no travesseiro e dizer: hoje eu dei o melhor de mim! Não tive sentimentos ruins nem pensamentos negativos.

Então eu evolui! E se por acaso não conseguiu, imaginou ou fez alguma besteira, pensar: hoje eu, ainda, não consegui, mas isso é por enquanto! Amanhã será melhor!

— Eu sei tudo isso. Não me dê aulas! Mas, no momento, como estou agora, é difícil agir assim.

— Então pense: eu vou conseguir! Sou um vencedor porque estou vivo! Nasci para ser feliz. É isso o que Deus quer de você, Humberto! O pensamento tem uma força poderosa e você sabe disso!

Os espíritos Alda e Nelson envolviam Lívia para que falasse daquela forma.

Uma energia vibratória em forma de luz azul cintilante espargia de Lívia quando ela se expressava.

Os espíritos inferiores, ligados ao rapaz e os que o rodeavam, ficaram extremamente revoltados e tentavam atacá-la de alguma forma. Mas era impossível.

A união da moça com o Alto era de fé e esperança na vitória do bem. Mesmo sem saber que era tão bem amparada por espíritos superiores, Lívia encontrava-se confiante e em paz.

Depois daquela conversa, Humberto se sentiu melhor mesmo sem entender a razão. Os fluidos salutares, que chegaram do Alto, para a sustentação de Lívia também o envolveram em energias que lhe serviram de alimento espiritual edificante. Com isso conseguiu organizar melhor os pensamentos.

— Obrigado, Lívia — agradeceu verdadeiramente sincero. — Essa conversa me clareou as idéias. Sinto-me mais animado.

— Por favor, Humberto, reaja! Não se deixe abater. Você sabe o que pode acontecer conosco, espiritualmente falando, se ficarmos nesse estado.

— Não sei o que pode acontecer.

— Como não?! — surpreendeu-se ela.

— Estou me esquecendo de algumas coisas. É como se desse um branco na minha mente. Tenho alguns lapsos de memória como se experimentasse uma espécie de amnésia momentânea para alguns assuntos.

Inspirada pelos mentores espirituais, Lívia ficou preocupada e perguntou:

— Esses esquecimentos estão acontecendo, principalmente, com assuntos religiosos e do seu trabalho?

— É sim.

— Mas o que é ruim, depressivo, triste e pavoroso você lembra?

— Isso mesmo.

— Humberto, faça como o Sérgio te propôs! Volte ao centro espírita e se proponha a uma assistência espiritual.

— Você parece que não tem idéia da imensa força, do incrível poder que esse desânimo tem sobre e a minha mente.

— Deus tem mais poder do que isso o que sente! Peça ao Pai bom ânimo e amparo para que tenha força de vontade de fazer o que for preciso para sair desse estado!

— Eu peço para acordar de manhã e não me sentir mais assim, para não ter mais nada disso. Mas não tenho resultado.

— Você quer, na verdade, um passe de mágica. Isso não vai acontecer. Você se colocou nesse estado e isso não aconteceu do dia pra noite. Então não será do dia para noite que

vai sair dele. Somente você é quem vai poder se tirar dessas condições.
— Eu não me coloquei nesse estado — comentou.
— Você se colocou nesse estado quando se irritou, ficou com raiva, ódio, nervoso e experimentou tantos sentimentos negativos sem se importar com mais nada. Você envenenou-se aos poucos. Você é uma criatura de amor, paz e luz. Os sentimentos negativos provocaram um choque com a energia elevada que tinha. Ao mesmo tempo não procurou reverter os sentimentos ruins, os pensamentos de raiva, o nervoso... Não teve paciência, amor, não compreendeu, não procurou entender o outro através do que Jesus nos ensinou. Não confiou em deixar para Deus cuidar das coisas e das situações que o contrariavam. Tudo isso provocou um choque energético em seu ser. Repare que você não está doente. Pode ser que tenha ou apareça algum probleminha corriqueiro, mas doente não está. Porém se sente doente como se estivesse gripado. O choque que sofreu foi psíquico, espiritual de duas energias ou fluidos incompatíveis, ou seja, a energia que tinha com a que criou. O resultado dessa explosão é o que está experimentando agora, um problema não físico, mas psíquico, espiritual. Isso só se cura com sua própria força interior, agindo e atuando a seu próprio favor. Só se cura com a paciência e a mudança de hábitos, trocando o nervoso, a raiva, o ódio, a contrariedade por amor, esperança, paz, harmonia. O desespero e o desânimo só vão piorar o seu quadro psicológico, fazendo com que se sinta cada vez derrotado.
— O que eu faço com o que já passou? Com o que sinto e senti pelo meu irmão? O que fiz a ele? Tenho que procurar a

Irene, encarar você e minha mãe sem pensar no Rubens. Isso tudo me apavora.

— Resolva uma coisa de cada vez. Vai precisar fazer o melhor que puder, mas vai ter que fazer. Não poderá ficar adiando. Terá de agir. Haverá coisas ou situações que não poderá mudar. Então confie em Deus. Tenha fé e esperança, porque Ele não vai te desamparar desde que você faça a sua parte

— Movida por seus sentimentos mais profundos, Lívia falou enternecida: — Se aceitar, estarei com você. Quero te ajudar.

Humberto não disse nada. Parou por alguns segundos somente refletindo. Depois suspirou fundo, consultou o relógio e avisou:

— Estamos em cima da hora. Precisamos ir. — Olhando-a, agradeceu: — Obrigado por tudo.

14

ORIENTAÇÕES SAUDÁVEIS

Depois de entrarem no luxuoso edifício, desceram do elevador no décimo andar e, sem dizer nada, Lívia foi para o setor onde trabalhava, enquanto Humberto dirigiu-se para sua sala.

No decorrer do dia, ela estava preocupada, pois já passava da uma da tarde e Humberto não havia almoçado.

Inquieta, procurou pela secretária e, delicadamente, perguntou:

— É que não o vi indo almoçar e queria saber se ele te pediu para trazer alguma refeição ou lanche.

— Não. Nada — respondeu Júlia. — Eu também estou preocupada. O Humberto não me parece bem. Ele está tão diferente. — Observando a inquietação que Lívia tentava disfarçar, ela quis saber: — Desculpe-me intrometer, mas vocês conversaram?

— Um pouco.

— Desde quando tudo aconteceu vocês não tinham se falado, né?

— É... A situação é bem difícil, Júlia.

— Faço idéia! Meu Deus! O Humberto não merecia isso. Aliás, nenhum de vocês dois! — Pensando um pouco, Júlia

decidiu: — Olha, Lívia, de repente você pode até perguntar o que eu tenho com isso. Mas é o seguinte: eu trabalho com o Humberto há anos, conheço-o bem e gosto muito dele.
— Do que você está falando?
— Que gosto muito dele e de você também. — Sorrindo, explicou: — Quando chegou para trabalhar aqui, eu pensei que seria uma chata, pois acreditei que fosse se valer da posição de cunhada do diretor e, por causa disso, se tornaria aquele tipo de pessoa desagradável, implicante, exigente, cheia de caprichos... — rindo, considerou: — Mas me enganei. Ainda bem que me enganei! Você é muito bacana.
Sorrindo encabulada, a outra respondeu:
— Obrigada. É gentileza sua.
— Não é gentileza não. É sinceridade — riu. — Sabe, quando eu comecei a observar você e o Humberto juntos, vi que existia uma química entre os dois.
— Júlia, eu... — tentou dizer ficando na defensiva.
— Calma! Eu até já comentei sobre isso para ele.
— Como assim?!
— Eu disse ao Humberto que vi um clima entre vocês.
— Antes que a outra dissesse alguma coisa, explicou: — Fique tranqüila. Ninguém mais notou. Creio que eu percebi por conhecê-lo bem.
— A situação era complicada. Comecei a namorar o Rubens, mas, quando conheci o Humberto...
— Agora estão livres — considerou Júlia.
— Mas impedidos por uma força maior, que vai além dos nossos sentimentos.
— Lute por ele, Lívia!

— Lutar com quem?! Como?!
— Ficando ao lado dele e o incentivando. É uma forma de luta!
— Não sei muito bem o que fazer nem por onde começar!
— Comece por partes. — Pensou um pouco e perguntou: — Você vai continuar querendo a transferência para o Rio?
— Agora não. Aliás, eu preciso conversar com ele a respeito disso.
— Pode deixar que eu cuido disso. — Alegrando-se, comentou: — É ótimo saber que você vai ficar aqui. Isso já é um começo.
— Não sei se posso ter esperanças, Júlia. Não estou me sentindo nada bem nessa situação. Hoje eu só aceitei vir junto com ele para o serviço porque a dona Aurora insistiu muito. Sabe, às vezes, quando olho para o Humberto, parece que vejo o Rubens. Eles são muito parecidos fisicamente. Nossa! Quantas vezes me enganei com a voz deles ao falarmos por telefone? — Breve pausa e continuou: — Eu sei que, quando o Humberto me olha, se lembra do irmão. Ele mesmo me disse isso. Como podemos ficar juntos, sentindo o que sentimos, depois do que aconteceu?
— Tudo é muito recente, Lívia. O tempo vai curar toda essa dor. Agora, o que não pode acontecer é o Humberto se aprofundar nesse estado, e nisso você deve ajudar.
— Não sei se poderei ajudar muito. Tenho a impressão de que o Humberto não quer me ver nem olhar para mim.
— Isso passa! — falou animada. — Agora, vá lá! Entre na sala dele e o convide para almoçar!

— Eu?!! — surpreendeu-se.
— Sim! Você!
— Mas?!...
— Eu preciso sair para comer alguma coisa. Faça de conta que não havia ninguém aqui. Bata à porta, entre e pergunte se ele já almoçou. A resposta será não. Aí você se convida para fazer companhia. Diz que está preocupada com ele e... Sei lá! Vá lá! Vai dar certo! Vai por mim! — Dizendo isso, Júlia se levantou, pegou sua bolsa e ainda desejou antes de sair: — Boa sorte!

Lívia ficou confusa e temerosa, sem saber o que fazer. Após respirar fundo, passou as mãos pelos cabelos alinhando-os e foi até a porta batendo com suavidade.

— Entre! — consentiu Humberto, surpreso ao vê-la. — Pensei que fosse a Júlia. Entra. Sente, por favor.

Após alguns passos, acomodou-se na cadeira frente à mesa e perguntou:

— Você ainda não foi almoçar, não é mesmo?
— Ainda não. Estou sem fome.
— Precisa se alimentar, Humberto. Estou sabendo que hoje tem reunião e pelo visto será daquelas que terminará bem tarde! É melhor forçar-se a se alimentar um pouco. De repente pode se sentir mal e não vai saber distinguir se é físico ou psicológico. — Vendo-o sem ânimo após algum tempo, ela convidou:
— Ainda não almocei, quer me fazer companhia?

O rapaz não tinha o menor estímulo. Com imenso sacrifício, moveu energias interiores para se erguer, retirar o paletó que vestia a cadeira e dizer:

— Vamos. Você tem razão. Preciso comer algo.

Lívia estampou meio sorriso. Levantou-se e o acompanhou. Em seu íntimo estava satisfeita, mas sentiu que não deveria demonstrar o seu contentamento.

* * *

Na espiritualidade, Nelson e Alda se uniam junto a outros amigos em favor de seus protegidos, procurando um meio de auxiliá-los.

O espírito Célia, mentora de Júlia, em contato com esses espíritos amigos, rapidamente entendeu a situação e propôs ajudar.

Mais tarde, envolvendo sua protegida, o espírito Célia a inspirou com imenso amor e Júlia, imediatamente, decidiu.

Num impulso, pegou o telefone e ligou para Lívia, pedindo:

— Dá pra você vir até aqui?

— Eu já ia embora. Mais um minuto e não me pegaria mais na empresa. — Sorrindo, avisou: — Já estou indo!

Não demorou muito e Lívia estava em frente a Júlia.

— E aí? Tudo bem?

— Tudo! A reunião que o doutor Osvaldo convocou com todos os diretores não terminou até agora. O Humberto ainda está lá! Você vai esperá-lo?

— Eu não ia. Como te falei, eu já estava indo embora. Não sei se devo esperá-lo.

— Por que acha que não deveria ir embora com ele?

— É que... Sei lá! Nós almoçamos juntos e o Humberto quase não disse nada. Em alguns momentos, ele apoiou o cotovelo na mesa, segurou a cabeça com a mão e fechou os olhos. Parecia que estava se sentindo mal.

— Vai ver estava. Mas foi melhor passar mal acompanhado do que sozinho. Sabe, minha irmã, mais velha do que eu, ficou viúva e entrou em depressão. O que ela descreveu era muito semelhante com o que o Humberto diz. Ele parece que tem mais sintomas físicos do que ela. Minha irmã se entregou a uma cama e foi horrível! Ela não queria nem tomar banho. Não tinha médico ou remédio que desse jeito. Eu entrei de férias e tinha marcado uma viagem, havia feito um pacote e tudo mais, mas resolvi desistir, pois fiquei chocada quando vi a Cláudia daquele jeito. Então eu passei a ir todos os dias a sua casa, bem cedinho e, literalmente, puxava-a pelo braço para tirá-la daquela cama. Depois a fazia tomar um banho e, em seguida, nós saíamos para fazer uma caminhada. Menina! — enfatizava. — Algumas vezes, a Cláudia chegou a se sentar no chão e chorar em plena via por onde caminhávamos no parque. Depois de uma semana, ela foi ficando melhor, pois reagia, ou melhor, tinha forças para não deixar as crises de choro abatê-la, pelo menos, durante o percurso. Depois de algum tempo, ela começou a falar sobre o que sentia, contava coisas sobre ela e o marido, falava da saudade, da dor, da ausência... Foi então que percebi a sua melhora e comentei a respeito de ela fazer uma psicoterapia. Sabe, Lívia, não existe remédio ou fórmula química que faça com que nossos sentimentos mudem ou acabem. Esse tipo de dor é na alma e a alma não recebe os efeitos dessas drogas. Nós existimos além da matéria física e os nossos pensamentos, sentimentos e sensações existem além do corpo físico. Se estamos com um problema nessa área psicológica ou psíquica que se relacionam com os nossos sentimentos, pensamentos, sensações, emoções precisamos resolver esse problema dentro desse campo psicológico e não físico.

— Eu sei! Falei isso para o Humberto!

— Se você sabe, ótimo! Você é o remédio, é a ferramenta para ajudá-lo. Eu me senti muito bem quando dei um empurrãozinho para minha irmã iniciar a jornada que, depois, ela seguiu sozinha.

— Hoje ela está bem?

— Está ótima! Fez terapia. Abandonou os antidepressivos que pareciam fazer mais mal do que bem, pois com eles ela ficava meio sem reação, travada, entende? Depois de algum tempo, ela parecia outra pessoa! Não digo a ela, mas a Cláudia está melhor agora do que quando o marido era vivo.

Lívia sorriu e comentou:

— Já ouvi falar que, quando a pessoa vence alguns transtornos psicológicos desse tipo, acaba se tornando melhor do que antes.

— É verdade! Só que ela, normalmente, precisa de alguém para puxá-la, no começo, como eu fiz com minha irmã. Depois, ela deve caminhar sozinha.

— Seria bom o Humberto saber dessa história, principalmente, saber que ela está bem, pois ele acha que não terá jeito nunca.

— Mas ele sabe! — confirmou Júlia. — Eu contei a ele na época, pois precisei de dois dias de dispensa do serviço para acompanhá-la ao médico. — Breve pausa e perguntou: — Já falou com ele sobre psicoterapia?

— Já. Mas ele parece que está meio perdido e não faz nada.
— Fale outra vez. Insista! Você pode até tomar alguma iniciativa por ele, como... — pensou —... caminhar, matricularem-se em uma academia...
— Vou falar com ele, novamente, e ver o que posso fazer mais. — Lembrando-se, pediu: — Por favor, você poderia arrumar um cartão do psicoterapeuta que cuidou da sua irmã?
— Sim, claro! — animou-se Júlia. — Ele foi ótimo! Creio que o Humberto vai gostar. É bom saber que, no início ou em alguma etapa da terapia, a pessoa tem a impressão de não obter qualquer resultado, de que as sessões não fazem sentido. Mas isso é um grande engano. É que funciona da seguinte forma: se não temos estrutura, hoje, para lidarmos com alguma situação ou, se algum acontecimento, hoje, nos deixou desequilibrada, transtornada a ponto de afetar as nossas atividades no dia-a-dia, é porque algo em nós já não estava bom há algum tempo. Por causa da terapia, nós não vamos arrumar a nossa vida de imediato. Nós vamos, sim, arrumar, vagarosamente, o que sempre esteve errado em nós. Vamos pensar diferente e ver muitas coisas de outra forma. Situações que nos abalaram ou nos causaram transtornos e desesperos serão vistas, por nós, de outra jeito. Vamos entender melhor a vida, ter mais fé em Deus e em nós mesmas. Vamos aprender a conviver com situações adversas sem nos deprimirmos, sem nos desesperarmos e acharmos que tudo acabou, que o mundo chegou ao fim ou que precisamos morrer para não sofrermos com alguma coisa. Nas terapias, com bons profissionais, normalmente descobrimos uma força interior que ignorávamos ter.

— Por que será que transtornos psicológicos como a depressão, a síndrome do pânico, a crise de ansiedade acontecem?

— Você acredita na vida espiritual como o Humberto crê? — quis saber Júlia.

— Acredito sim.

— Sabendo disso, posso explicar melhor a minha opinião. Eu creio que esses transtornos acontecem na vida de alguém como um alerta. É um dispositivo que avisa quando se está trilhando, psicologicamente ou espiritualmente, o caminho errado. Não quero dizer que todo o mundo que esteja errado vai passar por isso. Quero dizer que, dependendo do grau de evolução da pessoa, quando ela caminha para um lado errado, isso soa como um alarme.

— Mas esses transtornos emocionais, geralmente, ocorrem depois de algum acontecimento sério, grave, traumático, principalmente, perda de ente querido, perda de bens materiais, separações bruscas, episódios como seqüestros, reféns, acidentes, situações estressantes, roubos, estupros e uma série de outras coisas.

— Sim, sem dúvida! Precisa-se de um acontecimento, um motivo como fator disparador para esse transtorno se manifestar, dizendo: "olha, tudo o que você fez com você mesmo referente ao seu lado psicológico, emocional ou espiritual não estava bem correto, viu?" — Júlia explicou sorrindo. — Lívia, analise por que alguém que passou por uma situação muito, mas muito mais estressante ou experimentou a perda de entes queridos de forma bem cruel ou catastrófica, não sofre um transtorno como outra pessoa em situação quase semelhante?

— A amiga não respondeu, e Júlia continuou: — Por exemplo, veja o Humberto. Ele é espírita, com muito conhecimento, bem capacitado, com uma vida financeira estruturada, mas e o seu lado emocional, como estava?

— Mas a fé, como ele tinha, nos ensinamentos espíritas, deveria tê-lo protegido de uma depressão como essa. É isso o que eu não entendo.

— Será que a fé dele estava tão bem alicerçada como parecia? Será que praticava os ensinamentos do evangelho como pregava?

— Eu creio que sim! — afirmou Lívia.

— Pense, Lívia. Será que ele amava o irmão de verdade? Ele seria capaz de perdoar ao Rubens por tudo desta vida e de outra também?

— Bem... — titubeou. — Não sei dizer.

— Sem dúvida que pode haver interferência espiritual inferior, mas, quando uma pessoa não tem uma determinada tendência, o espírito obsessor não pode fazer nada. Ele ficou com raiva, com ódio do irmão nessa vida. Além disso, não sabemos qual era a ligação dos dois em vidas passadas. Pelo que viveram juntos, nesta existência, percebe-se que, apesar do Humberto ser a criatura maravilhosa que é, ele ainda não conseguia amar o irmão de forma incondicional.

— Ele amava o irmão até eu aparecer!

— Amava à maneira dele! Talvez esse sentimento não fosse da mesma forma como era para outra pessoa. Não era um amor incondicional. Quando você surgiu na vida dos dois, o Humberto passou a demonstrar sua insatisfação e intolerância para com o Rubens ao descobrir quem o irmão era realmente.

Veja, insatisfação e intolerância eram sentimentos que estavam adormecidos, esperando uma oportunidade para se manifestarem. Essa oportunidade acabou acontecendo. De repente, o Humberto viu em você o seu complemento, a sua alma gêmea, a pessoa com quem ele queria passar o resto da vida. Percebeu que você gostava dele e... O resto você sabe! — Alguns segundos e prosseguiu explicando: — Ora, Lívia! O Humberto entrou em conflito com tudo o que aconteceu! Ficou extremamente contrariado, revoltado, indignado! Sentiu raiva e ódio com tamanha intensidade que não se pode imaginar. O resultado foram os sentimentos e as sensações que desaguaram no corpo e que denominam depressão, pânico, ansiedade ou sei lá mais o quê!

Quando uma pessoa passa por uma experiência forte e tem pensamentos e sentimentos extremamente intensos, contrários ao que ela é, incompatíveis ao que ela acredita, opostos ao que deveria sentir, ela surta! Entra em crise!

Só que o pior, o mais terrível nisso tudo são as companhias espirituais que ela encontra nessa crise por causa de sua fragilidade.

— Realmente a pessoa fica muito frágil espiritualmente falando.

— Podemos comparar os transtornos como depressão, pânico, ansiedade com a AIDS.

— Não entendi!

— Veja, é só uma comparação, tá? A AIDS é um vírus que nos leva a deficiência imunológica, ou seja, nós ficamos com pouca defesa e isso é progressivo. Ele propicia o desenvolvimento de graves infecções oportunistas, compromete o sistema nervoso, os pulmões, estômago, compromete o estado geral da pessoa com febre, diarréia, perda de peso, cabelo, etc. Em outras palavras, ficamos frágeis, certo?

— Certo.

— Só que o vírus da AIDS é algo físico, material. Os transtornos emocionais como a depressão, a ansiedade e a síndrome do pânico agem no espírito, na alma e fragilizam as nossas defesas psíquicas ou psicológicas. Em outras palavras, ficamos vulneráveis a outros, vamos dizer, "vírus" emocionais ou energias espirituais que vão nos atacar e nos abalar. Espíritos doentes, zombeteiros, vingadores e inferiores, de uma forma geral, certamente, vão se aproveitar desse abalo, dessa fragilidade para bagunçar a nossa vida.

Assim o choque energético entre os fluidos que criamos com os sentimentos negativos e a energia positiva que deveríamos conservar é tão grande, tão intenso que causam algo como que abalos, rachaduras, em nossa estrutura fluídica, ou melhor, em nossa aura ou na energia do nosso corpo espiritual. Por isso a mente fica confusa, começa a surgir uma sensibilidade emocional, um medo não se sabe do quê, uma impressão de que algo terrível vai acontecer. Observe que tudo começa em nível mental, espiritual.

— É isso o que o Humberto se queixa.

— Só que existem espíritos inferiores que vão se aproveitar desse abalo, desse choque de energias, criadas por nós mesmos, para, através das *lesões espirituais,* introduzirem os fluidos negativos e inferiores ainda piores e mais terríveis do que imaginamos. Assim, as sensações, os sentimentos, os pensamentos ficam insuportáveis. Muitos enlouquecem e chegam à prática do suicídio por não agüentarem tamanha pressão.

Outros se entregam à cama, à clausura e ao desrespeito dos familiares que não entendem e não aceitam sua condição frágil, sensível, chorosa, desesperadora. Há, ainda, os que se deixam levar por um descontrole total das emoções e, apesar de não serem loucos, passam a aceitar e viver na condição dependente de um. E como que infectados por essa espécie de vírus espiritual da depressão, do pânico ou da ansiedade, começam a se contaminar por outras emoções, sensações, pensamentos que, consequentemente, podem, com o tempo, causar abalos físicos, doenças que jamais teriam.

— A pessoa pode se curar desse estado depressivo, não pode? Eu disse para ele que sim, mas tenho dúvida.

— Não só pode como deve! Sendo uma doença da alma ou do espírito, a criatura humana deverá se curar disso, aqui ou no plano espiritual, para continuar a viver em paz! Não pense que morrendo a pessoa se livra da depressão, do pânico ou da ansiedade não! O que existe no espírito não termina com a morte do corpo físico. O quanto antes nos livrarmos de um incômodo desses, melhor! Ficar deitado, embaixo das cobertas, trancado no quarto chorando, sentindo medo, desespero e pena de si mesmo não vai tirar alguém desse estado não! Pode ter certeza!

— O que se tem de fazer?

— A pessoa precisa agir e interagir novamente com a vida, com a família, com a religião. Criar uma filosofia de vida, ter amigos compatíveis e equilibrados, uma vida social saudável e encarar, aos poucos, as situações de forma diferente do que fazia antes e, principalmente, mudar as atitudes mentais.

Socada dentro de casa e na cama, as únicas companhias que terá são as de espíritos inferiores com pensamentos e energias negativas para castigá-la ainda mais. Você acha que um espírito superior ou o seu anjo de guarda vai ficar, no quarto escuro, vendo você embaixo das cobertas chorando?! Não mesmo!!! Um espírito elevado vai ali para te dar um passe e só, pois ele tem coisas mais úteis para fazer! Agora, se você, apesar da crise, da dor, do medo, do tremor, da sensação de mal-estar se forçar à mudança de comportamento, se propuser a uma atitude ou atividade saudável, sair de casa para fazer algo útil, produtivo, sair para trabalhar ou para realizar algo benéfico, procurando a sua melhora, pensando em seu bem-estar, é lógico que vai se desligar dos espíritos inferiores e dar espaço aos espíritos superiores que vão te ajudar a trocar os fluidos, mudar as energias, curar as feridas espirituais. Sem dúvida, você vai rever e mudar os maus hábitos, vai se livrar do vício dos maus pensamentos e sentimentos. Pouco a pouco será uma pessoa com mais fé em Deus, deixando o que não puder resolver aos cuidados do Criador. Dando sempre o melhor de si, mas o melhor com qualidade, com alegria, com amor.

— E o medo desse estado psicológico voltar a acontecer? O que fazer se acontecer novamente?

— Diante das adversidades da vida, das gigantescas dificuldades, é que nós nos colocamos à prova e nos testamos. O medo, o receio de que isso aconteça outra vez vai desaparecer quando a pessoa vencer o que a abala, tiver fé verdadeira em Deus e em si mesma, aí ela será inabalável. Se, por acaso, o estado depressivo, o pânico ocorrerem novamente é porque tem o dispositivo avisando que, ainda, está trilhando psicologicamente o caminho errado e precisa corrigir algo em si para mudar o comportamento mental, ou seja, precisa rever as atitudes desde sua fala, às vezes, mansa demais, sem vontade, ou agressiva demais e repleta de imposições, seus pensamentos frenéticos, ansiosos, impacientes ou tranqüilos ao extremo, despreocupados ou irresponsáveis, orgulhosos, vaidosos, raivosos, odiosos, vingativos... Seus gestos agressivos, espaçosos que incomodam os outros ou retraídos, submissos. A pessoa deve descobrir o seu equilíbrio para viver em harmonia, pois todo extremo é prejudicial a ela.

— Às vezes eu não compreendo direito como isso foi acontecer com o Humberto. Ele parecia uma pessoa tão preparada para a vida, tão forte...

— Será que ele não foi submisso e manso demais e, quando criou em si sentimentos negativos, não suportou o choque? — Breve pausa e comentou: — Eu acredito que o Humberto precise mais de terapia com um bom psicólogo e de um tratamento espiritual do que de remédios. Às vezes, penso que as medicações só tentam anestesiar alguns sintomas e adiar a ação da pessoa. Em casos assim, é a pessoa quem precisa reagir e agir. Ela não pode se acomodar, ficar anestesiada. Veja, foi o Humberto quem criou tudo isso para ele e, sem nos aprofundarmos muito em sua vida, sabemos que ele tem um pai alcoólatra, não teve amigos na infância e na adolescência por ter vergonha do pai. Além disso, deve ter experimentado muitas incompatibilidades com o irmão, com a mãe por ela dar, talvez, uma espécie de apoio ao marido sem conseguir resolver o problema de alcoolismo. Então o Humberto se decidiu por uma filosofia espírita que, baseada nos ensinamentos de Jesus, prega amor, compreensão, fé e perdão. E aí? Será que ele amou e compreendeu o pai? Perdoou ao irmão ou quis se vingar do Rubens? Ele teve ou não fé verdadeira para esperar e confiar na providência Divina para resolver a situação entre ele e a Irene? Ele e você? Você e o Rubens?

— Ele ficou sob muita pressão, Júlia. É de se compreender que alguém nessa situação surte!

— Você viveu poucas e boas junto do Rubens e também o viu com a Irene. Por que não surtou? Você tinha mais estrutura do que ele? Por quê?

— É provável que, de outra forma, eu tinha mais fé. Eu sentia que algo iria acontecer e eu não ficaria com o Rubens. Isso fez com que eu não me desesperasse.

— Você não se desesperou. É isso aí! O desespero rompe o nosso laço com Deus. Bem que Jesus falou "não se preocupe com o dia de amanhã, já basta a cada dia o seu mal. Buscai primeiro o reino de Deus." "Reconcilia-te depressa com o teu adversário enquanto estás no caminho com ele." Jesus disse isso combatendo a ansiedade, a raiva, a contrariedade, o ódio, a falta de fé, que são os primeiros sentimentos que te arrastam para a depressão.

Nesse instante, a aproximação de Humberto, que saia do hall dos elevadores, interrompeu a conversa.

Ele estava sério, com o semblante preocupado e sisudo.

Aproximando-se, entregou à secretária algumas pastas, consultou o relógio e comentou:

— Nossa! Já é essa hora! Júlia, amanhã conversamos sobre as propostas feitas na reunião. Já é tarde e eu quero ir

embora. — Virando-se para Lívia, falou em tom abafado: — Ainda bem que você me esperou. Não estou bem para dirigir. Espere um minuto. Só vou pegar minha pasta.
Ao vê-lo entrar em sua sala, Júlia sorriu com bondade e propôs baixinho:
— Vai! Conversa com ele! Sugira uma terapia. Fique ao lado dele. Aos poucos, faça-o retomar as atividades saudáveis. Será difícil para você, porém será bem mais ainda para ele. Talvez, por isso ele não a queria ao lado. Não acho que é só por você lembrá-lo do irmão. Pense: para ele que é homem, se expor nesse estado ao lado de alguém, não é nada fácil. A todo menino, a todo adolescente e a todo homem é ensinado a não chorar, a não derramar uma lágrima. Não sei quem foi o idiota que inventou isso! — revoltou-se. — É um absurdo! Chorar faz parte dos sentimentos humanos e faz bem para o coração. Acredito que ele também foi ensinado assim. Por isso, para expor sua sensibilidade, para chorar quando não suportar mais a pressão depressiva, será difícil. Haja naturalmente quando esses momentos acontecerem. Seja sua amiga antes de tudo. Vai conseguir! Tenho certeza e estarei rezando por isso!
Lívia sorriu docemente e agradeceu:
— Obrigada. Você me ajudou muito. A história da sua irmã e o que conversamos me deram algumas idéias.
— Minha irmã só tem a mim. Se eu não me dispusesse para ajudá-la, seria mais difícil. Muitas vezes, Deus nos testa para ver se somos instrumentos fiéis.
— Você não tem mãe nem família?

— Não. Ah... — sorriu melancólica. — Como eu gostaria de ter uma mãezinha para me dar colo!... Infelizmente, ela já se foi. Não sei explicar por que sou tão sozinha, mas me completo com tudo o que faço. Sinto-me satisfeita.

Lívia sorriu com doçura.

Com a chegada de Humberto, eles se foram.

15

A PALAVRA PODE SER UM REMÉDIO OU UM VENENO

A caminho de casa, sentando no banco do passageiro, Humberto não dizia uma única palavra. Dirigindo, Lívia sintonizou o rádio em uma estação com músicas tranqüilas e perguntou:

— O rádio te incomoda?

— Não. Pode deixar.

— Você está bem?

— Mais ou menos.

— Como foi a reunião? — Longos minutos de silêncio e ela insistiu: — Tudo bem na reunião?

— Nem sei direito o que foi conversado e decidido. Minha vontade era sumir dali.

— O que sentiu?

— Sinto-me fraco. Preciso de forças até para falar. Tudo o que ainda consigo fazer é rezar. De resto...

— Vamos ao centro hoje?! — perguntou, parecendo animada.

— Não. Quero ficar em casa. Preciso dormir.

— E deixar que espíritos inferiores continuem te vampirizando? É isso o que quer?!

— Estou em dúvida.
— Que dúvida?
— Será que indo ao centro espírita vou ficar melhor?

Pensando um pouco e, sem perceber a inspiração de sua mentora, Lívia respondeu:

— Eu não sei se indo ao centro espírita você ficará melhor, mas tenho certeza de que, ficando em casa, você vai ficar pior. Então, o que prefere? — perguntou, quase oferecendo um sorriso.

— Estou muito abalado. Sinto um tremor. Queria dormir e acordar como antes. O que sinto é horrível.

— Humberto, preste atenção, você concorda comigo que os pensamentos e as sensações são energias puras?

— Concordo.

— Você teve raiva, ódio, sentiu e pensou tudo o que era ruim. Algo oposto a tudo o que você é e em que acredita. O resultado é o que vive hoje. Agora você está desorientado, perturbado. Sua energia boa se esgotou. Precisa gastar essa energia ruim que sente e absorver ou criar energia boa. Se ficar socado em casa, não vai gastar nada, ao contrário. Seus pensamentos só vão se fixar em coisas tristes e criar mais energias negativas. Você precisa ver gente diferente, ter contado com coisas e situações novas e boas para sua mente trabalhar com essas idéias saudáveis e gerar energias positivas.

— De onde tirou essa idéia?

Sem saber que era inspirada, Lívia respondeu:

— Sei lá! O que importa?! Eu acho que é assim que funciona. Por experiência própria, eu posso afirmar que, quando falo com pessoas alegres, harmoniosas, que conversam sobre

coisas boas e produtivas, eu fico bem, me sinto feliz. Quando faço uma coisa boa, os meus pensamentos são sobre idéias construtivas. Ao ver uma cena agradável, fico contente. Então coisas, pessoas e situações boas fazem bem à mente e ao corpo. Assim sendo, o oposto de tudo isso faz um mal incrível.
O silêncio reinou por algum tempo. Depois ele respondeu:
— Estou sem ânimo para ir ao centro.
— Deve se forçar. Ir sem ânimo mesmo. Enquanto não se forçar para fazer algo bom para sair desse estado, vai continuar nele. Sim, porque o que sente é um estado, não é uma condição eterna, a não ser que queira.
Estavam parados no engarrafamento, quando se entreolharam, e ele afirmou com um travo de amargura na voz:
— Eu não quero ficar desse jeito.
— Então, apesar da dor, apesar da fraqueza que sente, reaja! Reaja, agora, Humberto!
Ele olhou para cima, recostou a cabeça no encosto do banco do carro, fechou os olhos e respirou fundo.
Em seguida, levou a mão ao rosto, esfregando-o e tentando, disfarçadamente, enxugar as lágrimas que brotavam.
Porém, a intensidade da emoção era mais forte e, inclinando-se, Humberto se entregou ao choro que durou alguns minutos.
Lívia estava triste e com o coração partido. Sofria muito por vê-lo daquele jeito.
Passado algum tempo, observando-o mais recomposto, ela pediu com jeitinho meigo:
— Vamos ao centro hoje, vai?!

— Vamos deixar para outro dia?

— Olha, o choro é uma forma de gastar ou extravasar a energia acumulada. No seu caso, a energia que dispensou agora é ruim. Por isso se sente mais aliviado. Eu acredito que deveria ir ao centro para repor o lugar dessa energia ruim com uma boa, antes que pensamentos ou sentimentos negativos criem novas energias ruins para ocuparem esse espaço.

— Tudo bem — ele decidiu. — Vamos.

Muito satisfeita, não conseguindo conter o sorriso, avisou:

— Acho que precisamos ir direto. Se passarmos em casa, não vai dar tempo.

Forçando-se, Humberto concordou ir ao centro espírita.

Chegaram, exatamente, no início da palestra.

No final, após os passes, a aproximação de Débora com a pequena filhinha, enroladinha em seus braços, chamou sua atenção.

— Oi, Humberto! Como vai?! — ela perguntou alegre.

— Tudo bem. E você?... A nenê?... — perguntou ele.

— Ah! Ela está ótima! — Olhando para a pequena Laryel, falou com voz mimosa, docemente infantil: — Esse é o titio Humberto! Fala oi pro titio!

Humberto sorriu. Afagando levemente o rostinho da pequenina, comentou:

— Como você é linda! Que bênção! — ele se admirou.

— Realmente ela é uma bênção!

— E o Sérgio? Ele veio hoje?

— Veio sim. Eu entrei na fila dos passes primeiro, por causa da nenê, mas tenho de esperá-lo. Ele ficou para trás.

— Hoje a Lívia veio comigo. Aliás, foi ela quem me forçou a vir.

— Onde ela está? — quis saber Débora.

— Foi à toalete.

Nesse instante, Sérgio se aproximou, abraçando-o com prazer.

— E aí, cara?! Anda sumido!

— Sumi um pouco. Olha, me desculpe por não ter ido visitá-los desde o nascimento da Laryel. É que...

Vendo-o sem jeito, Sérgio o atalhou:

— Não se preocupe! Gostaríamos muito que fosse a nossa casa para conversar um pouco, ajudar a segurar a Laryel na hora do chororô!... — riu. — Ajuda é do que mais precisamos e não recusamos.

— Prometo que irei lá, sim. Só preciso de um tempo.

— Sua mãe tem ido todos os dias — comentou Débora.

— Nossa! Ela tem me ajudado tanto! Se não fosse a dona Aurora, nem sei dizer o que seria de mim em alguns momentos. Eu não entendo muito de criança e precisei aprender correndo. Foi um sufoco! — riu.

— Minha mãe gosta muito de você e adora ajudar. Na verdade, creio que é ela quem está sendo mais ajudada.

Nesse momento, Lívia chegou cumprimentando os amigos e logo se encantando com a garotinha que dormia nos braços da mãe.

Aproveitando a conversa entre Lívia e sua esposa, Sérgio puxou Humberto para o lado e perguntou:

— E aí? Como você está?

— Tem dia que é difícil. Às vezes... — um travo amargo o fez perder as palavras.

— Você não pode ficar como está, Humberto! Isso é sério!

— Não sei o que fazer. Não sei por onde começar. Hoje, para vir até aqui a Lívia precisou, praticamente, me obrigar.

— Se não viesse aqui, o que iria fazer? — O amigo não respondeu e ele prosseguiu: — Iria pra casa cultivar mais pensamentos negativos e depressivos.

— Foi o que a Lívia me falou. Porém vim até aqui e não adiantou nada. Estou do mesmo jeito.

— Adiantou sim! Se está se sentindo do mesmo jeito, então você não piorou! Isso é um progresso! Além do mais, pode parecer que não adiantou nada hoje, mas, daqui a algum tempo, esse dia e os outros que vier ao centro, vão fazer grande diferença porque fez algo por você mesmo. Algo bom, saudável! Isso é reagir! — Percebendo que não adiantaria falar muito, pois notou que o amigo não estava pronto para assimilar muitas informações, Sérgio propôs: — Continue fazendo dessa forma. Mesmo contra a vontade, apesar do cansaço, da dor, do desespero que por ventura estiver sentindo, deve se forçar a programas e companhias saudáveis, tranquilos e harmoniosos. Isso é agir e lhe fará muito bem.

— É... Vou fazer isso.

— Você está com acompanhamento médico ainda, né?

— Sim. Estou. Mas parece que os medicamentos não fazem efeito. Porém, se fico sem eles, não sei se é pior.

— E acompanhamento psicológico? Sim, por que os remédios não atuam na mente como as palavras. Você vai ver que a palavra, a administração, a organização e o poder do pensamento positivo são muito eficientes e poderosos com a psicoterapia, superando, em muitos casos, qualquer remédio.

— Ainda não procurei um terapeuta.

— Sou suspeito em dizer algo a respeito, mas posso afirmar, com certeza, que, com exceção dos psiquiatras, os demais médicos entendem bem da parte física, anatômica e não da mente. Mente é alma, é espírito e a medicina humana não atingiu essa área. Sabe, até alguns psiquiatras deixam a desejar quando querem resolver um problema como o seu somente com remédios. Alguns fazem isso por falta de conhecimento, e outros por preguiça, pois não ganham o bastante para resolver o problema conversando, que é o melhor remédio em muitos casos como o seu. Temos de lembrar que a palavra é remédio para a alma. — O outro não disse nada, e Sérgio perguntou: — Você já conversou com alguém e, de repente, se sentiu mal por causa de alguma coisa que essa pessoa disse e ficou horas ou dias chateado por isso?

— Sim. Já.

— Da mesma forma você vai conversar com um psicólogo e ele vai te ajudar a organizar suas idéias, sua vida e vai se sentir bem. Eu digo que, nesse caso, a palavra funcionará como um remédio, como, no outro caso, ela foi um veneno. É assim que funciona.

— O que você acha? Devo parar com a medicação?

— Eu não disse isso! Quero lembrar que somente os antidepressivos não vão resolver o seu caso. Somente com a medicação isso o que sente pode passar, mas é bem possível que volte a esse estado, novamente, quando estiver diante de outro momento exigente ou estressante no futuro.

— Não brinca!
— Preste atenção: tudo o que fizer agora vai te fortalecer. A religião é muito importante, as amizades tranqüilas e sinceras também. Sabe como é... precisa procurar companhias que não te tragam problemas nem te envolvam em situações difíceis. Uma vida social harmoniosa, uma psicoterapia, exercícios físicos e muitas outras situações vão te ajudar, sem dúvida!
— Vendo-o pensativo, Sérgio estapeou-lhe o ombro e sugeriu:
— Olha, vá para casa. Pense no que conversamos. Descanse. Amanhã ou depois me procura, certo?
— Certo. Vou fazer isso. Obrigado.
Juntando-se à Débora e Lívia, que estava com Laryel nos braços, Sérgio virou-se para a esposa e a chamou:
— Vamos?!
— Vamos sim! Daqui a pouco estará na hora da Laryel mamar. — Pegando a filha dos braços de Lívia, convidou: — Vão lá em casa no sábado! Podemos comer uma pizza! O que acham?
— Eles não acham nada! — interferiu Sérgio sorridente.
— Está combinado! Vamos aguardar vocês dois no sábado!
Lívia olhou para Humberto que não disse nada e concordou:
— Eu topo! Vou sim! O que você acha, Humberto?
— É... Pode ser.
Após isso, despediram-se e todos se foram.

* * *

Na manhã seguinte, após observar o filho que não conseguia se levantar, dona Aurora resolveu ligar para Lívia e contar:

— É que o Humberto não se levanta. Fui falar com ele e mal me respondeu que não está se sentindo bem.

— Eu vou até aí, dona Aurora. Já estou saindo.

Após algum tempo, Lívia encontrava-se no quarto do rapaz junto com a senhora.

— Vamos, Humberto, precisamos ir logo. Estamos em cima da hora! O trânsito não está nada bom. Se demorar mais, ficará pior e chegaremos atrasados.

— Eu não vou hoje — murmurou desanimado.

— Ah! Vai sim! — respondeu firme. Num impulso, a moça foi até a janela do quarto, abriu as cortinas e as venezianas deixando a luminosidade dos raios do sol entrar junto com um leve ar fresco e frio. Intuída, reagiu veemente: — Na cama, é que você não vai ficar! — Tirando-lhe as cobertas, ela o puxou pelo braço, fazendo-o se sentar ao ordenar: — Vai! Levanta! Sua mãe precisa arrumar o quarto e você tem que ir trabalhar. Se não vai para a empresa, então vamos ao médico para saber o que é que você tem, porque doente não está! Vamos! Levanta!

Esmorecido, ele se sentou, apoiou os cotovelos nos joelhos e segurou a cabeça com as mãos. Puxando-o para que se levantasse, Lívia exigiu novamente:

— Vai, Humberto! Vamos logo! Eu não quero perder a hora!

O rapaz se sentia muito mal. Experimentava uma sensação de fraqueza e acreditava que pudesse desmaiar a qualquer momento.

— Vamos, meu filho, faça o que ela está dizendo — pediu dona Aurora.

Ao mesmo tempo, Adamastor determinava:

— Fique aí! Você está cansado, destruído! Não tem forças para nada, entendeu?! Nada!!! Não consegue pensar! Sua cabeça está confusa! Está tonto! Se levantar, vai cair! Na cama, estará seguro!!! Enquanto isso, espíritos incrivelmente inferiorizados, que estavam ligados a Humberto, sugavam-lhe as energias fazendo-o se sentir extremamente exausto.

Lívia o fez levantar à força, e pediu:

— Tome um banho rápido! Reaja, Humberto!

— Estou tonto. Acho que vou cair.

— Não vai cair, não! Respira fundo! Levante a cabeça! Abra os olhos e vá pro banho!

O espírito Adamastor ria e gargalhava com a cena, zombando:

— Ora! Ora! Quem viu esse cretino, todo importante, chefiando aquela Enfermaria dos Perturbados, não imaginava que ele ficaria mais perturbado e frágil do que todo o mundo ali! Vai, infeliz! Por que não reage agora?! Pensou que fosse fácil! Cadê a sua fé?! As suas palavras bonitas?! Viu como é difícil ser um miserável, um dependente que precisa de ajuda?! Só que você vai ficar pior! Ah! Vai! Daqui a algum tempo, você vai ficar louco! A má alimentação vai te deixar doente! Eu vou te ajudar a ficar doente!

A ação obsessiva, na espiritualidade, minimizava as forças físicas de Humberto. Os pensamentos impostos por Adamastor provocavam reações neuroquímicas que consistiam na alteração do seu humor, rebaixando-o e causando todo aquele desânimo e estado depressivo.

Uma angústia o dominava provocando o que parecia um sofrimento sem fim.

Sentindo-se abraçado por um medo pavoroso, tinha os pensamentos confusos, imaginando que algo terrível fosse acontecer com ele a qualquer momento.

Porém, apesar de sentir-se extremamente mal e cansado, forçou-se a um banho e a se arrumar para ir trabalhar.

Observando-o, Lívia aconselhou:

— Vista um suéter. Hoje está frio.

— E quanto a você, sua infeliz, safada, cretina — ofendia o espírito Adamastor sem que a jovem o percebesse —, não perde por esperar! Vou acabar com você!!! Com você e com essa velha idiota!!! Com todos que estão ajudando esse imbecil!!! Me aguardem!!!

— Filho, tome um pouco do *capuccino* que eu fiz. Sei que gosta. Tome um pouco só para não ir trabalhar em jejum.

Para agradar sua mãe, Humberto forçou-se a tomar a bebida quente, mas recusou-se a se sentar à mesa para comer algo.

Em seguida, pediu:

— Vamos embora logo.

* * *

No carro, durante o trajeto, Lívia percebeu-o com os olhos fechados e aconselhou:

— Humberto, abra os olhos. Respire fundo e tente conversar um pouco.

— Sobre o quê?

Ela sorriu e brincou:
— Que bom! Já estamos conversando sobre o que devemos conversar! — riu.
— Chegando à empresa, eu vou passar no médico.
— Será que precisa mesmo de médico?
— O que acha que eu devo fazer? — perguntou com uma estranha calma no tom de voz cansada. Trazia o olhar triste, pálpebras pesadas e um peso no belo rosto abatido.
— Eu acho que você deveria fazer psicoterapia, academia... Procurar desenvolver algum talento como pintura, escultura... Sei lá!
— Será que isso ajuda?
— Qualquer coisa que faça vai ajudá-lo! O que vai fazê-lo se sentir pior é ficar parado. Ocupe sua mente! Dê ferramentas para suas idéias criativas. Escreva um livro, pinte, faça tricô, trabalhos artesanais com madeiras. Qualquer coisa, mas faça alguma coisa!
— Tenho sensações horríveis. Comecei a ter medo de que alguma coisa iria sair da parede ou do armário do quarto. Era como se eu visse e ouvisse algo aterrorizante e alguma coisa fosse acontecer contra mim.
— Veja, você só sabe falar que passa mal. Só comenta coisas sobre as sensações horríveis, sobre as tonturas e outros sintomas. Isso acontece porque não tem algo novo e bom para dizer, para conversar. O que precisa é trocar o foco.
— Mas é o que sinto! Parece que vou morrer! Fico apavorado! Isso é absurdo porque eu nunca tive medo da morte, mas agora...

— Quando vierem pensamentos de doença, diga a si mesmo: eu sou saudável! Eu tenho saúde! Ao pensar que algo vai acontecer, diga: estou protegido e amparado por Jesus. Quando idéia de morte vier, troque por idéias de vida, alegria e paz. Pense na imagem de um mar lindo, de um campo florido, em montanhas vistas de uma estrada bonita. Entendeu?! Mude os pensamentos, mesmo que no começo você não acredite piamente na idéia positiva que está pensando. Aos poucos e com o tempo, você vai se fortalecer e se sentir mais confiante.

— Será?!

— O que tem a perder? Pior do que está, não fica!

— E se ficar? E se eu não melhorar? E se eu ficar desse jeito para sempre?

— Onde está a sua fé? Ninguém nasceu para viver eternamente triste e infeliz, só pensando coisa ruim! Não mesmo! Deus é bom e justo! Ele vai te ajudar à medida que você se ajudar! Faça a sua parte!

— Não sei como alguém como eu, com tudo em que eu acreditava, foi chegar a um estado como esse?!

— Será que isso te aconteceu para se recuperar, vencer esse estado e depois ajudar outras pessoas na mesma situação? Você será uma prova viva de que esse tipo de transtorno passa e a vida pode ser melhor, depois que se vence esse estado.

— Por que diz isso?

— Porque para vencer esse estado, a pessoa precisa reformar-se, mudar-se intima e verdadeiramente. Eu conversei um pouco com a Júlia e, pelo que ela me falou, cheguei à conclusão de que uma pessoa entra em crise porque o seu inconsciente está gritando por socorro, por não agüentar tantas pressões da vida. Pense, Humberto, você não está assim só por causa da morte do Rubens ou porque o pegou com a Irene. — Breve pausa em que pensou, refletiu e depois comentou: — Deus me perdoe falar assim se eu estiver errada, mas você deveria ter ficado feliz porque a máscara da Irene caiu. Lamentar pelo fato do Rubens ter um fim trágico, é aceitável, porém... Estamos livres, Humberto!

Esfregando o rosto com as mãos, ele pediu:
— Pare com isso Lívia....
— É a verdade! — Uma amargura quase embargou sua voz, mesmo assim ela continuou: — Não podemos negar a realidade! Você não estava feliz nem eu! No entanto, agora estamos livres!

— Não consigo me perdoar pelo que aconteceu com o meu irmão! — Lágrimas correram por sua face, entretanto ele prosseguiu: — Eu queria matá-lo! Queria acabar com a vida dele! Queria matar a Irene! Contudo, depois que meu irmão estava morto... Estou arrependido!

— Não foi você quem o matou!!!
— Mas eu queria fazer isso com as minhas próprias mãos! Desejei isso tão intensamente que...
— Se acha que os seus desejos e pensamentos são tão fortes, são tão poderosos a ponto de você acreditar que o Rubens morreu pelos seus desejos, então, deseje se livrar dessa depressão! Caramba, Humberto! Acorda para a vida!
— O que eu tenho de fazer?! Diga!
— Eu já disse!!! Comece resolvendo tudo o que está pendente! Comece por você! Eu te ajudo!

Alguns segundos e ele a encarou de modo estranho, sentindo todo o seu corpo estremecer. Depois abaixou a cabeça e murmurou:

— Você não sabe... Não imagina como está sendo difícil eu te ver, Lívia. Você me faz lembrar do Rubens. Rapidamente, me recordo de tudo o que aconteceu e me sinto mal. Uma série de sensações começam e...

— Eu vou estar ao seu lado para que você lute e faça algo para se recuperar. Acostume-se comigo, porque não vou te abandonar. Estou determinada a tirá-lo desse estado porque, de alguma forma, me sinto culpada e acho que te coloquei nessa situação. Não fuja, esteja disposto a encarar a realidade, as dificuldades. Creio que, aos poucos e à medida que for resolvendo tudo à sua volta, vai melhorar. Se não percebeu, ainda tem muita coisa para resolver.

— O que eu tenho para resolver? — perguntou, parecendo esquecido, confuso.

— Para começar... a Irene. Precisa saber se o filho que ela espera é seu ou não. Tem o apartamento. O que vai fazer com ele? Sem falar no seu serviço. Precisa tomar as rédeas de sua função lá na empresa. Pelo que entendi, a Júlia é quem está te direcionando até para tomar determinadas decisões que deveriam ser unicamente suas. Você esteve e ainda está muito afastado da empresa. Até quando vai correr para os médicos e justificar suas ausências? Pense bem, perder o emprego, agora, por falta de reação, não seria uma coisa inteligente.

— Não estou conseguindo organizar os meus pensamentos. Às vezes, não sei que decisão tomar. — Suspirando fundo, comentou: — Meu Deus, eu não sei o que fazer!

— Sabe sim! Ah! Sabe! Eu estou te falando! Saia. Vá caminhar. Faça academia. Procure um psicólogo. Resolva o que está pendente... E você não faz nada! Ainda não fez nada! Ainda pergunta a Deus o que deve fazer?! Ora, por favor! Deus não fala, mas sinaliza à sua volta um monte de coisas para serem feitas. Apesar de todas as sensações horríveis que sente, você deve acreditar que não vai desmaiar nem morrer. Respire fundo e comece a fazer alguma coisa. Pare de reclamar e aja!
— Estou confuso.
— Se proponha a resolver uma coisa de cada vez. Mesmo que seja devagar, mesmo que demore, mas resolva você! Não deixe para os outros. No serviço, por exemplo, em vez de perguntar para a Júlia sobre quais documentos assinar e aprovar, pare, leia e releia, pense e tome você a decisão. Depois, se estiver inseguro ainda, aí sim, pergunte a ela, mas só depois de ter tomado a decisão. Não a mande resolver situação alguma por você. Nada acontece por acaso. Deus não coloca fardo pesado em ombros leves.

Ele não disse nada, porém ficou pensando a respeito.

Ao estacionar o carro, Lívia olhou e comentou:
— Parece que está melhor. A sua aparência mudou. — Sorrindo, ainda disse: — Viu?! Foi melhor ter vindo para a empresa do que ficar em casa, socado naquele quarto.

Eles não perceberam, entretanto, enquanto conversavam e discutiam, espíritos elevados usaram Lívia para que servisse de canal de energias salutares, cedidas da espiritualidade a Humberto, a fim de que o rapaz se recompusesse e conseguisse organizar os pensamentos para tomar a iniciativa de agir.

Sem qualquer outro comentário, eles desceram do carro e entraram na empresa assumindo seus respectivos trabalhos.

* * *

Bem mais tarde, perto do final do expediente, Lívia procurou Júlia que, alegremente, recebeu-a:

— E aí?! Tudo bem?! — perguntou a secretária.

— Na medida do possível, tudo. — Após alguns segundos, perguntou: — Sabe me dizer se o Humberto vai embora agora?

— Creio que sim. Ah! Tome o cartão do psicólogo que ajudou minha irmã. Ele é ótimo! O Humberto vai gostar! — Assim que a outra pegou o cartão, Júlia comentou: — Hoje ele pareceu mais animado, mais ativo.

— Talvez seja por causa da nossa conversa, hoje de manhã, no carro a caminho do serviço.

— Ele não comentou nada, mas eu percebi que estava diferente.

— Em pensar que precisei arrancá-lo da cama! Nunca me imaginei fazendo isso com alguém! Nem com o meu irmão!

— Por quê? Ele não queria vir trabalhar?

— Não. Não conseguia nem levantar.

— Eu vi que chegaram atrasados... Pensei que fosse por causa do trânsito.

— Escute, Júlia, diga-me uma coisa: de onde tirou aquilo que me disse ontem sobre esses tipos de transtornos como depressão, pânico e ansiedade? Como sabe sobre o lado espiritual que pode ajudar a abalar alguém nesse estado?

Olhando-a de modo significativo, Júlia pediu educada:
— Sente-se aí. — Após ver a outra se acomodar, contou: — Eu sei que você acredita em espiritualidade, pois me disse outro dia, mas... Deixe-me perguntar uma coisa: você é espírita? Sabendo disso, posse me explicar melhor.
— Seguidora ou praticante do Espiritismo como gostaria, não. A verdade é que simpatizo muito com essa doutrina. Já li vários livros, principalmente, O Evangelho Segundo o Espiritismo, O Livro dos Espíritos, O Livro dos Médiuns, mas esse não terminei. Então tenho um pouquinho de noção e conhecimento a respeito.
— Eu te pergunto isso para que fique mais fácil de explicar. — Com fala mansa e meticulosa, contou: — É assim... Bem, eu sei que todos somos médiuns em maior ou menor grau. Sempre percebi algo diferente comigo. Quando minha irmã passava por aquela movimentação toda em sua vida, eu comecei a orar muito. Pedia a Deus eu poder ajudá-la de alguma forma. Algumas vezes por dia, duas ou três, eu fechava os olhos, respirava tranquilamente, relaxava todo o meu corpo e procurava esvaziar toda a minha mente pensando só em paz, procurando ver ou imaginar a cor azul em mim, por dentro e por fora, e todo o ambiente também. Foi então que eu consegui um estado de relaxamento bem profundo. Parecia que todo o meu corpo estava leve, gigante ou sem forma. Se eu quisesse abrir os olhos e levantar, sem dúvida, eu poderia fazer isso. Eu estava no controle da situação. Através de diversas técnicas diferentes de relaxamento, muitos conseguem esse estado que chamam de alfa.

Bem, nesse estado, eu comecei a mentalizar que eu estava bem, confiante, segura, protegida por Deus e encontraria um jeito de ajudar a minha irmã.

De repente, comecei a ter idéias de tirá-la da cama, fazer caminhada, levá-la para um curso de pintura em tecido, pintura em tela, insistir para que fizesse terapia... Enfim, passei a ter idéias para ajudá-la e funcionou. Às vezes, quando eu me sentia um pouco cansada, sem ânimo, eu fazia esse exercício de relaxamento. Mentalizava-me animada, alegre, feliz, repleta de força e vontade, repleta de idéias e isso acontecia.

Com o tempo, percebi que eu parecia conversar com alguém que me dava, rapidamente, as respostas a tudo o que eu perguntava. Criei uma espécie de ligação com um espírito que me orientava. Acreditando ser um espírito feminino e tratar-se de minha mentora, perguntei qual era o seu nome e me veio à mente: Célia.

A partir de então, senti que tínhamos uma ligação muito forte. Algumas vezes, sinto-a me envolvendo, literalmente, como em um abraço. Parece que sinto alguém me abraçando, mesmo, pelas costas.

Então comecei a fazer perguntas à Célia e vinham respostas através de idéias ou pensamentos, ou até através de outras pessoas.

Quando conversei com você, senti que a Célia, em pensamento, queria que você soubesse sobre o que está acontecendo com ele e como esse estado pode ser perigoso se espíritos inferiores puderem controlar a situação.

— A Célia pediu que me dissesse isso?

— Eu não diria que foi um pedido. Digamos que houve a oportunidade de conversarmos sobre isso e a Célia me fez entender que eu precisava te falar a respeito. Então ela me inspirou.

— Puxa! Estou surpresa! — exclamou sob forte impressão. — É que... Bem, eu acredito, sem dúvida, mas sempre vi isso só na teoria, nos livros. Agora, assim... acontecendo comigo... Alguém dizendo que um espírito mandou me avisar... É emocionante!

— Veja — falou com jeitinho —, ninguém mandou ou pediu exatamente para te avisar. Foi você quem colocou essas palavras.

— É que eu não sei como me expressar direito — sorriu. Alguns segundos e Lívia perguntou: — Diga-me uma coisa: você levou sua irmã ao centro espírita?

— Levei. Bem, ela era católica, por isso a levei primeiro à igreja que freqüentava, mas não estava bom para ela. Depois... Para te dizer a verdade eu levei a Cláudia em terreiros de umbanda, igrejas evangélicas, católica, filosofias orientais, centros espíritas e tudo mais o que ela quis ir. A ajuda pode não vir exatamente da religião ou da filosofia, mas sim da pessoa sentir que encontrou um lugar que a complete interiormente. Um lugar que ela se sinta bem.

— Onde a Cláudia se sentiu bem?

— Depois de rodarmos por vários lugares, incluindo diversos centros espíritas, ela começou a se sentir bem numa casa espírita muito pequena. As reuniões eram e são feitas com um grupo que não passa de quinze ou vinte pessoas! Ela iniciou outro tratamento de assistência espiritual. Gostou. Sentiu-se bem e está lá até hoje.

— Você contou isso para o Humberto?

— Não. Ele não perguntou essa parte da história — riu.

— Eu tenho que me pôr no meu lugar.

Lívia sorriu de modo diferente, parecendo iluminar-se pelas boas idéias que passou a ter.

Recatada, pediu:

— Agradeça à Célia por mim. Que Deus continue iluminando vocês duas.

— Obrigada. Que Ele continue te iluminando também. Mas não me peça para agradecê-la, você já está fazendo isso.

Lívia ficou encabulada e se sentiu corar como se percebesse haver outras criaturas ali, junto a elas, e não pudesse ver.

Num impulso, Lívia se levantou, contornou a mesa e, curvando-se, abraçou Júlia demoradamente, com muito carinho.

Com olhos marejados, ambas trocaram um beijo no rosto sem qualquer palavra.

Ao perceber um barulho na porta, indicando que Humberto saía de sua sala, Lívia se recompôs, ficando na expectativa. Ao vê-la pronta para ir embora, ele perguntou:

— Vamos?!

— Sim, vamos.

Despedindo-se de Júlia, eles se foram.

16

O RETORNO DE RUBENS

Sábado à tarde. Humberto encontrava-se sentado no sofá, sob as cobertas, olhando para a televisão sem prestar atenção no programa que passava.

Estava frio e dona Aurora havia levado uma caneca de chá para o filho. Sentada em uma poltrona perto dele, puxou algum assunto do qual ele mal opinou.

Vendo-o em silêncio, a senhora voltou para a cozinha, pois havia deixado um bolo assando no forno.

Foi então que, adentrando ao recinto, chegou o espírito Rubens, confuso, desorientado e bem machucado.

— Mãe! — chamou ao vê-la frente à pia.

Dona Aurora não pode ouvi-lo, mas sentiu um aperto no peito e uma saudade em forma de dor, desatando a chorar.

— Mãe! Olha pra mim! — pedia o espírito Rubens atordoado. — Sei que a senhora está assim porque já soube de mim e da Irene. Não é, mãe?! O Humberto já contou tudo para a senhora. Só que contou do jeito dele. Mas... Mãe — chorou sentido —, eu fui fugir dele e sofri um acidente... Olha!... — A mulher não se virava em sua direção, e ele contou chorando ao

implorar: — Eu me arrebentei com a moto, mãe! Veja, aqui!...
— Inconformado e sem entender a reação de sua mãe, suplicou em lágrimas: — Mãe! Olha pra mim, mãe! Por favor! — Alguns segundos e perguntou: — Por que a senhora está me tratando desse jeito?! Por que não fala comigo?! Eu errei! Tá bom que eu errei, mas me ajuda, mãe! Estou machucado. Sinto muita dor! Olha esses ferimentos!...
O espírito Rubens apresentava uma aparência espiritual muito machucada. Vários cortes, escoriações e até fraturas que o faziam ter dor como se fosse em seu corpo físico.

Seu rosto e sua cabeça sangravam, na nuca, trazia um afundamento do crânio, reflexos de seu acidente. Contudo, o seu corpo de carne havia ficado em condições muito piores. Aparecia daquela forma porque havia recebido ajuda de tarefeiros espirituais que, a pedido da nobre entidade Laryel, haviam prometido auxiliá-lo a se recompor e deixá-lo sob os domínios daquela residência para sua proteção.

Ele andava com extrema dificuldade quando se aproximou de dona Aurora. Encostou-se em suas costas, debruçou-se em seu ombro e chorou:

— Mãe, me perdoa!... me perdoa e me ajude!... O que fiz não tava certo, mas...

A senhora passou a chorar compulsivamente ao se lembrar do filho Rubens como era. Experimentou uma sensação em que pareceu sentir o seu perfume, ouvir a sua voz vivamente como se estivesse em casa. Achou até que podia ouvir o seu barulho costumeiro. Recordou-se de sua vaidade, de sempre querer suas camisas limpas e bem passadas que ela deixava, caprichosamente, arrumadas no armário do quarto como ele gostava. Lembrou de seu prato predileto e de como Rubens ficava feliz quando ela o preparava de surpresa.

Sem saber e sem perceber, dona Aurora foi cedendo energias ao espírito Rubens, que começou a se sentir mais refeito e um tanto sonolento.

Confuso, e acreditando que sua mãe agia daquela forma para puni-lo pelo que ele havia feito contra o seu irmão, decidiu:

— Tudo bem. A senhora está certa. Vamos conversar amanhã.

Ainda com muita dificuldade, foi para o seu quarto.

Passando pela sala, olhou para Humberto que parecia hipnotizado frente à televisão. Pensando que o irmão estivesse muito irritado com ele e para não provocá-lo decidiu não dizer nada.

No quarto, deitou-se em sua cama e caiu numa espécie de sono profundo.

Não demorou e Lívia chegou, parecendo animada.

Dona Aurora já havia se recomposto do choro, que tentava disfarçar, e a recebeu com o carinho de sempre. Mas a moça percebeu:

— A senhora estava chorando? — perguntou com jeitinho generoso.

— É a saudade, filha! Dói tanto!...

— Eu sei, dona Aurora. É difícil mesmo.

Afastando-se do abraço, a senhora pediu:

— Não conte ao Humberto. Não quero que meu filho fique triste por saber que eu chorei. Não quero que ele tenha mais problemas e preocupações.

— Fique tranqüila, não vou dizer nada. — Em seguida, ela perguntou: — Ele está na sala?

— Está. Ficou o dia inteiro olhando pra televisão, mas parece que não enxerga nada. Estou com tanta pena dele, Lívia. O meu filho não precisava sofrer tanto.

— O Humberto vai ficar bom, dona Aurora. Confie em Deus.

— Eu confio! Confio sim! — disse bem segura.

— Isso é muito bom. Agora vou lá falar com ele, se a senhora não se importar.

— Lógico que não! Vai lá, meu bem, vai!

Lívia deu-lhe um beijo no rosto e foi para a sala.

Lá encontrou o rapaz, sentado e encolhido no sofá, coberto por uma manta.

— Oi! Tudo bem?

Erguendo o olhar, ele respondeu:

— Quase tudo. Tô levando.

Sem dar importância ao tom melancólico de sua voz, Lívia perguntou:

— Hoje combinamos de ir lá à casa da Débora, esqueceu?

— Não. Só que não quero ir. Está frio e...

—Aaaaah! Não! — falou firme. — Depois fica perguntando a Deus o que você deve ou precisa fazer para sair dessa crise, não é?! O que você deve e precisa fazer para melhorar está aí, na sua cara, e não faz! Por favor! Se não aproveitar as oportunidades, sabe o que vai acontecer? — Sem aguardar por uma resposta, explicou: — As pessoas vão desistir de você, de te ajudar e vão te esquecer! — Firme, perguntou: — Foi procurar um psicólogo como combinamos? — Sem esperar que ele respondesse, Lívia, praticamente, atacou firme, porém educada: — Não! É lógico que não! Vai ver nem olhou o cartão que te dei ontem! Foi, hoje cedo, lá à academia que passamos em frente ontem à noite?!

— Olha, Lívia... — falou com grande esforço, parecendo precisar reunir todas as suas forças. — Se veio aqui para me deixar pior, pode...

— Ir embora? Foi isso o que pensou em dizer?! — Olhando-o de modo enérgico, afirmou em tom baixo: — Eu não vou embora mesmo! Nós vamos sair de qualquer jeito! Ou vamos à casa do Sérgio ou... Sei lá! Vamos a um barzinho, a uma casa noturna, restaurante... Faz tempo que não como pizza! — sorriu.

— Lívia, por favor...

Puxando a manta que o cobria, forçou-o:

— Vai, Humberto! Não vamos perder tempo. Você vai sair, hoje, de qualquer jeito. Em casa não fica!

Dona Aurora, que acabava de chegar à sala, pediu:

— Vai, filho! Aproveite a boa companhia!

Envolvido e inspirado pelos espíritos inferiores que o castigavam e aproveitando-se do estado em que se colocou, Humberto reagiu:

— Que boa companhia?! Como quer que eu fique bem olhando para ela e lembrando do meu irmão?! Como?!

— Não existe motivo para você pensar assim! — afirmou Lívia bem segura. — Não fui eu ou você quem provocou tudo o que aconteceu com ele! Eu tenho a consciência tranquila! E você deveria ter também! O que o colocou nesse estado triste, amargo, depressivo não foi o resultado final do seu irmão, mas sim o que o Rubens fez a você por um bom tempo. Ele e a Irene mantiveram um romance, um relacionamento que só Deus sabe quanto tempo durou até você descobrir. E se nós dois não os tivéssemos flagrado aquele dia, lá no seu apartamento, é bem provável que eles continuassem se envolvendo até depois que você se casasse com ela! O seu irmão não te traiu somente com ela não. Ele deve tê-lo enganado, traído há muito tempo, há séculos. Agora você está dando o direito de ele roubar até a sua vida! Isso não é justo!

— Pare com isso, filha — pediu dona Aurora entristecida.

Humberto sentia-se envergonhado ao tentar disfarçar a emoção que o dominava. Recostando-se no sofá, escondeu o rosto.

Sua mãe se retirou indo até a cozinha para pegar um copo de água com açúcar para dar ao filho.

Vendo-o daquele jeito, Lívia tomou coragem e falou:

— Humberto, eu decidi uma coisa: por mais que você não me queira, por mais que me odeie, vou fazer de tudo para te ajudar. Sabe por quê? Porque eu gosto muito de você como nunca gostei de alguém. Depois que estiver refeito, aí sim, vou embora se me pedir.

Ela ficou olhando-o por algum tempo sentindo a sua compaixão e o seu amor aumentar junto com a certeza do que fazia.

Sem dizer nada, ele somente passou a mão pelos cabelos aloirados num gesto impaciente. Tinha os pensamentos confusos. Era como se a ouvisse, mas sem compreender o que Lívia dizia.

Percebendo-o sem ação, a moça se sentou ao seu lado e com nobreza no gesto delicado acariciou-lhe, suavemente, o rosto com as costas da mão e em tom suave na voz baixa, falou com carinho:

— Isso vai passar, Humberto. Nada é eterno a não ser a vida. Deus não te criou para viver assim!

Num gesto inesperado, ele se virou e a abraçou com força, chorando escondido em seu ombro amigo.

Com a voz rouca e sufocada, murmurou de um jeito desesperado enquanto a abraçava:

— Me ajude, Lívia! Eu quero sair desse estado! Pelo amor de Deus, me ajude!

— Eu estarei ao seu lado sim, sempre! Porém quem precisa se ajudar é você!

Afastando-se do abraço, após receber energias salutares, motivo que desconhecia, Humberto se sentia um pouco melhor. De cabeça baixa, desviando o olhar, comentou:

— Às vezes, acho que não vou ter forças, mas eu quero me recuperar.

— A vontade é tudo! Queira, deseje e se force a fazer tudo o que for possível para se recuperar. Eu posso estar ao seu lado, mas é você quem precisa agir.

Dona Aurora só os observava de longe. Não quis interrompê-los.

Após alguns instantes, apesar de tudo o que sentia, ele respirou fundo e decidiu:

— Vou me arrumar. Vamos até a casa do Sérgio.

Lívia iluminou-se com largo sorriso ao vê-lo se levantar e ir para o quarto.

Na espiritualidade, Adamastor exibia-se furioso. Em meio a energias de ódio e raiva que emanavam dele como ondas magnéticas estranhas e medonhas, blasfemou e urrou feito um bicho, depois gritou:

— Desgraçada!!! Quem é você para fazer isso com ele?!! — berrou como se Lívia pudesse ouvi-lo. — Sua infeliz!!! Vou acabar com você!!! Demorei tanto e despendi tanta força para deixar esse desgraçado sem ânimo, fraco, sem vigor, para você, com uma simples conversinha, animá-lo e lhe dar energias!!!

— Rodeando-a, xingou-a com os piores nomes. Ao tentar abraçá-la, experimentou como que um choque que o impulsionou e o repeliu, fazendo-o perder o equilíbrio.

Sem que pudesse ver, pois, apesar de ser na espiritualidade, estava em um nível diferente, o espírito Alda e demais companheiros cediam fluidos energéticos que fortaleciam Lívia, preservando-a.

Na noite anterior, bem como naquela manhã, Lívia tinha realizado, com muita fé, o exercício de relaxamento ensinado por Júlia. E foi num estado bem tranqüilo e com bastante confiança e amor que ela rogou por uma luz azul cintilante vinda do alto e derramada sobre ela como bênção santificante de paz. Assim, a jovem acreditou ter proteção e força para se equilibrar e auxiliar Humberto no que fosse possível. Acreditou e sentiu que, no momento preciso, ela saberia o que fazer, o que falar e como agir em benefício de quem amava. Rogou a Deus proteção, saúde, sabedoria, tranqüilidade e paz. E, antecipadamente, agradeceu como se já tivesse recebido o seu pedido, pois tinha toda a certeza de que isso ocorreria.

Dessa forma, sua mentora e os demais amigos espirituais encontraram em Lívia energias compatíveis, criadas por ela, com as quais eles puderam interagir e auxiliar com a proteção de que ela precisava.

Apesar do susto, Adamastor estava revoltado, contrariado com o que havia acontecido.

Após se trocar, Humberto chegou à sala e, provocado por Adamastor, sentiu-se mal ao olhar para Lívia que o aguardava. Mas criou forças e forçou-se a um sorriso, pedindo:

— Vamos?

— Claro! Vamos sim! — resolveu ela alegre.

* * *

Não demorou muito e o casal estava na casa de Sérgio e Débora, que os receberam com muita satisfação.

— Desculpe-me por não ter vindo antes visitar a Laryel.

— Não se preocupe, Humberto! Eu entendo — disse Sérgio. — Vem cá! Sente-se aqui!

Enquanto isso, Débora e Lívia foram para o quarto da pequena Laryel, que reclamava atenção.

— Ah! Essa menina está danadinha! — Sentando na cama, Débora brincou com voz mimosa ao pegar a garotinha no colo. — Ela só quer colo! E mais colo!

— Toda criança é assim! — disse Lívia sorridente. — Adoro criança!

— Sabe, quando eu posso, eu a pego no colo sim. Mas tem hora que preciso fazer alguma coisa e vejo que o seu chorinho é de manha, então a deixo esperar um pouquinho.

— Posso pegá-la? — pediu Lívia.

— Claro! Sente-se aqui! — pediu, espalmando a mão na cama.

Com Laryel nos braços, Lívia comentou:

— É tão gostoso segurar um nenezinho!

— A dona Aurora é quem diz isso. Ai, menina, você precisava ver o ciúme da dona Antônia, uma amiga que tenho como se fosse minha mãe, como a dona Aurora. É muito legal ver as duas juntas querendo dar o melhor de si, como se estivessem competindo por causa da Laryel.

— Quem é a dona Antônia?

— Uma criatura maravilhosa! É mãe do João, nosso amigo. Ela estava aqui no meu aniversário, lembra? É a esposa do doutor Édison!

— Ah! Sei! Lembrei.

— A dona Antônia e a dona Aurora são duas mães para mim.

— E sua mãe, Débora?

— Perdi meus pais num acidente. Tenho dois irmãos, mas não sei por onde andam. Talvez estejam fora do Brasil. Nós nos afastamos e não tenho notícias.

— Entendo — compreendeu Lívia.

— Não tenho uma família antiga da qual eu descenda. Mas Deus é maravilhoso e me compensou de outra forma. Tenho a Rita, que é uma irmã para mim. Nós nos damos muito bem. O Tiago então!... — Rindo comentou: — Tenho até duas mães!

— É, eu sei. A dona Aurora é uma criatura boníssima. Sabe, é muito bom ela vir aqui para te ajudar, com isso se distrai, se ocupa.

— Tenho muito dó dela por causa do que aconteceu. Nossa!... Nem dá para se colocar no lugar dela. Principalmente pelo que aconteceu entre os filhos.
— A situação é tão difícil, Débora. O Humberto desse jeito... Muitas coisas estão pendentes e...
Olhando-a nos olhos, Débora argumentou:
— Você gosta muito dele, não é?
— Gosto, sim — murmurou. — Peço a Deus que me oriente e me dê forças para poder ajudá-lo. Sabe, existem instantes em que me sinto fraca, inútil... Não consigo esquecer o momento em que pegamos o Rubens e a Irene juntos. É algo horrível! Fico imaginando como o Humberto está se sentindo a respeito.

Tocando-lhe o ombro num gesto amigo e piedoso, com a voz mansa, Débora afirmou:
— Não desanime. Tudo é muito recente. Você precisa ser forte.
— Eu sei — falou com lágrimas que quase rolaram de seus olhos. — Quando eu olho para o Humberto, por um instante parece que vejo o Rubens. A sua voz então...
— É como o Sérgio e o Tiago. Eles são muito parecidos.
— Às vezes, sinto uma coisa!... Tenho vontade de me afastar, de não fazer mais nada...
— Não pense assim. Por mais que seja difícil, fique ao lado dele. Tenha paciência e fé. Não se afaste dele enquanto você sentir que existe amor. Às vezes quando desejamos fugir de uma situação, estamos fugindo justamente do caminho que devemos seguir. Não prefira o fácil. Não se iluda.
— É interessante você me dizer isso. Posso desabafar uma coisa?

— Claro!

— Eu ficava indignada, com muita raiva de tudo o que estava acontecendo entre mim e o Rubens. Eu já te falei... as agressões, as crises de ciúme, os maus tratos... Ficava imaginando uma manchete de jornal anunciando um crime passional com o meu nome ou o do Humberto! Era horrível! Acho que você não sabe nem imagina o que é estar com alguém e sentir medo, pavor, pânico! — Débora ofereceu um sorriso meio triste e nada disse. — Quando vi os dois, no apartamento, fiquei transtornada, aturdida, confusa. Não consegui nem pensar. No dia seguinte, tomei um susto enorme quando soube que ele morreu! Mas... no fundo, eu senti um alívio tão grande... Foi como se alguém tirasse um peso do meu peito. Algo que me asfixiava. Não sei se é errado sentir isso, mas eu não posso mentir. Logo depois, o Humberto ficou desse jeito...Senti um desânimo. Pensei em largar tudo, não ir mais vê-lo... Algumas semanas depois de tudo, o meu encarregado começou a se aproximar de mim e... com a desculpa de perguntar como eu estava, entende? Senti que ele me tratava de uma forma diferente. Ele era atencioso e até, vamos dizer, carinhoso com gestos e palavras. Um dia fomos almoçar juntos e ele pareceu muito gentil e cortês demais.

— Cuidado com isso, Lívia. Eu conheço muito bem homens assim que se aproveitam de uma situação ou de sua sensibilidade para entrarem em sua vida e destruí-la totalmente. A recuperação, se houver, é muito difícil e dolorosa. — Breve pausa e perguntou: — Você gosta desse cara? Sente alguma atração por ele?

— Não! De forma alguma! É que... Com o Humberto desse jeito cheguei a pensar se não seria melhor eu dar um tempo, me sentir livre de verdade e não me prender a ele. Pensei em me dar uma folga e sair, passear com gente alegre e... Sei lá!

— Se quiser dar um tempo a você mesma, faça isso sozinha.

— Eu gosto do Humberto! Isso não é estranho?

— Não. Isso é uma tentação. Você gosta de uma pessoa, mas não quer enfrentar os problemas e as dificuldades ao lado dela. Na verdade, quer tudo resolvido e só aproveitar as coisas boas.

— Desculpe-me, mas, falando dessa forma, está sendo tão dura!

— É para que não se iluda, Lívia! — Segurando sua mão, falou com jeitinho: — Preste atenção, lembra-se da passagem evangélica da porta larga e da porta estreita?

— Lembro.

— É isso o que está procurando: a porta larga. Se você conhece o Humberto, sabe como ele é como pessoa. Conhece seu caráter, sua dignidade, gosta dele, sabe que ele gosta de você, mas quer se dar uma folga diante dos problemas que precisa enfrentar, quer fugir da tarefa de ajudá-lo para, depois, juntos, começarem um relacionamento bonito e sincero, você está querendo a porta larga. Se está em dúvida, dê um tempo sozinha.

— Mas eu gosto dele e quero ajudá-lo!

— Então siga o seu coração com honestidade. Uma outra pessoa, agora, em sua vida, será mais um problema do que uma solução. Se você gosta do Humberto, vai ter a companhia do outro só para um almoço, um café, uma noite na balada para quê? Só para aliviar a tensão? Pense bem, se começar não

vai parar só aí não! Uma situação dessa vai te machucar, vai ferir o Humberto.
— Você já teve a companhia de alguém gostando de outra pessoa?
— Já — respondeu de imediato. — Pensei como você: em ter somente um amigo, alguém com quem eu pudesse desabafar, me distrair. Foi a maior burrada que eu já fiz na minha vida. Você não pode imaginar no que me envolvi. — Suspirando fundo, ainda falou: — Se o momento é delicado, vá devagar. Pense, ore.
— Não sei por que essas idéias passam pela minha cabeça. Eu sei que quero ficar com o Humberto.
— Talvez seja uma prova. Uma prova de fidelidade. Você está sendo testada para se desviar do caminho com ele. Não dê atenção ao que esse rapaz está tentando propor ou, então, você deve se afastar do Humberto.
— Não! Eu gosto dele! Nossa! Como eu gosto!
— Então fique na sua e conte comigo. Se precisar, posso te ouvir. — Rindo comentou: — Eu sei como é bom precisarmos de um ouvido e de um ombro amigo com bons conselhos.
De repente, foram interrompidas pela voz de Sérgio que chamou:
— Débora! A Rita chegou!
— Estou indo! — Virando-se para Lívia, convidou: — Vamos lá recebê-la? Ela deve estar com as crianças!
Levantando-se, Lívia perguntou:
— E aí? A Rita está grávida mesmo?
— Está! — riu gostoso. — E são gêmeos!
— Você está brincando?!

— Não! Eu não brincaria com algo assim! Ela quer matar o Sérgio! Disse que foi praga dele! Só faltam ser duas meninas como ele falou! — riu, divertindo-se.

* * *

Bem mais tarde, Lívia e Humberto já estavam de volta e dona Aurora serviu-lhes chá para esquentar por causa do frio. Sentados lado a lado, no sofá, a moça falou:
— Foi ótimo termos ido lá hoje! Não achou?
— É verdade. Senti-me bem melhor. Fazia um século que não me sentia assim.
— Que bom! Fico feliz! — disse sorrindo com jeito simples. — Nossa! Fiquei surpresa em saber que a Rita está esperando gêmeos novamente.
— Você não sabia? Minha mãe me contou — sorriu.
— Não. Eu não sabia.
— A Rita é muito engraçada! Ela e o Tiago formam um casal perfeito. As crianças são uma gracinha! Já pensou quando forem quatro?!
— Estávamos lá, na cozinha, e a Rita contou que não tem família alguma. Quando o irmão e um namorado que tinha morreram, ela ficou desesperada. Achou que a vida tinha acabado. Depois começou namorar o Tiago e ele sofreu o acidente em que quase morreu. Ele se queimou todo e perdeu a perna do joelho para baixo.
— Ele me contou. Eu vi uma cicatriz de queimadura no braço dele e perguntei o que tinha sido.

— A Rita estava grávida dos gêmeos quando isso aconteceu. Depois o Tiago se recuperou, eles se casaram e hoje estão bem. Veja só! Quem estava sozinha no mundo e achou que a vida estava acabada, hoje tem uma família grande e que vai aumentar! — riu.

— Isso é muito legal de se ver!

— Humberto, o que você acha de irmos a um parque amanhã de manhã?

— Não sei...

— Foi bom sairmos! Você parece ótimo!

— É, mas não...

— Não queira um milagre! — interrompeu-o. — Assuma e admita que está melhor hoje do que ontem!

— Sim. É verdade — disse, forçando um sorriso. Logo lembrou: — Eu conversei com o Sérgio. Ele me indicou um amigo para eu experimentar fazer uma psicoterapia. Disse que esse colega é muito bom.

— É o João?

— Não. Pelo fato de eu conhecer o João e, possivelmente, nós nos aproximarmos por freqüentarmos a casa dele, não seria legal fazer terapia com alguém conhecido.

— Por que não vai ao psicólogo que a Júlia indicou?

— Você viu o nome no cartão? — perguntou, sorrindo.

— Vi! O que tem?

— O cartão é do Sérgio! — riu. — Sérgio Barbosa!

— Está brincando?! — ela riu junto.

— Não. Quando mostrei, ele riu pra caramba — sorriu mais descontraído.

— Eu li o nome, mas tem tanto Sérgio no mundo!

— Segunda-feira vou pedir para a Júlia agendar uma consulta para...
— Não peça para a Júlia algo que pode fazer! Pegue o telefone e ligue! — disse com um leve sorriso e jeitinho delicado.

Ele também sorriu e aceitou:

— Você tem razão. Eu mesmo vou ligar. E... A propósito, conversei muito com o Sérgio e também decidi que vou consultar o doutor Édison, o psiquiatra. Quem sabe um outro médico...

— Será bom, sim. — Alguns segundos e decidiu: — Está tarde. Vou indo!

— Quer que eu a leve? — perguntou, generoso.

— Não. Não é bom você dirigir enquanto tomar aqueles medicamentos. Ele são bem fortes.

— Então pega o meu carro e amanhã vem com ele.

— Tudo bem! Isso eu aceito! Amanhã, bem cedo, estarei aqui para irmos a um parque, fazermos uma caminhada e nos distrairmos um pouco. — Levantando-se, curvou-se, beijou-lhe o rosto e disse: — Tchau! Até amanhã!

— Até amanhã, Lívia! Obrigado! — sorriu satisfeito.

— Obrigada, você! — disse, pegando as chaves do carro sobre a mesinha da sala. — Tchau!

17

AS PALAVRAS DÃO ÂNIMO

Apesar de o dia amanhecer com uma temperatura bem baixa, o típico frio de inverno, o sol estava radiante e prometia um dia bem gostoso para passear.

Lívia estava feliz, bem animada ao estacionar o carro de Humberto frente à casa do rapaz.

Assim que entrou pela porta da sala, cumprimentou Neide, dona Aurora e perguntou:

— E o Humberto?

— Ainda está deitado — informou a senhora extremamente abatida.

— Ele está péssimo, Lívia. O meu pai chegou embriagado ontem à noite e isso foi o suficiente para ele ter nova crise — disse Neide. — Sinceramente, eu estou assustada. Nunca vi o meu irmão assim.

Nesse instante, o espírito Rubens, com uma aparência espiritual terrivelmente comprometida, feia, deformada, chegou à sala impondo-se para Lívia.

— O que você quer com o meu irmão?!! É a mim quem deveria procurar!!!

Lívia sentiu um aperto no peito. Entristeceu-se imediatamente ao saber de Humberto, mas grande dose de sua amargura foi pela vibração do espírito Rubens que a agredia.

Suspirando fundo, acreditou ter forças para agir e decidiu com jeito manso e firme:

— Vou ao quarto falar com ele.

— O que você quer com o Humberto?!!! — exigia o espírito Rubens sem ser notado. — Vai me ignorar também?!!! Vai me tratar como os outros!!! Sua safada!!! Sem vergonha!!!

Parada à porta do quarto, Lívia sentiu todo o seu corpo arrepiar após um calafrio percorrer sua alma.

Novamente, ela suspirou fundo, fechou os olhos por alguns segundos e pediu em pensamento:

"Deus, nosso Pai! Por favor, me ajude".

Em seguida, entrou. Foi direto até a janela. Abrindo-a e fechou os vidros para que só entrasse luz.

Largado sobre a cama e sob as cobertas, Humberto mal se mexeu para ver quem era.

Parecendo bem humorada, Lívia forçou um sorriso e falou de um jeito simpático, como se nada estivesse acontecendo.

— Bom dia! Está friozinho, mas o dia está lindo! — Sentando-se na cama do rapaz, fez-lhe um carinho no rosto e pediu generosa: — Vamos, levanta! Sei que é cedo, mas será bom sairmos logo para aproveitarmos bem o dia! Sabia que ainda tem um pouco de neblina?

Movendo-se um pouco, Humberto deixou-se ver. Seu rosto parecia contraído, pesado, quase sisudo. Seus olhos vermelhos queimavam pelo ardor do inchaço. Passando as mãos pelo rosto falou com a voz rouca:

— Eu não vou. Não consigo...

— Sente-se um pouquinho — pediu a moça, com jeitinho delicado, enquanto trazia no rosto suave e doce sorriso que expressava sem perceber.

Com dificuldade, ele se ajeitou na cama e se sentou.

Na espiritualidade, Adamastor, vivazmente prestava atenção aos menores detalhes e dizia:

— Você não vai conseguir animá-lo desta vez, sua infeliz! Não imagina o que fiz com ele está noite! Eu venci esta parada! E quanto a você, sua intrometida, eu já sei como vou te deixar desesperada, aflita e pior do que ele! — gargalhou.

Olhando para o espírito Rubens, que não o via, reparou: — Esse desgraçado deve ter acabado de morrer e ainda não se deu conta disso. Ele ainda pensa que os encarnados podem ouvi-lo. Que estúpido!!! Idiota!!! — riu. — Vou descobrir toda a ligação de vocês. Vou descobrir um jeito de acabar com você e sua laia.

Sem percebê-lo, apesar de sentir-se um tanto sem forças, Lívia falava com Humberto para animá-lo, mas ouvia:

— É que você não entende — ele explicava. — Parece que eu vejo o mundo encoberto por uma névoa cinza, repleto de sombras ainda mais escuras. Sinto uma coisa... Parece que não tenho forças, que vou desmaiar... Sinto-me debilitado. Junto com isso, um medo, um pavor...

— Do quê? — insistiu ela. — Do que você tem medo?

— Não sei. Às vezes, parece que vai acontecer algo comigo. — Breve pausa e contou: — Ontem à noite, eu olhava para essa parede — apontou —, era como se eu a visse se mover, se mexer como se tivesse uma lama que escorria ao derreter lentamente. Parecia que algo ia me atacar e... — Cobrindo o rosto com as mãos, confessou: — Não sabe o quanto é difícil eu contar isso para você. Eu sei que é algo absurdo! Algo que não existe! Mas é o que parece que vejo e sinto muito forte. É medonho. Vai acontecer alguma coisa comigo.

— E se não acontecer, Humberto?

— Não sei.

— Olhe, eu tenho certeza de que não vai te acontecer nada. Talvez essa espécie de ilusão que viu na parede pode ser efeito dos remédios, não acha?

— Pensei nisso.

— Então faremos o seguinte — propôs animada —, vamos sair, nos distrair com o que vamos ver, ouvir e fazer. Com isso vai deixar de sentir o que sente porque terá outras coisas nos pensamentos, vai até conversar sobre outros assuntos porque terá algo diferente sobre o que falar.

— Parece que, o que sinto, nunca vai passar.

— Quando voltamos da casa do Sérgio, você se sentia muito melhor. Estava diferente, animado. É só insistirmos em coisas diferentes, alegres, boas e harmoniosas para ocupar o lugar desses pensamentos estranhos que anda tendo. Então vai ver que isso vai passar sim! Isso vai acabar! — falou firme.

— Quando?! — perguntou aflito.

— Não sei dizer. Depende de você. Ontem, por exemplo, não queria sair, mas depois se sentiu bem, não foi?

— Mas durou tão pouco que nem lembro.

— Mesmo que pouco, esse momento de melhora existiu! Então ele pode acontecer novamente e acontecer de novo e de novo até ser permanente!

— Será?!

— Pense em Deus, Humberto! Se for preciso caia de joelhos! Vá ao encontro do Pai a começar pela prece! Acredite! Principalmente, acredite que Ele te ampara e Ele estará te amparando! Ore! Diga: Pai! Dê-me forças! — Alguns segundos depois de vê-lo reflexivo, insistiu: — Podemos encontrar Deus também na natureza, em baixo de uma árvore, olhando para o céu... Vamos sair, vamos a um parque andar descalços, respirar ar puro, sorrir diante da beleza de uma flor... Depois agradecer a Deus por ver, por existir, pela oportunidade de vida. Mesmo que tenhamos complicado um pouco essa oportunidade, vamos fazer de tudo para arrumar e viver melhor.

Ele ficou em silêncio. Alinhou os cabelos, esfregou o rosto e a encarou com mais leveza no semblante, decidindo:

— Vou levantar e tomar um banho. Você me espera?

Prontamente, Lívia sorriu satisfeita. Ficando em pé, disse animada:

— Te espero lá fora! Não demore!

O espírito Rubens, revoltado com o que presenciava, despendia força por sua ira e se sentia cada vez mais fraco.

Sua mente estava confusa enquanto experimentava extrema dor e muita tontura.

Sem que pudesse ver, o seu mentor aplicava-lhe passes para acalmá-lo.

Exaurido, sentou-se em sua cama e tombou ao deitar, deixando-se abater por uma espécie de sono.

Enquanto isso, Adamastor, completamente insano, atacava os companheiros, exigindo-lhes alguma ação para deter Humberto e Lívia.

Em vão. As sábias palavras de carinho serviram como um medicamento de alívio, consolo, esperança e bom ânimo.

Lívia não estava só. Espíritos amigos a amparavam, pois a jovem se propôs a receber de Deus as bênção salutares e revigorantes que lhe chegavam nos momentos tranqüilos de relaxamento quando exercitava sua fé e esperança, cultivando pensamentos e sentimentos positivos de luz, paz e amor.

* * *

As horas passaram.

A tarde havia chegado ao fim, apesar dos últimos raios de sol ainda brilharem no horizonte alaranjado, um frio cortante vinha através do vento.

Lívia e Humberto saíam do parque e iam para o veículo no estacionamento.

— Nossa! Que frio! — ela exclamou, cruzando os braços ao encolher os ombros.

— É mesmo. Onde está o seu agasalho?

— Quando chegamos, estava quente e eu o deixei no carro.

Andavam lado a lado, e ele teve o impulso de abraçá-la para protegê-la do frio, mas, por causa das energias e idéias que lhe surgiam pelas companhias espirituais inferiores, deteve-se por se sentir mal.

À medida que caminhavam, com jeito generoso e agradável no tom de voz, ela comentou:

— Adorei o passeio. Há tempos não fazia uma caminhada pela mata como hoje. Lembro-me de que eu era bem pequena, acho que tinha uns sete anos, a última vez que fiz uma trilha como essa.

— Amanhã estaremos com dores nas pernas.

— Isso será ótimo! — brincou. — Veremos quais as regiões do corpo que precisamos malhar um pouco. A propósito, vamos procurar uma academia?

— E quando as suas aulas começarem?

— Eu irei à academia aos sábados!

— Durante a semana, podemos ver alguma coisa. Tem aquela que passamos em frente. Quem sabe.

— Ótimo! Vou adorar!

Chegando ao carro, ele foi para o lado do passageiro, mas antes lhe deu as chaves, dizendo:

— Toma. Você dirige. Dê a volta.

Lívia sorriu docemente ao pegá-las de sua mão. Por um instante, ficaram parados um frente ao outro. A proximidade fez com que seus corações batessem bem forte enquanto se olhavam firmemente.

O vento frio embaralhava os cabelos compridos de Lívia e, sem pensar, Humberto levou a mão em seu rosto e tirou os fios teimosos que cobriam sua face.

Olhando-a nos olhos, como se invadisse sua alma sentiu algo, semelhante a uma doce alegria, que não sabia explicar.

Segurando o seu rosto com ambas as mãos, ele aproximou-se de seus lábios com ternura e a beijou com imenso carinho, como sempre quis.

O tempo pareceu parar no momento em que a tomou nos braços, apertando-a junto de si e a beijou com todo o amor.

Depois, Lívia o abraçou forte e escondendo o rosto em seu peito, murmurou baixinho:
— Eu não posso ficar sem você. Eu te adoro!
— Eu também te adoro, Lívia! — Segurando o seu rosto, fazendo-a encarar os seus olhos, murmurou generoso: — Desculpe-me por tudo o que está acontecendo. Eu vou melhorar! Eu te prometo!
— Sei que vai! Tenho certeza!
Beijando-a rapidamente nos lábios, ofereceu leve sorriso e pediu:
— Entre no carro. Está frio.
A jovem obedeceu. Deu a volta e entrou no veículo.
Ao vê-lo acomodado ao seu lado, perguntou:
— Você está bem?
— Melhor do que ontem! — sorriu.
— Fico feliz! Valeu a pena termos vindo. — Afagando-lhe o rosto, ela se aproximou vagarosamente e, indo ao seu encontro, ele a beijou com amor.

* * *

Já era noite e estava bem frio quando chegaram à casa de dona Aurora, que foi recebê-los na garagem.
A senhora achava-se apreensiva e tentava disfarçar o nervosismo.
Olhando para o filho, percebeu-o melhor, até sorridente. Porém, temerosa, precisou avisar:
— Humberto... Filho, eu achei melhor vir até aqui antes que vocês dois entrassem e...

— O que foi, mãe? — o filho perguntou. Mesmo antes de saber do que se tratava, Humberto deixou-se abater por um torpor, uma tontura e sensação de desmaio que esfriou o seu rosto pálido.

— Filho... Se você não quiser, eu digo que não está bem e...

— Fala logo, dona Aurora! O suspense é pior! — pediu Lívia, também aflita.

Sem trégua a senhora anunciou:

— A Irene está lá na sala. Disse que quer falar com o Humberto de qualquer jeito.

O rapaz apoiou a mão na parede e debruçou a cabeça no braço. Sentia-se dominado por um mal-estar intenso.

Lívia correu para perto dele e, afagando-lhe as costas, pediu:

— Levante a cabeça, Humberto. Respira fundo!

— Estou sem forças... Eu vou cair...

— Não vai, não! Abra os olhos e respire fundo.

— Meu Deus! Filho!... Eu devia ter mandado essa mulher embora.

Num impulso, irritada, Lívia tentou se conter, mas respondeu:

— Deveria ter mandado mesmo! Aliás, nem deveria tê-la recebido. A senhora se esqueceu de tudo o que essa criatura fez?!

— Ai, filho, me desculpa!

— Calma, dona Aurora. O Humberto vai ficar bem.

Abrindo a porta do carro novamente, Lívia fez com que se sentasse e pediu:

— Faça a respiração movimentando a barriga, como o Sérgio te ensinou. Isso vai te acalmar.
— O que eu faço? — perguntou dona Aurora.
Lívia respirou fundo, parecendo enérgica e decidida, resolveu:
— Deixa que eu vou lá mandá-la embora. É melhor a senhora ficar aqui com ele.
Entrando pela porta dos fundos, ela foi até a sala onde encontrou a outra sentada no sofá olhando à televisão.
Bem austera, cumprimentou altiva:
— Olá, Irene!
— Lívia! Que surpresa! — espantou-se ao vê-la daquela forma, quase arrogante.
— A surpresa é minha por você estar aqui.
— Eu não vim para discutir com você. Quero falar com o Humberto. Escutei o barulho do carro dele chegando e...
Imediatamente, Lívia a interrompeu:
— Pode não ter vindo aqui para discutir comigo, mas é comigo com quem vai falar. — Disfarçando o tremor que sentia, colocou os fios de cabelos atrás das orelhas e a encarou firme ao falar: — Depois de tudo o que você aprontou com essa família e, principalmente, com o Humberto, não sei como tem coragem de vir até aqui. Mas... Em todo o caso, fique sabendo que ele não está muito bem e não vai recebê-la.
— Eu não aprontei nada! — reagiu.
— Não?!!! — perguntou em tom agressivo e irônico. — Quem estava dormindo com o Rubens a menos de uma semana do casamento?!!! Você não pensa nas conseqüências de tudo o que fez?!!! Conseguiu jogar um irmão contra o outro,

fez com que brigassem a ponto do Rubens precisar fugir e com isso morrer num acidente de moto!!! Você é a única culpada pela morte dele!!! Pelo sofrimento da dona Aurora e do Humberto!!! E ainda diz que não aprontou nada!!!

— Olhe aqui!!! Se você pensa...

— Cale a boca, Irene!!! — vociferou. — A casa não é minha, mas me sinto responsável, agora, pelo bem-estar dos que estão aqui, pois eles estão atordoados. Por isso: fora daqui!!! Suma!!!

Lívia se viu dominada por uma força que desconhecia. A passos rápidos, foi até a porta da sala, que dava para uma área, e dali para o quintal e o portão da rua, abriu-a e ordenou novamente:

— Fora daqui!!!

Nesse instante, Neide, que estava entrando, levou um susto com a porta aberta abruptamente e com o grito de Lívia.

Porém, de imediato, ao ver Irene em pé, parada, a irmã de Humberto exigiu olhando para as duas:

— O que está acontecendo aqui?!!

— O Humberto estava bem. Passou um dia ótimo! Chegamos aqui e essa infeliz aguardava para falar com ele. O seu irmão ficou mal na hora! Não quer recebê-la e sua mãe está atordoada lá na garagem com ele. Eu vim aqui e estou mandando-a embora. É isso!

Neide sentiu-se esquentar.

Imediatamente, entrou. Pegou Irene pelo braço e a empurrou porta afora enquanto a ofendia com palavreado baixo.

Após ver Irene sair pelo portão, Neide retornou e encontrou Lívia sentada no sofá, curvada e com os cabelos cobrindo o rosto escondido com as mãos.

— Você está bem? — preocupou-se Neide.

— Acho que estou. Fiquei nervosa, foi só isso.

— Cachorra! Desgraçada! — gritou a outra inconformada.

— Foi tão difícil tirá-lo daqui hoje cedo e fazê-lo melhorar! Quando nós chegamos, ele era outra pessoa! Estava tão bem... Você tinha de ver! — lamentou.

— Minha mãe não devia ter deixado essa infeliz entrar! Se eu estivesse aqui!...

— A Irene pegou sua mãe de surpresa. A dona Aurora ficou sem ação, pois não esperava, jamais, que ela tivesse coragem de vir aqui. — Vendo Neide ainda nervosa e xingando, pediu: — Procure ficar calma, tá? Vou lá na garagem trazer o Humberto e sua mãe. Será bom que ele não te veja assim para não ficar mais nervoso.

— Vai lá!... Vou fazer um chá — decidiu, procurando parecer mais tranquila.

Não demorou para dona Aurora e o filho estarem na sala.

Ele, abatido, tentava esconder os tremores. Sentou-se no sofá e largou-se com os olhos fechados, enquanto sua mãe, ao seu lado, afagava-lhe o braço.

Neide fez um sinal para que a mãe o deixasse com Lívia. Acreditava que ela teria mais jeito de lidar com seu irmão.

Aproximando-se, Lívia lhe ofereceu uma caneca, dizendo:

— Tome um pouco de chá. Vai te fazer bem.

— Não quero — murmurou ele.

Vendo-se a sós, a moça falou:

— Humberto, você não pode se deixar abater por isso. Aliás, é uma situação que terá de enfrentar. Vai precisar conversar com a Irene. Afinal...

— Afinal, o quê? — perguntou após um tempo de silêncio.

O rosto de Lívia entristeceu ao lembrá-lo:

— Afinal de contas, existe a vida de uma criança envolvida em toda essa trama. Acredito ser sobre isso que ela veio conversar.

Ele fechou os olhos e meneou vagarosamente a cabeça, negando a situação:

— Não estou preparado para lidar com isso. Eu não quero.

— Mas terá de encarar a situação de um jeito ou de outro — falou firme, chamando-o à realidade.

— E se for meu filho?

— Diante de tudo o que a Irene fez, você não precisa olhar na cara dela. Porém terá obrigações para com a criança.

— Meu Deus... — murmurou extenuado. — Tudo isso contribui para a minha destruição. Não sei se vou suportar.

Os ataques de espíritos inferiores o enfraqueciam a cada momento.

O espírito Rubens, ao lado de Lívia, demonstrava-se inconformado e irritado com o que presenciava. Ficou extremamente revoltado ao vê-la se aproximar de Humberto, afagar seu ombro, beijar-lhe o rosto e levemente os lábios, ao dizer:

— Estarei ao seu lado. Tudo isso vai passar.

O espírito Rubens berrou e a ofendeu com palavras de baixo calão, mas ela não pôde ouvi-lo.

— Por que estão fazendo isso comigo?!!! Querem me enlouquecer?!!! — gritou desferindo socos que não sentiam.

Humberto fez um gesto simples ao encará-la. Forçou um sorriso amargo e exibiu uma expressão no olhar que Lívia acreditou, por um segundo, estar diante de Rubens.

Ela se surpreendeu. Tentou disfarçar, mas o rapaz percebeu e foi levado a perguntar:

— O que foi?

— Nada. — Ainda abalada, respirou fundo, ajeitou os cabelos torcendo-os e o jogando para trás das costas e, por fim, tentou disfarçar, colocando animação ao propor: — Você precisa tomar um banho, comer alguma coisa e descansar. Amanhã terá um dia cheio! — sorriu:

— Você não imagina o quanto está sendo difícil, lá na empresa, não deixar os outros perceberem o quadro da minha insanidade.

— Que insanidade, Humberto?! — protestou zangada.

— Pare com isso!

Levantando-se, ele decidiu:

— Vou tomar um banho e descansar um pouco.

— Eu preciso ir embora. Amanhã conversamos.

Indo até a cozinha, Lívia se despediu de dona Aurora e de Neide.

Acompanhando-a, ele pediu:

— Leve o carro. Amanhã você vem me pegar.

A moça ficou pensativa, porém, depois de Neide incentivá-la, junto com a insistência de Humberto, ela aceitou.

Na garagem, antes de entrar no carro, Humberto se aproximou, afagou-lhe o rosto com carinho e agradeceu:

— Obrigado por tudo. Eu seria incapaz de ter feito o que fiz hoje sem você.

— Mas o que você fez hoje além de sair um pouco? — perguntou sorrindo.

— É de sair um pouco que estou falando. Eu seria incapaz de fazer isso sozinho. Obrigado.

Sorrindo docemente ela lhe fez um afago na face pálida e, com generosidade na voz, falou baixinho:

— Foi ótimo te ver melhor.

Humberto a abraçou com força. Beijou-lhe a testa, o rosto e procurou seus lábios, beijando-os com ternura.

Em seguida, Lívia se foi.

Retornando para dentro de casa, ele novamente se deixou abater por sensações devastadoras vindas principalmente do espírito Rubens que estava transtornado com o que presenciava e, extremamente revoltado, atacava o irmão com toda a sua fúria, todo o seu ódio.

Mesmo sem poder vê-lo, Humberto recebia suas vibrações.

E foi sob o efeito de sensações devastadoras que tomou um banho e se deitou sem se alimentar.

* * *

Lívia não podia ver, mas seguiu para casa na companhia de dois espíritos a mando de Adamastor.

Chegando, ela estacionou o carro de Humberto na garagem de modo a não atrapalhar a entrada ou saída dos outros dois veículos lá parados.

Ao entrar, deparou-se com seu pai exigente e sob o efeito de bebida alcoólica.

Não foi difícil as companhias espirituais entenderem que o homem era agressivo, rude e bem grosseiro com as palavras.

Mais fácil ainda foi envolvê-lo e induzi-lo à severa irritação contra a filha.

— Onde você estava até essa hora?!!

— Fui até a casa da dona Aurora, pai. A mãe sabia que eu estava lá — explicou, tentando não se exibir constrangida.

— Que carro é aquele lá fora?!!

— É do Humberto — respondeu enquanto bebia um copo com água.

— E o que você faz com ele?!! Por que razão esse rapaz te emprestaria um carrão desse?!! — Sem esperar por uma resposta, ele a segurou pelos braços, apertou e a sacudiu inquirindo com modos estúpidos, falando com os dentes cerrados ao expressar sua raiva: — Olha, aqui, menina!!! Se pensa que vai passar de mão em mão e me fazer de trouxa, está muito enganada!!! Entendeu?!!!

— Pai, me solta... O senhor está me machucando.

— É pra machucar, mesmo!!! — empurrou-a com violência. — O que você está fazendo com o carro do irmão do Rubens?!!!

— O Humberto não está bem de saúde — explicou, amedrontada. — Desde que o irmão morreu, está abalado, tomando uma medicação forte e o médico aconselhou para que não dirigisse. Nós trabalhamos juntos, o senhor sabe. Ele sempre me deu carona. Agora pediu para eu dirigir o carro para irmos para o serviço. Então, para ele não se arriscar e vir até aqui, eu trouxe o seu carro e vou pegá-lo em casa amanhã cedo. É só isso.

O homem, grandalhão e bem forte, fitava-a com olhar dardejante, desconfiado, pronto para agredi-la novamente. Envolvido pelos espíritos sob as ordens de Adamastor, ele se aproximou, segurou-a pelos cabelos, torcendo-os ao dizer enquanto ele puxava firme e ela segurava em sua mão:

— Veja lá o que você está fazendo!!! Se eu te pegar envolvida com alguma coisa que eu não aprove, vai se ver comigo!!! Entendeu?!!! — perguntou, empurrando-a com força de encontro a uma mesa.

Lívia segurou-se na mesa com ambas as mãos para não cair. Franziu o rosto pelo que sentia, depois passou a mão pela nuca para tentar aliviar a dor e murmurou para não irritá-lo:

— Fique tranqüilo, pai. Não tem nada demais. Só estou fazendo um favor.

Nesse instante, seu irmão Luís chegou e, por escutar parte da conversa, quis saber, piorando a situação ao indagar:

— E por que você veio para casa com esse carro ontem à noite?

— O quê?!!! — gritou o senhor Juvenal indo novamente em direção da filha.

— Pare, pai! Por favor! — Pediu afastando-se e tentando se explicar rápido. — É que... Ontem eu fui na casa de uma amiga que teve nenê, a Débora. Ela mora perto da casa da dona Aurora e... Saindo da casa da Débora, fui até lá. Fiquei conversando e... quando vi, passei da hora. Para não depender da condução que demoraria muito, o Humberto pediu que eu viesse com o seu carro. Hoje voltei lá para levar o carro, mas ele tornou a pedir para eu ir buscá-lo amanhã.

Violento, o homem já havia pegado em seu braço novamente, apertando forte enquanto a escutava. Ao vê-la terminar, ele a esbofeteou com a outra mão, gritando:

— Isso é pra você aprender a me contar as coisas direito!!!

— O senhor estava dormindo e não nos vimos hoje...

— Cale a boca!!! Fale quando eu mandar!!!

Ao se ver livre, Lívia levou a mão ao rosto sem saber o que fazer. Se ficasse ali, a situação poderia piorar. Se fosse para o seu quarto, certamente o seu pai brigaria outra vez.

Atordoada, ela esperou quieta, parada até ele ordenar:

— Vai para o seu quarto!!! Eu não quero te ver mais hoje!!!

Sem dizer nada, a moça obedeceu.

Ficou em sua cama e chorou no escuro até o pai e o irmão irem dormir.

Somente, então, Lívia pôde ir para o banheiro e, chorando, tomou um banho indo dormir em seguida.

18

Conversando com doutor Édison

O dia amanheceu frio e ainda havia um denso nevoeiro quando Lívia estacionou o carro frente à casa de Humberto. Ficou parada e sentada ao volante por algum tempo. Sentia algo errado. Seu coração estava apertado, batendo forte e descompassado. Isso a intuía um mau presságio.

Ao entrar e ser recebida por dona Aurora, que pediu para ela ir ao quarto de Humberto, deparou-se com o rapaz sentado em sua cama, padecendo sensações desagradáveis e depressivas.

Na noite anterior, devido às agressões sofridas por seu pai e o clima tenso que experimentou ao se deitar, Lívia se deixou adormecer sob o efeito de pensamentos tristes e amargos que a castigavam. Sentindo-se amedrontada, entregou-se ao sono sem uma prece, sem ligar-se a Deus rogando bênçãos protetoras e forças para suportar e agir com sabedoria.

Por isso, durante o sono, foi abalada e vampirizada pelos espíritos inferiores que a acompanharam e lhe incutiram idéias desanimadoras, julgamentos confusos e duvidosos.

Ao acordar, para sair rápido de sua casa e não despertar seu pai, ela não quis perder tempo em fazer uma prece. Vestindo-se depressa, retirou-se o quanto antes.

Por essa razão, naquele instante, estava esvaída de forças e, olhando para Humberto, pensou:

"Outra vez... Até onde eu vou suportar?... Será que sou eu quem deve fazer isso?"

Sem comentar sobre o seu desânimo, ela se aproximou. Foi beijá-lo, mas ele se levantou, esquivou-se dando-lhe as costas ao dizer:

— Lívia, acho que foi um erro.

— O que foi um erro, Humberto? — perguntou com voz fraca.

— Nós dois... Por favor, olha...

— Pare! Não diga nada. Por favor, não diga nada — pediu firme e sentida. Respirando fundo, falou parecendo exigir:

— Vamos trabalhar. Não quero pegar trânsito ruim.

Ele se virou, ergueu seus belos olhos verdes empossados em lágrimas, e pediu:

— Desculpa... Não estou bem.

— Certo — afirmou com um nó na garganta e vontade de chorar. Porém, firme, tornou a dizer: — Vamos logo. Não precisamos conversar.

* * *

No caminho para o serviço, não falaram absolutamente nada.

Chegando à empresa, ela foi para sua seção, e ele para sua sala. Não se viram mais.

Bem mais tarde, Júlia a procurou perguntando animada:
— E o fim de semana, como foi?!
— Vamos tomar um café? — pediu com tristeza no tom de voz.
— Foi para isso que vim aqui! — respondeu alegre.
Logo em seguida, enquanto tomavam café, Lívia contou à amiga tudo o que havia acontecido.
— Como é difícil, Júlia! Eu não sei mais o que fazer.
— Lívia, é assim mesmo. A pessoa nesse estado fica sensível a qualquer coisa. A muito custo ela melhora um pouco. Depois, por qualquer coisinha, cai em depressão. Fica desorientada, sente-se derrotada. Você vai precisar de muita paciência e bom ânimo. Acredite, você está indo pelo caminho certo.
— Será?!
— Lógico! São após pequenos momentos de melhora que os grandes vão acontecer. Só acho que você deveria ter um reforço espiritual.
— Como assim?!
— Deveriam ir ao centro espírita com mais freqüência. Fazer um tratamento de assistência espiritual. Não só ele, mas você também. — A outra ficou pensativa e Júlia perguntou: — Já pensou na possibilidade do Rubens não ter sido socorrido? Ele pode estar revoltado com seu estado na espiritualidade e também por ver vocês dois tentando ficar juntos.
— Eu cheguei a pensar nisso.
— O Rubens teve uma morte violenta. Foi uma pessoa que não procurou ter uma religiosidade. Só fez coisa errada e... Bem, não preciso nem falar.

— Vou fazer um tratamento espiritual sim. Mal, não vai fazer.
Júlia olhou no relógio e se surpreendeu:
— Nossa! Está na hora!
A chegada de Ademir, encarregado de Lívia, interrompeu-as:
— Olá meninas!
— Oi, Ademir! Você está chegando, e nós saindo! — avisou Júlia.
— A Lívia fica! — sorriu gentilmente. — Preciso conversar com ela a respeito de alguns fechamentos.
— Então... Até mais! — disse a amiga, indo embora rapidamente.
Vendo-se a sós com Lívia, ele sorriu de modo enigmático. Sentando-se à sua frente, fitou-a por longo tempo, observando cada detalhe.
Ela ficou em silêncio. Seu belo rosto, de nobres traços estava levemente escondido sob uma mecha larga dos fios longos de seus cabelos compridos. Seus lindos lábios carnudos e bem torneados estavam entreabertos quando, encabulada, sorriu docemente e perguntou:
— O que foi?
— Estou te admirando. Só isso — respondeu, deixando-a ainda mais constrangida e com rosto enrubescido.
— Você queria falar sobre o fechamento...
— Como você está? — interrompeu-a com generosidade imposta na voz branda.
— Eu?!

— Sim... Sei o quanto está sendo difícil depois de tudo e queria saber como você está.
— Estou bem. Na medida do possível.
— Nunca tocamos no assunto e se, talvez, eu for indelicado, por favor, me avise. — Lívia ficou no aguardo, e Ademir perguntou: — Você ainda está chocada com tudo o que descobriu e com a morte dele, não é?
— Não é uma situação em que eu esteja confortável, entende?
— Quem não está muito bem é o Humberto, não é? Ouvi dizer que ele está com depressão. Por isso parece tão estranho, sério... Nossa! Estou impressionado. Ele sempre foi um cara tão alegre, descontraído. Muito bacana mesmo!
— Você trabalha com ele há muito tempo?
— Quando entrei na empresa, ele foi o meu encarregado por três meses. Logo foi promovido a gerente. Não ficou nem três anos no cargo e foi convidado para ser diretor. Todo o mundo ficou impressionado, pois é uma empresa antiga, multinacional e conservadora. Como você pode notar, ele é o diretor mais novo que temos aqui e muito bem conceituado pela presidência. Apesar da carreira meteórica, o Humberto sempre nos tratou do mesmo jeito. É o tipo de pessoa que faz contato, vem conversar, sai para almoçar com a gente... Ri, adora brincadeira, piadas... De repente fica desse jeito. Vê-lo assim é preocupante.
— Mas ele vai se recuperar. Tenho certeza.
Tocando em sua mão que rodeava a xícara de café, Ademir insistiu:
— E você, Lívia? Estou preocupado. Trancou a matrícula na faculdade. Não fala em reabri-la ou em fazer outra coisa...

Não parece mais a mesma pessoa. Está sempre quieta, preocupada... Acho que está precisando de um amigo, de companhia. Sabe, sair um pouco vai te fazer bem.

Retirando a mão que ele acariciava, falou com jeito delicado para não ofendê-lo:

— Eu não posso rir sem ter um motivo. — Embaraçada e um tanto nervosa pela situação inesperada, decidiu: — É melhor voltarmos para a seção.

Eles se levantaram.

Ademir se aproximou da jovem e, bem perto, ainda falou:

— Conte comigo. Quero te ajudar no que for preciso.

Dizendo isso, ele lhe fez um afago vagarosamente no rosto e ela se esquivou bem séria, mas sem dizer nada.

De volta ao seu serviço, Lívia ficou pensativa e em dúvida.

Diante de tudo aquilo que estava acontecendo, o ideal não seria ela sair, espairecer e procurar se divertir um pouco? Afinal, junto de Humberto, só perdia tempo, ficando angustiada e resolvendo problemas que não lhe diziam respeito. Além disso, tudo que tentava fazer parecia não funcionar.

Poderia sair com Ademir sem compromisso, pois era livre. Nada a obrigava a ficar ao lado de Humberto ou junto de sua família.

Pensamentos como esses a invadiam a todo o momento, colocando-a em prova, testando sua fidelidade aos compromissos assumidos. A decisão seria somente dela. O seu livre-arbítrio mostraria o seu verdadeiro arrependimento e sua evolução por erros que acreditou cometer no passado.

* * *

Os dias foram passando. Humberto finalmente marcou uma consulta com o doutor Édison, médico psiquiatra, amigo de Sérgio.

Após ouvi-lo atentamente, o senhor calmo, com fala mansa, explicou[1]:

— Humberto, entre os transtornos de humor, existe um chamado depressão. Há inúmeras pessoas que já experimentaram um estado depressivo e nem sabem. Eu gosto de lembrar isso sempre! — enfatizou. — Entre vários graus ou estágios de depressão, existe a mais acentuada, que é quando a pessoa não consegue realizar as suas atividades e precisa de auxílio profissional, médico. A depressão não é o fim do mundo, mas é incômoda e extremamente desgastante. O que é preciso, é a pessoa reagir e buscar em atividades normais o prazer de viver. Veja bem, nós poderíamos ficar aqui horas, dias, semanas falando a respeito disso sem chegarmos a uma conclusão. Principalmente, porque eu não iria somente analisar os fatores psíquicos ou psicológicos, hereditários ou hormonais ou fisiológicos, mas também, e principalmente, os fatores espirituais, o que daria uma discussão e um enredo enorme para nossa conversa.

Existem vários fatores desencadeantes para os transtornos depressivos, assim como existem outros transtornos de

---

[1] N.A.E. Os relatos apresentados ou comentados, nesta obra, não podem servir de referências para diagnóstico. Somente um profissional bem qualificado na área poderá fazê-lo.

humor que podem estar ligados à depressão ou levar à depressão, mas que, na verdade, não é só depressão e pode confundir o quadro todo.

— Como assim, doutor? — quis saber Humberto, atento.

— Por exemplo, existe a Síndrome da Fadiga Crônica. Algo relativamente raro que dá uma fadiga inexplicável e prostra a pessoa por, pelo menos, uns seis meses. As queixas são: prejuízo da memória, sono não reparador, dor de cabeça, dor muscular e nas articulações, dor de garganta etc. As condições clínicas da depressão e da síndrome da fadiga crônica são quase idênticas. Veja, as coincidências não param aí, não! Existe também o transtorno de ansiedade, com sintomas muito semelhantes, mas que aparece de forma mais comum, porém com muitas outras considerações. Somente a depressão, acompanhada de sintomas físicos, não é algo muito comum. Entretanto estudos demonstram grande associação entre alguns transtornos de humor.

Você me descreveu sentir dores e tensões musculares. Dor no peito como se fosse enfartar, palpitação, tremor, sensação de desmaio, tontura, tensão mental, sensação de que algo horrível vai acontecer e a impressão de que está ficando louco. Dificuldade de concentração ou branco, sudorese, náuseas, inapetência, tonturas, dificuldades para engolir, arrepios de frio e ondas de calor, aumento de peristaltismo, que é a diarréia, insegurança, mal-estar indefinido, vontade de chorar.

Especialistas defendem que a fadiga está mais associada à depressão, enquanto que a dor, está associada à ansiedade, pois provocam mais reações somáticas ou psicossomáticas.

Esse estado, ou condição psicológica, está relacionado a acontecimento extremamente estressante, problemas, situações, doenças que atuam como estressores, que é quando a pessoa fica chocada e preocupada ao saber que tem uma doença grave e de difícil tratamento, por exemplo.

Você me relata também um estado como que flutuante de medo ou insegurança, como se algo fosse acontecer, mas nada está acontecendo e não há motivo racional para isso. Não chega a ser uma crise de pânico, um estado que não atinge o desespero da fobia. É uma apreensão muito grande, muito tensa sem motivo aparente, às vezes.

Em princípio, o pânico e a ansiedade parecem não fazer muito sentido, mas estão extremamente ligados. Principalmente no seu caso, por você ter experimentado um transtorno de estresse muito grande, em minha opinião.

O distúrbio, ou a síndrome do pânico, é um tipo de transtorno de ansiedade.

O ataque, ou a crise do pânico, ocorre sem nenhuma causa razoável, porém sempre depois de algum transtorno de estresse traumático.

Geralmente, a crise de pânico se apresenta com sentimento de insegurança total, medo de perder o controle, medo de morrer, dor no peito, tontura, suor frio, dificuldade de respirar... O pior é que, passada a crise, a pessoa fica apavorada de que, novamente, aquilo possa acontecer e que aqueles sintomas horríveis persistam por dias ou semanas depois do episódio original.

— Tudo o que o senhor falou tem a ver com o que eu sinto!

— Por isso é um desafio muito grande buscarmos uma definição, diagnosticarmos precisamente e darmos a denominação exata de um transtorno de humor, pois as condições gerais, que levam a pessoa à primeira crise, são extremamente particulares, únicas, diferentes.

Infelizmente — continuou o médico —, muitos profissionais da área de saúde e pior, os que não são especialistas na área da saúde mental, denominam todo e qualquer transtorno ou desequilíbrio como sendo depressão. E falam de uma forma, como se isso fosse algo fatal!

Observe um exemplo muito comum: um fator estressante levou uma pessoa a uma crise de ansiedade. Vamos dizer que, em meio a toda movimentação de sensações horríveis, sentimentos confusos e diversos sintomas físicos, que nunca observou antes, ela fica apavorada, lógico! Porque desconhece o que está acontecendo. Junto com essa movimentação, que é a crise, ou depois, vem o estado depressivo, infinitamente triste, e um terrível mal-estar.

— É aquela coisa indefinida, que não dá para explicar, tira nossas forças, puxa-nos para baixo, dá uma vontade incontrolável de deitar. Então, vêm os pensamentos decaídos e, para onde olhamos, pensamos em dor, doença, morte, tristeza... Parece que nunca mais vamos sair desse estado!

— Isso mesmo! Nesse caso que dei como exemplo, a pessoa não está só com depressão. O seu estado depressivo tem uma causa, uma origem, que é o transtorno de ansiedade. A ansiedade é culpada por tudo! Ela, na verdade, não tem de tratar a depressão, o que essa pessoa precisa é fazer um trabalho psicoterápico com a sua ansiedade, trabalhar o que dispara a ansiedade que a leva para esse estado ou para uma crise. Cuidando disso, automaticamente, a depressão some! Tudo funciona mais ou menos da seguinte forma: a pessoa fica apreensiva com algo que vai acontecer ou que, talvez, aconteça. Depois ela passa a ter as sensações horríveis, por fim, vem a depressão. A ordem é mais ou menos essa. Mas existem aqueles que dizem que ela tem depressão. Dizer isso é inadequado.

Como eu disse, há os transtornos de humor e a depressão é um deles. Sucedem inúmeros fatores que levam uma pessoa à depressão, entre eles, os emocionais são os que se destacam.

Nos transtornos de humor, como a depressão, a síndrome da fadiga crônica e o transtorno de ansiedade compartilham de uma mesma fisiopatologia em termos psicológicos. Isso sugere que o quadro clínico, e até mesmo a neuroquímica envolvida, são muito semelhantes nesses transtornos.

É inadequado denominar depressão para toda e qualquer tristeza, para todo e qualquer transtorno. Como também é inadequado chegar para um paciente na primeira consulta e dizer: você tem síndrome do pânico. Você tem depressão. Você tem ansiedade! Isso não é certo. Conforme expliquei, não é fácil definirmos o que o paciente tem de imediato. Quem faz isso ou é muito bom, ou pode ser irresponsável!

Por outro lado, a farmacologia, as medicações podem ajudar a aliviar alguns sintomas, mas é errado ficar só dependente de remédios. Aliás, vamos lembrar que certo número de pessoas não se dão bem com medicações antidepressivas, pois acabam sofrendo a potencialização dos sintomas que já tinham, além da aparição de outros.

Quase não se comenta que o número de suicídios é grande entre as pessoas que usavam antidepressivos sem um rigoroso acompanhamento de um médico psiquiatra junto com um psicólogo. Esses remédios, sem dúvida, podem interferir na capacidade de julgamento, pensamento e ação. Isso é relatado inclusive em muitas bulas. Além disso, a pessoa não deve, de forma alguma, fazer uso de bebida alcoólica. Não deve dirigir ou operar máquinas até ter a certeza de que seu desempenho não tenha sido afetado pelo medicamento — Riu de forma irônica e concluiu: — Diga-me: como alguém que tenha a sua capacidade de julgamento afetada pode afirmar que está apto a dirigir? Isso é um contra-senso!

— Espere, aí! Então existem pessoas que não se dão bem com antidepressivos?

— Existem! Lógico que sim! Como há pessoas com intolerância a determinados analgésicos, antibióticos e até alimentos naturais como peixe, leite, glúten e outros, há pessoas intolerantes a antidepressivos e as conseqüências podem ser bem sérias, muito graves, pois se os sintomas não forem físicos, serão psíquicos, psicológicos e não tão fáceis de serem percebidos. Por essa razão elas devem ter um acompanhamento rigoroso quando fazem uso de antidepressivo. Falo de um acompanhamento com médico psiquiatra e um psicólogo. Infelizmente, hoje em dia, usar antidepressivo virou moda! Acham que só ir ao médico e tomar remédio é suficiente.

Lamentavelmente, os profissionais da área da saúde mental estão banalizando o tratamento de alguns pacientes e para toda e qualquer queixa prescrevem antidepressivos. O número de pessoas que usam essas drogas é muito, muito grande e, a meu ver, desnecessário. Um comprimido não pode e não vai resolver um desafio que deve ser tratado na alma, com a mudança de comportamento e de pensamento de situações passadas e atuais.

Alguns remédios só vão deixar algumas pessoas apáticas, como um zumbi, anestesiadas e sem reação. Isso não é cura, é só um adiamento. Pense bem, quem disse que a depressão acaba quando a criatura desencarna? Desencarnando, o espírito não terá o antidepressivo para se anestesiar. Com isso, vai entrar em terrível desespero, não só por estar viciado na droga que usou como antidepressivo, quando estava encarnado, mas também por não ter fortalecido o espírito, organizado a mente e se guarnecer, psiquicamente, com meios eficientes.

A coisa mais comum é, quando chega um paciente e eu explico tudo isso, vejo que o seu caso é natural, ele está deprimido pelo falecimento de um ente querido e não prescrevo o uso de antidepressivo, esse paciente sai daqui e procura outro médico, pois o que ele quer é remédio. Com isso, só posso deduzir que ele quer chamar a atenção, quer estar na moda!

Uma vez — contou o médico —, chegou aqui neste consultório, uma moça com sua mãe, viúva. A senhora parecia hipnotizada, quase não falava e mal reagia. A filha contou que havia mais de cinco anos, a mãe estava daquele jeito. Desde a morte de seu filho caçula, entrou em depressão. Ela e os irmãos a levaram ao médico e a mãe já havia tomado diferentes antidepressivos com as mais variadas dosagens. Apesar disso, ela chorava, desesperava-se muitas vezes e nenhum lugar estava bom. A senhora só queria cama e tinha de ser em seu quarto na penumbra e bem fechado. Dei várias recomendações. A primeira delas foi caminhada e exercícios físicos que aumentam a produção de químicas naturais do organismo, o que melhoram o humor. Depois, terapia ocupacional como pintura, crochê, tricô feito em grupo, fora de casa. Psicoterapia com um psicólogo bem capacitado, natação, yoga, salão de cabeleireira, que agora tem nome mais bonito — riu gostoso ao dizer: — centro de estética. Falei que deveria assistir à novela, ir para um baile, fazer dança de salão, ir à igreja entre outras coisas. E ainda disse que, se ela quisesse mesmo melhorar e sair desse estado, ela precisaria desmamar dos remédios, ou seja, vagarosamente, diminuir as dosagens até se livrar completamente do vício daquelas drogas, porque aquela mulher estava viciada.

As pessoas se esquecem de que essas drogas viciam.

Foi um grande erro darem antidepressivos para aquela senhora por causa de sua tristeza pela morte do filho. A mulher precisava era chorar, viver o luto, ficar revoltada com todo mundo e até com Deus, por que não?! Isso iria fazê-la gastar toda aquela energia dolorosa que estava represada. Certamente, com o tempo, ela iria fazer as pazes com Deus e a revolta acabaria. Ela não ficaria deprimida para sempre, como ficou, por causa da dependência dos remédios.

Sofrer é ruim, é horrível, mas faz parte da vida! O sofrimento passa, assim como a alegria chega. Tudo em nossa vida vem e vai. Porém, com todas as experiências que vivemos, sejam elas boas ou ruins, nós nos fortalecemos, sem dúvida! Se fugirmos e nos anestesiarmos, só estaremos adiando o encontro de nós com nós mesmos, ou seja, não estamos encarando a vida, não estamos encarando quem somos e não vamos reagir, melhorando-nos!

— Um dos médicos que consultei, e até trocou meus remédios, me disse que eu tinha síndrome do pânico. Disse que isso poderia passar ou eu me acostumaria a viver, normalmente, com isso.

— Estou chocado, Humberto. Em casos como o seu, ninguém, muito menos um médico, pode afirmar que isso vai durar para sempre. É um absurdo! Tão menos dizer que você tem uma coisa ou outra sem antes acompanhar e estudar muito bem o seu caso. Somente depois de um tempo de terapia, um bom profissional poderá afirmar um diagnóstico. Você pode ter uma ou duas coisas. Por que não? Não posso afirmar, agora, o que você tem. Eu acho, veja bem, eu acho! — enfatizou.

—... que você teve uma crise de ansiedade por estar contrariado e com raiva por conta de seu casamento forçado e por ver a moça de que gostava envolvida com seu irmão e também insatisfeita. No meio desse processo ou crise, você teve um choque por querer matar o seu irmão e ele veio a falecer. Entrou em depressão. Algo mais disparou o pânico, talvez, muito provavelmente, algum trauma ou repressão do passado. Mas isso é resolvido com psicoterapia, não com remédio. A ansiedade é algo muito terrível e as pessoas ignoram isso. A ansiedade é o disparador de muitos transtornos. Ela faz com que o indivíduo aja sem pensar ou o faz se remoer e pensar demais. É algo que tem tratamento somente com a psicoterapia, remédio não resolve a ansiedade. A ansiedade é algo terrível. Tanto que pesquisas mostram que pessoas com ansiedade enfartam mais. A ansiedade o joga na depressão.

Não estou afirmando que você teve crise de ansiedade ou que tem depressão ou pânico. Antes de um período de psicoterapia, em que se investigue bem tudo o que lhe aconteceu, ninguém pode afirmar, categoricamente, o seu estado.

— Talvez seja bem comum fazerem um diagnóstico precoce. Um outro médico, antes desse, disse que eu tinha depressão e que, talvez, nunca saísse desse estado. Falou que existiam muitos remédios que eu poderia tomar pelo resto da vida e trocando, esporadicamente, quando meu organismo se acostumasse com eles.

O doutor Édison balançou a cabeça negativamente, parecendo inconformado. Depois, brandamente comentou:

— Humberto, no seu caso, posso afirmar: isso vai passar. Não se desespere. Não se acomode. O que eu recomendei para aquela senhora de quem falei não é nada impossível para ninguém e é o que recomendo para você.

— Para algumas pessoas a psicoterapia é cara, doutor. Nem todos podem fazer.

— Quem disse que não existem psicólogos à disposição gratuitamente? Na Associação dos Psicólogos Espíritas, você pode ter um excelente acompanhamento gratuito. Em algumas universidades, no curso de Psicologia também. Eu sei que os atendimentos são supervisionados e você não estará somente à disposição de um aluno, não. O trabalho é bem sério! Mas, há pessoas preguiçosas, que conseguem uma vaga para atendimento, agendam um horário, mas não compareçem prejudicando a si mesmas, o profissional que iria atendê-la e a vaga de outra pessoa necessitada. Isso é terrível de se ver.

Não só psicoterapia pode ser gratuita, outras atividades também. Muitas igrejas, centros sociais, clubes, casas espíritas oferecem terapias ocupacionais com instrumentos musicais, coral, tricô, pintura, artesanato e outras atividades. Salão de dança, você encontra vários por aí, fazer caminhada é só pôr um tênis e sair andando. Há muitas escolas de manicure, de cabeleireira que são gratuitas ou com uma taxa pequena para se fazer as unhas, cabelos e outras coisas. Tudo o que a pessoa se esforçar para encontrar, ela encontrará de graça. Isso tudo vai preenchendo a vida. Vai dar novas idéias, novos pensamentos e voltará, pouco a pouco, o ânimo e o humor. A criatura pode se revelar e se superar.

Mas, infelizmente, temos aquele tipo de pessoa que potencializa, aumenta o seu problema para usá-lo como desculpa a fim de não enfrentar a vida, de negligenciar a responsabilidade. Esse tipo de pessoa, dificilmente, vai se recuperar porque para ela é mais fácil, é muito cômodo e, inconscientemente, prazeroso dizer que tem depressão, síndrome do pânico, ansiedade... e: "Olha — arremedou —, eu sou muito sensível, não posso ficar contrariada, não posso me estressar, não posso isso ou aquilo". Enquanto essa pessoa falar, pensar e agir assim, realmente, ela não vai poder nada. Ela não vai se recuperar.

Transtornos como esses são alertas espirituais ou psíquicos sinalizando-o e dizendo: "olha, você precisa mudar os seus pensamentos, sentimentos, palavras, ações, pois o seu nível espiritual, psíquico não está bom. Você pode e vai ter de mudar, hoje ou amanhã, porque não pode ficar assim eternamente, porque, quando permanece assim inerte, você não evolui." Veja, terá de se recuperar aqui ou na espiritualidade. A escolha é sua. Mas pense bem. Aqui você conhece os meios e tem ajuda. Na espiritualidade, não se sabe o que vai enfrentar.

— Tudo o que o senhor está me dizendo é muito importante. Tenho até medo de pensar o que, espiritualmente, está acontecendo comigo.

— Foi bom falar nisso, Humberto. Com muita experiência clínica nessa área e como espírita, posso lhe dizer que os obsessores estão fazendo a festa no plano espiritual à sua volta. E não é preciso ser médium para dizer isso. Eles podem aproveitar esse abalo para envolvê-lo com energias bem funestas, pensamentos e sentimentos que potencializam mil vezes o que realmente esse estado é de fato.

— Imagino. — Pensando um pouco, o rapaz olhou firme para o médico e falou convicto: — Apesar do abalo, eu quero e vou mudar esse quadro. Não vou me permitir ficar nesse estado e, para isso, quero ajuda e orientação.

— Ótimo! — riu o doutor, satisfeito.

— Doutor, andei com pensamentos confusos e idéias estranhas, como a de... — envergonhou-se, mas contou: — matar meu irmão, ainda querer matar a minha ex... pensamentos suicidas... Pode ser efeitos dos medicamentos?

— Eu acredito que sim. Os medicamentos podem interferir na capacidade de julgamento, pensamento e ação de uma pessoa, provocando ou potencializando esses desejos, sim. Eu prescrevo esses medicamentos com extrema moderação e por um período bem curto conforme o caso, pois sei que nenhum remédio pode alcançar a verdadeira origem desses sintomas — falou o médico com franqueza. — Porém, nisso pode ter uma bela dose de obsessão, sem dúvida. Vamos lembrar que você não sabe qual a ligação sua e de seu irmão no passado. Sua ligação com sua ex... Será que seu irmão não o matou em uma vida passada e você não lhe perdoou como deveria e queria, inconscientemente, vingar-se dele nesta existência? Talvez até por isso esse estado, essa crise veio para lhe cobrar uma postura mais equilibrada de amor verdadeiro e perdão compatível com a sua índole espiritual, a sua propensão natural de fé, amor e perdão. Será que, com sua ex, não teve um relacionamento turbulento também e?... — Após alguns segundos, considerou arrependido do que havia falado: — Por favor, Humberto! São somente suposições! É só o meu lado espiritualista falando. Pode ser uma expressão do seu inconsciente que se manifestou por causa desse transtorno e se potencializou com a medicação. Mas isso pode e deve ser tratado. O correto não é você perguntar: por que eu tive isso? O correto é se questionar: para que eu tive isso? Com certeza a resposta virá. Descobrirá que teve isso para evoluir, crescer, fortalecer-se e principalmente corrigir-se, desenvolver mais amor e fé. Para sofrer a crise que sofreu foi porque as energias criadas em você, por você mesmo, foram, incompatíveis ao amor e a fé que aprendemos com Jesus. Deus é bom e justo e ninguém fica assim eternamente. Vai precisar de muito empenho e determinação, mas vai conseguir.

— Certo. Quero começar me livrando desses remédios! E também começar a psicoterapia! — sorriu, animado.

— Foi a melhor notícia que eu tive hoje! Vamos lá! Vou ajudá-lo a diminuir esses medicamentos até a isenção total! Não se pode, repentinamente, parar de tomar esses remédios. Vou avisá-lo e, provavelmente, o psicólogo também o alerte de que haverá momentos em que você achará que não está adiantando nada. Vai querer um remédio mágico ou vai querer a medicação de volta para tirar toda e qualquer sensação que esteja sentindo. Alguns chamam a esses momentos ou períodos de recaídas. Eles não têm muito a ver com os remédios, mas sim com o estado emocional. Na verdade, são adaptações psíquicas e fisiológicas, vamos dizer. O caminho é a sua recuperação e uma nova pessoa, mais firme, mais sábia com despertar das novas idéias. Aquilo tudo que aquela moça a...

— Lívia!

— Sim, a Lívia. Tudo o que ela aconselhou é verdade. Será muito bom para você. Saia, dance, ande, tenha várias atividades tranqüilas, prazerosas e tudo vai acontecer naturalmente. Mas não dependa somente da companhia dela. Faça o que tiver de fazer mesmo sozinho. Você me disse que era instrutor em cursos de espiritismo e que fazia palestras também.

— Sim eu era.

— Não! Você ainda é! — sorriu. — Volte a essa atividade. Mesmo se, no início, estiver inseguro. Volte aos poucos. Vai lhe fazer bem.

Após vê-lo fazer anotações, Humberto, curioso, perguntou:

— Doutor, a propósito, e a senhora que mencionou que sofreu depressão por mais de cinco anos? Ela melhorou?

— Ficou ótima! Tornou-se outra pessoa! Uniu-se a um grupo da terceira idade, começou a viajar, participar de passeios... — riu. — A filha me encontrou um dia no centro e reclamou da mãe para mim. Disse-me que a mãe se tornou um pé de valsa e tinha arrumado um namorado. Por ser viúva, estava pensando em se casar novamente.

— E aí?!

— Ora! Virei para a moça e perguntei se ela queria sua mãe trancada e deprimida dentro de casa como antes ou alegre e extrovertida como ela estava? A moça sorriu, mas não respondeu. Eu ainda falei: deixe sua mãe viver! Deixe-a ser feliz!

— É bom saber de casos assim. Infelizmente, as pessoas só comentam assuntos catastróficos.

— Uma coisa de que gosto de alertar é para a pessoa não falar ou se lembrar do nome do que ela tem.

— Como assim?!

— Tem gente que vive dizendo: eu tenho depressão! Com essa afirmação, a sua mente fica presa nesse estado. Ela acredita e vive tendo o que diz ter. Esquecer o nome: depressão, pânico, ansiedade e se for preciso mencionar, dizer: eu tive depressão, tive pânico. Em seguida afirmar: a cada dia estou melhor, mais segura e feliz. Essa é uma tática ótima para impressionar o inconsciente e mudar de atitude mental. Você sabe, como disse o grande sábio: o que você pensa, você cria; o que você sente, você atrai; o que você acredita, torna-se realidade! — Ao vê-lo pensativo, ainda orientou: — Vamos falar em termos de energia. Devido às contrariedades da sua vida, você criou sentimentos ruins que são energias negativas e todo o seu corpo físico sofreu as conseqüências de um choque por causa dos seus desejos e sentimentos que experimentaram grande conflito. Assim sendo, você está carregado ou sobrecarregado de uma energia muito negativa. O que precisa fazer é gastar, livrar-se dessa energia ruim para que uma energia boa ocupe novamente esse lugar. Você precisa suar, literalmente suar, transpirar. Isso ajuda muito a se livrar, a gastar essa energia negativa. — Sorrindo, continuou: — Depois disso, não fique parado. Procure ambientes, terapias, ocupações ou trabalhos saudáveis como a leitura de um bom livro, ir à casa espírita para palestras e passes ou outras atividades salutares, pois será isso que irá ajudá-lo a repor de energias saudáveis o "espaço" vago deixado pela energia ruim que gastou. Além disso, leia o Evangelho Segundo o Espiritismo, diariamente, antes de dormir. Leia um parágrafo e reflita. Ore pedindo a Deus um sono tranqüilo, reconfortante, que possa repor suas energias mais saudáveis. Peça proteção de seu anjo da guarda, de amigos espirituais que atuem em nome de Jesus. Peça com muita fé. Tudo isso, com certeza, vai ajudá-lo muito. Acredite.

O médico ficou conversando por mais algum tempo com Humberto, fazendo-o sentir-se melhor, mais seguro e decidido a melhorar.

* * *

Era final de semana.

Lívia, sentada no sofá da casa de dona Aurora, ouvia atentamente sobre o que Humberto contava a respeito da consulta com o doutor Édison, o psiquiatra, e o doutor Fabiano, o psicólogo indicado por Sérgio e que ele foi consultar.

— O que você achou? — perguntou ela.

— O Fabiano me passou muita confiança e me animou bastante, reforçando que é possível eu sair desse estado e me fazendo entender melhor o que sinto, pois eu nunca podia imaginar que essas sensações ou sintomas pudessem existir, muito menos que ocorreriam comigo.

— Eu venho te dizendo que isso vai passar! Mas não acredita! — sorriu.

— Eu sei — sorriu junto. — Mas quando essa informação vem de um profissional é diferente. — Após alguns segundos, comentou: — Você deve estar cansada de me ver assim, só me queixando e falando do que sinto, não é?

— Não é agradável ouvir queixas. Às vezes me sinto aflita, sem saber o que fazer. Mas já percebi que você tem melhorado, principalmente, nos últimos dias. Está reagindo, agindo...

— Obrigado por me ajudar, Lívia.

Sentada ao seu lado, ela afagou-lhe as costas com carinho ao estampar suave e belo sorriso. Em seguida, propôs:

— Vamos sair e dar uma volta?

— Para onde?

— Não sei. Coloque um tênis! Vamos andar um pouco.

Humberto sorriu, levantou-se e concordou:

— Só um minuto, tá?

Dizendo isso, ele foi para o seu quarto.

Sem que percebessem, na espiritualidade, Rubens se demonstrava totalmente descontrolado.

— Desgraçados! Seus... — Depois de vários nomes indecorosos, vociferava: — Vou acabar com vocês dois!!! Vou matar essa safada e depois você!!! Como podem fazer isso na minha cara?!!!

Enquanto colocava o calçado, Humberto sentia-se mal. Experimentava uma tontura que o enfraquecia ao mesmo tempo que sentia o rosto frio e gotejado de suor.

Diante de sua demora, Lívia foi até o quarto e expiando perguntou:

— Posso entrar? — Ao vê-lo sentado, mas com a parte superior do corpo deitado sobre a cama, quis saber: — O que foi, Humberto?

— É aquilo de novo... — murmurou.

Mesmo percebendo-o trêmulo, pediu:

— Sente-se direito. Respire fundo.

Obedecendo, ele falou:

— Estão acontecendo algumas coisas meio diferentes comigo. É horrível! Parece que vou morrer!

— Não vai! Não vai mesmo! É só uma crise. Abra os olhos e respire fundo.

Apesar do pavor que o dominava, Humberto atendia aos seus pedidos.

Lívia foi até a cozinha e trouxe um copo com água adoçada. Ao segurá-lo, pediu em pensamento para amigos e benfeitores espirituais depositassem fluidos balsâmicos que pudessem ajudá-lo a se recompor mais rápido. Sem que ela visse, foi atendida imediatamente pelos mentores que os acompanhavam.

Chegando ao quarto, solicitou simplesmente:

— Bebe um pouco. Vai te fazer bem.

Enquanto ele bebia lentamente a água fluidificada, ela afagou-lhe sua cabeça e sua nuca sem perceber que lhe passava energias que o auxiliariam a se recuperar mais depressa.

A equipe do espírito Adamastor, pouco antes, sugava energias de Humberto, vampirizando-lhe os fluidos vitais e oferecendo-lhe uma sensação de pânico muito maior do que a própria morte.

Alguns outros inertes e sem saber o que estavam fazendo, consumiam suas reservas de forças psíquicas, deixando-o desorientado, confuso com a impressão de que sua mente enlouquecia saturada de impulsos inferiores.

Lívia ajoelhou-se frente a ele e segurou suas mãos gélidas e suadas entre as suas. Ignorando como proceder, fechou os olhos e começou a orar.

Em seu socorro, do ponto mais alto, veio uma luz azulada e cintilante que, generosamente, envolveu Lívia que passou a ter todo o seu corpo aureolado. Sem perceber, ela transmitia fluidos sublimes ao rapaz a sua frente.

Tais energias, lentamente, invadiam Humberto e provocavam pequenas ondas de choques que se manifestavam como calafrios.

A energia em forma de luz, grandiosamente divina, chegava até os espíritos inferiores ligados a Humberto e produziam nesses infelizes reações como que intoxicantes.

Amedrontados, espíritos sob as ordens de Adamastor, começaram a gritar por seu nome e, em fração de segundos, ele apareceu. Percebendo o que acontecia, Adamastor, imediatamente, dirigiu-se a Humberto, áspera e estrondorosamente, impondo:

— Você vai morrer!!! Está morrendo da pior forma, seu desgraçado!!! Essa aí levou seu irmão à morte e agora vai levar você!!! Sinta o horror da morte!!! Sinta que o inferno está chegando!!! É onde eu te espero!!!

Humberto começava a se recuperar um pouco, mas, subitamente, foi invadido por nova e gigantesca onda de mal-estar indefinido. Interrompendo Lívia, que se concentrava em uma prece sentida e se ligava ao alto, comentou:

— Parece que vou morrer... Que coisa horrível!

A fala do rapaz bastou para a moça abrir os olhos e prestar atenção no que ele dizia.
Sob o olhar de revolta de Adamastor, ela se sentiu fraca e inútil diante de tudo.
Mesmo na espiritualidade, em plano que não conseguia ser percebido pelos demais, Nelson e Alda envolveram Lívia, protegendo-a dos ataques do obsessor e seu grupo.
Sob a inspiração dos mentores, ela reagiu:
— Humberto! Levanta!
— Não posso. Vou cair!
— Não! Não vai! — falou firme, exigindo: — Levanta agora! Parece que é essa cama, esse quarto que te deixam assim!
Ela o puxou e o fez ficar em pé.
Ao olhá-la, Humberto passava mal, lembrava-se de seu irmão, de como ele desencarnou, de como deveria ter sofrido e muitos outros pensamentos velozes e decaídos.
Exigente, mas muito educada e generosa, ela falou:
— Não é possível! Agora há pouco, lá na sala, você estava tão bem! De repente, chega aqui no quarto e fica assim! Isso não é normal!
— Eu sei, mas não posso fazer nada!
— Ah! Pode sim! Vamos sair, venha! Daremos uma volta!
Sem conseguir concatenar as idéias, sentindo-se fraco e indefeso, Humberto a acompanhou, mesmo sob as reclamações e ameaças furiosas de Rubens, que ficou na casa.
Tempo depois, ao caminharem por uma avenida ladeada de árvores, ela perguntou:
— Sente-se melhor?
— Um pouco.

— Foi uma crise. Você não vai morrer. Nada vai te acontecer.

— Crise do quê? — perguntou ele entristecido.

— Sei lá! O nome pouco importa. Vamos chamar de crise.

— Estou me sentindo melhor. Mas muito estranho. Sinto um tremor por dentro. Quando falo parece que não sou eu que estou falando. Se dou risada é como se não fosse eu quem estivesse rindo. É estranho, não é?

— Isso também vai passar!

— Você fala com tanta convicção, Lívia. Já viu alguém passar por isso?

— Já ouvi falar. Pelo que te conheço, você tem força interior mais do que suficiente para vencer esse estado. Um tratamento de assistência espiritual seria muito bom. Você começou, mas não deu continuidade.

— Será que tive essa crise por que o médico diminuiu um pouco a dosagem dos remédios?

— Não creio.

— Por quê?

— Porque já teve outras crises com a medicação em alta. Eu acho que precisa é mudar aquele quarto. Se me permitir, vou falar com a Neide e pedir para ela e sua mãe mudarem sua cama de lugar, tirarem dali a cama que foi do seu irmão, as roupas dele do armário... Mudar tudo, entende? Deixar o quarto mais iluminado, mais arejado... Quem sabe pintar com uma cor mais alegre?! Aquela cor gelo é muito fria! — riu com gosto.

— Eu sempre quis um quarto azul! — admitiu.

— Azul seria perfeito! Poderíamos mudar as cortinas também!
— Tirar as cortinas beges e trocar por azuis?
— Não. Creio que tudo azul não ficaria bom. Mas cortinas brancas cairiam bem! Além disso, com uma cama a menos, você poderia mudar a mesa do computador e fazer uma bancada para que possa escrever ou ler perto da janela! O que acha?
— É mesmo!

Assim, Lívia começou a desviar os pensamentos de Humberto do que ele sentia, pois ele não tinha outro assunto para falar a não ser sobre o seu estado. As sugestões sobre as mudanças o faziam tecer planos e desenvolver idéias novas e produtivas.

19

Viver um dia de cada vez

O tempo foi passando.

Um dia nublado. Uma luz pálida no céu repleto de nuvens cinza anunciava mais um dia sem sol e um tanto frio.

Humberto conversava com Lívia a caminho do serviço e, em determinado momento, ele comentou:

— Eu vou conversar com a Irene.

— Quando? — interessou-se ela bem surpresa.

— Não sei. Ainda não marquei. Andei conversando com o Fabiano e ele considera que resolver toda pendência à minha volta vai ajudar.

— Também concordo.

— Mas quando penso em falar com ela... Sinto-me muito abalado.

— A vida é ação e ação é energia — comentou Lívia. — Agindo para enfrentar ou resolver o que for preciso à sua volta, você estará criando energias novas e gastando ou se desfazendo das energias velhas. Assim estará se renovando.

Muito à vontade, ele riu de um jeito gostoso e brincou:

— Você fez algum curso de psicologia nos últimos tempos?

A moça sorriu e ficou satisfeita ao vê-lo brincar naturalmente. Humberto parecia voltar à vida. Em seguida, ela respondeu:
— Não. Não fiz, mas seria um curso interessante.
Ele simplesmente sorriu e mudou de assunto.
— Amanhã vou comprar tinta para pintar o quarto. Você vai ajudar?
— Ajudar a comprar a tinta ou a pintar?
— As duas coisas. Topa?!
— Com o maior prazer! — alegrou-se ela.
Eles continuaram conversando até chegarem à empresa. Naquele dia, Humberto se sentia bem melhor. Não totalmente recuperado, mas dos últimos tempos em que era mordazmente acometido por terríveis crises psíquicas depressivas ou de pânicos inexplicáveis, aquele era um dia bem tranqüilo.

* * *

Os amigos que trabalhavam na contabilidade da empresa, combinaram de almoçarem juntos e Lívia fazia parte desse grupo.
Ao retornarem do restaurante, Ademir a segurou no hall do elevador, impedindo-a de subir com os demais e pediu:
— Fique! Vamos aguardar o próximo.
Lívia aceitou com simplicidade e o rapaz perguntou:
— Está livre amanhã?
— Como assim? — tornou ela, querendo ganhar tempo para pensar e entender a finalidade daquela pergunta.
— Poderíamos sair, tomar um chopinho, dançar... O que acha?

— Olha, Ademir...
Ela não terminou e ele a interrompeu generoso e educado:
— Lívia, já passou tempo suficiente desde a morte do Rubens. Você não pode ficar só pensando nele. Afinal, é uma moça jovem, bonita, cheia de vida e...
— Não é isso.
— Como não é isso?! Eu reparo muito bem no que faz e não a vejo ligando para ninguém. Ninguém te liga ou te procura. Você está muito sozinha, presa... Precisa viver um pouco e se soltar mais.

A mando de Adamastor, os espíritos infelizes, que acompanhavam Lívia à espera de uma oportunidade, encontraram o momento de agir.

Envolvendo-a com intensos fluidos inferiores, sugeriam-lhe pensamentos e sentimentos enquanto Ademir falava.

— Vejo você chegando e indo embora com o Humberto. Sei que ele é um cara legal e está precisando da sua ajuda, mas... Parece que ele está te usando! É muito estranho vê-los juntos. Digo isso porque não estão envolvidos, certo?

— Eu e o Humberto não temos nada.

— Nem teria cabimento! Só porque o seu namorado morreu, você não vai ficar com o irmão dele porque está sozinha, não é? Sei lá! Pode parecer que quer trocar um pelo outro!

Aquela opinião mexeu com Lívia. Ela começou a questionar a respeito de serem corretas ou não as suas intenções. Afinal, na verdade, não queria estar comprometida com Rubens quando conheceu Humberto. De certa forma, estaria trocando um pelo outro.

Isso tudo lhe causou dúvidas e conflitos.
— O que me diz? Não parece isso? — perguntou Ademir, despertando-a das reflexões.
— É... Não sei direito... — respondeu confusa, pois não havia escutado direito o que o outro falou.
— Eu acho isso. Parece que você está sendo usada, perdendo o seu tempo, a sua juventude, deixando de viver! Pense, Lívia! — Ficando frente a ela, Ademir tirou-lhe a mecha de cabelo do rosto, enlaçou-a atrás da orelha e, fazendo-lhe terno afago na face, convidou: — Vamos sair amanhã?

Afastando-se um pouco, ela respondeu abaixando a cabeça:
— Amanhã... Eu não posso.
— Domingo? — insistiu, aproximando-se novamente enquanto acariciava-lhe o braço.
— Eu não sei... — respondeu confusa, sob o efeito de energias de espíritos inferiores que tentavam influenciá-la.

A certa distância, Humberto, que esperava o elevador dos executivos, assistia à cena.

Resgatando as lembranças de ver Irene e Rubens juntos, confundindo-as com o momento presente, sentiu-se estranho, com sensações que o desequilibravam. Pensou que Lívia o estava traindo de alguma forma, apesar de não terem qualquer compromisso. Imaginou que ela não deveria ser diferente da outra e o enganava sim. Afinal, conversar tão próxima de Ademir, deixando-o tocar-lhe os cabelos com um afago, não seria algo comum com quem não se tivesse afinidade.

Humberto ficou muito confuso com o que via. Não conseguia raciocinar direito. Os medicamentos que tomava interferiam, cruelmente, em sua capacidade de julgamento e os espíritos infelizes que o acompanhavam ininterruptamente, aproveitavam-se dos efeitos colaterais dos remédios e como que preenchendo as lacunas de seus pensamentos, imprimiam-lhe idéias mórbidas, terríveis e comprometedoras.

Teve o impulso de ir até eles, mas desistiu com a chegada do elevador.

Ao passar pela sala de sua secretária, Humberto mal a olhou e, sem parar, pediu secamente:

— Júlia, venha até minha sala, por favor.

Acomodando-se em sua cadeira giratória confortável, abriu uma gaveta onde pegou uma cartela de medicamento. Olhou-a, destacou um comprimido e o tomou, engolindo-o a seco.

Vendo-a parada à sua frente, perguntou:

— A remessa da qual eu lhe falei hoje cedo, já foi encaminhada para o Rio?

— Já. Foi exatamente a remessa solicitada. Não houve qualquer alteração nos lotes.

— Ótimo.

A cena de Lívia e Ademir não lhe saía da cabeça. Naquele instante, ele passou a imaginá-los juntos, igual quando pegou Irene e Rubens.

Acreditava piamente que Lívia o enganava. Talvez se encontrasse às escondidas com Ademir, que era um rapaz bonito, simpático e não tinha problemas iguais aos dele.

Desde quando falou para Lívia que foi um erro terem começado um envolvimento, ela se afastou. Não ofereceu chance para qualquer intimidade. Não se demonstrou apaixonada.

Não deveria gostar dele como acreditava. Novamente estava sendo enganado.

— Tudo bem, Humberto? — perguntou Júlia ao vê-lo em silêncio por longo tempo.

Apoiando os cotovelos na mesa e amparando a cabeça nas mãos, respondeu com voz abafada e estranha:

— Estou bem. Vai passar.

— Quer uma água?

Jogando-se para trás na cadeira, balançou-se ao olhá-la de um modo incomum e comentou:

— Quero sumir, Júlia. Sumir!...

— Hoje você me pareceu tão bem. Eu o vi conversando e sorrindo de um jeito tão espontâneo, natural... Ainda falei comigo mesma: nossa! O Humberto está de volta! — sorriu.

— Eu me sinto oscilando... É como se eu vivesse em ondas altas e baixas, vagando... Parece que mudo de personalidade. Tenho dúvidas quanto aos meus sentimentos.

— Minha irmã reclamava de algo semelhante.

— Creio que estou incomodando todos à minha volta e... Às vezes, acho que as pessoas estão comigo por interesse ou obrigação. Vem um desespero! Uma coisa!...

— Vai passar — ela afirmou em tom bondoso.

— Quando?! Quanto tempo isso dura?!

— Cada pessoa tem o seu tempo próprio, psicologicamente falando. As defesas e os pontos fracos servem de fatores positivos ou negativos, mas, sobretudo, a sua aceitação, o seu amor próprio vão lhe ajudar.

— Como assim?

— Tenha paciência com você mesmo, Humberto. Dê-se um tempo. Diga a você mesmo que vai conseguir. Hoje, por exemplo, você melhorou muito em relação aos outros dias. Se depois ficou triste, diga: é por enquanto! Daqui a pouco estarei melhor novamente! Isso é confiar e amar a si mesmo. — Alguns segundos, vendo-o em silêncio, perguntou: — Você passou no médico novamente e ele diminuiu a dosagem dos remédios?

— Ele mandou diminuir mas, porém... Não estou conseguindo. Como ainda tenho alguns comprimidos a mais, nos momentos de crise muito forte, eu acabo tomando.

— Deveria falar isso para o médico. Por que não conversa com ele?

O rapaz não respondeu e, querendo mudar de assunto, pediu:

— Por favor, ligue para a filial do Rio. Preciso conversar com o Valdir.

— Certo. — Júlia entendeu que o assunto estava encerrado, mas decidiu contar antes de sair: — Humberto, o doutor Osvaldo veio me perguntar de você. Queria saber como estava.

— O que você respondeu? — quis saber, estranhando a atitude do outro.

— Disse que você estava bem.

— Ele está reparando que eu não me apresento como antes. Não opino tanto, não participo de forma tão dinâmica...

— Olha o que você está fazendo! Nem sabe se o homem está pensando isso ou não e afirma, com convicção, idéias negativas a seu respeito na suposta opinião dele.

— Devo admitir que não estou tão atuante quanto antes, Júlia! Demoro a entender algo simples. Fico confuso diante de determinadas pressões e...

Nesse instante, o doutor Osvaldo, vice-presidente da empresa, entrou repentinamente na sala, pois a porta se encontrava entreaberta.

— E aí, Humberto?! Já falou com o Valdir sobre as novas aquisições?

— Ainda não, doutor Osvaldo! Acabei de pedir à Júlia para fazer a ligação.

Imediatamente, a secretária argumentou sensata e educada antes de sair:

— Com licença, doutor Humberto, vou fazer a ligação agora.

— Isso! — exclamou o vice-presidente. Virando-se para Humberto, pediu: — Coloque no viva-voz que eu quero conversar com ele também. — Em seguida, comentou: — Li seus relatórios sobre a análise financeira que fez e gostei muito. Ah! Já viu os rendimentos das ações hoje?

O assunto continuou e foram realizar o que precisava. Isso distraiu Humberto dos pensamentos conflitantes que teve anteriormente.

* * *

Naquela noite, retornando para casa ao lado de Lívia, ele não disse nada.

Insatisfeita, embalada por pensamentos negativos impostos por espíritos inferiores, ela acalentava silenciosas idéias de que Humberto não queria se recuperar e ficaria eternamente daquele jeito.

Enquanto ele, trazia a imaginação povoada com idéias de Lívia e Ademir juntos, confundindo com as cenas que viu entre Irene e Rubens. Isso lhe provocava impressões causticantes de profundo desespero.

Um momento de fúria o dominou quando experimentou imensa vontade de puxar o volante do carro, virando totalmente a direção para aproveitar a velocidade e provocar um acidente.

Desejou vê-la morta. Desejou morrer junto.

Mas, por um instante, pensou que o acidente não seria grave o suficiente para morrerem. Então, se conteve para não agir.

Ao chegar a casa, o espírito Rubens exibia-se furioso ao vê-los juntos.

A pedido de Neide, Lívia entrou para ver as cores de tinta que ela havia comprado sem avisar o irmão.

— Esse azul é para o quarto do Humberto. Esse lilás, quase rosa, é para o meu quarto.

— São cores lindas! — admirou Lívia.

— Eu ia comprar as tintas amanhã — ele avisou, sentindo-se insatisfeito com a iniciativa da irmã. Começou a pensar que sua opinião não era mais importante para ninguém.

— Ganhamos tempo, Humberto! — lembrou Neide. — Amanhã começamos cedo! — O irmão não disse mais nada. Ele foi para dentro de casa, e ela comentou animada: — Eu estava pensando, se o Humberto quiser, a parede do quarto dele onde vai ficar a mesa do computador e a bancada, poderia ser pintada com esse lilás, o que você acha, Lívia?

— Penso que ficaria bonito! Precisamos ver se ele gosta.

— Cale a boca, Neide!!! — gritava o espírito Rubens revoltado, confuso e ainda sem entender o que acontecia com ele. — Você não vai fazer nada!!! Aquele quarto é meu!!! Vai se ver comigo se mexer lá, cretina!!!

Ele estava muito perturbado ainda. Não sabia dizer há quanto tempo era ignorado pela família. Supunha que se tratava de dias, menos de um mês. Extremamente desorientado, quando despendia energias, revoltado com a atitude de todos, ficava fraco e esmorecido. Entrava em um estado semelhante ao sono, permanecendo assim por muitas horas ou dias. Ao despertar, acreditava que o seu acidente de moto tivesse acontecido há pouquíssimo tempo. Quando desejava sair de casa, sentia-se abatido, sem forças e não conseguia. Chegou a pensar que tivesse morrido, mas percebia-se vivo demais para aceitar essa suposição. Afinal, ele tinha dor, sangrava, movia-se, falava. Apesar de experimentar sensações estranhas, não considerava, sobremaneira, que pudesse estar morto. Ao imaginar essa possibilidade, ficava tonto, sem vigor, sem ânimo e não conseguia organizar os pensamentos. Experimentava um grande vazio.

A jovem não o ouvia e comentou:

— Minha mãe concordou em se desfazer das coisas do Rubens. Amanhã, um homem, lá do bazar beneficente da igreja, virá buscar a cama e as roupas.

— Creio que será a melhor coisa que vão fazer, Neide. O quarto vai ficar com um ar novo, mais agradável e diferente.

— concordou Lívia.

— Eu também acho. Aliás, isso já deveria ter sido feito.

— O que pensam em fazer comigo?!!! Eu ainda moro nesta casa!!! — berrava o espírito Rubens sem ser percebido. Com isso perdia as forças, enfraquecia e não entendia o que estavam falando.

Dona Aurora chegou à garagem e ao ver as moças conversando, perguntou sorridente:

— Você vem amanhã ajudar esses dois a pintar os quartos?

— Venho sim! — respondeu bem-disposta.

No instante seguinte, o espírito Rubens se refazia um pouco, sentia-se contrariado, entorpecido e, aproximando-se de sua mãe, exigiu emotivo e chorando:

— O que está fazendo?!! Por que estão me ignorando e me tratando desse jeito como se eu não existisse?!! Mãe! Parece que eu morri!!! Por que está fazendo isso comigo?!! Eu preciso de socorro... Preciso de um médico... Acho que vou desmaiar...

A senhora entristeceu imediatamente e, com lágrimas nos olhos, comentou:

— A gente precisa de algumas mudanças para ver se o Humberto melhora. Se isso é preciso para o meu filho se recuperar, então vamos fazer.

— Vai ficar bonito, dona Aurora! — disse Lívia.

— Vai sim — afirmou a senhora com o coração partido.

* * *

No dia imediato, bem cedo, Humberto e Neide estavam com tudo no jeito para pintar os quartos, quando Lívia chegou.

Animada, ela os ajudou em tudo o que precisavam. Eles brincaram, cantaram ao som de músicas alegres e se divertiam com o trabalho. Riam muito um do outro pelos rostos coloridos. Como se não bastasse, Neide fez questão de desenhar no rosto do irmão e de esborrifar tinta em Lívia, que ficou manchada. Mas não escapou de ser pega pela amiga que também lambuzou seus braços, pernas e rosto como deliciosa vingança.

A pintura das paredes, no plano físico, como que desintegrou fluidos negativos existentes no plano espiritual.

Havia um véu pesado e invisível de condensação energética inferior incrustada na parede que parecia absorver as irradiações enfermiças, depressivas da mente de encarnados e desencarnados.

Certamente a limpeza dessas energias pesarosas beneficiaria os usuários dos cômodos, não somente pela higienização espiritual, mas também pela nova cor que emitia uma vibração transformadora, pois espíritos mais elevados aproveitavam-se da limpeza física, material para condensarem energias benéficas e construtivas no ambiente mais luminoso, de vibração colorida, bem tranqüila e edificante.

Isso incomodou imensamente o espírito Adamastor e seu grupo.

De tanto protestar, o espírito Rubens ficou exaurido de forças e, como que entorpecido, caia em uma espécie de sono profundo, um tanto perturbado.

No domingo à tarde tudo estava pronto.

O quarto de Humberto havia se transformado e adquirido um novo ar. Achava-se mais limpo, bem claro. A cor nova o fez ganhar beleza e vida.

Neide também se beneficiava com a mudança, pois também renovou o visual de onde dormia.

Lívia riu ao ver o seu rosto no espelho e, sentando-se no chão, comentou alegre:

— Estamos cansados, mas valeu a pena!
— Nossa! Ficou tão diferente! Bonito! — disse Humberto, satisfeito ao contemplar o ambiente.
— Amanhã, após colocar as cortinas novas, aí sim, você vai sentir a diferença! — ressaltou ela.
— Humberto? — chamou Neide. — Telefone!

Ele se levantou e foi até a sala pegar o aparelho com sua irmã. Depois de conversar um pouco, retornou até o quarto avisando:

— O Sérgio está nos chamando para irmos até a casa dele. O que você acha?
— Primeiro preciso de um banho! — disse Lívia.
— Então vai logo! — pediu alegre. — Vou avisar que iremos!

* * *

Ao saírem para a casa do amigo, frente ao portão, Lívia parou e olhou o horizonte onde o sol se punha com seus raios faiscantes, tremeluzindo de dourado tudo o que atingia.

Seu belo rosto ficou iluminado e Humberto a observou inebriado, sem dizer nada.

Extasiada com a bela visão, ela falou baixinho:

— Veja que lindo!

Ele acompanhou seu olhar e contemplou afirmando no mesmo tom:

— Lindo mesmo!

Por alguns instantes um alívio tocou suas almas, dando-lhes uma sensação de profunda e agradável paz.

A moça sorriu docemente quando os seus olhos se encontraram, e ele falou em tom amável:

— Obrigado por tudo, Lívia.

— Tenho certeza de que você faria o mesmo por mim.

Ele sorriu e, num impulso carinhoso, abraçou-a com força, agasalhando-a em seu peito.

Sentia-se confuso, inseguro e sem saber o que fazer com aquele sentimento nobre, de um amor sem limites.

Apertando-a junto a si, beijou-lhe a cabeça e depois o rosto.

Lívia trazia o coração esperançoso, batendo descompassado. Erguendo-lhe o rosto, encarou-o firme por algum tempo. Humberto beijou-lhe novamente a face, acariciou-a com ternura e afastou-se do abraço.

A jovem se sentiu frustrada. Uma decepção doía-lhe na alma e acreditou ser usada de alguma forma. Ela não disse mais nada, e ele pediu, sorrindo:

— Vamos?!

— Claro — aceitou sem empolgação.

Não demorou muito e estavam conversando animadamente na casa de Sérgio, reparando o quanto Laryel havia crescido.

A menininha dormia tranquilamente um sono profundo em seu quarto e, aproveitando-se disso, Débora chamou

Lívia até a cozinha enquanto Sérgio e Humberto dialogavam na sala.

— E então, Humberto? Como está?

— Às vezes me sinto melhor, porém sempre tenho uma espécie de recaída. Acho que a diminuição dos remédios não está me fazendo bem.

— Não é a diminuição das doses dos medicamentos. Acho que você está se reajustando novamente. Isso é normal.

— O medo de ter uma nova crise me deixa apavorado. Aliás, eu tenho um medo que, apesar de saber que é insano, excessivo e irracional, não consigo controlar. Meu pavor é de que isso me aconteça no serviço, em alguma reunião, com executivos, com quem possamos fechar alguma negociação... Entende?

— À medida que você for resolvendo determinadas situações pendentes em sua vida, isso vai passar.

— Será?!

— Sem dúvida! Eu pude perceber que as suas crises ou o seu mal-estar, as sensações horríveis que descreve, acontecem sempre ligadas a algum evento e situações específicas.

— É bem provável, pois, de uma forma ou de outra, eu acabo pensando no meu irmão, me sinto mal ao lembrar o que desejei fazer com ele, ao imaginar o que ele sofreu e... Fico acreditando que vou experimentar o mesmo de alguma forma. Não sei se te contei, mas eu estava muito apavorado ao olhar para a parede do meu quarto à noite. Era como uma alucinação, eu acho... Temia que a parede se movesse, ficava em pânico esperando algum ruído ou movimento. Sei que isso não é racional, mas era o que sentia. Mas, depois que o meu quarto foi pintado, esses sintomas melhoraram muito. Praticamente sumiram. Isso me animou bastante, pois, agora, acredito que, assim como o medo de olhar para a parede sumiu, esse pânico que tenho, quando lembro do meu irmão, também vai sumir.

— É por isso que não se resolveu com a Lívia.

— Ela me faz lembrar do Rubens e... Sinto ciúme dela, mesmo sem motivo e... Parece que vou enlouquecer em alguns momentos, apesar da melhora que observei. — Breve pausa e comentou: — Sérgio, preciso te confessar uma coisa. — O outro aguardou paciente e ele revelou, temeroso: — Eu voltei a tomar a mesma dose dos remédios, pois não me senti muito bem com a diminuição.

— Por quê? — perguntou com tranqüilidade, mas lamentando profundamente em seu íntimo.

— Estou perdendo o controle, Sérgio. Na próxima sessão, eu vou comentar com o Fabiano. É que... — Humberto sentia imensa dificuldade para relatar o que precisava, mas a custo contou: — Eu me sinto mal quando fico olhando muito para a Lívia. A princípio, percebo que desperta em mim um sentimento muito forte por ela. Quero que fique comigo, entende?

— Você gosta muito dela. Acho que isso está claro para você.

— Sim, mas me lembro muito do Rubens. Teve um dia que saímos; nós nos envolvemos um pouco. Depois senti um arrependimento horrível. Passei muito mal por isso e, no dia seguinte, pedi um tempo.

— Ela aceitou?

— Eu disse que não era correto ficarmos juntos. Depois não conversamos mais a respeito. — Com olhar amedrontado

e o coração aos saltos, confessou: — Tenho experimentado idéias estranhas. Falei com o doutor Édison a respeito disso...
— Que idéias estranhas?
— Desejo de matar a Lívia... — falou quase sussurrando e envergonhado.
— Como assim? — perguntou Sérgio, parecendo calmo.
— Eu a vi conversando com o encarregado dela, o Ademir. Eu o conheço bem e... Ele a rodeava de um jeito... Falava com muita generosidade. Não sei o que dizia, mas a tocava no cabelo, no rosto e acariciou o seu braço. Eu a vi se afastando, mas... Senti minha cabeça esquentar. Passei mal. Depois vieram as idéias de matar os dois, de ela estar me traindo com ele, igual à Irene fez e... Não parei de pensar nisso. Quando cheguei à minha sala, pensei que eu fosse enlouquecer. Se a Lívia tivesse ido, lá, àquela hora, não sei dizer o que eu teria feito. Não estou suportando os pensamentos, as sensações e por isso faz mais ou menos uma semana que voltei a tomar a mesma dose de remédio de antes.
— Você fez uso de bebida alcoólica?
— Não, Sérgio. De forma alguma! Você sabe que não bebo!
— E depois? Ficou só nisso?
— Não. Nós voltávamos para casa no meu carro e, em determinado trecho, estava em certa velocidade... quase noventa, talvez... Eu tive uma vontade, um desejo quase incontrolável de puxar o volante e provocar um acidente. Mas eu não queria só um acidente simples. Eu desejava que morrêssemos nós dois.
— Entendo — falou reflexivo e com simplicidade.

— Será que você entende mesmo, Sérgio?! — perguntou amargurado, sem ver saída para o que experimentava.

Encarando-o firme, Sérgio invadiu sua alma com olhar sério ao afirmar:

— Eu sei, exatamente, o que você sente. Eu já te falei isso.

— Já passou por uma situação igual?

— A situação foi diferente. Mas os sentimentos de colocar um fim em tudo... Esse foi o mesmo. Eu sei qual é à força desse desejo, Humberto. Mas descobri que eu tinha um poder maior para lidar com isso.

— Que poder é esse?

— O poder da fé! A fé em Deus. Fé em mim. Fé em acreditar que amanhã será melhor. Não resolvi tudo da noite para o dia. Simplesmente fui vivendo, um dia de cada vez. Resolvi o que podia resolver e o que não podia deixava para Deus que, por fim, colocou ordem na minha vida. Arrumou situações que eu não poderia. Com o tempo tudo se resolveu.

— Estou com medo de ficar sozinho com a Lívia. Fico apavorado de pensar que posso ter novamente aquela vontade. E eu sou um cara racional, consciente. Mesmo assim, o desejo de fazer uma loucura dessas é incontrolável.

— Eu sei. Acredito que esse desejo tenha grande incentivo de obsessores, com certeza. Os espíritos inferiores, vingativos, podem aproveitar aquele momento em que você tem os pensamentos confusos e incentivá-lo a aumentar a dosagem dos remédios, influenciá-lo a crer que não pode ficar sem medicamentos e depois se aproveitarem do prejuízo que essas drogas trazem para a capacidade de julgamento e o estimular a atos contra a própria vida ou contra alguém. Só que você tem o controle da situação. Você é forte o suficiente para lidar com isso. Veja, eu não digo que tenhamos de lutar contra isso. O correto é lidar, trabalhar essa sensação, essa vontade.

— Como?

— Conversar a respeito com alguém preparado para ouvi-lo é um meio. E, também, quando sentir qualquer alteração negativa referente a esse estado, você pensa e diz a você mesmo com convicção: "já está passando. Deus me protege e me ampara". Logo depois saia. Vá fazer alguma coisa que as sensações, os sentimentos e até mesmo esse desejo horrível vai passar. — Sérgio não comentou, mas ficou com medo de um ataque obsessivo, pois já havia experimentado algo parecido. — Humberto, você está fazendo o culto do Evangelho no Lar?

— Não, eu... — não soube explicar. — Não faço com a mesma freqüência de antes.

— Então comece a fazer. Não só o culto do Evangelho no Lar com dia e hora marcados. Leia, nem se for um trecho curto do evangelho, toda noite antes de dormir. Aproveite o seu quarto novo e o imagine cheio de luz. Peça as bênçãos de Deus. Acredite que está protegido e seguro. Ore de coração.

— O doutor Édison me disse isso... Não sei por que me afastei tanto do Pai. Eu não era assim.

— Ele está sempre à sua espera. Ore!

— Tenho medo de fazer alguma coisa contra mim ou contra a Lívia.

— Não vai fazer. Em todo caso, converse com o Fabiano sobre isso durante a psicoterapia. Volte ao doutor Édison e fale

sobre o remédio. Em minha opinião, você não deveria ter aumentado a dosagem por conta própria. Isso é perigoso.
— É... Acho que errei.
— Errou mesmo. Siga as recomendações.
— E quanto à Lívia? Às vezes sinto que está diferente. E se ela sair com outro cara?
— Veja bem, Humberto, a Lívia está do seu lado o tempo todo. Apesar de vocês não se envolverem, não terem qualquer compromisso, ela está com você. Contudo é uma pessoa livre! Ela tem direito de seguir com a vida, ter amizade, a companhia que quiser e até um envolvimento com outro.
— Eu não vou agüentar, Sérgio!
— Ela está livre! Mesmo demonstrando que gosta muito de você, não está envolvida ou compromissada, apenas o está ajudando, e ajudando muito, diga-se de passagem! Você é quem vai ter de decidir, meu amigo! Não sabemos por quanto tempo ela vai suportar ficar assim ao seu lado. Se você gosta dela mesmo...
Humberto estremeceu, um frio e uma sensação angustiante correram-lhe por todo o corpo. Observando Sérgio seriamente, com seus expressivos olhos verdes, nunca desviando de seu rosto, comentou:
— Não sei o que fazer. Estou em conflito. Eu a quero, mas não posso...
— Não quero interferir no que o Fabiano te propôs, mas... Faça o seguinte: organize o que precisa fazer. Coloque uma ordem e resolva uma coisa de cada vez. Primeiro, é lógico, organize a sua vida espiritual, religiosa. Isso vai estruturá-lo muito. Volte a freqüentar o centro assiduamente. Envolva-se,

novamente, com suas tarefas dentro da doutrina espírita. Faça o culto do Evangelho no Lar. Leia o evangelho toda noite. Ore diariamente. Faça os exercícios de relaxamento, sentindo-se envolvido por uma luz azul, mentalizando paz, calma, tranqüilidade, saúde e tudo o que for bom. Com isso você vai se ligar ao Pai. Ele vai te ajudar. Peça sabedoria, harmonia, organização das idéias e acredite que isso está acontecendo. Nunca diga: Deus, estou confuso e quero organizar as minhas idéias. Não, nunca! Diga: os meus pensamentos são organizados. Tenho paz, harmonia, amor, saúde, etc... Entendeu? Nunca pense ou imagine algo negativo para pedir algo positivo.

— E quando eu começar a pensar que está acontecendo algo comigo? Que estou doente ou que vou morrer?

— Peça: Pai, dê-me forças! Eu sei que tenho saúde! Mas, se for preciso ficar doente ou morrer, eu quero fazer isso com dignidade, com Suas bênçãos, repleto de paz e amor. Em seguida, mentalize saúde, alegria. Sinta-se alegre e a alegria virá.

Humberto sentiu-se desarmado de suposições negativas e queixas. Sabia que tinha muito a fazer e, se quisesse melhorar, tudo dependeria somente dele.

Apesar de sua elevação espiritual, do conhecimento adquirido, os fluidos inferiores com que o envolveram o deixavam sem lembranças e forças de como se socorrer. Mas os amigos que Deus lhe confiou, ajudavam-no muito. Porém tudo deveria proceder dele.

20

O REENCONTRO COM IRENE

O tempo foi passando.

Munido de força de vontade, pois desejava se recuperar, Humberto se superava vencendo tudo o que o abalava para realizar suas propostas a fim de melhorar.

A semana iniciou com novidade.

Lívia retomaria as aulas e não poderia voltar para casa junto com ele.

Isso até o ajudou a se organizar melhor.

Ao sair do serviço, agendou para cada dia uma atividade. Um dia iria ao centro espírita para um tratamento de assistência espiritual. No outro, a psicoterapia. Depois, novamente, ao centro espírita para receber passes e acompanhar um curso que, apesar de já tê-lo realizado, sentiu-se atraído em refazê-lo, não só para se reciclar, mas também para se ligar e se reintegrar mais à doutrina espírita. Nos demais dias, iria para a academia de ginástica, para natação ou para casa.

Decidiu que seria persistente. Retornou a fazer o culto do Evangelho no Lar e a orar, fervorosamente, como antes era de costume.

Com o passar dos dias, no serviço, percebia-se mais disposto. Ninguém diria que ainda sentia-se um pouco estremecido psicologicamente.

As ocasiões em que se deprimia, a ponto de chorar, eram cada vez mais raras. Porém elas ocorriam e, quando isso acontecia, ele acreditava, no momento, que toda aquela sensação angustiosa não iria mais passar e nunca mais seria o mesmo.

No entanto, era envolvido por amigos espirituais e, com o tempo, percebeu que o mal-estar passava e sentia-se mais seguro.

Tudo ia bem até que, certo dia, viu Lívia sorrindo animadamente na companhia de Ademir, enquanto tomavam café na lanchonete da empresa.

Influenciado por espíritos inferiores, Humberto começou a dar atenção aos pensamentos que o invadiam e passou a entender que havia uma troca de olhares bastante comprometedora entre os dois.

Fazia tempo que não ouvia aquele riso gostoso e cristalino de Lívia, que gesticulava graciosamente ao contar alguma coisa.

Por que ela não agia assim quando estava com ele?

O coração de Humberto acelerou as batidas à medida que ele embebia os seus pensamentos com venenosas idéias influenciadas por espíritos inferiores.

O ciúme parecia dominá-lo de forma doentia.

Aproximando-se deles, simulou um sorriso com o canto da boca ao perguntar:

— Tudo bem?

— Olá, Humberto! Tudo bem? — perguntou Ademir, sorridente.

— Estão animados, hoje! — comentou Humberto com algo estranho no semblante.

Lívia percebeu alguma coisa diferente em seu jeito e não ousou responder nada, ficando mais recatada. Mas Ademir, contou:

— Estávamos falando das perguntas muito cretinas que ouvimos na sala de aula! — riu. — É cada uma!

Olhando para ela, Humberto contemplou-a por alguns segundos. Fixou-se em seus olhos castanhos e expressivos. Sorriu de modo enigmático. Virou-se para Ademir, estapeou-lhe as costas com suavidade e pediu:

— Continuem. Não quero atrapalhar.

Ao vê-lo a certa distância, Ademir perguntou:

— O que deu nele?! Está tão esquisito!

Lívia não disse nada, mas ficou muito preocupada. Algo a perturbou.

* * *

Mais tarde, na sala de Humberto, Lívia o procurou perguntando:

— Tudo bem com você?

— Tudo — respondeu secamente.

— É que você me olhou de um modo estranho quando eu estava conversando com o Ademir.

— Estranho?! — perguntou com expectativa.

— É... Você chegou e olhou estranho. Não disse nada com nada e foi embora.

Humberto levantou. Sentia os pensamentos confusos. Respirou fundo, foi a direção da janela e olhou para fora imaginando que aquela seria uma altura ideal para se jogar com Lívia. Estavam no décimo andar. Seria uma queda considerável.

Ela se aproximou, tocou-lhe o ombro com carinho e perguntou com brandura:

— Tudo bem?

Os espíritos inferiores que o acompanhavam, tinham conhecimento do histórico da outra encarnação de ambos e usavam idéias que mexiam com os sentimentos dele, dizendo que Lívia, se não o traía de fato, traía-o em pensamento. Provocando como que uma confusão dos fatos, Humberto se lembrava de Rubens e Irene, imaginando Lívia e Ademir, ou então lhe diziam que ela só estava com ele por ser parecido com o seu irmão.

— Humberto! Tudo bem?! — a moça insistiu.

Ele se virou. Encarou-a firme e a segurou com leveza pelos braços, quase os acariciando, sem dizer nada, sem qualquer expressão.

Pensava em como abrir aquelas janelas, uma verdadeira parede de vidro, hermeticamente fechada por causa do ar condicionado.

Conseguiria abri-las, jogá-la e se atirar?

Lívia sorriu. Trazia os olhos brilhantes, cheios de vida e esperança sem saber o que estava acontecendo.

Nesse instante, Júlia abriu a porta abruptamente e, reconhecendo sua falha, falou ao vê-los:

— Desculpe-me. Volto depois.

Saindo imediatamente, ela fechou a porta.

Foi o suficiente para Humberto retornar à realidade.
— Meu Deus! — murmurou ele.
Afastando-se de Lívia, esfregou o rosto e alinhou os cabelos com as mãos, sentando-se novamente.
— Você está bem? — tornou ela com tom generoso e doce na voz.
— Estou. São só aquelas......recaídas... Já está passando — sorriu, disfarçando os pensamentos.
— Hoje eu não vou para a faculdade. Volto com você. Ainda sob o efeito de forte influência inferior, respondeu sem pensar:
— Não acha melhor pegar uma carona com o Ademir?
— O que está dizendo?! — ela reagiu. — Você me ofende falando assim!
— Desculpe-me — considerou de imediato. Levantando-se, foi até ela e tentou acariciar seu ombro, mas a moça se esquivou. Afastou-se indignada com o que ouviu. — Por favor, Lívia, me desculpe — pediu verdadeiramente arrependido. Olhando-a com ternura, falou de modo meigo e constrangido:
— Eu fiquei com ciúme quando vi vocês dois conversando e rindo. Por favor, me perdoa.
— Ciúme?! Ciúme do Ademir?! Ora, Humberto! Pelo amor de Deus! — sorriu contrariada.
— É verdade. Fiquei com ciúme sim. Fiquei com raiva — confessou envergonhado. Oferecendo meio sorriso, aproximou-se, afagou-lhe o rosto com carinho e, olhando-a de um modo como se invadisse sua alma, explicou: — Você sabe o que sinto por você e... Não gosto de te ver ao lado dele. Sinto ciúme. Gosto muito de você, Lívia.

— Eu também — falou baixinho e sorriu.
— Por favor, desculpe — disse bem próximo, tocando-lhe o rosto com as costas da mão e com a intenção de beijá-la.
— Claro — respondeu. Sentiu-se estremecer. Invadida por uma sensação estranha, não sabia como agir e decidiu: — Agora tenho que ir. Podemos conversar mais tarde, não é?
— Lógico — concordou sorrindo e se afastando para deixá-la passar.

Ela saiu sem dizer nada e Humberto percebeu-se atordoado e desconcertado.

Voltando para a cadeira frente à sua mesa permaneceu pensativo.

Ele amava Lívia. Achava-se atraído por ela. Por que não envolvê-la em seus braços como sempre quis? Até quando iria se deixar perturbar por aqueles pensamentos sem sentido, sem razão? Isso o impedia de ser feliz.

Precisava fazer algo a respeito. Talvez fosse a sua dúvida que o tornava inseguro e confuso daquele jeito.

De repente começou a se decidir. Iria ficar com Lívia. Tinha certeza de que a amava muito. Venceria os seus medos, a sua insegurança e ficaria com ela. Resolveria tudo em sua vida, a começar por Irene. Já havia adiado muito sua situação com ela. Iria enfrentá-la e talvez se sentisse mais livre para se resolver com Lívia.

Naquele momento o telefone tocou. Era sua secretária, Júlia, avisando que Irene estava aguardando na linha para falar com ele.

Humberto se surpreendeu. Não esperava por aquilo. Porém, decidido a não fugir da situação, atendeu.

— Pronto!
— Humberto?
— Eu.
— É a Irene. — Ele ficou em silêncio, e ela continuou: — Sei que ainda deve estar abalado com tudo, mas precisamos conversar.
— O que você quer? — estremeceu ao perguntar, mas ficou firme.
— Já se passou muito tempo... Daqui a pouco vou para o hospital e... Precisamos conversar. — Ele não dizia nada e Irene insistiu com voz melancólica: — Humberto?! Você está me ouvindo?

Sua mente abalada o deixava confuso. Mesmo assim, fez-se forte. Sem que ela percebesse, respirou fundo e perguntou:
— Onde quer me encontrar?
— Pode ser na sua casa e...
— Não! — firme, decidiu de imediato antes de Irene terminar.
— Gostaria que não fosse em público. O assunto é delicado. Então... Poderia ser no nosso apartamento? Nunca mais fomos lá e... Tem algumas coisas minhas que eu quero pegar.
— Nosso apartamento, não! — reagiu rápido. — Aquele apartamento é meu!
— Desculpe-me. Foi força de expressão — disse com voz mansa.

Um torpor o dominou. Sentia o coração batendo forte e descompassado, parecendo sair pela boca. Mesmo assim, enfrentou a situação.

— Pode ser lá sim. Quando? — perguntou secamente, sem alterar o tom.
— Hoje? Pode ser hoje?
— Certo. Estarei lá. Até mais.
— Humberto?! — chamou-o a tempo.
— Fala.
— Ligue para a portaria e peça para me deixarem subir. Você deu ordens para eu não entrar mais e estão seguindo à risca.
— Farei isso. Tchau.
Antes de Irene se despedir, ele já havia desligado o telefone.
Debruçando em sua mesa, Humberto perguntou em voz alta:
— Deus! O que eu fiz para merecer isso?! — Sem obter respostas, pediu: — Pai dê-me forças!

* * *

Enquanto Humberto falava com Irene ao telefone, Lívia já estava em sua mesa e Ademir se aproximou com seu jeito sempre gentil, muito educado.
— Já terminou aqueles lançamentos? — perguntou ele.
— Acabei de te passar!
— Obrigado. — Alguns segundos depois, puxou uma cadeira para próximo da mesa da moça. Sentou-se e falando baixo, para garantir a privacidade, pois os funcionários ao lado poderiam ouvir, ele disse: — Está passando uma peça ótima no teatro e eu já adquiri dois ingressos. Quer ir comigo?

Lívia suspirou fundo. Refletiu o quanto os seus sentimentos por Humberto eram verdadeiros. Acreditou que deveria por um basta em Ademir, que desejava algo além de amizade. O fato de tratá-lo bem, talvez, deixasse-o com alguma esperança. Além do mais, o próprio Humberto revelou sentir-se enciumado por causa dele. Pensou em seu afeto por Humberto. Ela o amava e era com ele que gostaria de ficar, por isso deveria ser fiel, não só a ele, mas fiel à própria consciência.

Educada, respondeu com voz pausada e tom ameno:
— Ademir, obrigada. Mas não vou.
— Por quê? Tem algum compromisso?
— Não.
— Lívia, você está muito fechada! Não sai, não tem amigos...
— Isso não está me fazendo falta. Agradeço o seu convite, mas eu não quero sair com você.
— Não tenho nada com isso, mas vai só servir de companhia para o Humberto? Pelo que sei, vocês não têm nada, nem teria cabimento, pois...
— Olha aqui, Ademir! Isso diz respeito somente a mim! É a minha vida! Eu gostaria muito que você se limitasse a conversar comigo sobre assuntos, estritamente, de serviço! Pode ser? — falou firme e alto.
— Você está de caso com o Humberto?!
— Quer ir até a sala dele e perguntar?! Podemos fazer isso agora! — disse firme, ficando em pé ao encará-lo.

O rapaz levantou-se e olhou-a de cima a baixo, mas não disse mais nada. Virou e se foi.

Observando à sua volta, Lívia viu os outros colegas surpresos, olhando-a, pois havia falado alto o suficiente para que eles escutassem. Envergonhada pela cena, sentou-se novamente, puxou a cadeira para mais perto da mesa e voltou a trabalhar.

* * *

O expediente havia terminado.

Júlia recolhia alguns documentos assinados por Humberto quando um gerente saía da sala dele, e Lívia chegou com jeito desconfiado. Havia decidido não contar a Humberto sobre Ademir. Não queria deixá-lo com mais uma preocupação. Esperaria e, se o rapaz não falasse mais nada, aquele assunto seria esquecido.

— Já vai embora? — perguntou Lívia após entrar, pois a porta estava aberta.

— Vou — respondeu Humberto bem sério.

Júlia foi saindo sem dizer nada. Dando as costas ao chefe e, de frente para Lívia, ela gesticulou com a boca, envergando-a para baixo e chamando a atenção da outra para a sisudez de Humberto.

— Tudo bem? — indagou, a se ver a sós com ele.

— Está tudo bem, Lívia. Dentro dos meus pobres limites humanos, está tudo bem. Não como eu desejaria, mas... — falou com expressão enfadada, tentando não ser mal-educado.

— Olha... Eu gostaria de pedir uma coisa... Não me leve a mal, mas... Por favor, não pergunte mais, com tanta freqüência, se eu estou bem. Às vezes estou, porém um segundo depois,

começo sentir alguma coisa, um tremor, uma apreensão... Ou ao contrário. Essa pergunta me incomoda um pouco.
— Tudo bem. Desculpe-me — falou constrangida. Depois perguntou: — Posso ir embora com você?
Ele a encarou por algum tempo, ofereceu um largo sorriso e respondeu gentil:
— Pode. Claro que pode. — Mas fechando o sorriso, avisou: — Só que eu não vou direto para casa. Tudo bem?
— Tudo — sorriu. — Aonde vai?
— Você vai ver.

* * *

Durante o trajeto, Lívia percebeu que Humberto se dirigia para o seu apartamento, mas não disse nada.

Certamente, aquele lugar não lhe trazia boas recordações e, se precisava ir até lá, não queria estar sozinho.

Em silêncio, ele estacionou o carro na garagem do luxuoso edifício e subiram de elevador até o décimo quinto andar.

Experimentando uma amargura nas lembranças que violentavam seus pensamentos, revivendo a experiência torturante, ele pegou as chaves, abriu a porta e, acendendo as luzes, pediu simplesmente:

— Entra. — Depois de alguns segundos, solicitou: — Desligue o celular. Vou desligar o meu. Não quero que alguém nos incomode.

Lívia obedeceu, mas começou a se sentir insegura.

Por que aquilo? O que Humberto faria ali? Por que não quereria ser incomodado?

Não tendo respostas para essas perguntas, começou a observar.

O lugar estava intacto. Exatamente como o viram da última vez.

Ela, bem nervosa, com o coração aos saltos, conteve as emoções e sem dizer nada foi para a grande sala de estar, atrás dele.

Sem dizer uma só palavra, Humberto agia estranhamente. Jogou as chaves em cima da mesa provocando grande barulho. Passou as vistas em volta e foi para os quartos examinando, um por um, até chegar à suíte principal.

Lívia não o seguiu. Sentia um medo inexplicável. Sentando-se no sofá, ficou aguardando-o.

Na suíte, ele olhou a cama ainda desarrumada, com travesseiros jogados e lençóis revirados, suas lembranças passaram a ser vivas, como se estivesse vendo Irene e Rubens novamente.

Humberto sentiu que perdeu as forças, uma sensação de desmaio o dominava enquanto tremia e suava frio. Seu peito apertava forte como nunca.

Segurando-se na parede, levou a mão no coração e deu um gemido lento, curvando-se.

Atenta, Lívia ouviu e correu em seu socorro.

— Humberto! O que foi?!

Sem dizer nada, ele retornou para a sala ao seu lado e se sentou à mesa da sala de jantar.

O rosto pálido e gelado exibia seu estado abalado, mas ele não dizia nada.

Lívia não sabia o que fazer e propôs:

— Vamos embora, Humberto. Você não está bem e eu estou preocupada.

Nesse instante a campainha tocou e o rapaz avisou parecendo calmo:

— Abra a porta para mim, por favor. É a Irene.

— A Irene?!! — assombrou-se ela. — Você ficou louco?!! A Irene, aqui?!!

— Abra a porta, Lívia, por favor — pediu novamente, num tom fraco e estranho.

Mesmo sentindo as pernas enfraquecerem, ela foi até a porta de entrada social e a abriu para a surpresa da outra, que se assustou:

— Lívia?! Você aqui?!

— Boa noite, Irene — cumprimentou cinicamente, disfarçando o seu nervosismo.

— É... Boa noite! — retribuiu embaraçada ao entrar.

Enquanto Lívia fechava a porta, Irene caminhou pelo pequeno hall e corredor chegando até a sala de jantar onde Humberto a esperava.

O rapaz a olhava de um modo colérico. Dardos de rancor faiscavam através de seus lindos olhos verdes.

Procurando manter sua classe, Irene o cumprimentou:

— Boa noite, Humberto.

Ele não respondeu e somente a olhou de cima a baixo.

Elegante, Irene estava com a barriga bem avolumada para o seu corpo magro e alto. Muito bela e imponente, não perdeu a pose nem a arrogância.

Sem pedir licença, puxou uma cadeira e se sentou frente a ele, colocando a bolsa que segurava no extremo da grande mesa.

Lívia chegou. Olhou-os embaraçada, não sabendo o que fazer. Enquanto pensava, Irene pediu sem rodeios:
— Eu gostaria de conversar com você a sós, Humberto.
— Vou até o carro pegar...
— Você fica, Lívia! — exigiu ele, sem deixá-la terminar. — Não tenho nada a esconder de você. Não tenho muito que conversar com ela. Seremos breves e o assunto, talvez, a interesse também.

Uma nuvem de dor e revolta pesava no rosto de Humberto, endurecendo-o à medida que permanecia sentado, imóvel.

Apesar de parecer firme, Lívia ficou constrangida, mas num impulso resolveu:
— Estarei ali na sacada.

Indo à direção às largas portas de vidro, que davam para a sacada, abriu-as sentindo o frio cortante e agressivo da noite bater em seu rosto, esvoaçando seus cabelos. Fechando a porta atrás de si, percebeu que o vento minimizou. Ela poderia vê-los e ser vista, mas nada ouvia.

Sentindo-se mais à vontade, Irene retorceu as mãos ao falar:
— Humberto, eu também sofri muito e ainda sofro com tudo o que aconteceu e...
— Poupe-me disso, Irene! — disse firme. — Vamos direto ao que interessa. O que você quer de mim?!
— Quero que seja mais humano. Ouça-me, por favor!
— Depois do que eu presenciei aqui, neste apartamento, você exige que eu seja mais humano?! Ora! Por favor! Sou eu quem precisa saber só de uma coisa!
— O quê?

— Você sabe dizer ou não se esse filho é meu ou do meu irmão?
— Humberto! O Rubens me enganou, me envolveu, me seduziu! Nós viemos aqui para verificar a instalação do ar condicionado que estava com defeito e o técnico tinha...
— Pare com isso!!! — exigiu num grito, levantando-se enfurecido.

Irene foi para perto dele e, em pranto, tornou a dizer:
— Naquela noite, ele me envolveu, me seduziu... Eu amo você! — disse, abraçando-o pelas costas.

Abruptamente, Humberto esquivou-se do abraço. Afastou-se e voltou para junto da mesa espalmando as mãos sobre ela para se sustentar, pois se sentia muito mal.
— Acredite em mim!!! — pedia em pranto. — O seu irmão se aproveitou da minha sensibilidade. Por estarmos sozinhos, ele...
— Cale a boca!!! Se ele foi um cafajeste, você foi pior!!! Foi uma safada!!! Baixa!!! Eu bem que notei você agindo diferente! Tinha reparado algo estranho entre os dois!... Havia muito contato entre vocês. Depois, aquele dia quando fui te encontrar na loja sem que me esperasse e vi os dois chegando de braços dados... rindo... Senti algo muito estranho no ar! Eu deveria ter terminado tudo, definitivamente, mas não!!! Fui um idiota e me deixei enganar!!! E vocês?!!! Ah!!! Vocês dois devem ter se divertido às minhas custas!!! Agora não venha me dizer que a culpa foi dele!!!

Humberto sentia-se fora de si. Seus nervos estavam extremamente abalados. Trêmulo, experimentava os lábios dormentes e as mãos formigando.

Da sacada Lívia começou a ouvir os seus gritos e olhou para trás algumas vezes, mas tornava a fitar as milhares de luzes da cidade para se distrair e não ir até a sala se envolver. Acreditou que os dois tinham muito para conversar.

Ela também estava muito nervosa. Sofria com o que acontecia. Acreditava que Humberto não merecia viver tudo aquilo. Uma aflição passou a tomar conta de seu ser, mas não poderia se envolver.

Sem que ela esperasse, repentinamente a porta de vidro da sacada foi aberta com violência. Quando Lívia se virou, viu Humberto agarrando Irene pelo pescoço com uma das mãos e com a outra a empurrava pelo braço em direção ao guarda-corpo.

— Humberto!!! Pelo amor de Deus!!! — Lívia gritou em desespero, correndo em sua direção e puxando-o pelo braço, praticamente, pendurou-se nele.

A luta durou alguns minutos. Irene tentava se livrar e, na primeira oportunidade, gritou:

— Você vai matar o seu filho!!!

Foi quando ele parou, mas ainda segurava seu pescoço, olhando-a de um modo muito estranho.

Lívia tirou as mãos de Humberto que quase esganavam Irene, e a puxou para o lado.

Levando-a para a sala, viu-a em lágrimas e esperou que se recompusesse um pouco.

— Você está bem? — perguntou Lívia, preocupada.

Ainda tossindo, e com a mão na garganta, Irene respondeu:

— Ele me paga! Maldito!
— Irene, se você está bem, por favor, vá embora. Será melhor para todos nós. O Humberto não me parece bem.

Assustada e em choque, Irene não disse nada. Pegou sua bolsa e se foi.

Lívia voltou para a sacada onde Humberto trazia as mãos segurando o corrimão do guarda-corpo e o olhar perdido ao longe.

Pegando em seu braço, ela pediu com brandura:
— Venha. Vamos entrar.

Lentamente, ele a olhou firme e sério. Sem qualquer expressão. Seu semblante não era o mesmo. Lívia não o reconhecia, e um medo apavorante percorreu-lhe o corpo em forma de arrepio e de mau presságio.

Enérgica, ela exigiu:
— Humberto, entre agora!
— Eu deveria ter matado aquela desgraçada — falou, impostando na voz grave um tom cruel. — Deveria tê-la jogado daqui de cima.
— Pare com isso!!! — Lívia gritou, chamando-o à realidade. — Quer me deixar louca?!! Pense em Deus!!! Pense em você!!! No que vai querer para o seu futuro!!!

Subitamente, ele pareceu acordar.

Apreensivo, experimentou uma sensação estranha e indefinida que lhe roubou as forças.

Olhando para Lívia, viu-a em lágrimas. Ela havia se afastado. Estava longe dele e perto da porta, aparentando ter medo de algo que ele pudesse fazer.

Uma aflição, com misto de angústia, dominou-o e a moça, percebendo o seu estado, agora frágil, aproximou-se e puxou-o pelo braço para que entrasse.

Na sala, Humberto não chegou até o sofá. Deixou-se cair de joelhos sobre o tapete grosso e macio, sentando-se em seguida.

Ainda apreensiva, Lívia ficou ao seu lado. Abraçou-o e chorou também, mas se refez logo. Levantando-se, ela foi até a cozinha onde começou a orar pedindo proteção, luz e paz. Nesse momento, amigos espirituais os envolveram com bênçãos sublimes, neutralizando a ação de espíritos inferiores e afastando-os.

Uma grande dor tomou conta dos sentimentos do rapaz, que demorou muito para se recompor.

Sentado no chão, com o corpo largado e recostado no sofá, olhava para o teto, quando Lívia se aproximou trazendo um copo com água e oferecendo-o, com jeitinho:

— Toma. Vai te fazer bem.

Ele pegou o copo de suas mãos e bebeu lentamente, gole a gole, ao mesmo tempo que desabafava com a voz amena:

— Eu ia fazer uma loucura.

— Mas não fez — falou com calma, sentindo-se anestesiada.

— Ela está grávida e eu não respeitei o seu estado — comentou arrependido.

— Eu acho que ela está bem. Foi só um susto. Amanhã vou procurá-la para saber como está.

Respirando fundo, ele se sentou direito, curvou-se e colocou o copo sobre a mesinha central. Encarando a moça ao seu lado, pegou-lhe a mão, colocou entre as suas e pediu sentido:

— Desculpe-me, por favor. Você ficou nervosa.

— Já passou — falou com voz meiga ao encará-lo. — Agora estou bem — sorriu com bondade.

Ela, mais séria, fugiu-lhe do olhar, enquanto ele fitou-a por longos minutos.

Aproximando-se, afagou-lhe o rosto com ternura, envolvendo-a com um abraço.

Não demorou e a ajeitou em seus braços, segurando-a como quem embala uma criança ao oferecer proteção e carinho.

Longos minutos se passaram e o silêncio absoluto deixou cada um entregue aos seus próprios pensamentos.

Humberto a contemplava quando foi invadido por confortante sensação de paz. De repente, deu-se conta de que aquele era o momento tão esperado por ele.

Estavam sozinhos. Lívia ali, aninhada em seus braços, serena, com olhos fechados e a face recostada em seu peito. Podia sentir sua respiração fraca e compassada.

Carinhoso tocou suavemente com a ponta dos dedos em seu rosto, contornando-o com ternura.

Como Lívia era bonita! Seus olhos castanhos fortes e bem expressivos. Sobrancelhas bem delineadas e marcantes na pele alva e macia. Seus lábios carnudos de lindos contornos pareciam com os de uma pintura, projetados para serem atraentemente belos.

Aquele momento era exatamente tudo o que sempre desejou e sonhou em seus pensamentos mais secretos. Não havia ninguém com quem precisassem se preocupar. Afinal, estavam livres de qualquer compromisso. Não tinham a quem dar satisfação.

Ele sempre a quis daquela forma, somente para si.
Aproximando seu rosto do dela, fechou os olhos roçando sua face delicada com o toque de seus lábios, experimentando, com leves beijos, a suavidade de sua pele.

Enquanto apreciava o seu perfume brando e gostoso, pensava o quanto aquele instante era sublime, gratificante, especial.

Lívia se deixava ficar em seus braços. Abraçando-o pela cintura, afagava-lhe as costas vez ou outra. Trazia os pensamentos confusos e longe, carregados de dúvidas sobre ela, Humberto e aquele momento.

Não sabia dizer se o que acontecia estava certo ou não.

Sentindo os seus carinhos, ela se ajeitou tentando se afastar, mas Humberto, cuidadosamente, agasalhou-a nos braços, ajeitando-a para si ao seu lado.

Seus corações batiam fortes e descompassados.

Tirando-lhe os cabelos do rosto, com gestos e carícias sutis, ele lhe fazia constantes e delicados afagos invadindo sua alma com o olhar.

Com um abraço apertado, ela pôde ouvir sua respiração suave quando ele sussurrou:

— Lívia... Eu te amo...

Dizendo isso, beijou-a apaixonadamente, como sempre quis.

* * *

As nuvens brancas, quase transparentes, desmanchavam-se no céu enquanto as sombras da noite começavam a cair, dando lugar às lindas cores cintilantes a leste onde o amanhecer se iniciava lentamente.

Lívia experimentou um frio cortante na alma quando abriu os olhos e se viu com um lado do rosto apoiado sobre o braço de Humberto, que usava como se fosse travesseiro, ao mesmo tempo que o abraçava pela cintura.

Ele dormia.

Estavam cobertos por um edredom que ele havia pegado, junto com travesseiros, sem que ela visse, e os agasalhou.

Afagando-o enquanto o balançava vagarosamente, chamou-o sussurrando, mas parecendo aflita:

— Humberto, acorda! Está amanhecendo!

Ele despertou sem lembrar de imediato onde estava.

Lívia, rapidamente se levantou do chão da sala e fugindo-lhe do olhar começou a chorar sem que o rapaz percebesse.

Olhando à sua volta, ao se lembrar do que havia acontecido, Humberto sorriu, experimentando um sentimento emocionante, satisfeito. Com voz rouca, comentou em tom alegre:

— É!... Perdemos a hora! — Observando-a de costas, arrumando-se com gestos rápidos, ele se levantou, foi para junto de Lívia e perguntou carinhoso, abraçando-a pelas costas enquanto a beijava no rosto: — Tudo bem? — Por não ouvir respostas, com delicadeza virou-a para si e, curvando-se levemente para vê-la melhor, quis saber com generosidade imposta na voz: — O que foi, Lívia? Você está bem?

Sem encará-lo, ela respondeu com voz macia, tentando esconder as lágrimas:

— Não fui para casa... Meu pai vai me matar. Está amanhecendo... Ele já deve ter levantado e viu que não cheguei...

— Calma. Não fique assim — disse, abraçando-a com ternura, ao lhe afagar as costas, recostando sua cabeça em seu peito. — Se for preciso, eu falo com ele.
— Vai falar o que, Humberto?! — perguntou com voz fraca e sentida. — Vai dizer que dormimos juntos, aqui, no seu apartamento?!
— Calma — pediu preocupado. — Vamos encontrar uma saída. Eu não vou te deixar sozinha nessa situação.
Lívia se afastou do abraço. Estava nervosa. Depois de ir ao banheiro e lavar o rosto, retornou para a sala à procura de sua bolsa e pediu:
— Vamos, por favor.
Encarando-a sério, perguntou:
— Vamos para onde? Quer ir para a sua casa ou para a minha?
— Eu não sei, Humberto — murmurou em lágrimas, tremendo de medo e preocupação, pois conhecia bem seu pai.
Ele a abraçou, procurando confortá-la. Sentia-se culpado. Em seguida, decidiu:
— Vamos para a minha casa. Será melhor e teremos um tempo para pensarmos.

* * *

Ao chegarem, dona Aurora encontrava-se na cozinha e aguardava aflita.
Após guardar o carro na garagem, ele entrou com a mão no ombro de Lívia quando sua mãe perguntou em desespero:

— Filho! Onde vocês estavam?! Liguei pra vocês dois, mas os celulares estavam desligados!!! O que aconteceu?!!
— Mãe, espera! — pediu firme. — Podemos conversar mais tarde e então vou te explicar tudo! Agora, nós precisamos tomar um banho, tomar café e ir trabalhar. Pode ser assim?

Lívia, sentindo-se extremamente envergonhada, não ousava erguer o olhar nem dizer qualquer coisa.

Preocupada, dona Aurora contou:
— A dona Diva ligou várias vezes, ontem à noite, aqui para casa e hoje cedo. Quer dizer, de madrugada foi o senhor Juvenal quem telefonou. Ele estava bastante nervoso.

Humberto sentiu-se arrependido por Lívia. Sabia que seu pai não era nada compreensivo e iria reagir.

Vendo-a tentar esconder as lágrimas que corriam em seu rosto, ele pediu afagando-lhe os cabelos:
— Lívia, você conhece a casa. Vá lá dentro, tome um banho e, se for preciso, procure uma roupa no quarto da Neide.

Ela não disse nada e obedeceu.

Vendo-se a sós com o filho, a mãe perguntou firme:
— Humberto! O que aconteceu?! O que você fez com essa moça?!

Sentando-se à mesa, ele serviu-se de café e contou:
— Ontem à noite, a Irene quis que eu a encontrasse lá no apartamento. — A mãe pareceu perder o fôlego. Puxando uma cadeira, sentou-se à sua frente e aguardou que o filho continuasse, e ele o fez: — Chamei a Lívia para ir até lá comigo e foi o que me salvou.
— Como assim?!

— Eu não agüentei ouvir a Irene falar certas coisas e tentar se defender e... Entrei em desespero. Tive uma crise de ódio, raiva e tentei matá-la.

— Humberto!!!

— É verdade, mãe! Eu tentei jogar a Irene do décimo quinto andar!!! Foi a Lívia que me impediu. Depois que a Irene foi embora, eu entrei em pânico. Tive uma crise muito forte e... A Lívia ficou muito nervosa também. Chorou por causa da briga e... Acabamos por lá e pegamos no sono.

— E por que ela está assim?!

— Preocupada com o pai, lógico! Ele é muito ignorante! A senhora sabe!

— O que vocês vão dizer?

— Ainda não sei. Eu diria a verdade. Esperaria o senhor Juvenal mandá-la embora de casa e a traria para morar aqui.

— Filho, isso não está certo! Pense bem!

— Então o que devo fazer, mãe?! — indagou nervoso.

— Leve-me para casa, agora! — pediu Lívia que retornou à cozinha.

— Você não... — ele tentou perguntar, mas foi interrompido.

— Por favor, Humberto. Leve-me para casa — repetiu, trazendo na voz uma grande amargura.

— Tem certeza?

— Sim. Tenho. Preciso resolver isso o quanto antes — decidiu mesmo sob o efeito de grande medo.

— O seu pai não está lá agora. Deve ter ido para a feira — tornou ele.

— Se eu o conheço, ele está me esperando. Caso não esteja, falo com minha mãe.
— Deixe-me tomar um banho. Conforme for, de lá vou trabalhar.

21

A INSEGURANÇA DE LÍVIA

O caminho para a casa de Lívia parecia mais longo. Enquanto dirigia, Humberto, vez e outra, afagava-lhe os cabelos e o rosto.

Ao estacionar seu carro frente à casa, ele desceu e contornou o veículo ao passo que ela já estava na calçada, frente ao portão.

— Eu vou entrar sozinha, Humberto. Você pode ir.

— De jeito nenhum! — reagiu decidido. — Foi por minha causa que não dormiu em casa. Estou nessa com você, Lívia! O que você pensa que eu sou?!

Eles se olharam firme por alguns minutos e não disseram nada.

Ambos achavam-se nervosos e com o coração aos saltos.

Ao entrar, a moça chamou por sua mãe, mas foi a imagem robusta e grosseira de seu pai que surgiu na sala, exigindo:

— Onde é que você estava até agora?!!! — berrou o homem.

— Ela estava comigo! — avisou Humberto, sem trégua, enfrentando-o e sem dar chance de Lívia responder.

— E quem você pensa que é, para vir na minha casa dizer isso, assim, na minha cara?!!! — gritou inconformado.

— Se o senhor quiser ouvir, nós podemos conversar como pessoas civilizadas, ou então...

— Ou então, o quê?!!!

— Ou então eu vou embora e a levo junto! Não vou me desgastar com gente ignorante!

— Humberto! Por favor! — pediu Lívia em desespero, colocando-se a sua frente. — Vá embora, eu me entendo com ele!

Violento, o senhor Juvenal agarrou a filha pelo braço e a puxou, batendo-lhe no rosto com força. Humberto interferiu, iniciando uma briga.

Dona Diva chegou e logo se pôs no meio. Foi quando o rapaz conseguiu puxar Lívia e levá-la para fora.

— Não, por favor... — ela implorava chorando, enquanto chegavam ao portão.

Segurando-a pelos braços, olhando-a firme nos olhos, ele perguntou:

— Quer ficar?! Quer que ele te mate?! Quer que eu continue brigando para te defender?! Sim! Porque eu não vou te deixar sozinha! — Vendo-a chorar, abraçou-a com carinho e piedade, falando em tom generoso: — Eu não sei o que fazer. Desculpe... Por favor, venha comigo. Fique comigo Lívia.

Ela o abraçou com força e aceitou ser levada para o carro.

Retornando para sua casa, ele contou à sua mãe o que havia acontecido e recomendou:

— Por favor, mãe, toma conta da Lívia. Ela vai ficar aqui. Eu preciso ir trabalhar. Tenho uma reunião importante hoje.

Se puder, venho cedo e conversamos. Se aquele homem vier aqui, não o deixe entrar! Certo, mãe?!
— Vai tranqüilo, Humberto. Eu cuido dela.

Lívia entrou em desespero e chorou muito. No quarto de Neide, ficou deitada o dia inteiro. Não quis comer nem conversar.

O que piorava seu estado era o espírito Rubens, que se revoltava com a situação, xingava-a e a ofendia, passando-lhe vibrações inferiores e depressivas.

Abalada, Lívia chorava aos ataques de Rubens, que não lhe oferecia trégua. O que ele fazia, provocava-lhe pensamentos perturbados e confusos, e ela arrependia-se tudo.

Bem mais tarde, diante da demora do filho que não chegava do serviço, dona Aurora se sentou na cama ao lado da jovem e ofereceu-lhe uma caneca de chá, pedindo:

— Senta direito, meu bem. Toma um pouquinho desse chá. É de erva-cidreira.

Ela obedeceu, ajeitou-se na cama e agradeceu:
— Obrigada e... ...desculpe-me por tudo.
— Ora, o que é isso?! Somos nós que pedimos desculpa por ter te colocado nessa situação.
— Eu estou assustada, dona Aurora... Estou com tanto medo... — lágrimas, que não conseguiu deter, correram por sua face pálida.

A senhora puxou-a com carinho, recostando sua cabeça em seu peito, afagou-a maternalmente, dizendo:
— Tudo isso vai passar, menina. Não fique assim.
— Estou me sentindo tão mal, tão insegura...

Após breve pausa, a senhora perguntou:

— Lívia, me diz uma coisa, filha: a Irene chegou a dizer se o nenê que ela espera é do Humberto?
— Disse sim. — Afastando-se, ela sentou direito e contou: — O Humberto perdeu o controle. Segurou-a pelo pescoço e quase a enforcou ao mesmo tempo que queria jogá-la lá de cima. Foi quando a Irene gritou que ele iria matar o filho dele. Nesse momento, ele parou e eu consegui tirá-la da sacada.
— Meu Deus! Será que ela está bem?!
— Eu iria procurá-la, hoje, mas... Amanhã eu vou.
— Diz mais uma coisa, se você quiser, claro... — falou a senhora com jeitinho, acariciando-a ao tirar-lhe os cabelos do rosto. — Você e o Humberto estão namorando?

Lívia ergueu o olhar triste, novamente empoçado em lágrimas, e respondeu com voz chorosa:
— Eu não sei...

Puxando-a outra vez para si, dona Aurora pediu com carinho:
— Tudo bem! Tudo bem! Não fique assim. Vocês dois vão se entender. Tenho certeza.

Um barulho na sala denunciou a presença de Humberto, que as procurava. Dona Aurora se levantou e foi ao seu encontro.

Breve conversa com sua mãe e ele entrou no quarto da irmã.

Perto de Lívia, afagou-lhe o rosto, beijou rapidamente seus lábios e sentou-se ao seu lado, perguntando:
— Como você está?
— Péssima... — falou sentida ao olhá-lo de um modo indefinido, temeroso.

Ele passou o braço sobre os seus ombros e a puxou para junto de si ao dizer:

— Não fique assim. Tudo vai dar certo.

— Você demorou tanto — falou com voz fraca. — Fiquei com medo que fosse até minha casa falar com meu pai.

— Não. Acho melhor ele se acalmar primeiro. Eu fui até a clínica. Depois de tudo o que aconteceu, precisava conversar com o Fabiano. O que eu senti ontem não pode mais acontecer. Se eu tivesse feito aquilo... Já estaria arrependido. Não quero assustá-la como fiz ontem e não quero que tenha medo de mim. Eu vi medo nos seus olhos quando se afastou de mim lá na sacada e...

— Falou com ele? Contou que quis jogar a Irene do décimo quinto andar?

— Contei tudo. Inclusive sobre você.

Ela se afastou um pouco, olhou-o por algum tempo e indagou:

— Sobre mim?! E aí?

— Cheguei à conclusão de que preciso assumir meus sentimentos. Apesar dos altos e baixos, das crises, que eu chamo de recaída, eu preciso continuar vivendo e vivendo bem. Para isso acontecer, eu preciso de você ao meu lado.

— Mas... Quando olha para mim, lembra do seu irmão. Como vai vencer isso?

— O Fabiano é espírita e me fez lembrar uma coisa muito importante. Algo que vou pôr em prática. Não se preocupe. Deixa comigo.

Curiosa, ela perguntou:

— É sobre a Irene? Já sabe o que vai fazer?

— Não. Vou fazer uma coisa com o Rubens. Deixa comigo. Mas, ao que se refere à Irene, bem... Ela falou de uma forma que deixou entendido que nunca teve nada com o Rubens antes e depois afirmou que o filho era meu. Estou contrariado, lógico. Não era isso o que eu queria. Em todo caso... Vou assumir a criança. Só a criança. — Alguns segundos, acariciou-lhe o rosto, sorriu e comentou: — Agora, estou preocupado é com você!

— Vou ficar bem.

— Amanhã cedo nós iremos até sua casa para pegar as suas roupas, suas coisas...

— Estou com medo, Humberto. Nunca me senti assim. Estou preocupada... Eu... — deteve as palavras encarando-o de um modo estranho, apreensivo, como se quisesse falar algo que não conseguia.

— Não quer ir à sua casa?

— Na verdade, eu não quero — disse ela em tom triste.

— Então faça o seguinte: amanhã não vá trabalhar. Saia e compre algumas roupas... O que sirva até ir buscar as suas na sua casa.

— Quero ver a Irene, saber como ela está. — Humberto não disse nada e Lívia lembrou: — Ela está grávida, deve ter se assustado. Pode ter ido à polícia.

— Faça como quiser, mas eu não quero vê-la nem falar com ela por um bom tempo. Eu preciso desse tempo. Vou pôr em ordem muitas coisas na minha vida, mas não me sinto preparado para lidar com ela ainda. Outra coisa: se você falar com ela, avise que vou vender aquele apartamento. Semana que vem terá permissão para subir e tirar o que quiser. Depois disso, o apartamento estará à venda.

— Ela não tem direito a nada sobre a venda?
— Não. — Sentindo-se esgotado, com o tremor de sempre lhe abalando e uma dor forte no peito, pediu com jeito amável: — Por favor, eu não queria mais falar sobre isso. Vou tomar um banho, depois vamos comer alguma coisa, tá? — sorriu amável.
— Tudo bem — concordou, forçando um sorriso.
Ele a beijou nos lábios, fez-lhe um afago e sorriu com ternura ao sair do quarto.

* * *

No dia imediato, Lívia foi ao shopping comprar algumas roupas e decidiu ir até a loja de Irene para saber como estava.
Recebida por Cleide, sócia e amiga da outra, Lívia ficou sabendo:
— A Irene não chegou ainda. Ela quase não está vindo à loja.
— Você sabe se ela está bem?
— Foi você quem a separou do Humberto, ontem no meio de briga, não foi?
— É... Eles discutiram — dissimulou.
— Ela me ligou, disse que ficou apavorada! — contou Cleide. — Mas passa bem. A Irene não se abala por muito tempo. Isso até me assusta.
— O Humberto está muito perturbado ainda. Depois do que ela aprontou...
— Coitado... Eu sempre fui contra o que a Irene fazia com vocês dois. Ela e o Rubens não tinham consciência.

— Então o caso dos dois era antigo mesmo? — perguntou Lívia, propositadamente, para ter certeza.
— Começou assim que você e o Rubens iniciaram o namoro!

Esperta, Lívia ficou atenta e fez outra pergunta astuciosa:
— Por isso é que ela nem sabe de quem é o filho, não é?
— Preste atenção! A criança está para nascer por esses dias e... Faça as contas! Quando ela engravidou, o Humberto estava viajando a serviço!
— Ela está completando nove meses?
— Claro! Daqui a duas semanas! Eu sei que nem parece. Ela não engordou nada! Cuidou-se muito! Olha, Lívia, eu estou falando isso porque nunca achei certo o Humberto passar pelo que está passando. Eu soube que ele entrou em depressão. Ficou mal... E eu não me senti bem com essa história. O irmão dele foi um safado! Eu detestava o Rubens! — Alguns segundos e perguntou: — Por sorte você estava lá e não deixou o Humberto fazer nenhuma besteira. Ele iria acabar com a vida dele. Mas... O que você estava fazendo lá com ele? Vocês estão namorando?
— Aquele apartamento lhe traz uma revolta imensa. Ele não queria ficar sozinho lá com ela e me pediu para acompanhá-lo.
— Ah, bom! Pensei que vocês dois estavam juntos, entende?

Lívia sorriu e não disse nada, pedindo:
— Diga que eu estive aqui e preciso conversar com ela. É sobre o apartamento. O Humberto quer vendê-lo. Peça para ela me ligar.

— Pode deixar.

Após falar o que precisava, Lívia se despediu e se foi.

* * *

Ao chegar a casa, encontrou Neide em seu quarto e, depois de mostrar o que havia comprado, contou sobre a possibilidade de o filho ser de Rubens.

— O que você acha Neide? Devo contar para o Humberto agora, ou espero o nenê nascer?

— Esperar para quê?! Conte o quanto antes!

— Não sei, Neide. Não quero que se abale. Acho melhor esperar. Ele até aceitou a idéia de ser o pai, parece que está conformado com isso. Se eu disser alguma coisa, ele vai ficar ansioso, com grande expectativa e pode entrar em crise.

— É verdade. Pensando bem...

— Não! — decidiu Lívia. — Não vou contar não. Vou esperar a criança nascer.

* * *

Irene deu à luz um menino bonito e saudável a quem deu o nome de Flávio.

Ao saber da notícia, Lívia procurou tranqüilizar Humberto contando o que sabia.

— É só fazer as contas. Se o nenê nasceu de nove meses, não é seu filho. Nem precisa fazer exame para comprovar a paternidade.

Ele se sentiu confuso e revoltado. Novamente, experimentou outra crise forte, com as mesmas sensações estranhas e estado depressivo muito intenso.

Atordoado pelo inevitável mal-estar, deixou Lívia sentada na sala e foi para seu quarto.

Não suportando o que o abatia, deitou-se em sua cama e ficou quieto.

Sem saber como ajudá-lo, Lívia o deixou sozinho, pois também estava com muitas preocupações.

O senhor Leopoldo entrou em casa e, mais uma vez, estava embriagado.

Trôpego, chegou à sala falando mole.

— Oi, menina! Você aqui de novo! — riu. — Eu gosto de você, viu!

— É, senhor Leopoldo. Eu preciso ficar aqui por enquanto — disse de modo paciente, sem saber o que responder.

Em seu quarto, Humberto teve forte crise de choro por não suportar a pressão.

Além de Adamastor, que o castigava, o espírito Rubens, ainda perturbado, confuso e sem entender o que acontecia com ele, também lhe imprimia impressões causticantes e cruéis.

Humberto sempre se sentiu culpado por seu desencarne, além de arrependido pelo desejo de matá-lo e por ter sido a razão da sua fuga de moto, levando-o para a morte.

Agora tudo havia piorado. Não estava bem pelo fato de saber que o filho de Irene era de Rubens e agora o menino não teria pai por sua culpa.

Lembrando-se da conversa com o psicólogo, que lhe sugeriu pedir desculpas ao seu irmão no momento em que estivesse preparado, ele arrancou forças da própria alma e reagiu.

Sentando-se na cama, começou a orar fervorosamente e rogar amparo a Deus. Apoiando os cotovelos nos joelhos e a cabeça nas mãos cruzadas à frente do corpo, na altura do peito e, sem que o espírito Rubens esperasse, Humberto pediu em voz baixa e comovente:

— Rubens, me perdoa! Meu irmão, me perdoa! Eu te amo... Sempre te amei. Sempre quis o seu bem, mas, dentro dos meus pobres limites humanos, eu não soube te entender. Eu sei que você não agiu certo comigo nem com a Lívia, mas eu precisava te compreender e acho que só agora consegui isso. Você não foi forte, assim como eu... Eu desejei te matar, mas, na verdade, eu não queria que morresse. Gostaria que estivesse aqui, vivo e ao meu lado — chorou sentido.

— Puxa, me desculpa, cara! Desde que morreu, eu estou sofrendo. Se eu soubesse que iria fugir de mim e morrer naquele acidente... — Longa pausa. — Sei que nada acontece por acaso, Deus não falha... Provavelmente, você desencarnaria de forma semelhante, num acidente, mas... ...não precisava ser para fugir de mim. Estou desesperado e com remorso. — Lágrimas copiosas corriam por seu rosto e, mesmo com voz embargada, continuou: — Por favor, me perdoa! Estou experimentando a maior amargura da minha vida. Eu gostaria de estar em seu lugar em vez de sentir o que sinto. Eu prometo que vou cuidar do seu filho como se fosse meu. Fique tranqüilo... eu vou cuidar dele.

Menos emocionado, continuou:

— Eu acredito que há espíritos superiores e iluminados para te socorrer, é só você orar e desejar ajuda...

O espírito Rubens estava prostrado, de joelhos, frente ao irmão, que não o percebia.

Quando Humberto começou a falar, imediatamente, Rubens passou a ter visão de seu acidente e entender o seu desencarne. Logo em seguida, começou a ver as imagens da encarnação passada. Assistiu-se tentando compor um triângulo amoroso entre Lívia e seu irmão. Conseguiu perceber o quanto o invejava, não só na atual existência, mas na outra também.

Inconformado, desejando ter a jovem só para si, ele se observou tramando a morte de Humberto e empurrando-o, subitamente, sob as rodas de um trem, simulando um acidente e dizendo que o outro escorregou. Viu-se mentindo, contando e relatando o fato, várias vezes, fingindo desespero. Depois, como se sua crueldade não fosse suficiente, Rubens supôs à sua mãe que o irmão havia se suicidado, deixando-a ainda mais aflita e inconformada.

Ele pôde recordar seu sofrimento de muitos anos na espiritualidade, tempo em que Humberto procurou socorrê-lo e ajudá-lo até conseguir.

Nesse instante, o espírito Rubens entendeu a razão de seu desencarne no acidente de moto. Compreendeu o porquê de ter encontrado Lívia e a deixado livre para o irmão. Também percebeu o amor que ambos sentiam e o motivo de serem tão afins como eram.

Um arrependimento o dominava, por não ter cumprido as promessas feitas no planejamento reencarnatório, chorava muito.

Humberto continuava conversando, imaginando-se frente ao irmão. O que, na verdade, acontecia.

Dominado por um pranto compulsivo, o espírito Rubens estava como que apoiado em Humberto e começou a acompanhá-lo na concentração da prece do Pai Nosso.

Luzes cintilantes, que vinham do Alto, envolveram os irmãos de forma sublime, fortalecendo-os e acalmando-os.

Humberto ligou-se ao Alto e a energia poderosa que se distribuiu no ambiente, em forma de luz, irradiava-se de seu peito de forma espetacular.

Sustentando-se firme, acreditando no amparo Divino, Humberto cedeu fluidos salutares ao irmão que vagarosamente começou a perceber entidades elevadas ao seu lado.

Olhando-as emocionado, Rubens murmurou:

— Em nome de Deus, me ajudem!

Com indescritível carinho, seu mentor Arlindo o envolveu com elevada ternura e, com a ajuda dos espíritos Nelson e Alda, Rubens foi adormecido e entregue ao socorro abençoado.

Alguns minutos e Humberto se sentiu aliviado das emoções fortes, enquanto espíritos inferiores que o acompanhavam, estavam atordoados.

Repentinamente, viram seus laços fluídicos de energias negativas se rompendo, um a um, desligando-o das amarras que vampirizavam suas forças vitais.

Adamastor, assustado, ficou inconformado e confuso com o sumiço do espírito Rubens, desconfiando do que poderia ter acontecido a ele.

Precavido, Adamastor se afastou de Humberto, observando-o a distância.

Esgotado, sentindo-se entorpecido, Humberto levantou, pegou uma muda de roupa e foi tomar um banho.

Passando pela sala, Lívia o fitou sem dizer nada. Ele retribuiu o olhar e observou-a, admirando a paciência da moça dando atenção ao seu pai embriagado.

Na espiritualidade, a nobre entidade Laryel estava presente sem poder ser vista se não por aqueles que a acompanhavam.

Olhando a sua volta, comentou com bondade:

— O amparo providencial às nossas dificuldades chega, mas precisamos nos ajudar, iniciando pela organização e disciplina. O Humberto começou a entender a mensagem dele para ele mesmo. Agora está determinado a solucionar, de forma ordenada e prudente, tudo o que estiver ao seu alcance. Com paciência, vai aguardar o tempo resolver o que ele não puder. Apesar de todo o seu conhecimento, nosso querido Humberto vacilou. Não se protegeu quando deixou de se ligar ao Pai através da prece bendita. Eram somente alguns minutos por dia, porém não teve tempo, esquecendo-se até do Evangelho no Lar.

O espírito Nelson, mentor de Humberto, considerou:

— As pessoas sempre querem ajuda espiritual, mas não se dão ao trabalho de realizar o culto do Evangelho no Lar, esquecendo-se de quanto esse momento é abençoado! É a ocasião em que são chegadas energias dos planos mais elevados, fluidos que resultam como que alimento espiritual. Fonte de luz excelsa que ilumina e higieniza cada parede, cada cantinho da casa tornando todos os ambientes saudáveis e harmoniosos.

— Agora é questão de tempo — tornou a nobre Laryel. — Nosso querido Humberto tem em mãos as ferramentas necessárias para se equilibrar novamente e reerguer-se, elevando-se muito. Essas ferramentas são: a fé, os pensamentos elevados, a confiança em Deus e em si mesmo, a paciência e tudo o que resulta na paz interior.

— Somente agora, meu protegido perdoou, verdadeiramente, ao irmão por ter interrompido a sua experiência em outra encarnação e lhe tirado a oportunidade de viver ao lado de Lívia. Antes dessa experiência terrena, no plano espiritual, apesar de sua elevação, entendimento, capacidade e de todo seu esforço para socorrer Rubens no Umbral, Humberto ainda trazia um grau de ressentimento do irmão.

— Por essa razão, nesta encarnação, o seu inconsciente revelou o desejo de matá-lo — comentou o espírito Alda. — Seus conflitos e a crise emocional junto aos ataques espirituais que sofreu, abriram portas e o desejo de matar alguém que o contrariasse, surgiu descontroladamente. Foi sua boa moral, sua boa conduta que o fizeram ficar no controle da situação apesar de tamanho abalo e desespero. Ao ser sincero, reconhecer o seu erro e pedir perdão, Humberto conseguiu a harmonia, o alívio da consciência por entender a pequenez do irmão.

— Muitas vezes precisamos declinar nas aflições e na angústia para entender e perdoar. O Mestre Jesus nos ensinou a reconciliar primeiro com o nosso irmão, e depois apresentar a mossa oferta a Deus. Perdoar é amar incondicionalmente e aceitar viver ao lado daquela pessoa ajudando-a, amparando-a e ensinando-a a evoluir — completou Laryel. — Contudo, meus queridos, fiquemos atentos. Os espíritos ignorantes, que ainda o acompanham, apesar de surpresos com sua postura, vão tentar incomodá-lo de algum jeito.

* * *

Era final de semana.

Lívia foi até a casa de Débora avisar dona Aurora, que estava lá, que sua irmã mais nova havia ligado do interior e em pouco tempo telefonaria novamente.

A senhora retornou para sua casa, mas Lívia ficou brincando com a pequena Laryel em seu colo.

— Nossa! Como ela cresceu, Débora!

— Você viu?! Já perdeu um monte de roupinha. As priminhas vão ganhar tudo! — brincou sorridente.

— E a Rita, como está?

— Enorme! Aquela barriga não pára de crescer — riu.

— Faz tempo que não a vejo!

— O Sérgio foi danado! Ele acertou de novo! São duas meninas mesmo!

— Uaaau! Quatro filhos! Que lindo, né?! Dois casais!

— Eu também acho lindo, mas quando penso no trabalho que uma coisinha dessas dá!... — riu. — Falando nisso, a dona Aurora me disse que o nenê da Irene nasceu!

— É verdade. O nome dele é Flávio.

— Já o visitou?

— Não.

— O que o Humberto diz?

— Tudo indica que o filho não é dele, mas está decidido a pedir exame de paternidade. Não quer ficar com essa dúvida. Porém, não disse nada sobre visitar o nenê.

— Como essa moça foi cruel, não é?! Montou uma trama tão desumana! Em vez de dizer a verdade, fica aí com esse joguinho de mentiras e enganações. Que absurdo! Estou com tanta pena do Humberto. Ele parece gostar tanto de criança.

— Gosta sim.

— Toma! — disse entregando-lhe uma mamadeira. — Dê um pouquinho de água pra ela. — Enquanto Lívia servia a pequena Laryel, Débora perguntou: — E vocês dois? Como estão?

— Ah!... — suspirou e sorriu, disfarçando a tristeza. — Estamos indo. Sinto-me bastante constrangida por ter de ficar lá na casa dele. Às vezes, me sinto tão insegura, Débora — falou em um tom melancólico.

— Eu sei o que é isso.

— Sabe mesmo?! Por acaso já dependeu do Sérgio e ficou morando por necessidade na casa dele?! — riu, duvidando. — Garanto que não!

A amiga a encarou com seriedade e, fitando-a firme, declarou:

— Já sim. A situação foi bem pior do que a sua. Se o Sérgio não me acolhesse, eu viraria indigente, pois nem emprego eu tinha!

— Débora!... — admirou-se pasmada.

— Mas já passou! — sorriu, fugindo do assunto. — Com você é diferente. A dona Aurora te conhece, te respeita, gosta muito de você... Ela te elogia tanto! Disse que, se não fosse você, o filho dela estaria trancafiado no quarto até hoje. Diz que não sabe onde você arruma forças para ter tanta disposição a fim de ajudar o Humberto!

— Arrumo disposição no amor que sinto por ele. Enfrento tanta dificuldade, tanto conflito por isso! Você nem imagina!

— E o seu pai? Já falou com ele novamente?

— Não! Nem pensar! Liguei para minha mãe e ela disse que o meu pai ainda está uma fera. Bebe e briga todos os dias, reclamando de mim. Ele diz que quer me matar.

— Esses sentimentos vão passar, Lívia. Vai ver.

— Sabe, Débora... Estou insegura por causa do Humberto.

— Por quê?

— Ele aparenta grande melhora. Parece que saiu daquele estado depressivo. Mas tem hora que o vejo quieto, pensativo... Tenho medo de que ele sofra uma recaída ou algo assim e desista de mim.

— O Humberto gosta de você! Ele não vai fazer isso!

Lívia embalava vagarosamente Laryel nos braços. Quando Débora viu a filha dormindo, pediu:

— Deixe-me colocá-la no berço! Seus braços, talvez, estejam doendo! — sorriu. — Ela está bem pesadinha!

Enquanto ajeitava a filhinha cuidadosamente no berço, a outra foi atrás e contou:

— Teve um dia que saímos e nos beijamos. No dia seguinte, ele estava arrependido. Achou que foi um erro.

— Mas depois voltaram. Eu os vi juntos, lá no centro, e reparei que ele te tratava com tanto carinho! Ainda comentei isso com o Sérgio!

— É, eu sei — concordou com a respiração curta, aflita e torcendo as mãos. — Mas e se ele se arrepender novamente e achar que foi um erro?

Débora olhou para a amiga e ficou desconfiada.

Pegando-a pela mão, fez com que Lívia se sentasse no sofá, acomodando-se ao lado.

Olhando-a firme nos olhos expressivos, indagou:

— Aconteceu alguma coisa entre vocês dois, não é?

— Débora! Eu não sei o que faço! Estou desesperada! — confessou inquieta, angustiada. — Eu não esperava! Foi no apartamento dele, no dia em que ele quase matou a Irene! Foi por isso que não fui para casa! — contou, inconformada.

— Calma, Lívia. O Humberto gosta muito de você. O que ele está passando é uma fase. Se mesmo assim isso não te convence, comece a pensar no pior e analise. Se não der certo com ele... Você é jovem, muito bonita, tem um emprego...

— Mas, Débora, meu pai me mata!

— E quem vai contar para o seu pai que vocês ficaram juntos?! Pense! — Breve pausa e perguntou: — Já conversou com o Humberto a respeito disso?

— Não. Não quero ser mais um problema para ele que já está tão sobrecarregado. Mas estou aflita. Não paro de pensar nisso!

— Você mesma reconhece que ele está sobrecarregado. É por isso que ele fica quieto e pensativo.

— Desculpe por te incomodar com os meus problemas, mas não tenho com quem conversar e esse assunto está me sufocando.

— Você não me incomoda, Lívia! Fique tranqüila! — sorriu generosa.
— Estou com medo. Acho que nos envolvemos muito cedo. Estou muito preocupada com uma coisa...
O toque da campainha a interrompeu.
Débora se levantou e, ao olhar para ver quem era, anunciou alegre:
— É o Humberto!
Indo até o portão, ela o abriu, fazendo-o entrar.
— E o Sérgio? — perguntou o amigo animado.
— Ele foi ao mercado. Não deve demorar.
— É que o carro está na garagem, por isso pensei que estivesse — tornou o rapaz.
— Ele foi com o Tiago, que passou aqui e também ia para lá.
Ao chegar à porta da sala, deparou-se com Lívia que abriu lindo sorriso ao vê-lo e avisou:
— Eu já ia embora!
— Então vamos! O Sérgio não está. Eu queria falar com ele — sorriu.
— Ah, não! Fiquem comigo! — reclamou Débora.
— Venha você lá para casa! — chamou Humberto. — Minha mãe vive aqui! — brincou. — Aliás, parece que ela abandonou todo o resto da família por causa da filha e da netinha postiça! — riu. — Quero ver o dia em que eu ou a Neide lhe der um neto! — Recordando-se de que o filho de Irene, era neto de sua mãe, ele fechou o sorriso e não disse mais nada.

Lívia abaixou o olhar sem saber o que dizer, enquanto Débora, muito ágil, continuou brincando como se não tivesse lembrado de nada.

— Olha, vocês podem arrumar outros netos para a dona Aurora, mas a Laryel continuará sendo a mais velha! — Sorrindo, contou: — Sabe que ela conhece até a voz da avó postiça?!

— Sério?! — admirou-se Lívia.

— É sim! Você tem que ver! Quando a dona Aurora chega conversando, a danadinha fica procurando e rindo!

— Que gracinha! Qualquer hora eu quero ver isso! — disse Humberto. Em seguida, perguntou: — E onde ela está?

— Dormindo!

— Então outra hora eu a vejo. — Decidindo, despediu-se: — Tchau, Débora! Mais tarde eu ligo para o Sérgio. Vão lá em casa, tá? Minha mãe vai gostar!

— Vamos ver! Se o Tiago e a Rita não vierem aqui, é bem capaz de irmos sim!

— Estamos aguardando! — disse Lívia, beijando-a no rosto. — Tchau.

* * *

Ao chegarem a casa, Humberto avisou satisfeito:

— O carro já está lavado e abastecido! Uma coisa a menos para fazer!

Entristecida, Lívia comentou:

— Eu queria ligar para minha mãe. O que você acha?

— Seu pai deve estar em casa. Não seria um bom momento. Já falou com ela essa semana. Espere mais alguns dias.

Vendo-a triste, Humberto se aproximou, abraçou-a pela cintura embalando-a vagarosamente, de um lado para outro.

Trazendo leve sorriso no rosto, ele contemplou sua beleza por alguns segundos. Reparou o quanto Lívia era doce, generosa, tudo o que ele sempre quis encontrar em alguém.

Além disso, ela era sábia e inteligente. Qualidades a serem bem consideradas.

Sorrindo com generosidade, enquanto deixava seus pensamentos livres, decidiu perguntar ao vê-la quieta e séria demais:

— Você está bem?

— Estou preocupada com os meus pais, Humberto. Ele é rude e minha mãe, talvez esteja sofrendo muito.

— É por isso mesmo que está assim? — questionou, impostando ternura na voz, enquanto a segurava pela cintura com uma mão e afagava-lhe o rosto com a outra, tirando-lhe os cabelos do belo rosto.

Ela ergueu o olhar, ofereceu meio sorriso e respondeu:

— É que tem muita coisa acontecendo. Estou preocupada.

— Minha maior preocupação é ficar com você... — murmurou carinhoso, beijando-lhe a face e os lábios.

Abraçando-a forte contra si, Humberto foi levando-a em direção de seu quarto ao mesmo tempo em que a beijava e a afagava com carinho.

Ao chegar próximo da porta, entendendo suas intenções, Lívia pediu com jeitinho na voz baixa:

— Não... Por favor...

— Vem cá... — murmurou.

— Não... Sua mãe...

— Ela saiu. Não tem ninguém em casa — disse, abraçando-a firme.
Empurrando-o lentamente para se afastar do abraço, ela pediu novamente, no mesmo tom, só que mais firme:
— Não, Humberto, por favor.
— Por quê? — perguntou mais sério, sem forçá-la a nada, mas segurando-a pelo braço.
— Por respeito à sua mãe. Porque pode chegar alguém e eu não vou me sentir bem — respondeu, afastando-se dele e fugindo-lhe do olhar.
Tomado por uma sensação desagradável, ele perguntou bem direto:
— Não se sentiu bem quando ficamos juntos no meu apartamento, Lívia? Não foi bom para você?
— Eu não disse isso, Humberto — respondeu constrangida.
— Por que está me rejeitando então?
— Eu não estou te rejeitando. Não confunda as coisas, por favor.
Para colocá-la à prova, propôs:
— Então vamos sair. Podemos ir para um lugar tranqüilo. Longe do risco de alguém nos ver.
Ela andou alguns passos. Esfregou as mãos no rosto num gesto nervoso e murmurou sentando-se no sofá:
— Meu Deus! Como posso fazer você entender?
Humberto acomodou-se do seu lado e, segurando seu queixo, fez com que o encarasse. Olhando-a firme e com bondade, pediu em tom generoso:
— Se me explicar, eu posso entender. Tente.

Com a voz sentida, enquanto lágrimas copiosas corriam-lhe pela face, ela tentou justificar:

— Humberto eu não quero ser mais um problema para você. Por favor, eu preciso de um tempo.

— Um tempo?!! — surpreendeu-se, decepcionado. — Como um tempo?!!

— Não é um tempo longe de você. Não foi isso o que quis dizer — Olhando-o firme, invadindo sua alma, explicou: — Quero ficar com você! Eu te adoro! Mas não estou preparada para algo mais íntimo. Não agora.

— Mas nós...

— Eu sei! — interrompeu-o, parecendo aflita. — Você me envolveu... Foi uma surpresa! Eu não esperava e...

— Vai me dizer que se arrependeu?!

— Não! Não me arrependi! Não diga isso! Mas, por favor, me entenda.

— Não estou conseguindo te entender, Lívia.

— Então me aceite, por favor — pediu, como se implorasse. — Eu preciso que aceite o meu desejo agora. Estou muito preocupada. Extremamente nervosa e... Humberto, eu não quero sair com você por sair, entende? Não quero ser um objeto.

— Eu não te tratei como um objeto! — reagiu, confuso.

— Eu tenho certeza disso! Também não foi isso o que quis dizer... Só te peço um tempinho, por favor. Se não consegue me entender, me aceite.

— Tudo bem — concordou decepcionado e triste.

Lívia o envolveu em um forte abraço que ele correspondeu generoso.

Apesar de ter os pensamentos tumultuados, beijou-a com carinho, escondendo o seu rosto em seus cabelos como se procurasse um refúgio de paz.

22

Conhecendo Flávio

O domingo amanheceu com um sol radiante.

Humberto acordou, abriu a janela, e tornou a se deitar, cruzando os braços atrás da cabeça e entrelaçando os dedos na nuca.

Encontrava-se pensativo e preocupado com Lívia, que parecia evitá-lo.

O espírito Adamastor e seu grupo estavam presentes.

— Ela não te quer! — dizia ele. — Ela é pior do que a outra! Essa aí é ardilosa feito uma cobra traiçoeira! Vai te dar um golpe! Viu que você ganha bem, tem dinheiro, pra comprar um apartamento daquele! É só mais uma interesseira. Toda mulher quer ficar com você por interesse!

Observando a vibração de Humberto e percebendo que seus pensamentos começavam a se inclinar para o que ele queria, Adamastor virou-se para os seus subordinados, exigindo:

— Fiquem de olhos bem abertos. Na primeira oportunidade, envolvam esse sujeito com as energias mais pesadas que puderem! Vamos iniciar outra vez o que já fizemos antes e ele destruiu! Tenho todo o tempo do mundo!

Ao perceber novamente os pensamentos decaídos, Humberto praticamente saltou da cama, pegou o Evangelho Segundo o Espiritismo e o abriu ao acaso. Leu e refletiu sobre o tema. Em seguida, orou ligando-se ao Alto com fios tênues de uma luz azulada, que o impregnou de fluidos salutares.

Ao terminar, apesar de ainda preocupado com Lívia, sentia-se mais refeito e confiante.

Após um banho, foi para a cozinha onde encontrou todos reunidos.

— Bom dia! — cumprimentou sorridente.

— Oi, filho! Sente-se aqui! — pediu dona Aurora, apontando um lugar à mesa.

Ele a beijou no rosto, beijou Lívia ao seu lado e se sentou.

Conversaram sobre vários assuntos até que Humberto olhou para o seu pai, que fazia o desjejum em silêncio, e perguntou repentinamente:

— Quer ir comigo ao centro espírita amanhã à noite?

— Eu?! Ora! Por que eu?! — surpreendeu-se, confuso.

— Por que o senhor nunca foi e talvez goste!

O senhor Leopoldo ficou sob o efeito de um choque. Ofereceu um sorriso encabulado e tornou em tom tímido e alegre:

— Talvez eu vá. Vamos ver.

— Eu tenho um livro, é um romance espírita e talvez o senhor queira ler para saber um pouco sobre o assunto ou para se distrair. É um bom livro! Quer? — tornou o filho.

— Eu não gosto muito de ler — respondeu o homem.

— É um livro pequeno! Bem interessante. Conta uma história bem legal! Quer ver? Quem sabe pega gosto pela leitura! — insistiu Humberto descontraidamente.

— Depois você me empresta. Vamos ver.

Humberto sorriu, sentindo uma satisfação nunca experimentada ao conversar com seu pai.

Não sabia explicar o motivo. Seu pai nunca foi gentil e educado antes, quando se falavam, porém, naquele momento, foi diferente.

Dona Aurora ficou surpresa e trocou olhares com a filha, que se retirava da mesa.

O senhor Leopoldo também se levantou e, ao passar pelo filho, estapeou-lhe as costas três vezes, parecendo em sinal de amizade, mas não disse nada.

Alguns minutos depois, a sós com Lívia, decidiu perguntar ao vê-la muito quieta:

— Você está bem?

— Estou sim.

— Vamos almoçar fora hoje? — convidou com largo sorriso e grande esperança.

— Humberto, é um assunto desagradável, mas... O que você decidiu realmente sobre a Irene?

Ele fechou o sorriso. Bem sério, encarou-a firme e avisou:

— Sobre a Irene, eu não tenho de decidir nada. Quanto ao Flávio, como eu já te disse, vou pedir um exame de paternidade. Somente assim, todos ficam tranqüilos.

— Você precisa ir falar com ela.

— Então, está estranha desse jeito por causa da Irene? Tem alguma dúvida do menino ser meu filho ou não?

— Não. Acho que precisa ir falar com ela e isso me incomoda, mas não é só por causa disso que estou preocupada. Porém, quero ajudá-lo a resolver esse assunto.

— E o que esse assunto tem a ver com irmos almoçar fora? Afinal, eu te fiz um convite e veio me falando da Irene — disse firme.

— É que pensei em irmos almoçar fora sim. Só que, mais tarde, poderíamos passar na casa da Irene para falar com ela, ver o nenê...

Humberto apoiou os cotovelos sobre a mesa e esfregou as mãos no rosto num gesto aflitivo.

Depois respirou fundo, tentando aliviar a tensão.

Sentiu-se apreensivo e aquele conhecido mal-estar chegou. Só que mais leve, menos cruel que antes.

— Está certo! — respondeu sério e contrariado. — Você venceu! Vamos almoçar e falar com ela. Como quiser.

— Ei?! Não é assim: eu venci! Isso precisa ser resolvido!

— Está certo! Só que eu vou almoçar nervoso e inquieto porque vou pensar que, em poucas horas, terei de conversar com aquela criatura! Entendeu?

— Desculpe-me. Então não vamos — falou, arrependida.

— Agora vamos sim! — resolveu. — Não quero adiar essa história nem por mais um dia! — avisou firme, alterado, mas sem perder a educação nem a compostura. — Não quero ver você emburrada por causa disso. Chega!

* * *

Após o almoço, em que Humberto permaneceu sério e introvertido, eles foram visitar Irene.

Ao chegarem, dona Zélia, tia da moça, recebeu-os sorridente, porém com certa apreensão.

Na sala, convidou-os a se sentar enquanto a sobrinha não aparecia.

Humberto mantinha aparência serena. Procurava se acalmar por se sentir confuso, com os pensamentos desorganizados.

Ao lado de Lívia, pegou sua mão, colocou entre as suas e, sem perceber, mexia continuamente em um anel que havia em seu dedo.

Com jeito delicado e doçura na voz fraca, ela perguntou:
— Você está bem?
— Estou — respondeu no mesmo tom.

Não demorou e Irene chegou à sala, trazendo Flávio em seus braços.

Ao vê-la, eles se levantaram, cumprimentando-a a distância. De imediato, Lívia se encantou ao ver de perto o bebê no colo da outra.

— Que coisinha linda! Olha só! — exclamou Lívia.
— Quer segurar? — perguntou a mãe.
— Claro! — sorriu satisfeita.

Com o pequenino nos braços, Lívia sorria constantemente ao embalá-lo com carinho enquanto o mostrava para Humberto.

Ao olhar Flávio, ele também sorriu com ternura, não resistindo a uma atração e simpatia inexplicáveis.

Curvando-se, beijou-o com carinho, afagando cuidadosamente no rostinho.

Examinando suas mãos minúsculas, Humberto colocou seu dedo para que o menininho segurasse. Com isso, sorriu novamente, trocando olhares com Lívia e se esquecendo de Irene.

— Segure-o Humberto. Você tem jeito com criança — disse Irene secamente, parecendo insensível.

Ele pegou Flávio dos braços de Lívia e se sentou. Começou a brincar com o garotinho, que resmungava um pouco.

Observando-o bem, ele pôde perceber que os traços fisionômicos do pequenino foram herdados de sua família. Os cabelos bem clarinhos, quase brancos, a pele muito alva e rosada, além do rostinho comprido e narizinho afinado.

— Ele é lindo, Irene. Parabéns! — cumprimentou Lívia.

— Obrigada — sorriu, mecanicamente.

Humberto brincou alegre com Flávio. Estava encantado, mas não havia esquecido o motivo que o levou ali.

Após algum tempo, o clima era tenso.

Ninguém dizia nada. Não sabiam como começar.

Mais sério, ele entregou o menino nos braços de Lívia, novamente. Encarou Irene e comentou:

— Gostaria que me desculpasse pela forma como a tratei na última vez em que nos vimos. Eu não estava bem e fiquei transtornado. Perdoe-me. Eu errei.

Irene se surpreendeu e sorriu levemente ao dizer:

— Fiquei muito assustada. Não esperava por aquilo.

— Bem... Naquele dia você acabou dizendo que o Flávio era meu filho. Da forma como falou, descartou a possibilidade de ele ser filho do meu irmão. — Ela o encarou firme e ele continuou: — Não vou negligenciar um filho. Jamais eu me negaria a dar atenção, todo o conforto e cuidado ao meu filho. Isso vai acontecer, sem dúvida, se o Flávio for meu filho mesmo — desfechou com tranqüilidade, aguardando-a se manifestar.

— Como assim?! O que quer dizer?! — perguntou Irene bem surpresa.
— Eu quero um teste de paternidade — tornou sereno.
— Você está duvidando de mim, Humberto?!
— Entenda como quiser — respondeu, parecendo imperturbável. — Esse é um direito que me assiste e eu exijo esse teste.

Irene demonstrou-se contrariada. Sem encará-los, levantando-se e caminhou alguns passos negligentes pela sala. Respirando fundo, virou-se para ele, quase furiosa, mas decidida esclarecer. Expressava-se com amargura e raiva no tom de voz:

— Vou poupá-lo de tudo isso! Se quer saber, o filho é do Rubens! Pronto!

Ele pendeu com a cabeça positivamente e comentou bem sereno:

— Eu já desconfiava.
— Por que diz isso?!! — perguntou de modo hostil. — Está me chamando do quê?!!
— Eu não vim aqui para discutirmos. Pode falar baixo. Respeite o seu filho.
— Por que quer dar uma de superior, Humberto?!! Para me humilhar?!! É uma forma de me ofender?!!

Atraída pela voz alta e agressiva de Irene, dona Zélia chegou à sala, assustada.

Humberto trocou olhares com Lívia e ambos se levantaram.

Tranqüila, a moça se aproximou da senhora e lhe entregou Flávio nos braços, voltando para perto de Humberto, que pegou sua mão e informou:

— Já resolvi o que precisava. Sendo meu sobrinho, pode ter certeza de que não vou deixar faltar nada, absolutamente nada, a ele. Certamente, os meus pais vão querer visitá-lo. Espero que você não crie nenhum empecilho. Leve em consideração que minha mãe não tem mais o Rubens, e o Flávio vai significar muito para ela.

— Por que veio aqui, Humberto?!! — gritou, perdendo o controle. — Para se exibir com ela?!! Eu quero que vocês morram!!!

Sem dizer nada, ele conduziu Lívia para que saíssem da casa. Quando passavam pela porta, inspirada por espíritos inferiores, Irene gritou para ofendê-lo:

— Você não foi homem para mim!!! Foi por isso que saí com seu irmão!!! Você não foi capaz de me dar um filho!!!

Ele parou por um segundo, sentiu um travo amargo na garganta, mas não disse nada.

Abaixou a cabeça, sobrepôs o braço nos ombros de Lívia e foi embora.

* * *

Já no carro, a caminho de casa, ela comentou ao vê-lo calado:

— A Irene cometeu muitos erros e não está tranqüila com ela mesma. Sabe o quanto errou. Toda a descoberta, toda a confusão que provocou a abalou muito. Agora, depois que teve o nenê, deve estar bem perturbada. Foi por isso que tentou te ofender.

Humberto não disse nada, e Lívia lhe fez um afago na nuca enquanto ele dirigia.

* * *

Ao chegarem a casa, ele trazia os pensamentos carregados de dúvidas e preocupações que, em sua grande maioria, eram impostas pelas sugestões cruéis do espírito Adamastor. Humberto, sentando à mesa da cozinha, tomando uma xícara de café, continuava em silêncio.

Parecia que uma escuridão vazia pairava em sua mente deixando-o sem saber o que fazer.

Temia experimentar novamente o horrível estado deprimido, que conheceu tão bem.

Lívia chegou. Afagou carinhosamente suas costas, sentou-se ao seu lado e, segurando-lhe o braço, inclinou-se, procurando por seus olhos, ao indagar com voz e sorriso doces:

— Tudo bem?

Encarando-a com o semblante sério, respondeu com voz grave e baixa:

— Tudo. Só estou tentando organizar as coisas na minha cabeça.

— Posso ajudar? — tornou em tom carinhoso.

— Você tentou, Lívia. Bem que você tentou.

— Como assim?! Não estou entendendo! — disse surpresa.

Quando Humberto ergueu o tronco, virou-se para ela e ia falar, dona Aurora chegou à cozinha e, sem perceber que os interrompia, perguntou ansiosa ao filho:

— Ah! Ainda bem que vocês chegaram! Foram lá?! Viram o Flávio?!
— Fomos sim, mãe — respondeu Humberto. Logo sorriu ao contar: — Ele é uma gracinha! Tão bonitinho!
— Falaram com a Irene?! — tornou sem trégua, muito curiosa.
— Tentei conversar, mas, depois de um tempo, ela reagiu agressiva. Acho que foi por ter me visto com a Lívia. Entendeu logo que estamos namorando e teve uma crise de raiva. Não falei tudo que precisava, mas...
— O que ela disse?! — insistiu a senhora.
Humberto ficou em silêncio. Não sabia qual seria o impacto daquela notícia para sua mãe. Afinal, Flávio seria, para ela, a maior e melhor herança e lembrança viva de seu filho. Além disso, não tinha a menor idéia de como Irene reagiria dali por diante, com dona Aurora e sua família. Talvez, uma forma de vingar-se dele era não deixá-los ver ou visitar o filho de Rubens.

Na troca de olhar com Lívia, ele pareceu pedir para que ela contasse e assim a moça fez com jeitinho próprio:
— Sabe, dona Aurora, quando o Humberto disse que iria pedir um exame de paternidade, ao entender que isso seria desgastante, inevitável e o resultado incontestável, a Irene decidiu nos poupar de tudo e contou a verdade.
— O que ela disse?! — perguntou aflita, apesar de já saber o resultado.
— Ela revelou que o filho é do Rubens mesmo. Nós já tínhamos quase certeza disso, e ela confirmou.

A senhora virou-se de costas para ele, de frente para a pia e começou a chorar.

Lívia se levantou e foi para junto dela. Afagando-lhe as costas, pediu:

— Não fique assim, dona Aurora. — Para animá-la, comentou: — A senhora vai conhecer o seu netinho e vai ver como ele é lindo! Uma gracinha!

A mulher se virou e a abraçou com força, chorando em seu ombro.

Com um sentimento indefinido, Humberto se levantou e foi para o seu quarto.

Não demorou muito e Lívia foi procurá-lo.

Ao vê-lo sentado na cadeira frente à bancada, mexendo em alguns papéis, ela perguntou:

— O que foi? Você está estranho. — Ele não respondeu. Sentando-se na cama do rapaz, experimentando um sentimento triste e amargo, indagou novamente: — O que você ia me dizer lá na cozinha, quando perguntei se poderia ajudá-lo e me disse que eu tentei? O que tentei?

O rosto de Humberto estava sério. Não queria falar sobre o assunto e respondeu:

— Tanta coisa aconteceu hoje, Lívia. A revelação da Irene, a reação agressiva que ela teve por nos ver juntos ou coisa assim...

— Posso te fazer uma pergunta bem pessoal?

— Claro!

— Você ficou decepcionado pelo fato do Flávio não ser seu filho?

— Não! Lógico que não! Eu me sentiria péssimo se fosse. Seria um filho que não planejei. Ele representaria a minha ligação com aquela mulher.

— Entendo. Um filho não planejado pode criar situações complicadas.
— Sem dúvida! Imagine-me ligado pelo resto da vida à Irene? Não consigo falar com ela nem a respeito daquele maldito apartamento! Imagine, então, tentando opinar na educação de uma criança!
— Parece que a idéia de um filho te apavora?
— Sem dúvida!
Neide entrou no quarto com a pequena Laryel no colo. Sorrindo encantada, disse:
— Olha quem veio nos visitar!!! Fala oi, pro titio, fala! — dizia divertindo-se ao levar a menininha até Humberto.
— Oi, coisinha linda!!! Cadê a nenê do tio?! — ele sorriu e brincou, pegando-a no colo. Depois perguntou: — O Sérgio está aí?
— Está lá na sala junto com a Débora — confirmou Neide.
Lívia, sorrindo, levantou-se e começou a brincar com a garotinha, quando Humberto a chamou animado:
— Vamos lá na sala para recebê-los!

* * *

Os dias foram passando rapidamente.
Era sábado e Lívia vivia às voltas com pensamentos sobre sua situação com seus pais.
Logo cedo, pediu emprestado o carro de Humberto e recusando sua companhia, foi até sua casa conversar com sua mãe, aproveitando-se da ausência de seu pai e seu irmão.

A senhora, muito sofrida, queixou-se do marido grosseiro e ignorante que a maltratava muito, principalmente agora pela ausência da filha.

Sabendo que não lhe restava muito a fazer, Lívia pegou algumas coisas que lhe pertenciam, principalmente seus livros da faculdade, que estavam lhe fazendo falta, e foi embora, prometendo voltar outro dia para vê-la.

A rude provação com um pai embrutecido fortaleceu-a sem que ela soubesse. De menina mimada, em outros tempos, criou agora força, coragem, responsabilidade e determinação para seguir e enfrentar a vida sem ilusões nem dependência.

Lutava com aquela vaga sensação de algo estar errado entre ela e Humberto. Apesar de juntos, havia momentos, quando o via quieto, calado e imerso em seus próprios pensamentos sem dividir com alguém, em que reinava uma esquisita e perturbadora emoção.

Seria ela a razão de suas preocupações?

Humberto estaria arrependido de estar com ela, que se tornou um encargo?

Abatida, sentindo-se cansada e angustiada, sem saber que rumo dar à sua vida, decidiu ir falar com Débora. Talvez a amiga lhe clareasse a mente e aliviasse o seu coração.

Elas conversaram bastante aproveitando o tempo em que a pequena Laryel dormia um sono profundo.

— Então é isso. Minha mãe está muito sofrida e eu não sei como resolver essa situação com o meu pai. Por outro lado, estou me sentindo muito mal por ter de ficar na casa da dona Aurora, dependente e... Como se não bastasse, o Humberto

está muito calado. Na última semana, ele estava bem estranho. Não sei se foi o fato do Flávio não ser filho dele...
— Mas ele disse que essa notícia foi um alívio! Acredite nele!
— Eu não sei o que fazer, Débora! Estou confusa... — chorou. Depois desabafou: — Acho que errei quando fiquei com ele lá no apartamento e dormimos juntos. O Humberto deve ter me considerado fácil... uma... — chorou.
— Não! Não diga isso! Ele gosta muito de você, Lívia!
— Então por que está distante, quieto?

Débora pensou um pouco, organizou as idéias sobre tudo o que a outra lhe contou e concluiu:
— Lívia, você me disse que pediu um tempo, porque achou que tudo havia acontecido muito rápido entre vocês. Não queria que ele tivesse pensamentos equivocados, acreditando que era uma garota fácil ou coisa assim. Mas será que ele não está pensando que você não o quer porque não se sentiu bem, não gostou dele ou de como aconteceu?
— Ele não pensaria isso! — disse chorando.
— Por que não?! Analise. Você pediu um tempo. Disse que não queria um relacionamento mais íntimo. Depois a outra gritou que ele não era homem pra ela e que não foi capaz de lhe dar um filho! Puxa vida! Isso vai mexer muito com a cabeça do cara! Não acha?!

Lívia ficou pensativa e um tanto inquieta. Preocupada, duvidou:
— Será?! O Humberto é um homem maduro, confiante. Sabe o que quer e o que faz.
— Minha amiga! A respeito de sexo, todo o mundo,

principalmente no começo de um relacionamento, sempre tem muita insegurança!
— Mas ele foi um homem maravilhoso! Carinhoso e...
— Você disse isso pra ele?!
— Não... eu...
— Ah! O que disse é que queria um tempo! Queria distância! Lívia! Acorda, amiga!!! Se ele está do seu lado é porque gosta de você. Mas a cabeça do coitado deve estar um inferno! Além disso, está envergonhado com o que sentiu quando a outra falou aquilo... Foi muito baixo da parte dela!
— Débora! Você não faz idéia... ...do que eu estou vivendo! — chorou.
— Converse com ele. Conte tudo! Exatamente tudo do jeito que contou para mim! Você vai resolver essa situação toda e ainda dizer: nossa! Como fui boba! Sofri à toa!
— Você não entende... — Refazendo-se um pouco, contou: — Quando tudo aconteceu... Foi repentino! Eu não esperava! Do jeito que o Humberto estava, eu não esperava nem por um beijo lá naquele apartamento. Mas nós começamos a nos abraçar, depois ele me beijou... Somente no dia seguinte eu fui parar e pensar em tudo o que aconteceu.
— E não foi bom?
— Sim. Ele se revelou um homem maravilhoso, que eu não julgava existir. Só que além de tudo o que fizemos ter sido ótimo, foi irresponsável! — Chorou novamente ao contar: — No dia seguinte, depois da briga com meu pai, eu estava lá na casa dele, no quarto da Neide, entrei em pânico quando peguei o calendário na minha bolsa e fiz as contas... Eu estava exatamente...

— No dia fértil?... — indagou a outra, tentando ajudar.
— É... — chorou. — Acredito que toda mulher sabe fazer essa conta e...
— Você não toma remédio? — perguntou, mesmo sabendo a resposta.
— Não... Eu não precisava tomar nada... Sou muito regulada, conheço bem meu ciclo... Quando entendi o que tinha feito, quase tive um troço! — chorou mais ainda. Secando as lágrimas com as mãos, falou com a voz entrecortada e estremecida: — Estou desesperada... Isso não sai da minha cabeça... O meu pai...
— Falou com o Humberto a respeito do seu ciclo?
— Não... O que ele diria? Além de fácil, sou irresponsável... Eu deveria ter falado na hora! Deveria ter lembrado...
— Foi por isso que pediu um tempo pra ele?
— Foi... Mas eu não consegui falar... Tinha muita coisa acontecendo e... E eu não queria ser mais um problema. Não queria que ele tivesse outra crise... Apesar de toda a preocupação por causa da Irene, ele vem se mostrando bem melhor a cada dia. Quando pensei em contar... ele veio com aquela história de não sentir bem com um filho que não planejou e...

A jovem não conseguiu mais falar e abaixou a cabeça, escondendo o rosto entre os cabelos.

A amiga ficou triste por vê-la daquele jeito, porém perguntou com jeitinho:

— Lívia, quando foi isso? — A outra chorava compulsivamente e não conseguia responder. Mas ela insistiu: — Está atrasada?

A outra não respondeu e entrou em desespero. Débora a puxou para um abraço, confortando-a em seu ombro para vê-la mais calma.

Em meio ao choro comovente, Lívia desabafava com voz rouca e abafada:

— Não foi irresponsabilidade minha... Eu não lembrei...
— Não foi sua culpa. Ele também foi responsável, oras!
— Eu sei... Mas o que ele vai pensar de mim?!...
— Você não planejou isso e...

Débora deteve as palavras quando ergueu o olhar e viu Sérgio e Humberto parados à porta.

Lívia não os viu de imediato, pois escondia o rosto no ombro da amiga, que não sabia o que fazer.

Humberto ficou imóvel, aflito por não entender o que acontecia e Sérgio, mais preparado, indagou com jeito simples, tranqüilo e amigo:

— Tudo bem, ou nós devemos voltar depois?

Ao ouvir sua voz, Lívia, ainda sob o efeito de soluços fortes, com lágrimas correndo na face enrubescida e inchada pelo choro, ergueu o olhar na direção deles.

Preocupado, Humberto imediatamente se aproximou, e Débora se levantou oferecendo seu lugar para que ele se sentasse ao lado de Lívia.

Com bondade, ela comentou:

— É melhor vocês conversarem. Acho que a Lívia tem muito a dizer.

— O que aconteceu para ela estar assim?! — perguntou assustado ao vê-la daquele jeito.

— Olha, eu vou fazer um chá para ela se acalmar. Será melhor ficar com ela, Humberto. Dê um tempinho pra ela ficar mais tranqüila e contar tudo o que está acontecendo.

Dizendo isso, Débora fez um sinal sutil para seu marido, que a seguiu até a cozinha.

Não demorou e a amiga retornou com um copo de água adoçada, que ofereceu à outra, depois voltou para a cozinha, deixando-os a sós.

Humberto, aparentando serenidade, aguardava aflito, acariciando o rosto e os cabelos de Lívia, que parecia sem controle.

Até o copo com água tremia entre as mãos geladas da moça enquanto o seu queixo batia e seu coração apertava cada vez mais.

Afagando-lhe as costas e o ombro, ele pediu generoso:

— Procure ficar calma, meu bem. Respira fundo. — Percebendo que ela estava um pouco mais tranqüila, comentou: — Eu nunca vi você perder o controle, Lívia. Já te vi nervosa, mas nunca desse jeito. Sempre te achei uma pessoa muito segura, forte, equilibrada e controlada. O que te deixou assim?!

— Novamente lágrimas compridas corriam em sua face e ele pediu, parecendo calmo, quase sussurrando: — Por favor, me conta de uma vez. Estou muito preocupado por te ver desse jeito. Foi o seu pai? Você encontrou com ele?!

— Não... — murmurou com voz rouca.

— O que foi?

— Quando nós fomos lá ao seu apartamento...

Ela contou exatamente tudo.

Surpreso, ele perguntou falando baixinho e tentando conter a emoção forte:

— Por que não me contou no dia seguinte?! Por que não falou comigo assim que desconfiou?!
— Você iria dizer que sou fácil e... — chorava. — Além de fácil, sou irresponsável e... Foi por isso que te pedi um tempo...
— Meu Deus! Lívia!... — exclamou, sussurrando. — Eu acreditando que me rejeitava por outro motivo! Não gostou de mim, nem de como aconteceu! Pensei... Você não sabe o que passou pela minha cabeça! — Breve pausa e perguntou: — Quanto tempo faz isso? — Ela não respondeu. Só chorava. Ele tornou apreensivo: — Você fez algum exame? Algum teste de farmácia?
— Não... Mas está muito atrasada.
Humberto sentiu como se houvesse mergulhado em um lago gelado. Ao mesmo tempo, foi invadido por um misto de sentimentos fortes. Não sabia se chorava ou se sorria.
Lívia estava constrangida. Tentava deter o pranto comovente, mas não conseguia.
Ele a puxou para si, abraçando-a com carinho e afagando seus cabelos ao dizer:
— Calma. Não fique assim.
— Você não quer esse filho... — falou, sufocando a voz em seu peito.
— Eu?!!! De onde tirou essa idéia?!!! — exclamou, falando baixinho.
— Você disse... — murmurou.
— Eu nunca te disse isso!!! — tornou no mesmo tom e volume.
— Disse sim... — afirmou entre os soluços. — Disse que se sentiria péssimo com um filho que não planejou.

Afastando-a de si, olhou-a bem nos olhos e falou sério e firme:
— Agora eu me lembro do que falei e de quando falei isso. Eu disse que me sentiria péssimo se o Flávio fosse meu filho, pois não seria um filho que planejei. Ele me faria ficar ligado à Irene. Eu falei sim. Porém estava me referindo ao Flávio e a toda a situação com a Irene.
— Mas confirmou que a idéia de um filho te apavorava...
— Lívia, acorda! A idéia de ter um filho com ela me apavorava, sem dúvida! — sussurrava. — Conhecendo-a, essa idéia apavora qualquer homem! — Acariciando-lhe o rosto, disse com ternura, bem baixinho: — Eu nunca diria isso de você ou de um filho nosso!
— Não planejamos Humberto.
— E daí?! — exclamou, murmurando alegre e sorrindo.
— Não planejamos, mas aconteceu! Ele ou ela será muito bem-vindo!
— Meu pai vai me matar! — sussurrou.
— Não vai não! — Sorrindo, abraçou-a e apertou-a contra si. — Vamos resolver isso. — Quase rindo, contou: — Quando te vi desse jeito, pensei que tivesse acontecido alguma coisa grave! Quase tive uma coisa! — riu.
— E não é grave?!
— Lívia!... — riu. — Não diga um absurdo desses! Eu te amo! — Segurando seu rosto com carinho, beijou-a nos lábios e depois pediu: — Precisamos confirmar se está mesmo grávida. Você precisa ir ao médico.
Enquanto conversavam na sala, Débora e Sérgio aguardavam na cozinha.

Depois de contar ao marido o que estava acontecendo, eles ficaram aguardando e Sérgio comentou:

— Hoje cedo, ele veio conversar comigo sobre o fato do pai ter ido ao centro e gostado. Parece que o homem começou a se interessar em se tratar do alcoolismo. Foi conversar com ele a respeito... Ainda bem que o Humberto leu aquele livro que emprestei para ele.

— Que bom! Fiquei contente com a notícia!

— Sugeri que ele fizesse com que o pai participasse mais da vida dele e da família para o senhor Leopoldo pegar aquele gostinho bom de se envolver em tudo. Seria um estímulo e um incentivo para um tratamento. O Humberto disse que o Fabiano já havia sugerido isso e foi por isso que convidou o pai para ir ao centro. Mas eu percebi que o Humberto estava angustiado. Ficamos conversando... Fomos para a casa dele, pois queria me mostrar um DVD que comprou... Foi aquela hora em que te avisei que iria lá!

— Sei.

— Então ele me contou sobre a Lívia parecer distante, não querer nada com ele. Depois ainda teve as agressões verbais da Irene...

— Já sei! A cabeça do cara ficou um inferno!

— É! Ele se sentiu inseguro. Também não é por menos!

— Quando se está fora da situação, é bem mais fácil enxergar com clareza o que está acontecendo de verdade.

— Isso é falta de diálogo. É preciso ser calmo, franco e esgotar determinados assuntos entre um casal. Eu sempre gostei disso.

— Por isso que eu sempre gostei de você! — falou com jeitinho mimado, levantando-se e beijando-o rapidamente.

Sérgio a segurou pela cintura, trouxe-a para perto de si e a puxou para que o beijasse. Depois disse:

— Eu te amo!

— Eu também te amo!

Ele sorriu e Débora pegou a bandeja com as xícaras de chá e perguntou:

— Será que é um bom momento para ir até lá?

— Acho que sim! Vamos arriscar!

23

NOVA MANEIRA DE VIVER

Ao retornarem para casa, dona Aurora estava apreensiva e os recebeu com nítida preocupação:

— Nossa, Lívia! Você demorou tanto, filha!

— Ela estava na casa da Débora — disse Humberto. — Quando o Sérgio ia embora, vi meu carro em frente da casa dele e fui até lá.

Lívia nada disse. Trazia o belo rosto sério e vermelho por ter chorado muito.

Pegando algumas sacolas e bolsas, foi para o quarto da Neide.

— Ela está assim por causa do pai, não é? Devem ter discutido. Coitada — acreditou a senhora com olhar piedoso.

Humberto se sentou à mesa da cozinha, serviu-se com café que havia na garrafa e ficou em silêncio.

Enquanto bebericava a bebida quente, conservava o olhar perdido em algum ponto sem perceber seu rosto iluminado por um sorriso agradável e faceiro, como o de um menino que houvesse feito alguma travessura.

A mãe ficou intrigada ao observá-lo daquele jeito. Nunca o viu daquela forma. Parecia estar muito bem, mas resolveu perguntar:
— Humberto, o que foi?
Ele não ouviu nem lhe deu o mínimo de atenção. O senhor Leopoldo, parado à pia bebendo água, assistia à cena. Notou que o filho estava longe. Nem o viu chegar, por isso comentou:
— Deve ter aprontado alguma. Lembro de ver essa cara quando ele era moleque e fazia alguma arte!
— Filho, o que foi?! — insistiu dona Aurora. Sem obter respostas, tocou-o no ombro ao chamar: — Humberto?!
Ele se sobressaltou, olhou para ela e abriu um largo e lindo sorriso ao perguntar:
— O que foi mãe?!
— Eu que te pergunto, o que foi? Parece tão longe e rindo à toa!
— Estava só pensando — falou sem conseguir segurar o sorriso.
— Pensando em quê?
— Na próxima semana vou colocar o apartamento à venda, definitivamente. Ligarei para a Irene avisando para o caso de querer tirar alguma coisa que é dela e...
— Aquele apartamento está todo mobiliado. Tem muita coisa sua lá! Até algumas roupas suas tinham sido levadas e...
— Eu não quero nada que tem lá! E, por favor, não vamos mais falar nisso! — disse calmo. — Vou vendê-lo com tudo o que a Irene não quiser. Depois... — sorriu novamente. — Acho

que vou comprar uma casa! Uma casa bem grande! Acho que será melhor do que apartamento.
— Uma casa? — perguntou o senhor Leopoldo.
— É pai! Uma casa! Vou me casar! Quero ter filhos e...
— Casar, Humberto?! — exclamou a senhora.
— Por que não, mãe?! — Ele se levantou. Estampou um sorriso lindo e triunfante que não conseguia conter e concluiu:
— Vou me casar com a Lívia! Estou muito feliz com isso! E... A propósito! — disse antes de sair da cozinha. — Nós acreditamos que o neto de vocês está a caminho! — virou as costas e foi para a sala.

Demorou alguns segundos para dona Aurora concatenar as idéias e reagir. Num grito, foi atrás do filho:
— Humberto!!! Pelo amor de Deus!!! O que você fez com essa menina?!!! — desesperou-se.
— Não fiz nada contra a vontade dela, mãe! Por favor! Não peça para eu explicar! — respondeu em tom de brincadeira e caindo na risada.
— Me respeita, Humberto!!! Veja como fala comigo!!! — Ele ria. Não se importou em vê-la zangada. Logo a senhora advertiu: — O pai dela vai matar vocês dois, filho!
— Ele não vai ficar sabendo — falou sorrindo e bem seguro. — Vamos convidá-lo para o casamento. Depois contamos.
— Filho, isso não está certo!
— O que não está certo, mãe?! — perguntou mais sério.
— Eu sempre gostei da Lívia e ela de mim. O que pode nos impedir de ficarmos juntos?! Eu tenho quase trinta anos! Sei o que quero da vida! Chega de dúvidas e amarguras! Eu quero é viver! Viver bem! Viver ao lado de quem amo!

— É isso mesmo, Humberto! — concordou o senhor Leopoldo. — Construa uma vida! Tenha uma família como sempre quis! Você se esforçou muito para chegar financeiramente aonde chegou. Aproveite agora tudo o que conseguiu!

O rapaz sorriu e ficou admirado com o que ouviu de seu pai. Só então se deu conta de que era sábado e até àquela hora ele não havia bebido.

Indo até o filho, o pai estapeou-lhe as costas, mas Humberto o puxou para um abraço e agradeceu:

— Obrigado pela força, pai!

Dona Aurora, ainda confusa, explicou:

— Filho, eu não sou contra você se casar com a Lívia. Gosto muito dessa menina e quero que seja feliz ao lado dela. Você merece ser feliz! Mas a forma como está fazendo tudo!... Eu fiquei surpresa e assustada ao saber que ela está grávida. Vocês mal começaram a namorar! Imagine o pai dela?! Você conhece o senhor Juvenal... Ele é muito ignorante e vai reagir!

— Quando ele souber e pensar em reagir, nós estaremos casados, certo? Ele não poderá fazer nada!

— Você deveria ter sido mais responsável, Humberto. Planejasse o casamento, sim. Mas se prevenisse de uma gravidez! — falou séria, deixando-o a sós com seu pai.

— Que droga! — reagiu. — Nunca pensei que a mãe fosse contra a minha felicidade! — irritou-se.

— De quantos meses ela está? — quis saber o senhor Leopoldo.

— De pouco tempo, pai. Algumas semanas. Acho que... quatro semanas.

— Uma criança na família é uma coisa muito boa.

Eles começaram a conversar enquanto dona Aurora foi até o quarto de Neide.

Lívia, com lágrimas correndo pelo rosto, arrumava suas coisas em uma parte do armário quando a senhora entrou.

— Você está bem? — perguntou a mulher, preocupando-se ao vê-la daquela forma.

— Estou — respondeu constrangida.

— O Humberto nos contou — avisou calma e com simplicidade.

A jovem parou o que estava fazendo, sentou-se na cama e abaixou o olhar, falando com um tom tímido na voz baixa:

— Desculpe-me, dona Aurora. Eu não sei o que dizer.

— Meu filho gosta muito de você, menina, e eu também. — Sentando-se ao seu lado, passou a mão pelos seus cabelos e, ao vê-la chorar, comentou: — Eu estou contente, Lívia. Muito surpresa, mas contente! — sorriu. — Um neto é sempre bem-vindo! É uma bênção para alguém na minha idade. Eu estava muito angustiada porque, talvez, eu não possa ser a avó que eu desejaria para o Flávio. Acho que a mãe do menino não vai deixar. Você sabe. Fui visitá-la e ela tratou a mim e ao Leopoldo muito mal. De repente, quando menos espero, Deus manda outro netinho através de você! — sorriu generosa, acariciando-a. Lívia não continha o choro e os soluços fortes. — Não fique assim desse jeito. Tudo vai dar certo! Conte comigo!

— Estou preocupada com o meu pai...

— Eu sei. Eu também estou. Sou um pouco antiga. Penso que deveriam ter casado... Mas, se Deus permitiu assim...

— Nunca tive tanto medo na minha vida! Conheço o meu pai... Ele...

— Vem cá! — sorriu e puxou-a para um abraço. — O melhor é ficar calma agora. Pense no nenê!

A senhora ficou consolando-a enquanto, na sala, Neide estava eufórica por saber da novidade.

— Jura, Humberto?!!!

— Não posso jurar! Mas tudo indica que sim! Ela tem quase certeza!

— Ai!!! Que legal!!! — gritou abraçando-o e beijando-o. Depois brincou: — Você hein!...

— Pare com isso, Neide! — pediu, fingindo ficar sério.

— De quanto tempo você acha que ela está?

— Se estiver grávida, está, exatamente, de quatro semanas.

— Uaaaau! — O irmão riu e não disse nada, mas ela perguntou: — Espere aí! Quanto tempo faz que estão namorando?!

— Neide, vamos mudar de assunto?!

— Caramba!!! — exclamou, rindo do irmão. — Depressão?! Sei!... Você não perdeu tempo!

Humberto atirou uma almofada em sua direção, mas ela se esquivou, avisando:

— Vou lá dentro conversar com ela direitinho!

* * *

O tempo foi passado.

Para Lívia, a luta interior continuava.

Confirmada a gravidez, Humberto era simplesmente uma figura simpática que sempre estava sorrindo.

Agindo conforme planejou, ligou para Irene e avisou sobre a venda do apartamento, dizendo que ela poderia ir lá para tirar suas coisas.

Ela o agrediu com palavras, tentando ofendê-lo, mas Humberto tinha motivos demais para não se deixar atingir.

Sem perder tempo, foi ao cartório com Lívia e marcaram a data do casamento.

Decidiram por algo simples: uma cerimônia com juiz de paz e um jantar para um grupo restrito de familiares para celebrar a união.

Caso não desse tempo de comprar e mobiliar a casa que queriam, morariam com seus pais até solucionarem a situação, e isso seria em pouco tempo.

Era bem cedo. Lívia, sozinha na cozinha, fazia o desjejum.

Seus olhos vermelhos derramavam lágrimas quentes que corriam por sua face pálida, enquanto os seus pensamentos ruminavam o fato de contar sobre o casamento para os seus pais.

Sentia uma terrível amargura invadir-lhe o íntimo como um mau pressentimento anunciando uma catástrofe.

Experimentava uma sensação exausta pelas emoções sofridas quando se surpreendeu com a presença de Humberto, que a abraçou pelas costas e beijou-lhe os lábios. Sentando-se ao seu lado, afagou-a e disse:

— Bom dia!

— Bom dia! — respondeu, fugindo ao seu olhar.

— Por que você está chorando? — perguntou calmo.

— Pensando nos meus pais e em como eles vão receber a notícia. — Alguns minutos e falou: — Daqui a pouco vou lá conversar com minha mãe, aproveitando que ele está na feira.

Vou sozinha. Não precisa ir comigo. Assim ficamos mais à vontade.
— Sabe — disse pegando-lhe a mão gelada e acariciando com cuidado —, eu creio que é o momento de você parar de pensar desse jeito em seus pais. Não que deva esquecê-los, mas entender que, principalmente, o seu pai não quer fazer parte da sua vida.

Ela fitou os seus belos olhos verdes e falou sem chorar:
— Fico pensando em como ele vai reagir.
— Não interessa o que ele pensa. O importante agora somos nós! Se pensar nele te deixa desse jeito, triste, pense em nosso filho! — sorriu. — Pense em mim...

Ela retribuiu com sorriso doce e expressão delicada ao sussurrar:
— Humberto! Eu te amo! Sempre penso em você.
— Foi tão difícil ficarmos juntos, meu bem. Enfrentamos tantas situações... Temos o direito de sermos felizes juntos! — Breve pausa e considerou: — Fico vendo você chorar e, às vezes, bate uma dúvida...
— Que dúvida?!
— Será que está triste por que está grávida? Será que não queria um filho?
— Humberto! Eu não vou admitir que diga um absurdo desse! — reagiu quase irritada.

Ele riu gostoso e brincou:
— Nossa! Fiquei com medo! Gostei de ver!
— Isso não é coisa que se diga! Não para mim!
— Desculpe-me — pediu generoso, beijando-lhe a mão.
— Eu quis brincar e mexer com você.

— Conseguiu! — falou brava, mas fazendo charme.
Ele acariciou-lhe o rosto, beliscou seu queixo com carinho e perguntou:
— Tem certeza que quer ir sozinha na casa da sua mãe?
— Tenho.
— Posso ir com você.
— Não. Será melhor nós duas conversarmos sozinhas. Vou contar a ela que vamos nos casar, para que avise o meu pai e também fale sobre irmos lá outro dia para conversarmos com ele. Depois ela me liga, dizendo como ele reagiu e... Conforme for, iremos lá juntos.
— Eu não gostaria que fosse sozinha lá, mas... se é assim que quer fazer...
Lívia sorriu, levantou-se, curvou-se e o beijou nos lábios com todo o carinho enquanto ele a envolvia num abraço terno.

* * *

Já passava da hora do almoço. Humberto estava nervoso e inquieto pela falta de notícias de Lívia, que não atendia o celular.
Havia ligado para a casa de seus pais, mas também ninguém atendia.
Imaginando o que poderia acontecer, caso o senhor Juvenal chegasse e a encontrasse lá, Humberto sentia-se mal.
Sua mãe tentava acalmá-lo. Em vão.
Sem conseguir calar o desespero que o dominava, decidiu ir à casa de Sérgio e pedir a ajuda do amigo.

Não tardou e estacionaram o carro frente à casa de dona Diva.

Humberto desceu rapidamente e foi até o portão.

Após vê-lo tocar a campainha várias vezes, Sérgio falou:

— Parece que não tem ninguém em casa.

— E agora? O que eu faço?

Uma vizinha que os viu frente ao portão, foi ao encontro de ambos e comentou:

— Não tem ninguém em casa!

— Oi! Eu sou noivo da Lívia — apresentou-se dessa forma —, ela veio visitar a mãe e... Não estou vendo o meu carro aqui! Sabe me dizer alguma coisa?

A mulher o olhou desconfiada. Não sabia como falar. Por fim, disse:

— Chamaram o meu filho aqui para ele levar a Lívia pro hospital.

— Que hospital?! Por quê?! — perguntou Humberto aflito.

— Quando a Lívia chegou, o seu Juvenal estava em casa e ela não sabia. Teve uma briga feia e depois ele saiu. Então a Diva veio chamar meu filho pra levar a Lívia pro hospital porque ela não estava bem.

Ao ver o amigo transtornado, praticamente em choque, Sérgio despediu-se:

— Obrigado. A senhora nos ajudou muito. — Virando-se para o amigo pediu: — Entre no carro! Acho que sei para onde a levaram. Tem um Pronto Socorro aqui perto.

Não demorou e chegaram ao hospital público. Viram dona Diva ao lado da filha, que não havia sido atendida e aguardava sentada, num banco frio, encostada no ombro da mãe.

Aflito, Humberto ficou assustado ao se aproximar.

Sérgio assumiu o controle da situação, decidindo:

— Vamos levá-la daqui! Pegue sua bolsa e os documentos.

Apesar de atordoado, o outro obedeceu.

Rápido, Sérgio pegou Lívia e a levou para o carro.

— Onde é o hospital do seu convênio que fica mais próximo? — perguntou assim que entraram no carro.

— Eu mostro. Pegue aquela avenida! — indicou.

Lívia precisou ser socorrida às pressas. Levaram-na para um hospital com condições e estrutura melhores.

Horas mais tarde, Humberto, seus pais e sua irmã ainda aguardavam para saber de seu estado.

— Ainda bem que o Sérgio foi embora — disse Neide.

— Está demorando tanto! Ele disse para telefonar que ele vem nos buscar.

O irmão não disse nada. Levantando, começou a andar vagarosamente de um lado para outro do grande corredor.

Algum tempo depois, o médico apareceu procurando por Humberto. Conduzindo-o para uma sala, informou:

— Ela está bem machucada. Foi muito agredida. Teve uma hemorragia. Chegou a perder os sentidos, mas já recobrou a consciência. Porém inspira cuidados.

Aparentando-se controlado, Humberto avisou com voz pausada e trêmula:

— Doutor, ela está grávida. E o nosso filho? Como está?

— Não sei lhe dizer isso agora. Precisamos aguardar. De quantas semanas ela está, mesmo? — perguntou calmo, porém preocupado.
— Cinco semanas.
— É uma gravidez recente... A hemorragia não foi forte, mas foi considerável e ainda não está totalmente controlada. O obstetra de plantão foi chamado e já está descendo para examiná-la.

Humberto sentia-se derrotado. Não sabia o que dizer. Sentiu o rosto esfriar. Pálido, tentando conter as emoções, o que não conseguiu, perguntou com lágrimas correndo pelo rosto.

— Posso vê-la?
— Ela está bem machucada. Precisou de pontos nos cortes nas diversas partes do corpo, por isso precisou de sedativos. Talvez não consiga conversar ou reagir como você pensa.
— Só quero vê-la... — insistiu.
— Então vamos lá! Por causa de uma pancada na cabeça, principalmente, ela precisará ficar em observação até amanhã. Será melhor. Além disso... — explicava o médico enquanto caminhavam para ver Lívia.

* * *

Na noite do dia seguinte, Lívia já estava na casa de dona Aurora e sob os maternais e rigorosos cuidados da senhora.
— Eu pensei que ela fosse perder o nenê! — admirou-se Sérgio ao conversar com Humberto longe dos demais.

— Eu também. Mas esse tem raça!!! — exclamou Humberto sorrindo. — Ele disse: eu fico!!! Não quero voltar pro plano espiritual, não!!! — riu.
— Ela vai precisar fazer muito repouso.
— Eu sei! O médico fez o maior sermão sobre isso. O que mais me deixa indignado é o fato de ela não querer prestar queixa! Não insisto para não contrariá-la. Não quero que fique nervosa, principalmente, agora.
— Sabe, Humberto, às vezes não vale a pena. Você vai se indispor com ela que, apesar de tudo, quer proteger o pai. Agora ela vai continuar ao seu lado sem dar tanta importância à família antiga.
— Precisou acontecer isso pra ela ver que é necessário se desligar deles! Que droga!
— Infelizmente precisou.
— Você viu o meu carro? — perguntou Humberto.
— Não. Por quê?!
— Fui buscá-lo, hoje cedo, na casa do rapaz que socorreu a Lívia e a levou ao hospital. Chegando lá, vi que a lateral direita está amassada!
— Sério?!
— O cara não soube explicar o que aconteceu e... Fazer o quê?! Eu nem disse nada. Afinal, o rapaz só pegou o carro para ajudar.
— Por que não me chamou para ir lá com você?
— Não! Já te incomodamos muito!
— Então, vamos lá! — brincou Sérgio. — Vamos ver o que aquela mulherada está falando!

— Sérgio, obrigado! Muito obrigado por tudo! Você está sendo mais do que um irmão para mim!
— Ora! O que é isso?!

* * *

Certamente a vida de Humberto não se renovaria se ele não tivesse agido.

Ficar somente temeroso frente às conseqüências daquilo que nos abala, não é suficiente.

Apesar da dor, do medo, de todas as terríveis sensações, que experimentou sob o efeito de seus transtornos, e a obsessão sofrida, ele reagiu e agiu.

Tudo o que realizou em seu benefício surtiu efeito positivo.

Seria muito fácil, cômodo e improdutivo fazer-se de infeliz e desvalido da sorte, atirando-se ao leito e passar a viver como uma carga para a família e para a sociedade.

Lógico que precisou de um supremo esforço para dar os primeiros passos em busca da libertação, mas isso o tornou muito mais forte e mostrou sua capacidade de resistir, corajosamente, ao abatimento.

Seu abalo psicológico foi um chamado de retorno à falta do perdão verdadeiro e amor incondicional a uma única criatura. Quanto mais conhecemos, por nós mesmos, as dores ocultas, mais devemos nos interessar pelo socorro aos outros como nos ensina o Evangelho.

Humberto havia se afastado de seus princípios, por isso perdeu a paz, mas a encontrou novamente com as bênçãos de Deus, através de sua fé e perseverança.

Amigos do plano espiritual somente o ampararam, sem interferir. Foi com suas preces, com sua fé, que se ligou ao Pai, a fluidos benéficos e salutares que o recompuseram a cada dia e a cada oração.

A realização do Evangelho no Lar, que reiniciou sozinho, não só foi, pouco a pouco, unindo a família, como higienizando todos os ambientes do lar, enfraquecendo até neutralizar totalmente a ação dos espíritos inferiores, que os castigavam impiedosamente.

Assim como também sua leitura diária do Evangelho junto com a água fluidificada, alimentavam o espírito, recuperando-o e suprindo-o das energias de que necessitava.

Mas tudo havia acabado.

Os obsessores não mais conseguiam estar perto dele por incompatibilidade, pela sua energia psíquica, espiritual ter-se intensificado pela forças recebidas do Pai da Vida, que a todos socorre, quando solicitado com fé, por justos motivos de amor e para a elevação.

Para com os obsessores, não foi necessária a ação de espíritos superiores, pois Humberto mostrou sua superioridade aos seus perseguidores.

Naturalmente, a vida o deixou conhecer toda a extensão de suas forças e, com serenidade, conduziu-o a um novo início, a uma nova maneira de viver: mais tranquila, mais confiante. Ele foi fiel ao seu propósito reencarnatório. Para se melhorar, ele pôs em prática tudo o que aprendeu.

* * *

Fazia duas semanas que ele e Lívia haviam se mudado para a casa que compraram.

Uma bela residência, arejada e iluminada. Como ele queria!

A gravidez estava bem adiantada e ela, como toda mãe, preocupava-se com detalhes do enxoval.

— Lívia, e a licença maternidade? Já falou com o doutor Kleber?

— Ah, não! Eu estou bem! Estou ótima e, se for possível, quero trabalhar até o último dia!

— Assim também não! — disse, acariciando-lhe a barriga.

Nesse instante, o telefone tocou:

— Te acordei, filho?! — perguntou a senhora quando Humberto atendeu.

— Não, mãe! Faz tempo que acordamos!

— Se te acordei, desculpa, mas... Você está muito ocupado?

— Não. Por quê? — Notando um tom de preocupação na voz de dona Aurora, ele quis saber: — Aconteceu alguma coisa?

— Filho, você pode vir até aqui?

— Algum problema?

— Não... É que... A Irene está aqui e queria conversar com todos nós juntos e...

— Ah, não! Espere um pouco!... Isso não está acontecendo!!!

— É importante, Humberto, ou eu não te pediria isso.

Ele pensou por alguns minutos e resolveu:

— Tudo bem. Daqui a pouco estarei aí.

Após desligar, sentiu-se contrariado.

O que Irene queria?! Ele estava casado! Estava muito bem! Não desejava qualquer dilema que incomodasse a sua felicidade.

Virando-se para Lívia, contou o que ouviu de sua mãe, e ela decidiu:

— Vamos lá o quanto antes. Não imagino o que ela possa querer. Sempre dificultou as visitas de sua mãe ao Flávio... Nunca levou o menino na casa dos avós... Precisamos saber o que está acontecendo.

— É melhor você ficar, Lívia.

— Mas de jeito nenhum!!! Eu vou sim!!!

Para não contrariá-la, Humberto concordou.

*   *   *

Não demorou e estavam na sala da casa de dona Aurora.

Ao ver todos reunidos, com grande expectativa, para saberem do que se tratava, Irene revelou:

— Vou ser bem direta. — Sem trégua anunciou: — Estou aqui para ver se a dona Aurora quer ficar com o Flávio.

— Como assim?! — perguntou Neide.

— Ela é avó. O Flávio é filho do Rubens, como vocês sabem. Eu até o registrei no nome do pai e todos concordaram. Agora, naturalmente, a dona Aurora vai querer ficar com ele, porque é avó de fato e de direito, uma vez que eu não vou poder mais tomar conta dele.

— O que você quer dizer com isso?! — estranhou Humberto. — Você está dando o Flávio para minha mãe?
— É o seguinte: Humberto. Há pouco tempo, eu descobri que estou muito doente. É uma doença degenerativa. A princípio fiquei revoltada... — contou com lágrimas nos olhos.
— É uma doença progressiva e sem retorno à normalidade. Em pouco tempo, eu não terei condições de tomar conta do Flávio.
— Hoje a medicina está muito avançada e...
— Não para a doença de Huntington, Lívia. Ela provoca distúrbios progressivos dos movimentos, espasmos e demência. Não vou dizer que estou conformada, mas preciso organizar a vida a começar pelo Flávio. — Breve pausa e contou:
— Peço desculpas, principalmente, ao Humberto, por ter que lembrar disso, mas a verdade é que eu não queria ter filhos, nunca quis. Eu iria tirar a criança quando soube que estava grávida. Porém, quando o Humberto quis terminar comigo, eu pensei que o único jeito de prendê-lo, seria dizer que eu esperava um filho dele e... Bem, isso funcionou. O Rubens não soube dessa gravidez antes do Humberto e não soube que era filho dele. Quero que saibam que estava tudo agendado para o aborto no dia seguinte que eu precisei contar e não o fiz por sua causa — confessou, fitando-o nos olhos. O silêncio era absoluto. Com lágrimas a correr pela face, ela continuou: — Reconheço que não sou uma boa mãe. Parece cruel dizer isso, mas é a verdade. Agora é o momento decisivo e eu preciso ser realista. Minha família não é muito unida... Moro com minha tia que tem inúmeros problemas e, como se não bastasse, somente ela pode cuidar de mim... Enfim, conversei com ela sobre o Flávio

e, apesar de gostar muito do menino, ela disse que o melhor, para ele, era ficar sob os cuidados da avó. Todos vocês gostam muito de criança... A dona Aurora já perdeu o filho e... de certa forma eu fui culpada... Minha tia me aconselhou dizendo que deixar o Flávio com vocês era o mínimo que eu poderia fazer. Ele é saudável, bonito... — chorou.

O senhor Leopoldo se levantou. Foi em sua direção e pegou o menino, que dormia em seus braços.

Agasalhando-o no peito, embalou-o com cuidado e se dirigiu para o quarto sem dizer nada.

Irene secou as lágrimas com as mãos, permanecendo de cabeça baixa ao abrir uma bolsa e dizer:

— Aqui estão os meus exames e até uma cópia de um dos laudos para que fiquem com ele... — disse, colocando o papel sobre a mesa. — Se quiserem, eu posso assinar algum documento dizendo que é de minha vontade que o Flávio fique com a avó a partir de agora.

Observando que sua mãe estava petrificada, em choque e sem reação, Humberto lembrou:

— Eu disse a você que todo e qualquer apoio que o Flávio precisasse, eu iria dar. Temos um filho a caminho... Mas eu e a Lívia vamos conversar e...

— Nem precisamos conversar — interrompeu Lívia firme. — Temos condições de criar o Flávio como nosso filho e...

— De jeito nenhum!!! — reagiu dona Aurora, inesperadamente. — Ele é meu neto!!! Pode ficar em paz, Irene, pois eu vou cuidar muito bem dele. O Flávio será muito amado!

Irene chorou compulsivamente e Humberto a olhou com piedade, mas não podia fazer nada.

Lívia se levantou e se sentou ao seu lado. Afagando-lhe o ombro e as costas esperou a outra se refazer e comentar:

— Eu tinha certeza que vocês iriam aceitá-lo. Por essa razão, eu trouxe tudo o que é dele. As coisas estão lá no meu carro. Eu ainda preciso procurar um advogado e ver o que posso deixar para ele como herança. Talvez não reste muita coisa, pois preciso pensar nos gastos que terei com minha saúde. Não quero dar muito trabalho para minha tia. Estou pensando em uma internação, se for possível...

— Não diga isso, Irene. De repente pode não ser assim — disse Lívia comovida.

— Preciso ser realista! Não posso me iludir! — Alguns minutos e considerou: — Estou muito satisfeita por aceitarem ficar com ele desde agora. Será bom. Ele é pequeno e vai se acostumar logo com vocês.

— Como descobriu que estava doente? — perguntou Humberto em tom impressionado.

— Comecei me sentir estranha. Um médico disse que era depressão pós-parto. Alguns sintomas diferentes começaram aparecer. Eu reparei que tinha alguns espasmos, movimentos involuntários em várias partes do corpo, inclusive, repuxões no rosto, na boca... Comecei a ter o que os médicos chamam de perda cognitiva, ainda suave, que são os esquecimentos, pensamentos confusos, falta de concentração... Eu queria falar uma coisa e falava outra. Então foram solicitados vários exames, inclusive de ressonância, que mostrou a atrofia do lobo frontal do cérebro, a princípio.

O médico se surpreendeu porque o meu quadro vem se acelerando, rapidamente, diferente de outros históricos clínicos.

Geralmente, essa doença tem início após os trinta e cinco anos e estou com vinte e oito. Ela tem um tempo de evolução, em média, de quinze anos até a morte, mas o aumento dos meus sintomas vem progredindo muito rápido. Os meus movimentos estão sem harmonia, sem controle e mais abruptos a cada dia. Essa perda de movimento vai comprometer todas as partes do corpo.

Com o tempo, posso desenvolver a doença de Parkinson. É certo que vou perder a consciência e ficar debilitada mentalmente até a demência e tantas outras reações que vão me deixar num leito, impossibilitada.

Estou vendendo minha parte da sociedade das lojas que tenho. Parte do dinheiro será gasto com as minhas necessidades e a outra, quero deixar para o Flávio.

— Irene, preocupe-se com você. Ele estará muito bem amparado — avisou Humberto, firme. — O que eu der ao meu filho, darei igual para o Flávio.

Abrindo novamente a bolsa, entregou à Lívia comunicando:

— Essa é a ficha médica do Flávio. Peguei ontem no pediatra. Como podem ver, ele é perfeito, tem ótima saúde... Se quiserem mantê-lo no mesmo médico que já o conhece... Aqui está a certidão de nascimento.

Após isso Irene se levantou.

A mulher alta e elegante, que sempre desfilou esbanjando nobreza e alegria, agora parecia definhar.

Estava extremamente abatida. Nem suas roupas de alto custo lhe davam aparência melhor.

Foi então que puderam reparar nas contorções, os espasmos aos quais havia se referido.

— Aonde você vai? — perguntou dona Aurora.

— Vou embora. Meu primo está me esperando há muito tempo lá no carro.

— Ele deveria ter entrado! — reclamou a senhora.

— Eu queria conversar com vocês sozinha. — Breves instantes. Todos se levantaram e ela pediu: — Poderia ir alguém comigo até o carro pegar as coisas do Flávio?

— Claro! — prontificou-se Humberto, ligeiro. Observando-a, sentiu-se apiedado e até arrependido de ter desejado o seu mal. Percebeu que Irene começava a sofrer as conseqüências de seus erros, de sua vaidade e orgulho.

— Irene! — chamou dona Aurora. — Quando você quiser ver o seu filho... Pode ser até de madrugada, pode vir aqui ou telefone, que nós o levamos até você.

— Obrigada — falou com voz fraca, abaixando o olhar.

Lívia estava emocionada. Aproximando-se de Irene, envolveu-a em um abraço forte e carinhoso. Irene a apertou firme e começou a chorar.

Ficaram assim por algum tempo. Ao se afastarem, Lívia secou o rosto com as mãos e disse:

— Eu vou te visitar, se não se importar.

— Pode ir. — Quando ia saindo, virou-se e ainda falou: — Lívia, talvez não acredite, mas eu gosto muito de você. Não sei por quê, mas... Desculpe por tudo, por dificultar a sua felicidade — chorou. — Quero que seja muito feliz. Boa sorte.

Neide, com lágrimas nos olhos, abraçou-se à Lívia, comovida.

Irene não se despediu do filho. Após ela ir embora, todos estavam sentados na sala e permaneciam em total silêncio até o senhor Leopoldo chegar com o neto no colo.

Flávio brincava e sorria, muito esperto e alegre.

Dona Aurora, imediatamente, quis pegar o neto no colo, mas o senhor Leopoldo reclamou querendo ficar com o menino.

— Olha lá! Já começou! — riu Neide. — O Felipe precisa nascer logo para esses dois pararem de brigar! Vai dar certinho: um neto para cada um!

— Quem falou que vai se chamar Felipe? — perguntou Humberto, sorridente.

— A Lívia!

— Dedo duro!!! Não era pra contar! — brincou descontraída.

* * *

Não passou muito tempo e Humberto, radiante, estava em sua casa recebendo a visita de Sérgio e Débora pelo nascimento de Felipe.

— Cara! Faz três noites que eu não durmo! — ria ao contar.

— Criança pequena é assim mesmo! Elas são muito exigentes! Com o tempo, isso passa — Sérgio riu e brincou: — Isso passa, mas chegam outras preocupações.

— Apesar do trabalhão, eu agradeço muito a Deus por tudo! Nossa! É tão gratificante ter paz! Sentir felicidade! — comentou Humberto.

— E eu não sei?! É importante descobrir que a felicidade não está nas coisas, mas em nós. Acredito que, na frase, "a felicidade não é deste mundo", refere-se ao mundo exterior. Na verdade, a felicidade é do mundo interior, tem que ser na alma.

— É verdade. Depois de tudo o que aconteceu, eu aprendi a viver melhor. Quando algo diferente, fora do normal acontece, eu pergunto: para que isso serve para minha evolução? E não mais por que isso aconteceu comigo?

— Você está usando as dificuldades como ferramentas para a evolução.

— Precisei usar todo o meu conhecimento teórico, na prática, e a duras penas. Um dia acordei com a seguinte frase: nossos pensamentos, nossas práticas e nossa linguagem são responsáveis pelas forças superiores que nos protegem. Precisamos ficar vigilantes. Muita coisa mudou Sérgio. Graças a Deus!

— Falando em mudança... eu vi o seu pai. Nossa! Como ele está bem!

— Quem diria! O meu pai!... Devagarzinho, ele foi gostando do centro, se achegando mais à família... Depois que passou a freqüentar os Alcoólicos Anônimos, como está mudado! Depois que precisou, junto com minha mãe, tomar conta do Flávio, ele ficou muito diferente, mais responsável e participativo.

— Quem provocou toda essa mudança foi você, Humberto. Ele, talvez, bebesse pela doença, mas se sentia excluído da família. Quando você começou a conversar com ele, tratá-lo com mais atenção...

— Mas eu nunca o tratei mal!
— Também não o tratou bem! Acho que você se afastava de seu pai. — Breve pausa em que deixou o outro refletir e continuou: — Depois, acho que com as orientações do Fabiano, você deixou o seu pai fazer parte da sua vida. Começou a se interessar por ele que, por sua vez, gostou e quis retribuir. Por isso decidiu se tratar do alcoolismo. Às vezes, a pessoa pensa que é o filho, ou o pai, ou o marido, ou a mãe quem precisa de terapia, de orientação psicológica, quando, na verdade, é ela, bem lúcida, quem precisa dessa orientação para poder ajudar aquele familiar necessitado. É como a gripe. Você não pode arrancar os vírus da gripe de seu corpo, mas pode fortalecer e aumentar os anticorpos para combatê-los.

— Será que eu precisei de toda aquela movimentação tenebrosa para entender que precisava deixar meu pai participar da minha vida? — perguntou Humberto, pensativo.

— Não exatamente. Mas para arrumar um comportamento seu, você arrumou todos e o seu pai, de alguma forma, por algum motivo que ignoramos, queria várias coisas, inclusive participar da sua vida, algo que ele não fazia.

— Vai ver, eu neguei isso a ele no passado. — Após alguns segundos, comentou: — Sabe, às vezes, tenho certo medo de experimentar novamente aquele estado horrível. Até comentei isso com o Fabiano.

— Toda aquela movimentação violenta e dolorosa que experimentou mudou radicalmente o seu comportamento, talvez, acomodado. No seu caso, com o conhecimento que tem, você havia deixado de praticar a prece, o evangelho. Abandonou suas atividades e deveres morais na casa espírita quando se afastou das exposições das palestras e dos cursos. Abandonou muita coisa, e o mundo não parou à sua volta, tudo continuou acontecendo e você ficando desarmado para a vida. Precisou de um abalo muito grande para voltar ao seu ritmo, aos seus deveres e isso teve de fazer sob duras penas, apesar de todo sofrimento na alma. Então necessitou buscar forças no Pai e em você para se equilibrar, agir e reagir. Para isso, mudou toda a sua vida e a vida daqueles que estão à sua volta.

— Sacrifiquei muito a Lívia, porém ela ficou ao meu lado o tempo todo.

— Não. Você não a sacrificou! Além de ser instrumento, ela aproveitou a oportunidade e se mostrou determinada e forte ao te impulsionar. Por outro lado, você aproveitou, mas não ficou dependente dela e isso foi muito importante. Há uma frase no evangelho mais ou menos assim: "quando um golpe é desferido contra nós, ao lado dessa grande prova, Deus coloca sempre uma consolação". Não foi por acaso que ela estava ao seu lado. Não foi por acaso que te aconteceu isso. Mas você venceu! — sorriu. — Assim como você, eu descobri isso na prática, meu amigo!

— Você surtou assim como eu? — perguntou Humberto curioso.

— Um dia te conto. A história é longa! — riu.

— Graças a Deus estou me sentido muito bem! Estou ótimo! Não voltei a ser o mesmo, estou melhor! Nunca mais quero ver antidepressivo na minha vida! — riu. — Trabalho em uma empresa farmacêutica e sabe que até a negociação dos materiais dessas medicações me dão arrepios! — riu.

— Pegou trauma! — riu junto.

A chegada da pequena Laryel os interrompeu, e Débora, que correu atrás da filha, chamou:

— Vamos lá! A Lívia quer tirar umas fotos com as crianças! — Virando-se para o marido, lembrou: — Depois nós precisamos ir, Sérgio. Prometi à Rita que íamos passar lá na casa dela.

— E o Tiago, a Rita e os quatro, como estão? — quis saber Humberto.

— Ótimos! A Rita está ficando maluca com quatro filhos pequenos, mas eu consigo deixá-la mais nervosa quando digo que eles terão mais dois filhos!

— Ai, Sérgio! Por que você a provoca tanto?! Coitada! — repreendeu Débora.

— Adoro ver a Rita nervosa!

Humberto riu.

Em seguida, tiraram as fotos que queriam e depois Sérgio e Débora se foram.

Mais tarde, tudo estava muito quieto. Lívia amamentava Felipe e Humberto, deitado ao seu lado, afagava-a.

— Escuta! — disse ele com jeito maroto.

— O quê?! — perguntou curiosa.

— O silêncio! Ele não está chorando!

— Por que está com a boca ocupada! — riu Lívia. — Após mamar, ele vai dormir por... Talvez duas horas. Depois resmungar, querer colo, chupeta... O senhor Felipe está muito manhoso! — brincou. Virando-se para o marido, perguntou:

— Por que você não aproveita e dorme um pouco?

— Não... — sorriu. — Vou ficar com você. — Beijou-a, sorriu e falou: — Te amo muito, Lívia.

— Eu também te amo.
Como peças de um quebra-cabeças, tudo na vida se encaixa no devido lugar.
Humberto e Lívia formavam uma família equilibrada e próspera.
Seus corações agora tinham um destino: a felicidade.

FIM

A certeza da *Vitória*

Psicografia de Eliana Machado Coelho
Romance do espírito Schellida

Romance | Formato: 16x23cm | Páginas: 528

E se a vida te levasse a se apaixonar pelo filho do homem que matou sua mãe?

Neste romance apaixonante e impressionante, A certeza da Vitória, o espírito Schellida, pela psicografia de Eliana Machado Coelho, mais uma vez, aborda ensinamentos maravilhosos e reflexões valiosíssimas em uma saga fascinante de amor e ódio, trazendo-nos esclarecimentos necessários para a nossa evolução.
Boa Leitura!

 www.boanova.net

 www.facebook.com/boanovaed

 www.instagram.com/boanovaed

 www.youtube.com/boanovaeditora

LÚMEN EDITORIAL

Entre em contato com nossos consultores e confira as condições
Catanduva-SP 17 3531.4444 | boanova@boanova.net | www.boanova.net

Eliana Machado Coelho & Schellida

...em romances que encantam, instruem, e emocionam... e que podem mudar sua vida!

A CONQUISTA DA PAZ
Eliana Machado Coelho/Schellida
Romance | 16x23 cm | 512 páginas

Bárbara é uma jovem esforçada e inteligente. Realizada profissionalmente, aos poucos perde todas as suas conquistas, ao se tornar alvo da perseguição de Perceval, implacável obsessor. Bárbara e sua família são envolvidas em tramas para que percam a fé, uma vez que a vida só lhes apresenta perdas. Como superar? Como criar novamente vontade e ânimo para viver? Como não ceder aos desejos do obsessor e preservar a própria vida? Deus nunca nos abandona. Mas é preciso buscá-Lo.

Entre em contato com nossos consultores e confira as condições
Catanduva-SP 17 3531.4444 | boanova@boanova.net | www.boanova.net

um diário no tempo

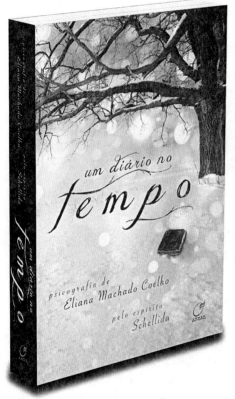

Eliana Machado Coelho/Schellida
Romance | 16x23 cm | 672 páginas

No cenário pós revolução de 1964, na história do Brasil, uma trama envolvente de personagens - inclusive com fuga para a Itália e posterior retorno ao Brasil. Neste romance, mais uma vez o espírito Schellida, pela psicografia de Eliana Machado Coelho, brinda-nos com um texto repleto de ensinamentos e emoções, mostrando-nos que realmente nossa vida é um grande diário no qual cada página é uma história registrada na eternidade do tempo.

Eliana Machado Coelho & Schellida

...em romances que encantam, instruem, e emocionam...
e que podem mudar sua vida!

LÚMEN EDITORIAL

Entre em contato com nossos consultores e confira as condições
Catanduva-SP 17 3531.4444 | boanah@boanova.net | www.boanova.net

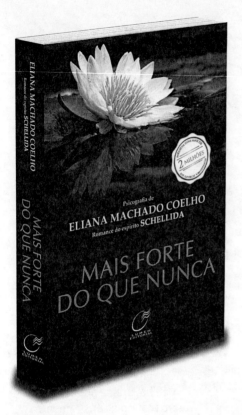

Eliana Machado Coelho & Schellida

...em romances que encantam, instruem, e emocionam... e que podem mudar sua vida!

LÚMEN EDITORIAL

Mais forte do que nunca
Eliana Machado Coelho/Schellida
Romance | 16x23 cm | 440 páginas

Abner, arquiteto bem resolvido, 35 anos, bonito e forte, decide assumir a sua homossexualidade e a sua relação com Davi, seu companheiro. Mas ele não esperava que fosse encontrar contrariedades dentro de sua própria casa, principalmente por parte deseu pai, senhor Salvador, que o agride verbal e fisicamente. Os problemas familiares não param por aí. As duas irmãs de Abner enfrentarão inúmeros desafios. Rúbia, a mais nova, engravida de um homem casado e é expulsa de casa. Simone, até então bem casada, descobre nos primeiros meses de gestação que seu bebê é portador de Síndrome de Patau: o marido Samuel, despreparado e fraco, se afasta e arruma uma amante. Em meio a tantos acontecimentos, surge Janaína, mãe de Davi e Cristiano, que sempre orientou seus filhos na Doutrina Espírita. As duas famílias passam a ter amizade, Janaína orienta Rúbia e Simone, enquanto Cristiano começa a fazer o senhor Salvador raciocinar e vencer seu preconceito contra a homossexualidade.

Entre em contato com nossos consultores e confira as condições
Catanduva-SP 17 3531.4444 | boanova@boanova.net | www.boanova.net

O BRILHO DA VERDADE

Psicografia de **Eliana Machado Coelho**
Romance do espírito **Schellida**

Romance | Formato: 14x21cm | Páginas: 296

Samara viveu meio século no Umbral passando por experiências terríveis. Esgotada, consegue elevar o pensamento a Deus e ser recolhida por abnegados benfeitores, começando uma fase de novos aprendizados na espiritualidade. Depois de muito estudo, complanos de trabalho abençoado na caridade e em obras assistenciais, Samara acredita-se preparada para reencarnar. Ela retorna à Terra como Camila, uma jovem que opta por uma vida farta e confortável graças à religião que seu pai abraçou, usando o nome de Deus para fins lucrativos. Obstáculos tentadores se colocam no caminho de Camila e ela, ainda jovem, volta ao plano espiritual. Começa o seu drama até a chegada do auxílio amigo.

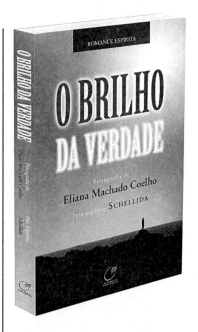

Eliana Machado Coelho & Schellida

...em romances que encantam, instruem, e emocionam...
e que podem mudar sua vida!

 www.boanova.net

 www.facebook.com/boanovaed

 www.instagram.com/boanovaed

 www.youtube.com/boanovaeditora

Entre em contato com nossos consultores e confira as condições
Catanduva-SP 17 3531.4444 | boanova@boanova.net | www.boanova.net

LÚMEN
EDITORIAL

Av. Porto Ferreira, 1031 – Parque Iracema
CEP 15809-020 – Catanduva-SP
17 3531.4444
www.boanova.net | boanova@boanova.net
www.lumeneditorial.com.br | atendimento@lumeneditorial.com.br